ro
ro
ro

Über die Herausgeber

Stefan Kühl, Jahrgang 1966, Studium der Soziologie und Geschichte an der Universität Bielefeld, der Johns-Hopkins-University Baltimore und der Université Paris-X-Nanterre. Seit 1999 Dozent für Arbeits-, Industriesoziologie- und Berufssoziologie an der Universität München. Selbständiger Unternehmensberater. Arbeitsschwerpunkte in Forschung und Lehre: Arbeits-, Organisations- und Techniksoziologie, Gesellschaftstheorie, Rassismusforschung, qualitative Methoden.

Veröffentlichungen: The Nazi-Connection. Eugenics, American Racism and German National Socialism, Oxford/New York 1994; Wenn die Affen den Zoo regieren. Die Tücken der flachen Hierarchien, Frankfurt a. M./New York 1998; Das Regenmacher-Phänomen. Widersprüche und Aberglauben im Konzept der lernenden Organisation, Frankfurt a. M./New York 2000.

Petra Strodtholz, Jahrgang 1968, Studium der Soziologie an der Universität Bielefeld. Seit 1997 Dozentin für Arbeits- und Organisationssoziologie an der Universität Bielefeld. Arbeitsschwerpunkte in Forschung und Lehre: Industrie- und Arbeitssoziologie, Gesundheitswissenschaften, Methoden der empirischen Sozialforschung, Evaluationsforschung.

Veröffentlichungen: Qualitätsförderung, Qualitätsforschung und Evaluation im Gesundheitswesen (zusammen mit Bernhard Badura), in: Friedrich Wilhelm Schwartz et al. (Hrsg.), Das Public Health Buch, München 1998; Soziologische Grundlagen der Gesundheitswissenschaften (zusammen mit Bernhard Badura), in: Klaus Hurrelmann/Ulrich Laaser (Hrsg.), Handbuch Gesundheitswissenschaften, Weinheim/München 1998.

Stefan Kühl
Petra Strodtholz (Hg.)

Methoden
der Organisationsforschung

Ein Handbuch

rowohlts enzyklopädie
im Rowohlt Taschenbuch Verlag

rowohlts enzyklopädie
Herausgegeben von Burghard König

Originalausgabe
Veröffentlicht im Rowohlt Taschenbuch Verlag GmbH,
Reinbek bei Hamburg, Mai 2002
Copyright © 2002 by Rowohlt Taschenbuch Verlag GmbH,
Reinbek bei Hamburg
Umschlaggestaltung any.way, Walter Hellmann
Satz Sabon PostScript PageMaker bei
Pinkuin Satz und Datentechnik, Berlin
Druck und Bindung Clausen & Bosse, Leck
Printed in Germany
ISBN 3 499 55647 2

Die Schreibweise entspricht den Regeln
der neuen Rechtschreibung.

Inhalt

Visualisierungsmethoden

Beobachtungsverfahren

Anhang

Einführung

Leseanleitung

Ziel dieses Handbuchs ist es, Wissenschaftlern und Studierenden, aber auch Organisationsberatern, Managern und Betriebsräten den Zugriff auf ein breites Spektrum an qualitativen Methoden der Organisationsforschung zu ermöglichen. Unser Anspruch ist es, den Leser in die Lage zu versetzen, die beschriebenen Methoden gezielt für eigene Forschungszwecke zu nutzen und mit ihnen zu arbeiten.

Aufbau des Handbuchs

Einer kurzen Einführung in die Methodenentwicklung des Fachs folgen insgesamt zwölf Beiträge, die jeweils eine Methode der Organisationsforschung in den Mittelpunkt stellen. Ihre Handhabung wird über die Phasen der Datenerhebung und -interpretation hinweg ausführlich geschildert und durch ein Anwendungsbeispiel illustriert. Weiterführende theoretische Überlegungen etwa zu Fragen des Methodenmixes, der Integration in Fallstudien, der Validierung oder des Feedbacks in die Organisation erhalten kein eigenes Kapitel, sondern sind in die einzelnen Methodenbeiträge integriert.

Die Einteilung der Autorenbeiträge in die vier Blöcke «Einzelinterviews» (Experteninterview, narratives Interview und Beobachtungsinterview), «Gruppenorientierte Methoden» (Gruppendiskussion, Rollenspiel und Open Space), «Visualisierungsmethoden» (Visualisierte Diskussionsführung, Organisationskarten und Lebenslinien) und «Beobachtungsverfahren» (Teilnehmende Beobachtung, Artefaktanalyse und Konversationsanalyse) soll dem Leser eine erste Orientierung bei der Suche nach geeigneten Methoden geben. Dieses eher grobe Ordnungsschema geht von der einfachen Überlegung aus, dass Organisationsforscher in der Regel sehr früh festlegen müssen, ob sie nur mit Einzelpersonen sprechen dürfen oder wollen (Einzelinterviews), ob sie die Möglichkeit haben und auch nutzen, mehrere Organisationsmitglieder als Gruppe zu befragen (Gruppenorientierte Methoden), ob sie die Möglichkeit haben, die Diskussionsergebnisse in eine visuelle Form zu bringen (Visualisierungsmethoden), oder ob sie langfristig angelegte, weitgehend offene Beobachtungen in der Organisation anstellen oder gar auf unabhängig von den Unternehmungen des Forschers erstellte Materialstücke zurückgreifen wollen (Beobachtungsverfahren).

Die Beschreibung jeder einzelnen Methode kann unabhängig von den übrigen Kapiteln des Buchs gelesen werden. Zwar werden in den Beiträgen immer wieder Querverbindungen zu anderen Methoden aufgezeigt, die einzelnen Beschreibungen und Handlungsanleitungen sind jedoch so vollständig, dass andere Beiträge nicht zur Kenntnis genommen werden müssen.

Aus Gründen der Lesbarkeit haben wir darauf verzichtet, Bezeichnungen wie «Forscher», «Befragte» oder «Wissenschaftlerin» jeweils in der männlichen und in der weiblichen Form anzugeben. Im Folgenden wird entweder nur die männliche oder nur die weibliche Form in beliebigem Wechsel verwendet. Im pluralischen Gebrauch meint die männliche Form die weibliche mit.

Gliederung der Beiträge

Um dem Leser eine möglichst schnelle Orientierung zu ermöglichen, haben alle Methodenbeiträge den gleichen Aufbau.

In der *Einleitung* wird die Methode kurz vorgestellt, ihre Entstehungsgeschichte geschildert und der praktische Hintergrund ihres Einsatzes erläutert.

Im zweiten Abschnitt *Datenerhebung* folgt eine Handlungsanweisung, die den Leser in die Lage versetzt, die Methode selbst anzuwenden. Beiträge, die den Leser in aufwendige Erhebungsverfahren (z. B. Gruppendiskussionen, Open Space oder teilnehmende Beobachtung) einführen, setzen hier einen deutlichen Schwerpunkt. Schließlich werden Bezugspunkte und Abgrenzungen zu weiteren qualitativen und auch quantitativen Methoden genannt.

Im dritten Abschnitt *Dateninterpretation und Feedback* wird dargestellt, in welcher Weise die verschiedenartigen Informationen ausgewertet werden können. Beiträge, die sich um nicht-reaktive Verfahren wie die Artefaktanalyse oder die Konversationsanalyse bemühen, legen ein größeres Gewicht auf diesen Abschnitt. Darüber hinaus gehen die meisten Beiträge auf Möglichkeiten ein, die nunmehr verdichteten Informationen in die beforschte Organisation zurückzuleiten und reflexive Forschungsprozesse zu initiieren.

Im vierten Abschnitt *Anwendungsbeispiel* werden die Vorgehensweisen in den Phasen der Datenerhebung und -interpretation anhand einer konkreten Studie veranschaulicht. Hier werden auch Möglichkeiten aufgezeigt, die Ergebnisse der empirischen Forschungen für organisationsspezifische Fragestellungen fruchtbar zu machen.

Im fünften Abschnitt *Möglichkeiten und Grenzen der Methode* beschreiben die Autoren zusammenfassend deren Stärken und Schwächen. Es geht unter anderem darum, den Leser vor Fallgruben bei der Anwendung zu warnen und Entwicklungsmöglichkeiten der Methodik aufzuzeigen.

Schließlich finden sich im sechsten Abschnitt *Literatur* neben der im Beitrag zitierten Literatur auch weitere Hinweise auf zentrale Artikel, Bücher und Forschungsberichte zum methodischen Hintergrund des Verfahrens. Dieses relativ ausführliche Literaturverzeichnis soll dem Leser bei der Aneignung der entsprechenden Methode behilflich sein.

Weiterführung des Projekts «Methoden der Organisationsforschung»

Die Arbeit am Projekt «Methoden der Organisationsforschung» ist mit der Publikation des Handbuchs nicht abgeschlossen. Wir sind uns bewusst, dass wir mit unserem Sammelband nur einen Teil der in der qualitativen Organisationsforschung eingesetzten Methodik abdecken konnten. Auch konnten wir im Rahmen dieses Publikationsprojekts die Überlegungen und Erfahrungen vieler anderer Forscher nicht in gebührender Weise berücksichtigen.

Wir haben deshalb unter www.qualitative-research.net/organizations ein Internetforum zum Themenbereich «Qualitative Methoden der Organisationsforschung» eingerichtet. Über diese Website wollen wir Folgendes erreichen:

Erstens soll zu jedem Beitrag dieses Sammelbandes ein eigenes Diskussionsforum zu offenen Fragen und konkreten Anwendungsproblemen eingerichtet werden. Für die Autoren bietet sich hier die Gelegenheit, den Lesern überarbeitete Fassungen ihres Beitrags sowie aktuelle Literaturhinweise und Links zu weiteren Internetseiten zugänglich zu machen.

Zweitens soll die Website eine Diskussion zu weiteren, in diesem Band nicht behandelten Methoden der Organisationsforschung anregen. Dabei geht es nicht nur darum, weitere bekannte Verfahren aufzuführen (z. B. Aktenanalyse, Bildanalyse, Videomethode); darüber hinaus sollen vielmehr auch methodische Innovationen oder Adaptionen im Mittelpunkt des Interesses stehen.

Alle Leser sind herzlich eingeladen, sich mit Diskussionsbeiträgen im Forum oder mit Artikeln zu in diesem Handbuch noch nicht ausreichend berücksichtigten Methoden zu beteiligen.

Petra Strodtholz und Stefan Kühl

Qualitative Methoden
der Organisationsforschung – ein Überblick

Obwohl die Organisationsforschung weder über eine allgemein akzeptierte Organisationstheorie noch über eine einheitliche methodische Herangehensweise verfügt, sind sich doch die meisten Forscher darin einig, was eine Organisation ist – und was nicht. Genauso wie die meisten Praktiker zu wissen scheinen, ob sie es mit einer Organisation zu tun haben oder nicht, sind sich auch die Organisationsforscher bei allen theoretischen und methodischen Gegensätzen darin einig, ob sie überhaupt mit einer Organisation befasst sind oder nicht.

In modernen Gesellschaften unterscheiden sich Organisationen von Gesprächen in Kneipen und Zusammenkünften in Fahrstühlen, von Familien und Gruppen, von sozialen Bewegungen und von gesellschaftlichen Teilsystemen wie der Wirtschaft oder der Politik durch drei Merkmale: durch Zwecke, durch Hierarchien und durch Mitgliedschaften. Besonders die systemtheoretische Organisationsforschung hat herausgearbeitet, dass in der Strukturierung moderner Gesellschaften die Bedeutung von Zwecken, Hierarchien und Mitgliedschaften abnimmt, dass diese aber als zentrales Strukturierungsmerkmal von Organisationen einen zunehmend prominenten Platz bekommen (vgl. in Anlehnung an Luhmann hierzu besonders Kieserling 1994; vgl. auch Kühl 2000a und Tacke 2001).

Demnach verzichten moderne Gesellschaften im Gegensatz zu den Gesellschaften des Altertums oder des Mittelalters darauf, sich übergeordneten *Zwecken* wie der Beglückung der Bevölkerung oder der Befolgung göttlicher Gebote zu verschreiben. Ganz anders Organisationen: Egal, ob es sich um eine staatliche Verwaltung, ein Unternehmen in der Internet-Branche, ein Krankenhaus oder eine Gewerkschaft handelt – konkrete Zwecke wie eine mehr oder minder freundliche Befriedigung von Anfragen nach Aufenthaltsgenehmigungen, die Eroberung des Markts mit einem neuen Web-Browser, die kostengünstige und möglichst effektive Behandlung von Patienten oder aber der Abschluss eines Tarifvertrags mit hohen Lohnsteigerungen spielen eine zentrale Rolle in der Ausrichtung von Organisationen (vgl. Luhmann 1973, S. 87 ff.; 1997, S. 826 ff.).

Auch das Management des Eintritts und Austritts – die Bestimmung von *Mitgliedschaften* – handhaben Organisationen anders als moderne Gesellschaften. Ein totaler Ausschluss aus der Gesellschaft findet nur noch in Ausnahmefällen statt. Auf die Aberkennung der Staatsbürgerschaft verzichten die meisten modernen Staaten (ausgenommen vielleicht die Todesstrafe in einigen «zivilisierten Ländern»). Das Management der Mitgliedschaft ist dagegen ein zentrales Merkmal von Organisationen. Über die Mitgliedschaft wird trennscharf festgelegt, wer zu einer Einrichtung gehört und wer nicht. Dadurch werden Grenzen geschaffen, in denen sich die Mitglieder (und eben nur die Mitglieder) den Regeln der Organisation zu unterwerfen haben (Luhmann 1995, S. 16).

Schließlich verlieren auch *Hierarchien* in der Gesellschaft an Bedeutung, während sie für die Strukturierung von Organisationen zentral bleiben. Es gibt in modernen Gesellschaften keine Fürsten, Könige oder Kaiser mehr, die über Befehls- und Anweisungsketten in die verschiedenen Lebensbereiche der Bevölkerung hineinregieren könnten. Eine solche Gesellschaft gälte als diktatorisch, rückständig und unmodern. In der modernen Gesellschaft akzeptiert niemand die Präsidentin als oberste Vorgesetzte einer Befehlshierarchie. Einzige Ausnahme: Mitarbeiter der Präsidialorganisation. Im Gegensatz zu modernen Gesellschaften sind Organisationen zentral über Hierarchien strukturiert. Aller Enthierarchisierungs- und Dezentralisierungsrhetorik zum Trotz können

wir uns komplexere Organisationen ohne Hierarchie nicht vorstellen. Erst die Hierarchie stellt sicher, dass die Anweisungen und
Zusagen der Spitze auch umgesetzt werden. Sie gewährleistet somit, dass Verbände, Verwaltungen und Unternehmen überhaupt
als berechenbare kollektive Akteure auftreten können (Luhmann
1997, S. 834).

Von Zwecken und Formalstrukturen zum Prozess des Organisierens

In der frühen Organisationsforschung wurde die Organisation
vom Zweck her gedacht. Organisationszwecke wie etwa die Erzie-
lung eines höheren Marktanteils im Hörbuchbereich oder die Ver-
ringerung der Mortalitätsrate im Krankenhaus galten als gesetzte
Zwecke, an denen sich die jeweilige Organisation zu orientieren
hat. Im Verlauf der Zielverfolgung und -realisation bilden Organisationen, so die Grundüberzeugung, formale Strukturen aus, um
die Aktivitäten ihrer Mitglieder sowie den Technik- und Material-
einsatz zielgerecht zu steuern. Das Regelwerk, die Hierarchie und
die internen Arbeitsabläufe betrachteten die frühen Vertreter des
Fachs lediglich als Mittel, mit dem die Organisation ihre Zwecke
und Ziele zu erreichen sucht (vgl. Kieser/Segler 1981).

Dieses «Denken» der Organisation von ihren *Zwecken* her
prägte maßgeblich auch den Methodeneinsatz der frühen Organisationsforschung. Mit Blick auf die Effektivität und Effizienz einer
Organisation interessierte sich die junge Disziplin vor allem für
ausgesuchte Zweck-Mittel-Relationen, die sie mit Hilfe standardisierter Fragebögen und statistischer Auswertungsverfahren ausführlich beforschte. Getragen durch den sozialtechnologischen
Planungsoptimismus der 1960er und 1970er Jahre bestimmten zunächst breit angelegte, quantitative Vergleichsstudien in Industrie
und Verwaltung die Entwicklungsrichtung und die methodischen
Standards der Organisationsforschung. Im Mittelpunkt der Untersuchungen standen in der Regel eine überschaubare Anzahl von
dem Weber'schen Bürokratiemodell entlehnten Strukturvariablen

(z. B. Leitungsspanne, Aufgabenspezialisierung und -standardisierung) sowie deren potenzielle Determinanten in der Organisation oder in ihrem Umfeld (vgl. Blau 1955; Hall 1963; Udy 1965; Pugh/Hickson 1976). Heute findet sich in Deutschland mit dem betriebswirtschaftlich beeinflussten «situativen Ansatz» eine Weiterentwicklung der frühen, teilweise als quasi-mechanistisch kritisierten Forschungskonzepte und -methoden (Segler 1981; Kieser/Kubicek 1992; Kieser 1995).

Der erkenntnistheoretischen Tradition des *logischen Positivismus* verpflichtet, gehen die Vertreter der quantitativen Organisationsforschung bis heute ganz selbstverständlich davon aus, dass sie einer objektiven sozialen Realität mit verallgemeinerbaren Gesetzmäßigkeiten gegenüberstehen. Ihr Ziel ist die Entwicklung eines kumulativen Wissensbestandes durch die systematische Überprüfung und mathematische Darstellung bereits vorgefasster Kausalitätsannahmen. Ihr Ehrgeiz liegt darin, mittels hochgradig standardisierter Instrumente und Forschungsstrategien möglichst wertfreie Erkenntnisse über isolierte organisationale Variablen und ihre Determinanten zu gewinnen (Johnson/Duberley 2000, S. 8 f.). Die beschriebenen Kausalzusammenhänge sind zugleich Grundlage für eine planmäßige Umgestaltung der Organisation: Organisationale Beratung und Gestaltung wird als Formulierung und gezielter Transfer von Regeln und Verhaltensrichtlinien – etwa den Arbeitsablauf oder die Zentralisierung von Entscheidungsbefugnissen betreffend – verstanden. Der beratende Organisationsforscher nimmt nach diesem Modell mit den oberen Hierarchieebenen Kontakt auf, um sich der offiziellen Zielvorstellungen zu vergewissern, Fragen hinsichtlich des Forschungsdesigns zu klären und Bericht an die Auftraggeber zu erstatten. Unterstellt wird, dass die institutionelle Verwertung der Forschungsergebnisse die Planungssicherheit in der Organisation erhöht, Entscheidungsgrundlagen verbessert und eventuell Trendaussagen ermöglicht (Kubicek 1975, S. 15).

Diese Orientierung am naturwissenschaftlichen Ideal der exakten, *empirisch-quantitativen Wissenschaft* hat sicherlich zur Etablierung und Befestigung des Fachs beigetragen. Die allgemeine

Gültigkeit der korrespondierenden methodischen Verfahren und Standards wurde jedoch schon bald durch die verstärkt aufkommende Kritik am zweckrationalen Organisationsverständnis relativiert. Die moderne Organisationsforschung, die sich Ende der 1970er Jahre in der Tradition von Herbert A. Simon (1976) und James G. March (1990) entwickelte, ließ die Fixierung auf oberste Zwecke oder Meta-Ziele der Organisation hinter sich. Sie setzte zwar weiterhin die Existenz von strategischen Zielen, Hierarchien und formalen Regelwerken voraus, begriff diese jedoch – und hierin liegt ihre argumentative Stärke – nicht länger als bloße Mittel zur Erreichung eines Zwecks auf der Meta-Ebene. Vielmehr traten jetzt Hierarchien und Regeln als gleichgestellte Formen der Strukturierung *neben* der Zwecksetzung in den Vordergrund (vgl. zuspitzend Luhmann 1973).

Dieser Gedanke baute auf empirischen Beobachtungen und Forschungsprojekten ganz unterschiedlicher Art auf. So arbeiteten Vertreter der Human-Relations-Bewegung heraus, dass sich in Organisationen informelle Strukturen ausbilden und die an der offiziellen Zwecksetzung orientierte Formalstruktur überformen können (Roethlisberger/Dickson 1939). Seit Anfang der 1980er Jahre beschäftigt sich die einschlägige Literatur vermehrt mit der so genannten Unternehmens- oder Organisationskultur, die sich jenseits der Formalstruktur etabliert und dabei die an Zweckerreichung orientierten Bestrebungen des Managements zu untergraben droht (vgl. Dierkes/Rosenstiel/Steger 1993). Es wurden Fälle beschrieben, in denen sich Mittel verselbständigten und die Organisation anfing, Zwecke für bereits ausgebildete Mittel zu entwickeln – dies sogar recht erfolgreich (vgl. Merton 1957). Organisationen wurden schließlich als ein Zusammentreffen von Akteuren mit eigener Handlungsrationalität beschrieben. Diese Akteure integrieren die offiziellen Zwecksetzungen in ihre Machtspiele, und es entsteht eine Dynamik, die das Konzept der Organisation als eines einheitlichen Zweckverbands sprengt (siehe dazu Crozier/Friedberg 1977; Friedberg 1993).

Allen diesen Konzepten und Forschungsansätzen ist gemein, dass sie die strenge Fokussierung auf zweckorientierte Formaldarstellungen der Organisation (wie Organigramme, schriftlich niedergelegte Regeln, formalisierte Befehlswege) überwinden. Die Organisationswissenschaft nimmt neben dem formalisierten und regelhaften Organisationsgeschehen zunehmend auch Strukturen und Erscheinungen in den Blick, die unbeabsichtigt entstehen und dementsprechend schwer zu korrigieren bzw. zielgenau zu gestalten sind (Schreyögg 1992, S. 166; siehe aber auch Luhmann 2000, S. 333 f.).

Die Verschiebung zur qualitativen Organisationsforschung

Die Verschiebung der Forschungsperspektive auf Organisationen als Sozialsysteme mit prinzipiell nicht-planbaren, dennoch aber spezifischen Interaktionen und zwischenmenschlichen Beziehungsformen hat die Bedeutung der quantitativen Methodik einschließlich ihres ingenieurwissenschaftlich geprägten Transfermodells relativiert. In bewusster Abgrenzung zum positivistischen Paradigma setzen Organisationswissenschaftler heute vermehrt *qualitative* Methoden ein, um das organisationale Geschehen aus der Sicht der handelnden Subjekte zu rekonstruieren, unerwartete Phänomene mit möglichst wenigen Vorentscheidungen hinsichtlich Design und Methode einzufangen und auf diese Weise menschliches Verhalten und Handeln einer prozessualen Sicht zugänglich zu machen. Ziel der qualitativen Forschung ist weniger der breit angelegte Vergleich organisationaler Wirkungsmechanismen als vielmehr das Eindringen in die Tiefe des Einzelfalls. Immer neue Details der jeweils untersuchten Einrichtung sollen den Blick für das «Unbekannte im scheinbar Bekannten» freigeben, den Forscher mit «widerständigen» und nicht-selektiven Daten konfrontieren und ihm so eine ganzheitliche, gegenstandsnahe Theoriebildung ermöglichen (Hopf 1993, S. 28; Silverman 1997).

Die zunehmende Verbreitung der qualitativen Methodik in der Organisationsforschung stützt sich auf zentrale Argumente der *phänomenologischen Forschungstradition*. Besondere Bedeutung messen qualitativ orientierte Organisationsforscher der frühen Erkenntnis der Klassiker bei, dass soziale Wirklichkeit nicht unabhängig von Zeit und Raum als objektive Wahrheit zu begreifen sei. Vielmehr wird sie als Ergebnis kollektiver und individueller Wahrnehmung und Interpretation betrachtet und dementsprechend prozessual, d. h. in Form von Kommunikations- oder Handlungssequenzen im alltäglichen Kontext untersucht (Glaser/Strauss 1993, S. 92 f.). Aufgabe des Empirikers ist daher nicht die Isolierung einzelner Kausalitäten, sondern die Rekonstruktion subjektiv gemeinten Sinns und das «Verstehen» komplexer Zusammenhänge (vgl. Schütz 1971). Auch gilt die subjektive Wahrnehmung des Forschers nicht als Störquelle, sondern als selbstverständlicher Bestandteil des Forschungsprozesses. Der Wissenschaftler ist aus phänomenologischer Sicht selbst in die Deutungs- und Interaktionsprozesse der Organisation eingebunden. Da seine Forschungsergebnisse beständig neue Wirklichkeitskonstruktionen und Bedeutungszusammenhänge kreieren, nimmt er unweigerlich an der Konstituierung seines Forschungsgegenstandes teil (Flick/Kardorff/Steinke 2000, S. 23). Forschung und Beratung fallen schließlich dort in eins, wo Konzept- und Methodenentwicklung im dialogischen Vorgehen den Bedürfnissen der betroffenen Mitarbeiter angepasst werden und verschiedene Rückkopplungsschleifen im Forschungsprozess (z. B. in Form von Gruppendiskussionen) einen gemeinsamen Lernprozess von Forschern und Organisationsmitgliedern ermöglichen (Guba/Lincoln 1989, S. 42).

Wo liegen die Gemeinsamkeiten der verschiedenen qualitativen Methoden der Organisationsforschung? Als prägendes Merkmal ist zunächst das *Prinzip der Offenheit* hervorzuheben, das sich in sämtlichen Phasen des Forschungsprozesses bemerkbar macht. Um eine Nähe zum Gegenstand herzustellen, setzen qualitativ orientierte Organisationsforscher in der Phase der Erhebung unstandardisierte oder wenig standardisierte Instrumente ein (siehe die Beiträge zum Experteninterview, zur teilnehmenden Beobachtung, aber auch zur visualisierten Diskussionsführung in diesem Band). Ausgewertet werden die Ergebnisse «verdichtend» oder «typisierend» beispielsweise im Rahmen einer Fallstudie oder eines Erfahrungsberichts; verallgemeinernde Vergleiche finden sich, wenn überhaupt, erst in den Abschlussphasen der Untersuchung (Hopf 1993, S. 14; Kitay/Callus 1998, S. 101 ff.). Als zweites Kennzeichen sei auf die *Gegenstandsangemessenheit* der Verfahren hingewiesen. Entscheidend für deren Auswahl und Bewertung ist nicht die statistisch zu ermittelnde «Messgenauigkeit», sondern der untersuchte Gegenstand, seine Eigenheiten, sein alltäglicher Kontext sowie die besondere Fragestellung der Studie. Eine Weiterentwicklung des vorhandenen Methodeninstrumentariums geht daher häufig auf inhaltliche Überlegungen zurück (Flick/Kardorff/Steinke 2000, S. 22 f.; klassisch Strauss 1991). Schließlich geben auch die *Gütekriterien* der qualitativen Forschung Aufschluss über die Eigentümlichkeit ihrer Instrumente und Verfahren. Aufgrund ihres gegenstands- und kontextabhängigen Charakters entzieht sich die qualitative Forschung einer Beurteilung nach den klassischen Kriterien der quantitativ-hypothesentestenden Wissenschaft. An die Stelle der exakten Überprüfung von Validität, Repräsentativität und Reliabilität tritt ein bewusst flexibel gehaltenes System von Kriterien, das der geringen Formalisierbarkeit und Standardisierbarkeit der Forschungsaktivitäten und -instrumente Rechnung trägt. Zu den am häufigsten genannten Kriterien gehört hier die «Nachvollziehbarkeit», die über ausführliche Dokumentation, interkollegiale Kontrollen und kodifizierte Vorgehensweisen verbessert werden soll (Lincoln/Guba 1985, S. 292; Steinke 2000, S. 323 f.).

Das Methodenspektrum der qualitativen Organisationsforschung

Eine gewisse Vorrangstellung unter den vielfältigen Verfahren, die mittlerweile im Bereich der Organisationsanalyse Verwendung gefunden haben, kommt eindeutig dem *qualitativen Interview* zu. Ihren ersten Durchbruch hatte die offene Befragung bereits im Rahmen der berühmten Hawthorne-Studien, in deren Verlauf die Wissenschaftler auf unstandardisierte mündliche Interviews umschwenkten, um die Relevanz und Authentizität ihrer Ergebnisse zu erhöhen (Roethlisberger/Dickson 1939; vgl. Rosenstiel 2000b, S. 232). Heute wird insbesondere das leitfadengestützte Experteninterview eingesetzt, um das «Fach-, Dienst- und Geheimwissen» der Professionellen gezielt für explorative wie auch für hypothesenprüfende Forschungsfragen nutzen zu können (Pfaff/Bentz 1998, S. 315; siehe den Beitrag zum Experteninterview in diesem Band). In Forschungsprojekten mit Interventionsabsichten hat außerdem das Gruppeninterview bzw. die Gruppendiskussion einen festen Platz. Die freie oder themenzentrierte Reflexion unter ausgewählten Organisationsmitgliedern hat sich vor allem in den Phasen der Maßnahmenplanung und -evaluation als hilfreich erwiesen (Rosenstiel 2000a; Guba/Lincoln 1989; siehe den Beitrag zur Gruppendiskussion in diesem Band). Schließlich bedient sich die empirische Organisationsforschung überdurchschnittlich häufig der *Dokumenten- und Aktenanalyse*, z. B. wenn sie sich in der Phase der Organisationsdiagnose mittels interner Schriftstücke (Aktennotizen, Verträge, Tätigkeitsbeschreibungen usw.) den Strukturen und Prozessen einer Einrichtung zu nähern versucht oder im Rahmen einer Evaluation deren Wirksamkeit bewertet (Phillips/Palfrey/Thomas 1994, S. 46f.).

Methodische Innovationen erwarten Organisationswissenschaftler derzeit unter anderem von der breiteren Anwendung bislang «untergenutzter» unstandardisierter Verfahren. Die inhaltliche Schwerpunktverlagerung der empirischen Forschung auf soziale Phänomene im Alltagsgeschehen der Organisation, auf die Interaktionen, Praktiken und Diskurse der Organisationsmitglieder, erzeugt einen Bedarf an «naturalistischen» und «kontextnahen» Daten, wie sie mit Hilfe offener und unstandardisierter Instrumente wie z. B. des narrativen Interviews oder der teilnehmenden Beobachtung gewonnen werden können. Die vergleichsweise aufwendigen Datenerhebungs- und Auswertungsphasen wiegen diese Verfahren durch ihre Nähe zum konkreten Handlungsgeschehen und durch ihren Zugang zum impliziten Wissenspotenzial sowie zu den Interpretationen und Bewertungen der Interaktionsteilnehmer bei weitem auf (Brewerton/Millward 2001, S. 11 f.; Becker/Geer 1993, S. 140). So gilt als besonderer Vorzug der *teilnehmenden Beobachtung* die fast perfekte Auflösung der Barrieren zwischen Forscher und Beobachtungsfeld: Im unmittelbaren Kontakt mit den untersuchten Personen ist der Wissenschaftler in der Lage, neben den hypothetisch vorausgesetzten auch vollkommen unerwartete Einsichten in das natürliche und situationsspezifische Verhalten der Teilnehmer zu sammeln (Friedman/McDaniel 1998; siehe den Beitrag über teilnehmende Beobachtung in diesem Band). In ähnlicher Weise enthüllt das *biographisch-narrative Interview*, das sich zugunsten des Erzählprinzips vom strikten Frage-Antwort-Schema gelöst hat, vergleichsweise effektiver als standardisierte Interviewformen die im Einzelfall hochkomplexen Prozesse der Bedeutungs- und Sinnherstellung, der Produktion von Selbst- und Weltbildern in der Organisation (Miller/Glassner 1997; siehe den Beitrag über narrative Interviews in diesem Band). Neben diesen offenen Formen der Beobachtung und Befragung ist auch die weit verbreitete *Dokumentenanalyse* mit Blick auf «sozial organisierte Praktiken der Produktion und Rezeption» rund um den Prozess der internen Verschriftlichung in ihren Potenzialen noch lange nicht ausgeschöpft. Die interpretative Auswertung «latenter» Kommunikationsinhalte, beispielsweise durch eine qualitative Inhaltsanalyse, ist bislang zugunsten einer faktenorientierten Vorgehensweise weitgehend vernachlässigt worden (Wolff 2000, S. 505; Watson 1997; siehe den Beitrag über Artefaktanalyse in diesem Band).

Innovationen werden jedoch nicht nur von einem «mutigeren» Umgang mit weitgehend unstandardisierten Verfahren, sondern auch von einer allgemeinen Flexibilisierung im Zuschnitt der Forschungsstrategien erwartet. Als Ausdruck einer zunehmend experimentellen und unorthodoxen Haltung in Fragen des Forschungsdesigns wie auch der Rolle des Forschers im Untersuchungsfeld kann hier etwa der Zuwachs an *ethnographischen Studien* in der Organisationsforschung gewertet werden (vgl. z. B. Helmers 1993; Neuberger/Kompa 1987). Als deren wesentliches Kennzeichen gilt im Allgemeinen der Fokus auf das soziale Geschehen, die kommunikative und interaktive Ordnung in abgrenzbaren Gruppen. Die ethnographische Forschung konzentriert sich auf die in der Organisation vorherrschenden Formen der Sinngebung und Verständigung und steht damit stets auch in enger Verbindung zur phänomenologischen Lebensweltanalyse (Flick 2001, S. 57 f.; Hirschauer/Amann 1997). Unabdingbar für die Untersuchung alltäglich angewendeter und modifizierter Interaktions- und Kommunikationsregeln (so genannter Ethnomethoden nach Garfinkel 1967) ist dem Ethnographen dabei die «Kopräsenz von Beobachter und Geschehen». Der über einen längeren Zeitraum andauernde Feldaufenthalt schließt den Mitvollzug sozialer Ereignisse, die Übernahme einer allseits akzeptierten Rolle und den Aufbau von Vertrauensbeziehungen zu Untersuchungspersonen ein. Der Forscher entscheidet situations- und fallangemessen über den Einsatz der geeigneten Methodik und berichtet nachträglich in Feldprotokollen über seine Erfahrungen. Dabei haben gerade die nicht-planbaren, zufälligen und individuellen Momente des Forschungsprozesses der Ethnographie das Kompliment der «art of fieldwork» eingebracht, aber auch den kritischen Vergleich mit journalistischen Techniken provoziert (Lüders 2000, S. 391 ff.; Wolcott 1995). Im Bereich der Organisationswissenschaften wurde die ethnographische Vorgehensweise zuerst in der Arbeits- und Berufsforschung angewendet. So untersuchten bereits die klassischen Studien der 1950er Jahre Veränderungen im Zuschnitt der Arbeitstätigkeiten, im Ausmaß der professionellen Autonomie oder der Organisierbarkeit von Klasseninteressen mittels teilnehmender Beobachtungen und offener Befragungen (vgl. Wilensky 1956; Sayles/Strauss 1953; siehe als Überblick z. B. Friedman/McDaniel 1998). Heute greifen vor allem Forschungen zur Organisationskultur auf die ethnographische Vorgehensweise zurück, wenn sie sich beispielsweise den Zeremonien und Ritualen, den Mythen oder Tabus einer Organisation als deren Symptom bzw. Objektivierung nähern (Kieser 1988; Neuberger 1995).

Ein Wegbereiter für die zunehmende «Hoffähigkeit» von Pragmatismus und Flexibilität im Zuschnitt von Forschungsstrategien ist auch die auf methodologischer Ebene geführte Diskussion um die *Vereinbarkeit qualitativer und quantitativer Forschung*. So haben sich prominente Vertreter der amerikanischen Evaluationsforschung bereits in den 1970er Jahren gegen einen epistemologisch abgeleiteten Dogmatismus in der Methodenwahl ausgesprochen. Keinesfalls dürften sich erkenntnistheoretische Vorentscheidungen im Sinne eines hypothetisch-deduktiven oder umgekehrt eines holistisch-induktiven Paradigmas determinierend auf den Forschungsprozess auswirken; vielmehr sei der Nutzen der Instrumente je nach Feldsituation und Gegenstand neu zu kalkulieren (Reichardt/Cook 1979, S. 11–17). Unter den verschiedenen Strategien der *Methodenintegration* hat sich vor allem die – auch im quantitativen Lager leidlich akzeptierte – zeitlich versetzte Kombination qualitativer und quantitativer Verfahren in den Phasen der Hypothesengenerierung und -überprüfung durchgesetzt. So haben Barton und Lazarsfeld den qualitativen Methoden schon Mitte der 1950er Jahre besondere Stärken in der Felderkundung und Annäherung an weitgehend unerforschte Themenbereiche zugeschrieben (dt. Übers. Barton/Lazarsfeld 1993, S. 41–89). Eine im qualitativen Lager bevorzugte Strategie ist hingegen die des zeitgleichen Einsatzes qualitativer und quantitativer Verfahren. Diese besondere Form der Methodenintegration, auch «Triangulation» genannt, dient der kumulativen Validierung von Untersuchungsmethoden und -ergebnissen oder aber der komplementären Beleuchtung des Forschungsgegenstandes durch unterschiedliche Daten und Theoriezugänge (Kelle/Erzberger 2000, S. 302 f.; siehe auch Glaser/ Strauss 1967, S. 68). Entwicklungsmöglichkeiten werden vor allem im Hinblick auf die letzteren Strategien des Paralleleinsatzes diskutiert. So geht die Forderung in der neueren Organisationsforschung dahin, die Potenziale auch der quantitativen Verfahren losgelöst von methodologisch begründeten Vorgaben – insbesondere zur Wahrung der internen Validität und Repräsentativität kausaler Schlüsse – zu erproben. Ihr Einsatz auch im offenen Forschungsdesign, d. h. bezogen auf milieu- und situationsabhängige Erhebungssituationen, aushandelbare Untersuchungsziele und lokale Gestaltungsmöglichkeiten, steht bislang weitgehend aus (Lüders 2000, S. 393 f.).

Der Verwendungsbezug
der Organisationsforschung

Den Eigenwert qualitativer Methodik unterstreicht derzeit jedoch vor allem ein Wandel im Verwendungsbezug des Fachs. Die Organisationsforschung hat, wie bereits angedeutet, Phasen eines sozialtechnologisch geprägten Verständnisses von *Beratung* und *Gestaltung* hinter sich, in denen vorzugsweise betriebswirtschaftliches oder sozialpsychologisches Expertenwissen «rezeptartig» aufbereitet und in Praxiszusammenhänge transferiert wurde (vgl. den Überblick bei Kieser 1995, S. 28 ff.; 86 ff.; 107 ff.). Das Scheitern vieler technokratischer Interventionsprojekte, in Deutschland beispielsweise im Gefolge des staatlich geförderten Programms zur «Humanisierung der Arbeit», war der Grund dafür, dass sich bedeutende Stränge der Organisationsforschung (Ausnahmen sind die Betriebswirtschaftslehre sowie Teile der Arbeitswissenschaft und der Organisationspsychologie) einer zu eng geführten Verwendung ihres Wissens entzogen (vgl. z. B. Braczyk 1992). Unkontrollierbare Interessenkonstellationen im Interventionsprozess, unbeeinflussbare Randbedingungen oder auch der nur strategische und instrumentelle Umgang mit dem Expertenwissen in der Organisation hatten eine Krise des einfachen, ingenieurwissenschaftlich geprägten Transfermodells ausgelöst und spätestens ab Mitte der 1980er Jahre einen Rückzug auf Fragen des wissenschaftlichen Ertrags und Erkenntnisgewinns empirischer Forschungsprojekte eingeleitet. «Gestaltung durch Aufklärung» hieß das defensive Programm deutscher Organisationswissenschaftler und Industriesoziologen, mit dem außerwissenschaftliche, praktische Beratungsaufgaben zunächst hinter die analytisch-diagnostischen Fähigkeiten der Disziplin zurückgestellt wurden.

In den 1990er Jahren öffnete sich die Organisationsforschung wieder in einem breiteren Ausmaß für den Transfer ihrer Ergebnisse in die Organisationspraxis. Gegründet war diese erneute Öffnung auf die Überzeugung, dass nicht von einer simplen Übertragung «richtiger» wissenschaftlicher Erkenntnisse in eine «unterbelichtete» Praxis auszugehen sei, sondern dass die Handlungsweisen und Formen der Wissensgenerierung in Unternehmen, Verbänden, Verwaltungen und Krankenhäusern vielmehr in ihrer Verschiedenheit anzuerkennen seien. Wissenschaftliches Expertenwissen wird den Problemlösungskompetenzen der Praktiker nicht länger hierarchisch übergeordnet, es wird ihnen als Fremdwahrnehmung und alternative Deutungsweise gleichrangig beigestellt.

Dabei hat die Betonung der Problemlösungskompetenzen in der Organisation und die vorläufige Herabsetzung des «zweiten Blicks» des Organisationsforschers und/oder des Organisationsberaters auf das Niveau eines verzichtbaren Luxus ihren guten Grund. Eine Organisation kann ohne die Handlungen der Organisationsmitglieder, d. h. ohne den «ersten Blick» der Organisationspraktiker, nicht auskommen – die Manager würden nicht entscheiden, die Mitarbeiter nicht produzieren und der Außendienst nicht verkaufen. Ob und inwieweit der «zweite Blick» für die Organisation sinnvoll ist, hängt von der Situation ab. Ein Zuviel an Reflexion kann die Organisation verwirren und ihre Handlungen blockieren (siehe im Anschluss an Brunsson 1985 die Übertragungen beispielsweise bei Kieserling 1993; Kühl 2000b).

Auch andere Wissenschaftszweige und Beratergruppen haben mittlerweile die Rückspiegelung von Forschungsergebnissen als einen Prozess mit eigenen Gesetzmäßigkeiten, Funktionsweisen und Tücken in den Mittelpunkt gerückt. Der amerikanischen *Evaluations- und Verwendungsforschung* beispielsweise entstammt die Erkenntnis, daß Forschungsergebnisse in zeitlich und räumlich versetzten Interpretationsprozessen kleingearbeitet und in Abhängigkeit von kommunikativen Routinen und beruflichen Traditionen reformuliert werden, bis sie schließlich die Form von Planungs- und Steuerungswissen in der Organisation annehmen (Weiß 1987; siehe auch Beck/Bonß 1989, S. 22 f.). Die vorwiegend im deutschsprachigen Raum etablierte *systemische Beratung* hat herausgestellt, dass das Verhältnis zwischen Forschern bzw. Beratern und Organisation als Kontakt zweier verschiedener Systeme begriffen werden muss. Im Verlauf des Kontakts bilden sich «Beratungssysteme» und «Wissenschafts-Praxis-Kontaktfelder» heraus, mit deren Hilfe die Kommunikation zwischen den beiden selbstreferenziellen Systemen mühevoll aufrechterhalten wird (vgl. z. B. Wimmer 1993; Mingers 1996). Ansätze der *organisationalen Beratung*, die an die theoretischen Überlegungen zu Grenzen der Zweckrationalität anknüpfen, betonen, dass die in jeder Organisation existierenden blinden Flecken unmöglich im Sinne einer «Aufklärung der Organisation über sich selbst» aufgedeckt werden können. Forscher und Berater müssen vielmehr eigene Interventionspraktiken entwickeln, um das Wahrnehmungsspektrum der Organisation zu erweitern (vgl. für die deutschsprachige Diskussion z. B. Schnelle 2001).

Ob diese (erneute) Öffnung der Organisationsforschung in Richtung Organisationspraxis zu einer sichtbaren «Verbesserung» von Management und Beratung geführt hat bzw. künftig führen wird, lässt sich noch nicht abschätzen. Deutlich ist jedoch, dass umgekehrt eine auffällige *Bereicherung des qualitativen Methodenspektrums* in der empirischen Organisationsforschung stattgefunden hat. So wurden die in den letzten Jahren zunehmend etablierten gruppenorientierten Erhebungsmethoden (Organisationskarten, visualisierte Diskussionsführung, Open Space, Rollenspiel u. a.; siehe die entsprechenden Beiträge in diesem Band) aus Organisationsberatung, Personalentwicklung oder Aus- und Weiterbildung übernommen und als Methode der empirischen Sozialforschung weiterentwickelt. Es ist interessant, dass ihre Wurzeln häufig in der frühen Organisationsforschung liegen (z. B. der Human-Relations-Bewegung in der Tradition Kurt Lewins), dass sie aber im wissenschaftlichen Kontext lange Zeit kaum beachtet wurden. Ihren verstärkten Einsatz in der neueren Organisationsforschung kann man daher auch als Wiederentdeckung früherer Forschungstraditionen verstehen. Eine neue *Reflexivität* im Zuschnitt der Forschungsstrategien ergänzt diese Methodenvielfalt: Im Mittelpunkt auch wissenschaftlicher Forschungsprojekte stehen immer häufiger die von Organisationsmitgliedern wahrgenommenen praktischen Probleme und Handlungszwänge, der Dialog zwischen Forschern und beforschten Einrichtungen sowie die Entwicklung eines organisations- und problemspezifischen Methodenmixes. Forschung wird als sozialer Lernprozess begriffen, in dessen Verlauf nicht nur die Verwissenschaftlichung des Praxisfeldes intendiert ist, sondern auch Rückwirkungen auf Fragestellungen, Methoden und Standards der Forschung zugelassen sind (Beck/Bonß 1989, S. 33 f.).

Zusammenfassend lässt sich feststellen, dass drei Entwicklungen die Methodendiskussion in der qualitativen Organisationsforschung maßgeblich beeinflusst haben: der Abschied von zweckrationalen Vereinfachungen im Organisationsverständnis, der überhaupt erst Raum für eine stärkere Betonung qualitativer Methoden geschaffen hat; die Ausdifferenzierung und vielfältige Entwicklung der qualitativen Sozialforschung als Fundament der organisationswissenschaftlichen Methodendebatte; schließlich die zunehmende Problematisierung des Transfermodells, die zu einer Öffnung der wissenschaftlichen Forschung für Methoden aus den Bereichen Beratung, Personalentwicklung und Weiterbildung geführt hat. Die weitere Methodendiskussion in der Organisationsforschung wird maßgeblich davon abhängen, inwieweit es gelingt, diese drei Stränge zusammenzuführen.

Literatur

Barton, Allen H./Lazarsfeld, Paul F. (1993): Das Verhältnis von theoretischer und empirischer Analyse im Rahmen qualitativer Sozialforschung, in: Christel Hopf/Elmar Weingarten (Hrsg.), Qualitative Sozialforschung, Stuttgart, S. 41–89.

Beck, Ulrich/Bonß, Wolfgang (1989): Verwissenschaftlichung ohne Aufklärung? Zum Strukturwandel von Wissenschaft und Praxis, in: dies. (Hrsg.), Weder Sozialtechnologie noch Aufklärung? Analysen zur Verwendung sozialwissenschaftlichen Wissens, Frankfurt a. M., S. 7–45.

Becker, Howard S./Geer, Blanche (1993): Teilnehmende Beobachtung: Die Analyse qualitativer Forschungsergebnisse, in: Christel Hopf/Elmar Weingarten (Hrsg.), Qualitative Sozialforschung, Stuttgart, S. 139–166.

Blau, Peter M. (1955): The Dynamics of Bureaucracy, Chicago.

Braczyk, Hans-Joachim (1992): Die Qual der Wahl. Optionen der Gestaltung von Arbeit und Technik als Organisationsproblem, Berlin.

Brewerton, Paul M./Millward, Lynne J. (2001): Organizational Research Methods, London.

Brunsson, Nils (1985): The Irrational Organization. Irrationality as a Basis for Organizational Action and Change, Chichester u. a.

Crozier, Michel/Friedberg, Erhard (1977): L'acteur et le système. Les contraintes de l'action collective, Paris.

Dierkes, Meinolf/Rosenstiel, Lutz v./Steger, Ulrich (Hrsg.) (1993): Unternehmenskultur in Theorie und Praxis, Frankfurt a. M.

Flick, Uwe (2001): Qualitative Sozialforschung – Stand der Dinge, in: Soziologie, Jg. 2, S. 53–66.

Flick, Uwe/Kardorff, Ernst v./Steinke, Ines (2000): Was ist qualitative Forschung? Einleitung und Überblick, in: dies. (Hrsg.), Qualitative Forschung. Ein Handbuch, Reinbek bei Hamburg, S. 13–29.

Friedberg, Erhard (1993): Le pouvoir et la règle. Dynamiques de l'action organisée, Paris.

Friedman, Raymond A./McDaniel, Darren C. (1998): In the Eye of the Beholder: Ethnography in the Study of Work, in: Keith Whitfield/George Strauss (Hrsg.), Researching the World of Work, New York, S. 113–126.

Garfinkel, Harold (1967): Studies in Ethnomethodology, Englewood Cliffs NJ.

Glaser, Barney G./Strauss, Anselm L. (1967): The Discovery of Grounded Theory, Chicago.

Glaser, Barney G./Strauss, Anselm L. (1993): Die Entdeckung gegenstandsbezogener Theorie: Eine Grundstrategie qualitativer Sozialforschung, in: Christel Hopf/Elmar Weingarten (Hrsg.), Qualitative Sozialforschung, Stuttgart, S. 91–111.

Guba, Egon G./Lincoln, Yvonna S. (1989): Fourth Generation Evaluation, Newbury Park/London/New Delhi.

Hall, Richard H. (1963): The Concept of Bureaucracy, in: American Journal of Sociology, Jg. 69, S. 32–40.

Helmers, Sabin (1993): Ethnologie der Arbeitswelt. Beispiele aus europäischen und außereuropäischen Feldern, Bonn.

Hirschauer, Stefan/Amann, Klaus (Hrsg.) (1997): Die Befremdung der eigenen Kultur. Zur ethnographischen Herausforderung soziologischer Empirie, Frankfurt a. M.

Hopf, Christel (1993): Soziologie und qualitative Sozialforschung, in: Christel Hopf/Elmar Weingarten (Hrsg.), Qualitative Sozialforschung, Stuttgart, S. 11–37.

Johnson, Phil/Duberley, Joanne (2000): Understanding Management Research, London.

Kelle, Udo/Erzberger, Christian (2000): Qualitative und quantitative Methoden: kein Gegensatz, in: Uwe Flick/Ernst v. Kardorff/Ines Steinke (Hrsg.), Qualitative Forschung. Ein Handbuch, Reinbek bei Hamburg, S. 299–309.

Kieser, Alfred (1988): Von der Morgenansprache zum «Gemeinsamen HP-Frühstück». Zur Funktion von Werten, Mythen, Ritualen und Symbolen, in: Eberhard Dülfer (Hrsg.), Organisationskultur, Stuttgart, S. 207–225.

Kieser, Alfred (1995): Organisationstheorien, 2. Aufl., Stuttgart/Köln/Berlin.

Kieser, Alfred/Kubicek, Herbert (1992): Organisation, Berlin/New York.

Kieser, Alfred/Segler, Tilman (1981): Quasi-mechanistische Situative Ansätze, in: Alfred Kieser (Hrsg.), Organisationstheoretische Ansätze, München, S. 173–184.

Kieserling, André (1993): Konturen einer soziologischen Unternehmensberatung, Bielefeld (unveröff. Ms.).

Kieserling, André (1994): Organisationssoziologie und Unternehmensberatung. 6 Lehrvorträge, Bielefeld (unveröff. Ms.).

Kitay, Jim/Callus, Ron (1998): The Role and Challenge of Case Study Design in Industrial Relations Research, in: Keith Whitfield/George Strauss (Hrsg.), Researching the World of Work, New York, S. 101–112.

Kubicek, Herbert (1975): Empirische Organisationsforschung, Stuttgart.

Kühl, Stefan (2000a): Grenzen der Vermarktlichung. Die Mythen um unternehmerisch handelnde Mitarbeiter, in: WSI-Mitteilungen, Jg. 53, S. 818–828.

Kühl, Stefan (2000b): Das Regenmacher-Phänomen. Widersprüche und Aberglaube im Konzept der lernenden Organisation, Frankfurt a. M./New York.

Lincoln, Yvonna S./Guba, Egon G. (1985): Naturalistic Inquiry, Beverly Hills.

Lüders, Christian (2000): Beobachten im Feld und Ethnographie, in: Uwe Flick/Ernst v. Kardorff/Ines Steinke (Hrsg.), Qualitative Forschung. Ein Handbuch, Reinbek bei Hamburg, S. 384–401.

Luhmann, Niklas (1973): Zweckbegriff und Systemrationalität. Über die Funktion von Zwecken in sozialen Systemen, Frankfurt a. M.

Luhmann, Niklas (1995): Funktionen und Folgen formaler Organisation, 4. Aufl., Berlin.

Luhmann, Niklas (1997): Die Gesellschaft der Gesellschaft, Frankfurt a. M.

Luhmann, Niklas (2000): Organisation und Entscheidung, Opladen.

March, James G. (1990): Entscheidung und Organisation: Kritische und konstruktive Beiträge, Entwicklungen und Perspektiven, Wiesbaden.

Merton, Robert K. (1957): Social Theory and Social Structure, 2. Aufl., Glencoe.

Miller, Jody/Glassner, Barry (1997): The ‹Inside› and the ‹Outside›: Finding Realities in Interviews, in: David Silverman (Hrsg.), Qualitative Research. Theory, Method and Practice, London/Thousand Oaks/New Delhi, S. 99–112.

Mingers, Susanne (1996): Systemische Organisationsberatung – Eine Konfrontation von Theorie und Praxis, Frankfurt a. M./New York.

Neuberger, Oswald (1995): Mikropolitik. Der alltägliche Aufbau und Einsatz von Macht in Organisationen, Stuttgart.

Neuberger, Oswald/Kompa, Ain (1987): Wir, die Firma, Weinheim.

Pfaff, Holger/Bentz, Joachim (1998): Subjektive Daten – objektive Analyse, in: Friedrich W. Schwartz u. a. (Hrsg.), Das Public Health Buch. Gesundheit und Gesundheitswesen, München, S. 310–328.

Phillips, Ceri/Palfrey, Colin/Thomas, Paul (1994): Evaluating Health and Social Care, London.

Pugh, Derek S./Hickson, David J. (1976): Organizational Structure in its Context. The Aston Programme I, Westmead.

Quinn, Richard E./Cameron, Kim S. (1983): Organizational Life Cycles and Shifting Criteria of Effectiveness: Some Preliminary Evidence, in: Management Science, Jg. 29, H. 1, S. 33–51.

Reichardt, Charles S./Cook, Thomas D. (1979): Beyond Qualitative versus Quantitative Methods, in: Thomas D. Cook/Charles S. Reichardt (Hrsg.), Qualitative and Quantitative Methods in Evaluation Research, Newbury Park u. a., S. 7–32.

Roethlisberger, Fritz Jules/Dickson, William J. (1939): Management and the Worker. An Account of a Research Program Conducted by the Western Electric Company, Hawthorne Works, Chicago, Cambridge Mass.

Rosenstiel, Lutz v. (2000a): Grundlagen der Organisationspsychologie, Stuttgart.

Rosenstiel, Lutz v. (2000b): Organisationsanalyse, in: Uwe Flick/Ernst v. Kardorff/Ines Steinke (Hrsg.), Qualitative Forschung. Ein Handbuch, Reinbek bei Hamburg, S. 224–238.

Sayles, Leonard R./Strauss, George (1953): The Local Union, New York.

Schnelle, Wolfgang (2001): Moderieren von Verständigungsprozessen, Quickborn.

Schreyögg, Astrid (1992): Supervision. Ein integratives Modell, Paderborn.

Schütz, Alfred (1971): Gesammelte Aufsätze. Bd. 1: Das Problem der sozialen Wirklichkeit, Den Haag.

Segler, Tilman (1981): Situative Organisationstheorie – Zur Fortentwicklung von Konzeption und Methode, in: Alfred Kieser (Hrsg.), Organisationstheoretische Ansätze, München, S. 227–272.

Silverman, David (1997): Introducing Qualitative Research, in: ders. (Hrsg.), Qualitative Research. Theory, Method and Practice, London/Thousand Oaks/New Delhi, S. 1–7.

Simon, Herbert A. (1976): Administrative Behavior. A Study of Decision-Making Processes in Administrative Organizations, 3. Aufl., New York.

Steinke, Ines (2000): Gütekriterien qualitativer Forschung, in: Uwe Flick/Ernst v. Kardorff/Ines Steinke (Hrsg.), Qualitative Forschung. Ein Handbuch, Reinbek bei Hamburg, S. 319–331.

Strauss, Anselm L. (1991): Grundlagen qualitativer Sozialforschung – Datenanalyse und Theoriebildung in der empirischen soziologischen Forschung, München.

Tacke, Veronika (2001) (Hrsg.): Organisation und gesellschaftliche Differenzierung, Wiesbaden.

Udy, Stanley H. (1965): The Comparative Analysis of Organizations, in: James G. March (Hrsg.), Handbook of Organizations, Chicago, S. 678–709.

Watson, Rod (1997): Ethnomethodology and Textual Analysis, in: David Silverman (Hrsg.), Qualitative Research. Theory, Method and Practice, London/Thousand Oaks/New Delhi, S. 80–88.

Weick, Karl E. (1985): Der Prozeß des Organisierens, Frankfurt a. M.

Weiß, Christa (1987): Evaluating social problems: What have we learned?, in: Society, Jg. 25, H. 1, S. 40–45.

Wilensky, Harold (1956): Intellectuals in Labor Unions, Glencoe.

Wimmer, Rudolf (1993): Zur Eigendynamik komplexer Organisationen. Sind Unternehmen mit hoher Eigenkomplexität steuerbar?, in: Gerhard Fatzer (Hrsg.), Organisationsentwicklung für die Zukunft. Ein Handbuch, Köln, S. 255–308.

Wolcott, Harry F. (1995): The Art of Fieldwork, London.

Wolff, Stephan (2000): Dokumenten- und Aktenanalyse, in: Uwe Flick/Ernst v. Kardorff/Ines Steinke (Hrsg.), Qualitative Forschung. Ein Handbuch, Reinbek bei Hamburg, S. 502–513.

Einzelinterviews

Renate Liebold
und Rainer Trinczek

1 Experteninterview

1 Einleitung

Der Begriff ‹Experteninterview› ist außerordentlich unpräzise. Etwas überspitzt formuliert könnte man sagen, der folgende Beitrag handelt von einem methodischen Verfahren, das es als eine bestimmte Interviewform im Grunde gar nicht gibt. Bereits die Spezifizierung des Verfahrens qua Verweis auf den Interviewpartner sowie dessen spezifische Qualität (‹Experte›) ist ungewöhnlich. Üblicherweise werden Interviewverfahren sprachlich durch eine Präzisierung der Erhebungsmethode näher bezeichnet: das narrative Interview, das vollstandardisierte Interview, das problemzentrierte Interview, das Telefoninterview usw.

Trotz alledem kann das Experteninterview als eine ‹eingeführte› Methode bezeichnet werden. In unzähligen Forschungsberichten verweisen ausgewiesene und erfahrene Empiriker auf ebendieses Verfahren, wenn sie ihr methodisches Vorgehen beschreiben. Und wenn man eine Umfrage unter empirisch arbeitenden Sozialforschern machen würde, käme aller Wahrscheinlichkeit nach auch weitgehende Einigkeit darüber zustande, was das Experteninterview methodisch ausmacht: Im Grunde scheint nämlich stillschweigender Konsens darüber zu herrschen, dass das Experteninterview ein Leitfadeninterview zu sein habe – und darüber werden wir im Folgenden denn auch schreiben: das leitfadengestützte Experteninterview.

Dieser vordergründige Konsens, dem wir uns hier der Einfachheit halber anschließen, darf freilich nicht darüber hinwegtäuschen, dass Experten in der Tat auch mit ganz anderen Verfahren interviewt werden können. Es sei nur daran erinnert, dass Fritz Schütze ‹sein› narratives Interview ursprünglich ja nicht als ein biographisch orientiertes Verfahren entwickelt hatte, als was es gegenwärtig vorwiegend eingesetzt wird, sondern im Kontext einer Analyse von Machtprozessen auf Gemeindeebene: Das narrative Interview diente zunächst also der Erhebung unter Experten. Und dass Experten u. a. auch mit vollstandardisierten Interviews traktiert werden, ist an der Existenz von Repräsentativbefragungen zu zahlreichen ‹Expertenthemen› unschwer zu erkennen.

Trotz der hieraus resultierenden ‹reservatio mentalis› gegenüber der Bezeichnung ‹Experteninterview› werden wir diesen Begriff im Weiteren verwenden, aber ausschließlich in der schon gekennzeichneten Engführung als ‹leitfadengestütztes Experteninterview›.

Dieses leitfadengestützte Experteninterview dürfte – ohne dass wir dies hier näher belegen können – eines der in der empirischen Sozialforschung am häufigsten genutzten Verfahren darstellen. Gleichwohl gehört es zu den Verfahren, die in der methodologischen und methodischen Debatte eher randständig behandelt werden; lange Zeit gab es in der bundesdeutschen Diskussion lediglich den Aufsatz von Christel Hopf (1978), dem dann seit den frühen 1990er Jahren vor allem die Arbeiten von Michael Meuser und Ulrike Nagel folgten (1991; 1994; 1997). Die angelsächsische Diskussion wird nach wie vor durch den nun schon über 50 Jahre alten Text von Merton und Kendall (1946; deutsch 1979) beherrscht (vgl. auch Merton u. a. 1956).

Eine solche Diskrepanz zwischen forschungspraktischer Relevanz und mangelnder Beachtung in der methodologischen Diskussion ist erklärungsbedürftig. Ohne dies an dieser Stelle weiter vertiefen zu können, gibt es unseres Erachtens zwei (eher wissenssoziologisch orientierte) Erklärungsmöglichkeiten.[1] Die eine setzt am vermeintlich methodologisch prekären Status des Leitfadeninterviews als ‹schmutziges› Verfahren an: Methodologische Grundsatzdebatten lassen sich offensichtlich besser unter Rekurs auf die ‹reinen› Extremfälle im Methodenspektrum als auf die Zwischen- und Mischformen führen, auch wenn diese die Praxis empirischer Sozialforschung dominieren mögen. Die zweite Erklärungsmöglichkeit verweist auf die Nähe des leitfadengestützten Experteninterviews zum Handeln von Subjekten in der alltäglichen Lebenspraxis: Jemanden etwas zu fragen, von dem man sich eine adäquate Antwort erhofft (der einem also im trivialen Sinn ein Experte zu sein dünkt), ist in höchstem Maß Teil der ‹natürlichen› lebensweltlichen Einstellung von Menschen zu und in ihrer Welt. Daher scheint ein solches Verfahren des zwar zielgerichteten, gleichwohl aber auch ‹offenen› Fragens und Nachhakens, was eben typisch für das Leitfadeninterview ist, auch in der wissenschaftlichen Praxis kaum der Begründung und weiteren Reflexion zu bedürfen. Man möchte als Sozialforscher etwas über einen bestimmten Sachverhalt in dieser Gesellschaft wissen – was liegt da näher, als in der Art und Weise vorzugehen, wie man es als Alltagsmensch doch ständig erfolgreich praktiziert? Kurzum: Die strukturelle Nähe des leitfadengestützten Experteninterviews zur (Frage-)Praxis alltäglicher Lebensführung resultiert darin, dass dieses Verfahren häufig der Diskussion um die methodologische Grundlegung von Interviewformen und der Debatte um die jeweiligen Vor- und Nachteile und potenziellen Anwendungsfälle enthoben zu sein scheint – es scheint zu selbstverständlich. Gegen diese vordergründige Selbstverständlichkeit des leitfadengestützten Experteninterviews soll im folgenden Beitrag ein wenig angeschrieben werden.

Exkurs: Zum sozialwissenschaftlichen Begriff des «Experten»

Als ‹Experten› werden im landläufigen Sinn Sachverständige, Kenner oder Fachleute bezeichnet, also Personen, die über besondere Wissensbestände verfügen. Insofern zeichnet sich das Experteninterview dadurch aus, dass es auf einen exponierten Personenkreis zielt, der im Hinblick auf das jeweilige Forschungsinteresse spezifisches Wissen mitbringt. Wie lässt sich nun dieses Wissen charakterisieren? Was genau macht einen Experten aus?

Dieser Frage hat sich die Soziologie – völlig unabhängig von der Methodendiskussion – wesentlich differenzierungs- und wissenssoziologisch zu nähern versucht:

- Differenzierungstheoretisch wird argumentiert, dass aufgrund der zunehmenden Ausdifferenzierung von Subsystemen in der Moderne eine Vielzahl spezialisierter Rollen entsteht, was sich auf der Wissensebene als ein System differenzierten Fachwissens darstellt. Die Existenz eines solchen ‹fachlich orientierten Sonderwissens› dient dann als entscheidendes Kriterium zur Bestimmung von ‹Experten›.[2]

- Wissenssoziologisch wird regelmäßig an Alfred Schütz' Bestimmung des Experten in seinem Essay über den «gut informierten Bürger» (1972) angeschlossen. Für Schütz zeichnet sich der Experte durch ein detailliertes und spezialisiertes Wissen aus, von dessen Begrenztheit er weiß. Sein Wissen ist durch auferlegte Relevanzen, d. h. durch die Entscheidung zur Konzentration auf ein klar abgestecktes Wissensgebiet bestimmt. Es existiert ein klar begrenzter Bezugsrahmen, den der Experte übernimmt, wenn er Aussagen über einen eindeutig abgegrenzten Realitätsausschnitt macht. Außerhalb dieses Realitätsausschnitts agiert der Experte als «Mann auf der Straße» oder als «gut informierter Bürger».

Dabei verdeutlichen die einschlägigen Debatten, dass die Bestimmung von Wissensbeständen als ‹Expertenwissen› hochgradig voraussetzungsvoll ist: Sie basiert in modernen ausdifferenzierten Gesellschaften wesentlich auf der allgemeinen Anerkennung einer je gegenstandsspezifischen Differenz von ‹Experte› und ‹Laie›,[3] wobei die überlegene Kompetenz des Experten regelmäßig an seiner Zugehörigkeit zu entsprechenden Berufen bzw. Professionen festgemacht wird. Konstruktivistisch gewendet bedeutet dies, dass Experten Personen sind, deren Konstruktion von Wirklichkeit in einem spezifischen Teilsegment der Gesellschaft sich als durchsetzungsmächtiger bzw. allgemein akzeptierter erwiesen hat als die anderer Personen (‹Laien›). Die gesellschaftliche Konstruktion von ‹Experten› kann daher nur gelingen, wenn gleichzeitig die ‹Laien› die jeweilige Logik der spezifischen Wissensform ‹Expertenwissen› akzeptieren, auch wenn ihnen die Kenntnis über deren interne Abläufe zur selbständigen eigenen Problemlösung fehlt.[4]

Vor diesem allgemein-soziologischen Hintergrund haben nun Meuser und Nagel (1997) innerhalb der Methodendiskussion zum Experteninterview zu Recht darauf verwiesen, dass es methodentechnisch prinzipiell zwei Möglichkeiten gibt, den Expertenstatus eines potenziellen Interviewpartners zu bestimmen. Die eine Option stellt vorrangig auf das Forschungsinteresse des Sozialwissenschaftlers ab: Zum Experten für den Wissenschaftler wird derjenige, der ihm mit Blick auf sein spezifisches Forschungsthema Relevantes beizutragen verspricht. In einem methodologischen Sinn wäre der Expertenstatus demnach ein je nach Forschungsinteresse (auch) zugeteilter Status von Wissenschaftlern, mit anderen Worten: ein situativ-relationaler Status. Treibt man diesen Gedanken auf die Spitze – etwa indem man Interviewpartner in einem biographieorientierten Forschungsprojekt als ‹Experten ihrer selbst› bezeichnet –, ist der Begriff des Experten nicht mehr diskriminierend: Jeder Interviewpartner ist dann quasi per definitionem ‹Experte›.

Aus diesem Grund ist es methodologisch zwingend, sich dem Expertenstatus anders zu nähern: Eine Person wird nur dann Adressat von Experteninterviews, wenn begründeterweise angenommen wird, dass sie über Wissen verfügt, «das sie zwar nicht alleine besitzt, das aber doch nicht jedermann bzw. jederfrau in dem interessierenden Handlungsfeld zugänglich ist» (Meuser/Nagel 1997, S. 484). Daher bezieht sich die von den Forschern «vorgenommene Etikettierung einer Person als Experte (…) notwendig auf eine im jeweiligen Feld vorab erfolgte und institutionell-organisatorisch zumeist abgesicherte Zuschreibung» (ebd.). Dies bedeutet, dass sich das Experteninterview auf einen Personenkreis richtet, der hinsichtlich der jeweiligen Forschungsfragen einen deutlichen Wissensvorsprung aufweist (vgl. dazu auch Walter 1994, S. 271) bzw. durch eine «institutionalisierte Kompetenz zur sozialen Konstruktion von Wirklichkeit» (Hitzler u.a. 1994) im forschungsrelevanten Feld beiträgt. Kurzum: Adressaten von Experteninterviews sind demnach Funktionseliten innerhalb eines organisatorischen und institutionellen Kontextes. Diese Funktionseliten[5] zeichnen sich zum einen dadurch aus, dass sie für den Entwurf, die Implementierung oder auch die Kontrolle einer Problemlösung verantwortlich sind. Zum anderen gelten diejenigen Personen als Experten, die über einen privilegierten Zugang zu Informationen hinsichtlich Personengruppen und Entscheidungsprozessen verfügen (vgl. Meuser/Nagel 1991, S. 443).

Dies bedeutet auch, dass es weder die Person des Experten noch dessen Biographie sind, die den Sozialforscher im Rahmen von Experteninterviews an einem Experten interessieren; stattdessen wird der in einem «Funktionskontext eingebundene Akteur zum Gegenstand der Betrachtung» (Meuser/Nagel 1997, S. 485). Der Fokus wissenschaftlichen Interesses ist dabei selektiv gerichtet auf die Problemsicht des Experten innerhalb ‹seines› organisatorischen und institutionellen Zusammenhangs.

Expertenwissen ist freilich nicht einfach als ‹Rezeptwissen› abfragbar; nicht alles, was ihr Denken und Handeln beeinflusst, gehört zum bewussten Wissensrepertoire der Experten selbst. Vielmehr müssen die jeweiligen Relevanzsysteme bzw. die «überindividuellen, handlungs- bzw. funktionsbereichsspezifischen Muster des Expertenwissens (...) entdeckt, d. h. interpretativ rekonstruiert werden» (ebd., S. 183). Damit ist es letztlich die Aufgabe der sozialwissenschaftlichen Interpreten, diesen ‹impliziten Hintergrund› des Handelns zu rekonstruieren.

2 Datenerhebung

Methodologischer Hintergrund

Der praktische Verwendungszusammenhang von Experteninterviews ist es, komplexe Wissensbestände zu rekonstruieren, die für die Erklärung sozialer Phänomene, auf die sich das aktuelle Forschungsinteresse bezieht, von Bedeutung sind. Experteninterviews beziehen sich entweder auf diejenigen Akteure, die als Funktionseliten implizite und explizite Regelsysteme, Strukturen und Entscheidungsprozesse in dem relevanten Wirklichkeitsausschnitt repräsentieren, oder auf ‹intime Kenner› der Situation im relevanten Feld, die nicht notwendigerweise (mehr) direkt zur Funktionselite gehören müssen.

Leitfadengestützte Experteninterviews sind thematisch strukturierte Interviews. Ziel ist es, die Eigenpräsentation der Akteure durch erzählgenerierende Fragen zu motivieren. Um sowohl eine inhaltliche Fokussierung als auch eine selbstläufige Schilderung zu gewährleisten, kommt ein offen und unbürokratisch zu handhabender Leitfaden zum Einsatz, der hinreichend Raum für freie Erzählpassagen mit eigenen Relevanzsetzungen lässt (vgl. auch Hopf 1978). Mit dieser Ausrichtung gehört das Experteninterview zu den so genannten offenen Verfahren und entspricht damit den Grundannahmen des interpretativen Paradigmas, wie es Wilson (1973) versteht.

Dazu kurz einige Erklärungen: In den 1970er Jahren wurde die Debatte über die methodologischen Grundlagen der Sozialwissenschaften durch die Auseinandersetzung zwischen den konkurrierenden Standpunkten des normativen und des interpretativen Paradigmas markiert. Die hypothesenprüfenden und standardisierten Verfahren wurden dabei den rekonstruktiven Verfahren gegenübergestellt. Während sich Wirklichkeit bei ersteren als eine von den Subjekten unabhängige, so genannte objektive Wirklichkeit darstellt, ist sie bei den rekonstruktiven Verfahren nicht von den jeweils konkreten Interpretationsleistungen der Subjekte unabhängig zu denken. Das heißt, die Frage danach, wie die Subjekte ihre Wirklichkeit konstruieren, führt konsequenterweise dazu, empirisch an der Alltagswelt der Subjekte anzusetzen, da diese die sozialen und natürlichen Zusammenhänge ihrer Welt deuten – eine Fähigkeit, die im Laufe der Sozialisation erlernt und strukturiert wird. Damit ist eine bestimmte Realitäts- und Wirklichkeitsauffassung bezeichnet, nämlich: Wirklichkeit als eine zu interpretierende zu verstehen, und zwar nicht nur in der Weise, dass sie in hohem Maß interpretationsbedürftig ist, sondern vielmehr sich selbst überhaupt erst in den Interpretationen der Subjekte konstituiert (vgl. Bohnsack 1991).

Interpretative Sozialforschung versucht daher konsequerweise, soziale Wirklichkeit dadurch zu erfassen, dass sie die in der Alltagswelt der Subjekte generierten Erfahrungen, Perspektiven, Sinngebungen und Relevanzstrukturen zu rekonstruieren sucht. Das Experteninterview wird der soeben skizzierten Eigentümlichkeit der Sozialwelt insofern gerecht, als es die zentralen Postulate interpretativer Sozialforschung – ‹Offenheit› und ‹Kommunikation› (vgl. Hoffmann-Riem 1980) – aufnimmt sowie dem Postulat der ‹Prozesshaftigkeit im Forschungsprozess› gerecht wird:

- Die Datengewinnung vollzieht sich im Experteninterview als kommunikativer Akt. Damit wird auf die Konstitutionsbedingungen sozialwissenschaftlicher Datengewinnung verwiesen, in denen der «Zugang des Forschers zu bedeutungsstrukturierten Daten» nur dann gelingt, wenn «er eine Kommunikationsbeziehung mit dem Forschungssubjekt eingeht und dabei das kommunikative Regelsystem des Forschungssubjekts in Geltung läßt» (Hoffmann-Riem 1980, S. 346).

- Mit dem Experteninterview kann der Prozesshaftigkeit des Forschungsablaufs Rechnung getragen werden. Eine schrittweise Gewinnung und Prüfung von Daten ist möglich, wobei Zusammenhang und Beschaffenheit der einzelnen Elemente sich allmählich und in einem ständigen reflexiven Bezug herausschälen. In diesem Sinn geht es um ein Entdeckungsverfahren, bei dem die Forscher – wie es Kleining (1982, S. 231, zit. in Witzel 1985, S. 233) ausdrückt – «den Weg der Überwindung des Vorverständnisses gehen, und zwar im Prozeß des Forschens». Der Gesprächsverlauf im Interview beinhaltet die Möglichkeit, einen reziproken Verstehensprozess zu entwickeln.

Das Experteninterview eignet sich also zur «Exploration des Unbekannten» (Behnke/Meuser 1999, S. 13). Mit der relativ weitgehenden Eigenpräsentation der Forschungssubjekte wird ein Oktroyieren künstlicher und für die Eigenperspektive der Informanten irrelevanter Erhebungsschemata weitgehend vermieden und ein notwendiges Maß an Offenheit erreicht. Damit wird es den Forschungssubjekten ermöglicht, andere Dimensionen und Wirklichkeitskonstruktionen zum Ausdruck zu bringen, als die Wissenschaftler erwarten. Für die Interviewpraxis bedeutet dies, Fragen mit narrativer Generierungskraft (vgl. unten) zu stellen und die Erzählsequenzen der Interviewpartner nicht zu beeinflussen.

Die eigentümliche ‹Zwitterposition› des Experteninterviews

Innerhalb der interpretativen Verfahren der empirischen Sozialforschung, aber auch verglichen mit den ‹harten›, hypothesenprüfenden und standardisierten Methoden gilt das Experteninterview als ein eher «randständiges Verfahren» (Meuser/Nagel 1997, S. 481), das – wie bereits angesprochen – in der methodologischen bzw. methodischen Diskussion kaum reflektiert wird. Meist firmiert es unter der groben Rubrik ‹nichtstandardisiertes› bzw. ‹qualitatives› Interview.

Es ist ebenfalls bereits darauf verwiesen worden, dass die geringe Beachtung des Experteninterviews damit zusammenhängen dürfte, dass es keine ‹reine› Form einer methodischen Ausrichtung präsentiert, sondern eine forschungspragmatisch begründete Mischform der Datenerhebung darstellt: Zum einen haben Experteninterviews eine klar definierte inhaltliche Ausrichtung, die durch den Leitfaden vorstrukturiert ist. Dabei ist der Fokus des Experteninterviews auf das Herantasten an bestimmte exklusive Wissensbestände der Befragten gerichtet. Die je individuellen Motiviertheiten und Begründungen der Experten im biographischen Entstehungszusammenhang werden dabei bewusst vernachlässigt. Experten interessieren nicht als Personen, sondern als Träger von Wissen, an dem der Sozialforscher interessiert ist. Experten stehen daher lediglich für Strukturzusammenhänge, sie verkörpern organisationale und institutionelle Entscheidungsstrukturen und Problemlösungen, sie repräsentieren Wissensbestände im Sinne von Erfahrungsregeln, die das Funktionieren von sozialen Systemen bestimmen – oder sie haben ‹nur› Einblick in all diese Wissensbestände. Zum anderen fehlt dem Experteninterview eine streng induktive Vorgehensweise, wie wir sie beispielsweise im autobiographisch-narrativen Interview vorfinden; vielmehr wird eine Kombination aus Induktion und Deduktion mit der Chance auf Modifikation der theoretischen Konzepte oder Kategorien der Forscher vorgenommen. Mit anderen Worten: Mit der Entscheidung, bestimmte Experten mit Hilfe eines bestimmten Leitfadens zu befragen, ist die Ausrichtung auf einen bestimmten Wirklichkeitsausschnitt gefallen, auf den dann im Interview Bezug genommen wird. Die Funktionsgebundenheit der Interviewpartner bedeutet für das Experteninterview per se eine Vorstrukturierung. Bei der Auswahl der Experten, aber auch im Interview selbst müssen die Forscher dieser thematischen Schwerpunktsetzung Rechnung tragen. Hinzu kommt, dass der locker strukturierte und flexibel einsetzbare Leitfaden bereits Ausdruck erster (theoriegeleiteter) Hypothesen ist, die dann mit der sozialen Realität konfrontiert werden.

Allerdings ist das Experteninterview gerade durch seine relative Offenheit dazu geeignet, konzeptionelle Vorüberlegungen ‹über den Haufen zu werfen›, sodass die Theoriegenerierung durch die Befragten erhalten bleibt. Die Bedeutungsstrukturierung der sozialen Wirklichkeit bleibt durch die erzählende Gesprächsstruktur dem Befragten überlassen. Die im Expertengespräch generierten Erkenntnisse über das ‹Feld› modifizieren die weitere Untersuchung. Diese doppelte Ausrichtung des Experteninterviews kann als ‹geschlossene Offenheit› bezeichnet werden: Zum einen strukturieren konzeptionelle Überlegungen das Feld, zum anderen bleibt durch das Erzählprinzip die Bedeutungsstrukturierung durch die Forschungssubjekte erhalten. Deduktion und Induktion gehen Hand in Hand.

Die Erhebungssituation als Gratwanderung zwischen Strukturierung und Offenheit

Die Erkenntnischancen des Experteninterviews werden zum einen in der Annäherung an ein alltagsweltlich vertrautes Kommunikationsschema gesehen, in dem die bereits erwähnten Forschungsprinzipien der Offenheit und der Kommunikation ihren Ausdruck finden. Zum anderen wird die Gesprächssituation durch konzeptionelle Vorüberlegungen strukturiert. Dieser doppelten Struktur des Experteninterviews, die als ‹geschlossene Offenheit› beschrieben wurde, wird in der Interviewpraxis dadurch Rechnung getragen, dass ein mehr oder minder ausführlicher und flexibel handhabbarer Interviewleitfaden vorbereitet wird. Dieser Fragebogen ist das Resultat theoretisch-wissenschaftlicher Vorüberlegungen, mit denen die Forscher die Feldphase vorbereiten. Die Betonung liegt auf ‹Offenheit› und ‹Flexibilität›; denn grundsätzlich gilt, dass es sich bei einem Expertengespräch um keine geschlossenen Fragen handelt, also keine Antwortkategorien vorgegeben sind. Der Detaillierungsgrad der Fragen ist niedrig; sie sind der alltagsweltlichen Gesprächssituation angepasst und keinesfalls vorformuliert anzuwenden. Die Leitfragen sind als Gedächtnisstützen gedacht: Sie motivieren den Interviewpartner zu einem Gespräch mit eigenen Relevanzsetzungen, ohne die verschiedenen Dimensionen der Erkenntnisabsicht sowie den interessierenden Problembereich zu vergessen.

In der Erhebungssituation zeichnet sich das Experteninterview trotz seiner konzeptionellen Vorüberlegungen durch eine offene Gesprächstechnik aus, bei der die Interviewer zwischen einer thematisch-kompetenten Gesprächsinitiierung und -leitung sowie einer zurückhaltend-interessierten Haltung im Interviewverlauf changieren müssen. Der Grad der Strukturierung des Interviewverlaufs durch einen Leitfaden und durch einen gezielt fragenden, diskursiven oder eher betont zurückhaltenden Interviewstil ist letztlich nicht abstrakt vorzuentscheiden, sondern ausschließlich nach dem Kriterium der Gegenstandsadäquanz zu beantworten. Dafür ist eine gewisse Kenntnis des Handlungsfeldes des Experten unabdingbar, wie es das folgende Praxisbeispiel mit betrieblichen Managern verdeutlicht (vgl. Trinczek 1995).

Für das Gelingen eines Experteninterviews mit Vertretern des betrieblichen Managements ist erforderlich, die Interviewführung – wie in jedem anderen Feld auch – an die Regeln der alltäglichen Kommunikation dieses ganz besonderen Kontextes anzupassen. Dies heißt beispielsweise für die Anfangssequenz des Interviews, dass von den interviewten Managern – eine Klientel, sie sich als chronisch zeitarm wähnt – typischerweise eine Gesprächssituation erwartet wird, welche zielgerichtet und effizient strukturiert ist; es wird in aller Regel erwartet, von einem Forschungsteam mit präzisen Fragen konfrontiert zu werden. Meist wird die Interviewsituation nach den üblichen Begrüßungsritualen denn auch mit den

Worten eingeleitet: «So, jetzt schießen Sie mal los. Was wollen Sie von mir wissen; fragen Sie einfach» (ebd., S. 62). Zeit wird in der betrieblichen Kommunikation als knappes Gut gehandelt, und dies spiegelt sich eben in der Erwartungshaltung nach einer solchen vermeintlich klaren und effizienten Gesprächsstrukturierung wider. Erst wenn sich im Laufe der Interviewsituation die Gesprächsatmosphäre entspannt, relativiert sich üblicherweise diese ursprüngliche Erwartungshaltung an eine Gesprächsverteilung im Stil einer Frage-Antwort-Struktur.

Umgekehrt kann allerdings ein Experteninterview genauso misslingen, wenn von den Interviewern überangepasst ein Gesprächsverhalten an den Tag gelegt wird, das zwar den gängigen Vorstellungen des jeweiligen Handlungsfeldes entspricht, aber nicht mehr berücksichtigt, dass hinter den Selbstinszenierungen auch andere Sprachstile und Verhaltensweisen hervorgelockt werden können. Genau in dieser Situation bewährt sich die Offenheit und Flexibilität qualitativer Interviewführung, die das Experteninterview auszeichnen.

Für das Interviewerverhalten heißt das, dass in Antizipation der alltagsweltlichen Kommunikationsstrukturen – zumindest in der Anfangsphase des Interviews – ein situationsadäquater Fragestil geboten ist, der dem Sprachcode und dem sozialen Kontext der Interviewpartner angepasst ist. Ob dabei ein eher non-direktiver Frageton angebracht ist oder ein Fragestil, der in diskursiv-argumentativer Manier ein Gespräch zu initiieren versucht, muss in der je konkreten Situation entschieden werden. Als Faustregel gilt: Eine bezugnehmende Anteilnahme der Interviewer am Expertenwissen trägt in der Regel zum Gelingen eines Interviews bei. Im Idealfall trifft die wissenschaftliche Untersuchung bei Experten auf Neugierde an der Sache. Dafür werden dann Geheimnisse gelüftet sowie Informationen und Erfahrungen extemporiert.

Eine leitfadengestützte Gesprächsführung mit Experten hat den Vorteil, dass sie dem thematischen Fokus des Forschungsinteresses gerecht wird. Gleichzeitig bedeutet die konzeptionelle Aufbereitung des Themas, dass sich die Interviewer bereits im Vorfeld des eigentlichen Interviews mit dem Handlungsfeld vertraut machen.

Dies hat entscheidende Vorteile: Zum einen verhindert eine solche inhaltliche Auseinandersetzung mit dem Gegenstand des Experten die Gefahr, im Interview lediglich zum ‹Erfüllungsgehilfen› des Leitfadens zu werden. Der Leitfaden bestimmt nicht den Ablauf des Diskurses; die Interviewer sind lediglich dazu angehalten, im Interesse ihres Forschungsprojekts verschiedene Dimensionen des Themas anzusprechen. Die in die Entwicklung des Leitfadens miteingeflossene inhaltliche Arbeit erleichtert es, die verschiedenen Dimensionen des Forschungsinteresses frei zu formulieren, also sie, ohne am Leitfaden zu kleben, umzusetzen sowie durch immanentes Nachfragen weitergehende Erzählungen zu generieren. Zum anderen beschränkt die inhaltliche Sachkunde der Interviewer die Gefahr, sich in Themen zu verlieren, die nichts mehr mit dem Forschungsinteresse zu tun haben.

Ein inhaltlich kompetentes Auftreten der Forscher im Interview bedeutet eine Respektsbekundung gegenüber den Interviewpartnern, die ihre Zeit zur Verfügung stellen. Im betrieblichen Kontext (um noch einmal das Beispiel der betrieblichen Manager aufzugreifen) kann ein zu ‹offener› Fragestil beim Gegenüber auch als Respektlosigkeit aufgefasst werden, weil unspezifische Fragen zum eigenen Fachgebiet mit Nichtwissen und dieses wiederum mit Interesselosigkeit gleichgesetzt wird. Und noch auf ein weiteres Spezifikum des betrieblichen Handlungsfeldes soll aufmerksam gemacht werden: Nicht selten erwarten die Manager von Forschungsteams einen intellektuellen Gedankenaustausch zwischen Wissenschaft und Praxis, bei dem die betrieblichen Akteure «ihrer Lust am handlungsentlasteten intellektuellen Austausch, am Argumentieren und Diskutieren» nachkommen können (Trinczek 1995, S. 64). Die Interviewer sind in einer solchen Situation dazu angehalten, bewusst Gegenpositionen zu formulieren, sodass der Interviewte seine subjektiven Relevanzsetzungen diskursiv entfalten kann. Diese Art konstruktiv-diskursiver Interviewführung setzt allerdings inhaltlich wie sozial in hohem Maße kompetente Interviewer voraus und ist letztlich auch mit Gefahren verbunden. So kann das Interesse des Experten am Gedankenaustausch eine Reziprozität der Perspektiven unterstellen und den Interviewer in die Rolle des Co-Experten drängen. Zudem provoziert eine derartige diskursive Gesprächsstruktur möglicherweise ein Abstraktionsniveau, das explizit indexikal ist, wenig Narrationen enthält (keine Erzählungen generiert) und jegliche Detaillierungen außen vor lässt. In anderen Fällen kann das Interview zur bloßen rhetorischen Inszenierung des Standpunkts des Experten werden. Um derartige verfahrene Interviewsituationen positiv zu wenden, schlagen Meuser und Nagel (1991, S. 449) vor, dann das Forschungsinteresse nochmals neu zu rahmen, eine Detaillierung der thematischen Fokussierung vorzunehmen und diese in den Kontext des Experten einzubetten. Gelingt dies nicht, so ist aus forschungsethischen Gründen ein ‹Gesichtsverlust› zu vermeiden. Es ist in einer derartigen diffizilen Situation geboten, sich auf den Diskursverlauf des Gesprächspartners einzulassen und das Interview in dem dafür vorgesehenen Zeitraum zu beenden.

Das Experteninterview ist also, was die soziale und inhaltliche Kompetenz der Interviewer betrifft, voraussetzungsvoll. Grundsätzlich gilt, dass die ‹gegenseitige Fremdheit› der Akteure zum Auslöser wird, sich über die anliegende Thematik zu verständigen. Meistens beginnt das Interview mit Fragen der Experten zur Forschungsfrage und zum Auftraggeber der Forschung. Bereits in dieser ersten Sequenz der Begegnung werden wichtige Zeichen für den weiteren Gesprächsverlauf gesetzt. Es ist der Intuition des Forschers vorbehalten, den Ton zu wählen und – wenn nötig – Kompetenzen (unauffällig) zu demonstrieren.

Es gibt keine dekontextualisierten, d. h. ‹reinen› Interviewsituationen. Im Experteninterview (wie auch bei anderen Erhebungsmethoden der empirischen Sozialforschung) wirken mit Sicherheit Status und Milieuzugehörigkeit, Geschlecht, aber auch die Generationszugehörigkeit der Interviewer auf die Erhebungssituation. Das gilt für alle Phasen im Forschungsprozess: Feldzugang, Datenerhebung und -interpretation. Daraus folgt, dass, wenn schon diese nicht kontrollierbaren Kontextbedingungen nicht ausgeschaltet werden können (niemand tritt z. B. jemals als geschlechtsloses Wesen in die Forschungsinteraktion), so doch wenigstens deren Bedeutung für die Interviewsituation reflektiert werden kann und muss. Für das Experteninterview heißt dies, dass zwar einige ‹ideale› Situationen ausgemacht werden können, in denen beispielsweise eine ‹habituelle Übereinstimmung› von Forschern und Experten von Vorteil ist. Gleiches kann aber auch zum Nachteil geraten. Für einen fruchtbaren diskursiv-argumentativen Interviewdiskurs beispielsweise, wie er von betrieblichen Managern teilweise erwartet wird, spielt die Qualifikation und auch der formale Status eine wichtige Rolle: «Unpromovierte ‹Youngster› aus der Wissenschaft können da – völlig unabhängig von ihrer wahren Kompetenz – in den Augen von Management-Vertretern kaum bestehen» (Trinczek 1995, S. 65).

Umgekehrt können aber gerade solche Statusdemonstrationen für Interviewpartner bedrohlich wirken und den Gesprächsfluss hemmen. Manchmal, so Behnke und Meuser (1999, S. 79), kann eine «Harmlosigkeitsunterstellung» gegenüber jüngeren Forschern zum Vorteil geraten, weil offener und vertraulicher kommuniziert wird. Einen ähnlich gelagerten Geschlechtseffekt spüren vor allem jüngere Forscherinnen, die sich in männerdominierten Forschungsfeldern bewegen. Neben der kulturell tief verankerten Zuweisung von emotionaler Kompetenz an Frauen erhalten diese auch deshalb wichtige Informationen, weil man davon ausgeht, dass bestimmte Fakten für sie erklärungsbedürftig sind, und ihnen nicht zugetraut wird, über spezifische Sachverhalte aufgeklärt zu sein. Diese Zuschreibungen können im Interview strategisch genutzt werden, weil die ‹weibliche Dummheitsunterstellung› immer auch an die Bereitschaft der (männlichen) Experten appelliert, Aufklärung zu betreiben (Abels/Behrens 1998, S. 86).

Für das Experteninterview ist – soweit dem nicht das explizite Interesse des Interviewpartners entgegensteht – eine Tonbandaufzeichnung zwingend. Bekanntlich ist die Aufbereitung und Auswertung von empirischem Material ein Prozess der systematischen und kontrollierten Datenvernichtung; allerdings sollte dieser Prozess ‹kontrolliert› und ‹systematisch› erfolgen und nicht der jeweiligen Erinnerungsleistung des Interviewers bzw. Protokollanten geschuldet sein. Daher ist die Praxis in zahlreichen ‹großen› Sozialforschungsinstituten, die aus forschungsökonomischen Gründen von vornherein auf die Aufzeichnung der Interviews verzichten, unter methodischen Gesichtspunkten als hochgradig problematisch einzuschätzen. Der beliebte Spruch, man sei selbst überrascht, dass man sich wortwörtlich an ganze Interviewpassagen erinnern und mit Sicherheit alle wichtigen Informationen im Protokoll festhalten könne, hat angesichts der wahrnehmungspsychologischen Einsicht in die durch das eigene Vorwissen und eigene inhaltliche Positionen geprägte selektive Informationsaufnahme kaum Bestand. Protokolle sind nur im Fall verweigerter Aufzeichnung angezeigt, sollten unmittelbar nach dem Interview angefertigt werden, und die Forscher sollten sich deren Status als Material von lediglich sekundärer Qualität bewusst sein.

3 Dateninterpretation und Feedback

Datenaufbereitung

Eine entscheidende Frage bei der Datenaufbereitung ist die Frage nach der Transkriptionsgenauigkeit. Während bei der Herstellung des Primärmaterials eine eindeutige Linie (und zwar: durchgängige Tonbandaufzeichnung) zwingend ist, da man sich ansonsten jeglicher Möglichkeit der (Eigen- wie Fremd-)Kontrolle eigener Einschätzungen und Interpretationen am Originalmaterial begibt, sind die Kriterien bei der Verschriftlichung des Tonbandmaterials weniger ‹hart›.

Im Idealfall ist natürlich ein Volltranskript wünschenswert, wobei die Transkriptionsregeln nicht den Grad an Detailliertheit und Genauigkeit des Transkripts sicherstellen müssen, wie dies etwa bei Verfahren der ‹dokumentarischen Interpretation› (nach Bohnsack) erforderlich ist. Als Regel gilt: Das Transkript muss – jenseits des schieren Textes – all die Informationen umfassen, die bei der Interpretation genutzt werden. Wer nicht vorhat, systematisch etwa Sprechpausen im Interview auszuwerten und zu interpretieren, der muss diese auch nicht im Transkript kenntlich machen.

Volltranskripte haben für die wissenschaftlichen Mitarbeiter eines Projekts den entscheidenden Vorteil, dass die zeitaufwendige

Aufgabe der Herstellung dieser Volltranskripte ‹fremdvergeben› werden kann. Was dann ‹nur› noch zu tun ist, ist der Abgleich des Tonbandmitschnitts mit dem erhaltenen Transkript und dessen eventuelle Korrektur – insgesamt auf jeden Fall eine erhebliche Zeitersparnis (für – nebenbei bemerkt – ja vergleichsweise hoch qualifiziertes und teures Personal, das sich während der eingesparten Zeit sinnvolleren Aufgaben widmen kann). Der entscheidende Nachteil ist die hohe Kostenintensität, die zunehmend weniger Projektträger in vollem Umfang zu tragen bereit sind.

Nicht zuletzt aus diesem Grund hat es sich eingebürgert, dass Experteninterviews nur noch selektiv transkribiert bzw. überhaupt nur noch paraphrasiert werden. Selektive Transkription und Paraphrasierung können jedoch nur von den wissenschaftlichen Mitarbeitern selbst bzw. von speziell eingearbeiteten studentischen Mitarbeitern erledigt werden, da die Kriterien der Selektion und die Relevanzkriterien bei der Paraphrase (wo ausführlich, wo kursorisch) nur von kompetentem Personal mit detaillierter Kenntnis des Forschungsinteresses adäquat in Anschlag gebracht werden können. Der Nachteil liegt auf der Hand: Ein erhebliches Zeitkontingent qualifizierten Personals wird für diese Tätigkeit gebunden. Als Vorteil ist dagegen – neben dem Vorliegen von ‹handhabbarem› und bereits inhaltlich ‹reduziertem› Material – vor allem die intime Kenntnis des Interviewmaterials anzusehen: Wer ein Interview in dieser Weise bearbeitet hat, kennt es in der Regel außerordentlich gut.

Eines muss bei dieser Form des Umgangs mit dem Material allerdings stets bedacht sein: Die Selektionsschritte bei der Paraphrase bzw. der Transkription – häufig unter solch harmlos klingende Label wie etwa ‹Datenaufbereitung› gefasst – sind bereits erste Schritte der Interpretation, die jedoch in aller Regel nicht als solche wahrgenommen bzw. kenntlich gemacht werden. Was wird transkribiert, was paraphrasiert, was inhaltlich gerafft, was relativ genau paraphrasiert, welche theoriehaltigen Begriffe werden in die Paraphrase eingeführt usw. – all dies sind ohne Zweifel erste Interpretationsschritte des Forschers im Prozess der Datenaufbereitung. Nicht umsonst hat Ralf Bohnsack für diesen Schritt konsequenterweise die Bezeichnung «formulierende Interpretation» gewählt (1991, S. 36).

Der zweite Schritt der Datenaufbereitung ist die inhaltliche Verschlagwortung des Interviews durch das Einfügen von thematischen Überschriften.

Fall	TEIL-THEMEN (T 1–6)								
F 1	T2	T5	T2	T1	T6	T3	T4	T3	T6
F 2	T1	T6	T4	T2	T5	T4	T3		
F 3	T5	T1	T6	T1	T4	T3	T2	T6	T4	T2
F 4	T4	T5	T2	T1	T6	T3			
F 5	T6	T2	T1	T3	T5	T4	T5	T2	

Arbeitsschritt: «Überschriften»

Zwar ist der Forderung von Meuser und Nagel prinzipiell zuzustimmen, dass dabei «textnah vorzugehen (ist), d. h. die Terminologie der Interviewten» (1991, S. 457) aufzugreifen sei. Bei Leitfadeninterviews dürfte es sich jedoch regelmäßig ergeben, dass sich im Interviewtext die verschiedenen Punkte des Leitfadens wiederfinden; daher bietet es sich an, die Interviews – soweit der Interviewtext dies zulässt – gleich nach den Themen des Leitfadens zu untergliedern. Die Existenz gleicher Überschriften in den verschiedenen Interviews erleichtert dann auch den abschließenden Schritt der Datenaufbereitung von Leitfadeninterviews, nämlich die Aufhebung der Sequenzialität des einzelnen Interviewtextes und das Rearrangement des gesamten empirischen Materials unter die verschiedenen thematischen Überschriften.

Fall	TEIL-THEMEN (T 1–6)					
F 1	T1	T2	T3	T4	T5	T6
F 2	T1	T2	T3	T4	T5	T6
F 3	T1	T2	T3	T4	T5	T6
F 4	T1	T2	T3	T4	T5	T6
F 5	T1	T2	T3	T4	T5	T6

Arbeitsschritt: Aufhebung der Sequenzialität

Gerade mit Blick auf die Aufhebung der Sequenzialität des Textes und auf das weitere Vorgehen bei der Auswertung und Interpretation der Interviews muss nun freilich dem eigentümlichen ‹Zwittercharakter› des Experteninterviews (vgl. oben) Rechnung getragen werden. Das heißt, dass beim weiteren Arbeiten mit dem Interviewmaterial zwischen der ‹Fallgestalt›, also dem einzelnen Interview als Ganzem, und dem nach Themenblöcken geordneten Material ständig changiert wird. Während bei Ersterem vor allem die inhärente Logik des Expertengesprächs sowie die kontextuelle Einbettung und Entstehung von Argumentationen (aber auch Ungereimtheiten und Widersprüche im Interview) interessieren, geht es bei der (quer-)dimensionalen Analyse, wie sie weiter unten detaillierter beschrieben wird, um den systematischen Vergleich der inhaltlichen Passagen. Etwas zugespitzt formuliert lässt sich sagen, dass die dimensionale Analyse des Interviewmaterials darauf abzielt, die erhobenen Daten zu reduzieren und in einer verdichteten Geordnetheit wiederzugeben. Die Fallgestalten füllen dabei jedoch die gerafften Informationen stets wieder mit Leben; sie (re-)kontextualisieren komprimierte Forschungsdaten, indem sie z. B. über die jeweiligen Perspektiven, Relevanzsetzungen sowie institutionellen Rahmenbedingungen von Interviewpersonen – in unserem Fall Experten – Auskunft geben.

Als hilfreich bei der Datenaufbereitung hat sich die Nutzung entsprechender Spezial-Software erwiesen (etwa MAX). Zwar wird man bei Nutzung dieser Programme nicht der Erledigung der einzelnen soeben beschriebenen Arbeitsschritte enthoben, aber bereits der letzte Schritt, die thematisch orientierte Neuordnung des Interviewmaterials, wird von diesen Programmen automatisch erledigt. Daneben haben diese Programme den Vorteil, bei der Verschlagwortung von Interviews problemlos mit der Bildung überlappender thematischer Blöcke zurechtzukommen und auch die Zuweisung mehrerer Überschriften zu einzelnen thematischen Blöcken ohne jeden Aufwand zu akzeptieren. Entscheidender Vorteil solcher Programme ist jedoch, dass sie es zum einen zulassen, auch nach Aufhebung der Sequenzialität des Einzelfalls Sozialdaten und weitere Informationen über den Interviewpartner den einzelnen Interviewsegmenten zuzuordnen, und dass sie es zum anderen ermöglichen, stets zwischen Fallgestalt und entsequenzialisiertem Themenblock hin- und herzuwechseln. Auf diese Weise ist es möglich, bei Bedarf beide Textebenen ständig gleichzeitig im Blick zu behalten.

Mit Experteninterviews kann im Prozess der Datenaufbereitung und -interpretation ganz Unterschiedliches gemacht werden – je nach Erkenntnisabsicht. Mitunter interessiert der einzelne Experte als besonderer Fall, mal ist die Analyseebene die Organisation (und es werden die verschiedenen Expertengespräche, die in einer Organisation geführt wurden, zu einer Organisationsfallstudie verdichtet), mal ist das forscherische Interesse auf das Erstellen einer Typologie ausgerichtet. Da an dieser Stelle nicht auf alle diese verschiedenen Verfahren eingegangen werden kann, werden wir uns im Folgenden auf den Fall des Erstellens einer Typologie konzentrieren.

Zur Interpretation des Experteninterviews: Das Beispiel der typologisierenden Analyse

Am Ende der ‹Datenaufbereitung› liegt das gesamte Material aller Interviews inhaltlich nach den jeweiligen Punkten des Leitfadens geordnet vor. Dies bedeutet nicht nur, dass die Sequenzialität des einzelnen Interviews aufgehoben ist, sondern auch, dass das Einzelinterview zwar immer noch als Fallgestalt präsent ist, gleichzeitig aber auch textlich aufgelöst wird und im weiteren Fortgang der Arbeit teilweise nicht mehr als weitere Arbeitsgrundlage dient. Gearbeitet wird nun wesentlich mit dem aus allen Interviews zu jeweils einem spezifischen Teil-Thema extrahierten Material, wobei freilich immer wieder zur weiteren Kontextualisierung der Einzeltexte auf die Fallgestalt zurückgegriffen wird. Ein solches Teil-Thema kann sich – je nach Differenziertheit der Datenaufbereitung – auf eine oder mehrere inhaltlich relevante ‹Überschriften› beziehen. Diese Teil-Themen werden gemeinhin als einzelne inhaltliche ‹Dimensionen› des Gesamtmaterials bezeichnet; eine Analyse des Materials, die sich hierauf konzentriert, heißt entsprechend ‹(quer-)dimensionale Analyse›.

Teil-Thema	Fälle (1–5)				
T 1	F1	F2	F3	F4	F5
T 2	F1	F2	F3	F 4	F5
T 3	F1	F2	F3	F4	F5
T 4	F1	F2	F3	F4	F5
T 5	F1	F2	F3	F4	F5
T 6	F1	F2	F3	F4	F5

Arbeitsschritt: Reorganisation des Materials entlang der Teil-Themen (Dimensionen)

Nun gehen Soziologen professionsbedingt von der sozialen Strukturiertheit von Wissen, Einschätzungen und Interpretationen in der gesellschaftlichen Wirklichkeit aus. Dies bedeutet, dass sie mit dem (sich in aller Regel bestätigenden) Anfangsverdacht an ihr empirisches Material herangehen, es könnten sich möglicherweise hinter der Vielfalt individueller Äußerungen in den Interviews eine begrenzte Anzahl typischer Einstellungen, Positionen, Orientierungen, Konstruktionen von Wirklichkeit usw. finden lassen, die herauszuarbeiten lohnend ist. Häufig ist es auch genau dies, wofür ihnen Förderinstitutionen entsprechende Mittel zur Verfügung stellen.

Um solche typischen Ausprägungen von Wirklichkeit zu rekonstruieren, werden bei der Interpretation des Materials in einem ersten Schritt für jedes als relevant erachtete Teil-Thema die entsprechenden Passagen aus den verschiedenen Interviews systematisch inhaltlich miteinander verglichen, um jeweils Gemeinsamkeiten und Unterschiede herauszuarbeiten. Diese Gemeinsamkeiten und Unterschiede werden dann für jedes Teil-Thema typologisierend verdichtet, sodass am Ende dieses Schritts eine Vielzahl von ‹dimensionalen Typologien› erstellt ist, in denen das komplexe Interviewmaterial strukturiert und verdichtet vorliegt und die alle für sich textlich verarbeitbar sind. Derartige dimensionale Typologien beschränken sich daher ausdrücklich auf die Rekonstruktion der Strukturiertheit gesellschaftlicher Wirklichkeit in (mehr oder weniger kleinteilig ausgewählten) Ausschnitten der forschungsrelevanten Wirklichkeitsbereiche.

Sollte es allerdings das Ziel des Forschungsvorhabens sein, eine komplexe Typologie eines bestimmten sozialen Gegenstandsbereichs zu erarbeiten, muss in einem weiteren Schritt nach bestimmten typischen Kombinationen von Ausprägungen in den dimensionalen Einzeltypologien gefahndet und die innere Logik der Typen kontrastierend rekonstruiert werden. Dies erfordert, dass bei diesem Arbeitsschritt wiederum die einzelnen Fälle als ganze ins Blickfeld genommen werden, dass also die Aufteilung des Gesamtmaterials in verschiedene Teil-Themen insoweit zurückgenommen werden muss, als nun interessiert, wie sich in jedem einzelnen Fall die Ausprägungen auf den Dimensionen kombinieren.

Fall	TEILTHEMEN (T 1–6) (typische Ausprägungen a – c)					
F 1	T1 – c	T2 – a	T3 – b	T4 – b	T5 – a	T6 – a
F 2	T1 – a	T2 – a	T3 – a	T4 – b	T5 – b	T6 – a
F 3	T1 – b	T2 – b	T3 – b	T4 – a	T5 – b	T6 – b
F 4	T1 – a	T2 – a	T3 – a	T4 – b	T5 – b	T6 – a
F 5	T1 – a	T2 – a	T3 – a	T4 – b	T5 – b	T6 – b

Arbeitsschritt: Fallspezifische Ausprägungen der dimensionalen Typologien

Zum anderen muss gleichzeitig eine Entscheidung über die für die Gesamttypologie als typrelevant zu erachtenden Dimensionen gefällt werden. Die Wahrscheinlichkeit, dass alle Themenblöcke (und das können zahlreiche sein) als gleich relevant erachtet werden, ist gering. Diese gewichtende Extraktion der typrelevanten Dimensionen aus dem Material stellt in aller Regel den schwierigsten interpretativen Schritt bei der Erstellung komplexer Typologien dar – und kann nur in einer rekonstruktiven Herangehensweise erfolgreich bewerkstelligt werden, die den Versuch unternimmt, die zentralen ‹Bausteine› der verschiedenen Fälle, aus denen sich deren Logik wesentlich erschließen lässt, kontrastierend herauszuarbeiten.

Ist dies erfolgreich bewältigt, wird ein Verfahren eingesetzt, das man – etwas überspitzt formuliert – als ‹qualitative Clusteranalyse› bezeichnen könnte: Das Material wird entlang den fallspezifischen Kombinationen der Ausprägungen in den einzelnen relevanten Dimensionen dahin gehend untersucht, ob sich klar gegeneinander abgegrenzte Kombinationen finden lassen, die eine gewisse innere Logik aufweisen und die dann zur Rekonstruktion der Gesamttypologie genutzt werden können. Insofern ist es zwingend, dass die einzelnen Typen stets an den Fallgestalten, die den Typen zuzuordnen sind, rekonstruktiv validiert werden.

Typen	Typrelevante Dimensionen T1, T3, T5		
1 (= F1)	T1 – c	T3 – b	T5 – a
2 (= F2, F4, F5)	T1 – a	T3 – a	T5 – b
3 (= F3)	T1 – b	T3 – b	T5 – b

Arbeitschritt: «Qualitative Clusteranalyse»

Die Interpretation empirischen Materials ist ohne Zweifel derjenige Schritt im Forschungsprozess, für den es – aus verständlichen Gründen – am schwierigsten ist, ‹Rezeptwissen› zu formulieren. Entsprechende skizzenhafte Hinweise, wie sie am Beispiel der typologisierenden Analyse daher auch nur kurz angedeutet werden konnten, verbleiben zwangsläufig etwas arg schematisch auf der formalen Ebene der Beschreibung von Arbeitsschritten, helfen demjenigen, der vor mehreren Ordnern an Interviewmaterial steht, aber nur bedingt weiter. Nach wie vor ist es so, dass bei der Interpretation Forschungserfahrung, Imagination, Kreativität usw. wesentlich hineinspielen – alles Qualitäten, die zwar in gewisser Weise erlernbar sind, die sich allerdings nur bedingt lehrbuchmäßig vermitteln lassen. Die Qualität von Interpretationen ist es jedoch letztlich, die über die Qualität eines empirischen Sozialforschers entscheidet.

Formen des Feedbacks

Das Feedback ist im Grunde kein besonderer oder gar integraler Bestandteil des Experteninterviews als Methode. Dies bedeutet nun allerdings nicht, dass in Projekten, die sich dieses Verfahrens bedienen, nicht auch Feedbackprozesse organisiert werden können – nur: Diese stehen weder formal noch inhaltlich in einem besonderen Zusammenhang zum gewählten methodischen Vorgehen, sondern werden als (mehr oder weniger) selbstverständliche Service-Leistung des Forschungsteams gegenüber den Interviewpartnern verstanden, die man auch erbracht hätte, wenn man sich anderer Methoden bedient hätte. Mitunter ist die Zusicherung eines solchen Feedbacks auch Teil von Vereinbarungen mit den beforschten Organisationen, die überhaupt erst den Zugang zu diesem Feld sichern.

Dabei steht bei den Interviewpartnern zum einen das Interesse an einem ‹kompetenten Blick von außen› auf die eigene soziale Praxis im Vordergrund. Dies wird Wissenschaftlern zumeist zugetraut, da man ihnen in gewisser Hinsicht Neutralität und Unvoreingenommenheit unterstellt und sie auch keiner interessierten Position mit konkreten Handlungsabsichten verdächtigt, wie dies etwa bei externen Unternehmensberatern der Fall ist, bei denen Experten häufig (und wohl auch zu Recht) den Verdacht hegen, hier werde gezielt die Situation von und in Organisationen ‹schlecht geredet›, um sich dann selbst als möglicher ‹Retter in der Not› präsentieren zu können.

Zum anderen sind Experten auch daran interessiert zu erfahren, wie sich die Situation in anderen Organisationen ausnimmt, die das Projektteam ebenfalls beforscht hat. Man weiß, dass das längere Eingebundensein in eine Organisation zu einer systematischen Einschränkung der eigenen Perspektive führen kann, sodass man sich von den Forschern einen Blick ‹über den eigenen Tellerrand hinaus› wünscht. Vielleicht kann man ja auch die eine oder andere Anregung für das eigene Expertenhandeln aus diesem Feedback mitnehmen.

Üblicherweise erfolgt das Feedback vor dem endgültigen Abschluss des Forschungsvorhabens. Damit kann es – neben den bereits erwähnten Funktionen für die befragten Experten – auch für das Forschungsteam noch eine produktive Funktion erhalten: Es kann sowohl dazu dienen, sachliche Fehler zu bereinigen, wie auch dazu, Interpretationen und Einschätzungen mit den Experten zu diskutieren, um diese dann möglicherweise vor dem Hintergrund neuer zusätzlicher Informationen noch zu spezifizieren oder zu modifizieren.

In der Praxis haben sich zwei Formen des Feedbacks bei Experteninterviews als probate Verfahren erwiesen: das ‹Einzelfeedback› und die ‹Expertentagung›. Vor- und Nachteile der beiden Optionen liegen auf der Hand: Das Einzelfeedback, in dessen Rahmen Feedbackprozesse in jeder an der Untersuchung beteiligten Organisation stattfinden, zeichnet sich durch höhere Spezifität des Feedbacks sowie durch eine dichtere und fallnähere Diskussion aus. Dem möglichen zusätzlichen Informationsgewinn steht allerdings der hohe (Zeit-)Aufwand für das Forschungsteam gegenüber – und dies just in der Projektabschlussphase, die ohnehin typischerweise durch eine angespannte Zeitsituation geprägt ist.

Zu Expertentagungen werden alle an der Untersuchung beteiligten Experten eingeladen und mit den (zwangsläufig summarischer ausfallenden) Projektergebnissen konfrontiert. Dieses Verfahren hat nicht nur den Vorteil, dass es organisatorisch und zeitlich weniger aufwendig ist als das Einzelfeedback, sondern auch, dass im Austausch der Experten untereinander vielfach neue Perspektiven auf den Forschungsgegenstand generiert werden.

Allerdings leiden solche Feedbacktagungen regelmäßig – so zeigen unsere Erfahrungen – an der Abwesenheit zahlreicher Experten, was den realen Erkenntnisgewinn schmälert.

4 Anwendungsbeispiel

Experteninterviews werden in der Forschungspraxis in gänzlich unterschiedlichen Kontexten eingesetzt: Je nach Untersuchungsdesign werden sie entweder explorativ-felderschließend genutzt, oder sie stehen im Zentrum des methodischen Designs eines Forschungsvorhabens (Meuser/Nagel 1991, S. 445 f.). Im ersten Fall liefern Experten zusätzliche Informationen wie Hintergrundwissen und Rahmendaten; damit haben sie zugleich eine wichtige Gatekeeper-Funktion, da ihr Kontextwissen hilfreich ist, sich ‹verschlossenen› Feldern zu nähern. Ziel derartiger Experteninterviews ist es, Informationen über das Kontextwissen des Handelns der ‹eigentlichen› Zielgruppe zu liefern. Beispielhaft kann hier auf die soziale Ungleichheitsforschung verwiesen werden, in der so genannte Experten wie Sozialarbeiter, aber auch Amtsleiter oder Psychologen wichtige Hintergrundinformationen (wie Strukturdaten, politische Richtlinien, geschichtliches Hintergrundwissen u. Ä.) liefern können, die die zentrale Zielgruppe des Forschungsvorhabens (z. B. Sozialhilfeempfänger oder allein erziehende Väter) aus einer ‹externen Perspektive› kommentieren. Ihre Aussagen sind Dokumente (neben anderen), mit denen Strukturen der Handlungssituation der eigentlichen Zielgruppe eruiert werden sollen.

Neben dieser explorativ-felderschließenden Funktion bilden Experteninterviews in zahlreichen Studien aber auch das zentrale Erhebungsinstrument. Experten sind dann die Zielgruppe der Untersuchung, und die Interviews dienen dem Zweck, ihre Perspektive auf das Handlungsfeld, ihre zugrunde liegenden Orientierungen und Handlungsmuster aufzudecken. Das (Insider-)Wissen der Experten interessiert hier nicht im Hinblick auf ihr Kontextwissen; vielmehr ist ihr «Betriebswissen» für die Untersuchung zentral.[6]

Im Folgenden soll ein Forschungsvorhaben skizziert werden, in dem Expertengespräche als wesentliches Erhebungsinstrument eingesetzt wurden. Es handelt sich dabei um eine Untersuchung über ‹betriebliches Interessenhandeln›[7]. In dieser Untersuchung ging es darum, die unterschiedlichen politischen Kulturen der Austauschbeziehungen zwischen Management und Betriebsrat in bundesdeutschen Betrieben zu analysieren. Ziel des Projektes war es, eine Typologie dieser Interaktionsmuster zu erstellen.

Den theoretischen Kern dieses Forschungsprojekts bildet ein interaktionistischer Ansatz, der betriebspolitische Fragen grundsätzlich im strukturellen Kontext des Kapital-Arbeit-Verhältnisses verankert sieht. Der Ansatz geht davon aus, dass es jeweils betriebsspezifische Organisations- und Verhandlungskulturen mit einem Nebeneinander von Machtbeziehungen und Konsens- bzw. Verständigungshandeln auf Basis individueller und kollektiver Interessen gibt. Diese Kulturen beinhalten – neben einem anerkannten Set von formellen wie informellen Regeln und Normen – historisch in Interaktionsbeziehungen gewachsene, bewährte und damit zwar stabile, nichtsdestoweniger aber auch veränderbare Muster der Problemwahrnehmung und -verarbeitung. Die spezifische Ausgestaltung der sozialen Beziehungen zwischen den Betriebsparteien kann dabei als Sediment der strukturell asymmetrischen innerbetrieblichen Machtauseinandersetzung verstanden werden.

Allerdings sind die je konkreten Machtverhältnisse in einem Betrieb mit dem Verweis auf das Kapital-Arbeit-Verhältnis keineswegs hinreichend charakterisiert. Vielmehr wird die betriebliche Kräftekonstellation von einer Vielzahl von Faktoren beeinflusst (z. B. von der ökonomischen Lage des Unternehmens, der Branchenzugehörigkeit, der Produktions- und Produktstruktur, der Managementpraxis, der Struktur der Belegschaft, vom gewerkschaftlichen Organisationsgrad, dem gesellschaftlichen und politischen Bewusstsein der betrieblichen Akteure und den jeweiligen Interessenlagen), deren Bedeutung ‹objektiv› und auch in der subjektiven Wahrnehmung der beteiligten Akteure von Betrieb zu Betrieb unterschiedlich ausgeprägt sein kann.

Das Forschungsinteresse war – wie gesagt – vor allem auf die Rekonstruktion typischer Interaktionsmodi zwischen Betriebsräten und Geschäftsleitungen gerichtet, also auf unterschiedliche (wie wir es genannt haben) ‹Kulturen der Austauschbeziehungen›. Im Vordergrund standen folgende Fragekomplexe:

(a) In welcher Weise und in welchem Maß werden Interessenauseinandersetzungen zwischen den Betriebsparteien durch Momente einer tradierten, betrieblichen Organisations- und Verhandlungskultur strukturiert und reguliert?

(b) Die Positionen der beiden Betriebsparteien stellen selbst wiederum das Ergebnis von internen Abstimmungsprozessen dar. Von Interesse ist daher die Rekonstruktion dieser internen Aushandlungsprozesse und deren Rückwirkung auf die politische Kultur der jeweiligen Betriebe. Dabei zielte das Projekt insbesondere auf die Feinstrukturen innerbetrieblicher Beziehungen – die Details, welche von den theoretischen Analysen der Betriebsverfassung allzu häufig als ‹Quantité négligeable› betrachtet wurden.

An diesen Zielvorstellungen war die Konstruktion des Leitfadens wesentlich orientiert. Neben der Berücksichtigung der unerlässlichen ökonomischen, regionalen und konzernspezifischen Rahmenbedingungen konkretisierten sich die Fragestellungen in folgenden Themenbereichen:

- Betriebsgeschichte, aktuelle wirtschaftliche Lage des Betriebs;
- Struktur des Managements/des Betriebsrats: Zusammensetzung, Rekrutierungsbedingungen, Machtstrukturen, Qualifikation usw.;
- Alltagspraxis der Akteure, Informations- und Kommunikationsstrukturen;
- Struktur der Belegschaft: Umfang, Zusammensetzung, Qualifikation usw.;
- Lohn- und Leistungspolitik;
- Verhältnis zum Unternehmerverband/zur Gewerkschaft, zur Mitbestimmung und zur Tarifpolitik;
- Verhältnis zur Belegschaft, Funktion und Gestaltung der Betriebsversammlung;
- Verhältnis zwischen Betriebsrat und Management, ihre Interaktionsformen: das Alltagsgeschäft, Routinen, Konflikte, Verhandlungsmittel, Lösungswege/Aushandlungsprozeduren usw.;

- Verhandlungsresultate, ‹working consensus›, Perspektiven auf zukünftige Veränderungen.

Diese Themenkomplexe wurden im Rahmen der Leitfadenentwicklung stärker konkretisiert. So wurde beispielsweise mit Blick auf den Betriebsrat folgenden Fragen nachgegangen: Wie groß ist der Handlungsspielraum des Betriebsrats? Verläuft er streng an der Grenze des Betriebsverfassungsgesetzes, oder reicht er darüber hinaus? Relevant sind die faktischen Mitbestimmungsbefugnisse, die über formell eingeräumte Beratungsfunktionen hinausreichen, die vom Betriebsverfassungsgesetz abweichende Zahl der Freistellungen von Betriebsräten usw.

Um die Vergleichbarkeit der von uns in den einzelnen Firmen erhobenen Daten sicherzustellen, haben wir uns zusätzlich in allen Betrieben den Ablauf von von den Befragten selbst als besonders ‹schwierig› eingeschätzten Bargaining-Fällen ausführlich schildern lassen; auf diese Weise wurden eingeübte Konflikteskalationsstrategien mit ihren typischen Formen des Einsatzes von Machtmitteln erhoben. Um die unterschiedliche Aushandlungs- und Regelungspraxis der Betriebe bei vorgegebenen Rahmenbedingungen vergleichend studieren zu können, wurde darüber hinaus in den Interviews nach der für alle Betriebe zur Untersuchungszeit wichtigen Umsetzung der Tarifverträge zur Arbeitszeitverkürzung gefragt.

Insgesamt wurden 32 Betriebe aufgesucht, in 26 von ihnen fanden Kurzrecherchen statt, und in sechs Betrieben wurden Intensivfallstudien durchgeführt. Bei den Kurzrecherchen beschränkten wir uns auf zwei bis drei Experteninterviews mit Vertretern der Geschäftsleitung und mit dem Betriebsrat; in den Intensivfallstudien wurden sechs bis acht Expertengespräche mit verschiedenen Managementvertretern und Betriebsräten durchgeführt.

Um den Gesprächscharakter zu wahren, fungierten die themenzentrierten Leitfäden nur als Orientierungshilfe, von der – je nach Gesprächsdynamik und Ergiebigkeit – auch abgewichen werden konnte; in bestimmten thematischen Kontexten waren längere Erzählsequenzen der Befragten erwünscht. Die Interviewer waren lediglich gehalten, alle wichtigen Dimensionen im Verlauf des Gesprächs zu erfassen, um die Vergleichbarkeit der Resultate sicherzustellen. Die Gespräche wurden mit wenigen Ausnahmen auf Band mitgeschnitten und anschließend komplett bzw. teiltranskribiert.

Alle Interviews wurden zunächst einer ersten Aufbereitung unterzogen, die in diesem Arbeitsschritt der chronologischen Struktur des Interviews folgte. Die folgende thematische Aufbereitung war darauf abgestellt, mit dem aufbereiteten Material sowohl längs- wie querschnittsorientierte Auswertungen zu ermöglichen. Dazu wurden die transkribierten Protokolle einer thematischen Umgruppierung unterworfen, durch die der Gesprächsverlauf teilweise aufgelöst und das Protokoll gleichzeitig auf die wesentlichen Passagen hin verdichtet wurde.

In einem nächsten Schritt wurden so genannte Betriebsprofile erstellt, in die die Informationen aller Interviews einflossen, die in einem Betrieb durchgeführt worden waren. In diesen kürzeren Texten von etwa sechs bis acht Seiten sind alle wesentlichen Informationen über einen Betrieb, seine Akteure und Interaktionsstrukturen anhand der für unsere Fragestellung wesentlichen Kategorien knapp zusammengefasst. Die Betriebsprofile dienten zum einen als Orientierungshilfe bei der querdimensionalen Auswertung, weil es kaum möglich ist, alle Facetten der 32 Betriebe jeweils präsent zu haben; zum anderen wurden sie für die Rekonstruktion der Typen herangezogen.

Für diese Rekonstruktion der typischen Interaktionsmuster waren nicht zuletzt die sechs Intensivfallstudien zentral. Für die Fallstudienbetriebe wurden zusätzlich aufeinander bezogene Längsschnittanalysen der Interviews durchgeführt. Diese Analysen wurden dann – unter Nutzung der Originaltranskripte und des jeweiligen Betriebsprofils – zu betrieblichen Falldarstellungen verdichtet. Aus diesen Falldarstellungen und dem Material aus den Kurzrecherchen, in dem sich auch Varianten eines Typus finden ließen, wurde schließlich der Interaktionstypus gebildet.

Die innerbetrieblichen Austauschbeziehungen zwischen Management und Betriebsrat lassen sich anhand typkonstitutiver Kriterien zu einer Reihe von Interaktionsmustern zusammenfassen und typologisieren. Aus dem Material konnten fünf Dimensionen als grundlegend für die Typisierung herausgearbeitet werden. Diese Dimensionen verdichten sich zu einer Art ‹Konfiguration›, also zu einer Gruppe von Merkmalen oder Faktoren, die typischerweise gemeinsam auftreten und in dieser Gemeinsamkeit einen spezifischen Modus innerbetrieblicher industrieller Beziehungen konstituieren. Es sind dies:

(a) Interessendefinition und Wahrnehmung der betrieblichen Interessenkonstellation;
(b) strukturierender Interaktionsmodus;
(c) Machtmittel;
(d) Rolle der Belegschaft;
(e) Beziehung zu den Verbänden.

Die fünf Dimensionen, auf die hier inhaltlich nicht näher eingegangen werden kann, wurden weder rein analytisch noch rein empirisch gewonnen. Vielmehr stellen sie spezifische Relevanzsetzungen der Befragten in einem vom Forschungsteam qua Leitfadenkonstruktion in gewisser Weise vorstrukturierten Themenfeld dar. ‹Analytisch› sind die Dimensionen insofern, als sie Teil eines größeren Themenspektrums sind, das das Forschungsteam im Vorfeld der Empirie durch Literaturrecherchen, Explikation empirischer Vorkenntnisse und theoretische Reflexion gewonnen hatte und durch das es die in diesem Feld relevanten Einflussfaktoren abgedeckt sah. Als ‹empirisch› sind die Dimensionen hingegen zu bezeichnen, da sich in ihnen die im Feld vorgenommenen Selektionen, Präferenzen und Akzentuierungen der Befragten widerspiegeln. In den Interviews rekurrierten die Interviewpartner zur Charakterisierung ‹ihrer› Austauschbeziehungen typischerweise vor allem auf diese fünf Dimensionen aus dem vom Forschungsteam angebotenen und im Interview thematisierten Spektrum.

Ziel der hier vorgelegten Untersuchung war es, Aussagen über die Interaktionsmuster in ihrer inneren Vielfalt, ihrer empirischen Breite und vor allem ihrer typischen Strukturiertheit zu treffen, nicht aber über deren Verteilungen bzw. ‹quantitative (numerisch gesicherte) Repräsentativität›.

In der nachstehenden Übersicht sind die typkonstitutiven Dimensionen mit ihren wichtigsten Ausprägungen zusammengefasst und den sechs Interaktionstypen zugeordnet.

Typen / Dimensionen	Konfliktorisches Interaktionsmuster	Interessenbezogene Kooperation	Integrationsorientierte Kooperation
Interessendefinition	Dominanz divergierender Interessen mit partiell antagonistischen Zügen	Anerkennung gemeinsamer Interessen bei Betonung divergierender Interessen	Anerkennung divergierender Interessen, Dominanz der betrieblichen als gemeinsamer Interessen
Strukturierender Interaktionsmodus	Konflikt als Modus des Interessenausgleichs mit Option auf Kompromiss	Kompromiss als Modus des Interessenausgleichs mit Option auf Konflikt	‹Rationale› Argumentation und Sachzwangverpflichtung
‹Pace-Setter› (prägt den Interaktionsstil)	Betriebsrat	Betriebsrat	Geschäftsleitung und Betriebsrat
Dominante Form der Alltagskommunikation	Institutionalisierte Treffen kollektiver Gremien	Institutionalisierte Treffen kollektiver Gremien	Kollektive Verhandlungen mit Vier-Augen-Gespräch im Vorfeld
In Konfliktsituationen eingesetzte Machtmittel	Streik in allen Formen	Streik als selten eingesetztes Mittel in eingeschränkter Form	– /
	Herstellung betriebsexterner und -interner Öffentlichkeit durch den BR	Herstellung betriebsinterner Öffentlichkeit durch den BR	– /
	Betriebsexterne Konfliktregulierung durch GL und BR	Bereitschaft zu betriebsexterner Konfliktlösung bei GL und BR	Konsensuale Anrufung externer Stellen als neutralem Schlichter
	Strategischer Einsatz der Mitbestimmungsrechte durch BR	Strategischer Einsatz der Mitbestimmungsrechte durch BR	Drohung des BR mit verschärfter Handhabung der Mitbestimmungsrechte
	Drohung mit ökonomischen Sanktionen durch GL	Eingeschränkte Drohung mit ökonomischen Sanktionen durch GL	– /
	Einsatz symbolischer Machtmittel durch BR und GL	Einsatz symbolischer Machtmittel durch BR und GL	Einsatz symbolischer Machtmittel durch BR und GL

Harmonistischer Betriebspakt	Patriarchalische Betriebsfamilie	Autoritär-hegemoniales Regime
Dominanz der betrieblichen Interessen als gemeinsame, divergierende Interessen, nur bei betriebspolitischen Randthemen	Interessenidentität, Belegschaftsinteressen gehen im Betriebsinteresse auf	Vernachlässigung der Belegschaftsinteressen bei reibungsloser Durchsetzung der betrieblichen Interessen
Vertrauensvolle Einigung zwischen Management und BR-Vorsitzendem	Akzeptierte Hegemonie der GL mit gelegentlicher Appellation des BR an Eigentümer	Unangetastete Hegemonie der GL, betriebspolitische Marginalisierung des BR
Geschäftsleitung und BR(-Vorsitzender)	Geschäftsleitung (Eigentümer)	Geschäftsleitung
Häufige Vier-Augen-Gespräche, Termine nach beiderseitigem Bedarf	Geringe Kommunikationsdichte, seltene Vier-Augen-Gespräche	Äußerst geringe Kommunikationsdichte, sehr seltene Vier-Augen-Gespräche
– /	– /	(Keine offenen Konfliktsituationen, Verzicht des BR auf Einsatz von Machtmitteln)
– /	– /	– /
– /	– /	– /
Hinweis des BR auf ‹seine› Mitbestimmungsrechte	– /	– /
– /	– /	Rigorose Durchsetzung der GL-Politik
Einsatz symbolischer Machtmittel durch BR und GL	Appell an Moral und Gerechtigkeit durch den BR	– /

Typen Dimensionen	Konfliktorisches Interaktions-muster	Interessenbezo-gene Koopera-tion	Integrationsori-entierte Koope-ration
Rolle der Beleg-schaft im inner-betrieblichen Po-litikprozess	Enges Verhältnis von BR und Be-legschaft. Exklu-sive Vertretungs-kompetenz des BR	Im Konfliktfall enger Bezug, sonst nur in re-duziertem Maß	Marginalisierung der Belegschaft. Stellvertreterpoli-tik des BR
Verhältnis zu den Verbänden	BR als Avantgar-de der Gewerk-schaft, Unterneh-men solidarisch zum AGV	BR als verlänger-ter Arm der Ge-werkschaft, prag-matisches Verhältnis der GL zum AGV	‹Gebremste› betriebspartikula-ristische Koope-ration auf beiden Seiten

Typologie der Interaktionsmuster

5 Möglichkeiten und Grenzen der Methode

Der Grundsatz empirischer Sozialforschung, die Methode dem je-weils individuellen Gegenstand angemessen zu wählen und an ihm zu entwickeln, gilt auch für das Experteninterview. Ob nun explo-rativ-felderschließend oder im Fokus der eigentlichen Hauptunter-suchung stehend, geben Experteninterviews exklusive Einblicke in Strukturzusammenhänge und Wandlungsprozesse von Handlungs-systemen, etwa in Entscheidungsstrukturen und Problemlösungen von Organisationen und Institutionen. Sie informieren über die In-sider-Erfahrungen spezifischer Status- und Interessengruppen und eröffnen den Zugriff auf implizite Regeln, die an der Schnittstelle zwischen makro- und mikrosoziologischer Analyse zu verorten sind.

Experteninterviews ermöglichen damit eine privilegierte Pro-blemsicht. Sie repräsentieren mit ihrem in einen Funktionskontext eingebundenen Akteurswissen kollektive Orientierungen und ge-ben Auskunft über ein funktionsbereichsspezifisches Wissen.

Durch seine doppelte Ausrichtung, die wir ‹geschlossene Offen-heit› genannt haben, nimmt das Experteninterview allerdings eine eigentümliche Zwitterposition innerhalb des interpretativen Para-

Harmonistischer Betriebspakt	Patriarchalische Betriebsfamilie	Autoritär-hegemoniales Regime
Marginalisierung der Belegschaft. Stellvertreterpolitik des BR	Pakt zwischen Eigentümer und Belegschaft bei partieller Exklusion des BR	Exklusion der Belegschaft als Kollektiv
Weitgehende betriebspartikularistische Kooperation auf beiden Seiten	Abschottung des Betriebs gegenüber den jeweiligen Verbänden	Gewerkschaft und AG-Verband als betriebs politisch unbedeutende Größen

digmas ein. Immer dann, wenn das Forschungsinteresse darauf abzielt, komplexe Wissensbestände zu rekonstruieren, ohne auf bereits vorab formulierte theoretische oder sekundäranalytische Überlegungen zu verzichten, sind Gespräche mit Experten eine vorzügliche Methode, neue Einblicke in Forschungsfelder zu gewinnen, ohne konzeptuelle Vorüberlegungen außen vor lassen zu müssen bzw. diese erst gar nicht zu explizieren. Im Gegenteil: Indem theoretisches Vorwissen offen gelegt (und in den Fragekomplexen des Interviews zum Ausdruck gebracht) wird, besteht die Möglichkeit, neu gewonnene Erkenntnisse in den Forschungsprozess wieder einzuflechten. Explikation und Prozesshaftigkeit manifestieren sich so wechselhaft in dem Prinzip der Reflexivität von Gegenstand und Analyse, einem der zentralen methodologischen Kriterien qualitativer Forschung. Die Vorteile von Experteninterviews liegen also auf der Hand: Durch die Prinzipien der Prozesshaftigkeit, Kommunikation und Flexibilität bieten Experteninterviews Erkenntnischancen qualitativen Zuschnitts. Gleichzeitig sind thematische Schwerpunktsetzungen und gegenstandsbezogene (erste) Hypothesen möglich – ohne in standardisierter Manier lediglich vorab konzeptualisiertes Wissen zu überprüfen. Sowohl in der Erhebungssituation als auch bei der Auswertung des Datenmaterials hilft die Geordnetheit der Themen, vergleichend zu interpretieren und die Vielfalt der Informationen in Typiken zu kondensieren.

Ziel auch hierbei ist die ‹Entdeckung des Unbekannten›. Theoriebildung findet im Forschungsprozess durch interpretierte Handlungs-, Deutungs- und Wahrnehmungsmuster statt.

Trotz der erkenntnistheoretischen Chancen von Expertengesprächen soll abschließend auf zwei potenzielle Problemzonen hingewiesen werden, die sowohl im Forschungsdesign reflektiert als auch in der konkreten Interviewsituation von den Interviewern gelöst bzw. austariert (oder auch: ausgehalten) werden müssen.

Zum einen ist die Gratwanderung zwischen Strukturierung und Offenheit, also der themenzentrierte Zuschnitt in der Erhebungssituation sowie in der Auswertung des Materials bei möglichst weitgehender Eigenpräsentation der Forschungssubjekte, ein voraussetzungsreiches Unterfangen. Denn wie es beispielsweise gelingt, trotz leitfadengestützter Interviewführung einen offenen Ablauf des Gesprächs zuzulassen, damit eigene Relevanzsetzungen der Interviewpartner diskursiv entfaltet werden können, ist nicht zuletzt der sozialen Kompetenz der Interviewer geschuldet. Nur dadurch kann sichergestellt werden, dass die Erkenntnischancen einer forschungspragmatischen Fokussierung des Experteninterviews genutzt werden können, ohne der Gefahr aufzusitzen, die Perspektive über Gebühr einzuschränken.

Inhaltliche und soziale Kompetenz aufseiten des Interviewers ist darüber hinaus erforderlich, weil die Tatsache, ein Interview mit jemandem zu führen, der über ein privilegiertes Sonderwissen verfügt (also ein Experte ist), es in spezieller Weise notwendig erscheinen lässt, sich bei seinem Gegenüber als akzeptierter Fragekommunikator auszuweisen. Das heißt, dass Kenntnisse des Handlungsfeldes unabdingbar sind. Gleichzeitig birgt die demonstrative Präsentation von Detailkenntnissen wissenschaftlicher (Co-)Experten auch die Gefahr, ein ‹Experten-Duell› zu inszenieren, sodass der eigentliche Erkenntnisgewinn verloren geht. Auch hier sollte das Bemühen im Vordergrund stehen, die Selbstverständlichkeiten der eigenen Wahrnehmung und Deutung des Sozialen ‹einzuklammern› und durch dieses Prinzip der Fremdheit zwischen Forschenden und Erforschten ‹Neues› auch in vermeintlich vertraut scheinenden Terrains zu entdecken.

Zum anderen darf der (u. a. auch zugeschriebene) Expertenstatus nicht darüber hinwegtäuschen, dass es sich auch bei einem Expertengespräch um die jeweiligen Perspektiven, Sinngebungen und Relevanzstrukturen eines Gesellschaftsmitglieds handelt. Eine künstliche Trennung zwischen Person und Experte ist unseres Erachtens problematisch, weil auch ein exklusives Wissen grundsätzlich stets nur über die Person und deren Erfahrungshintergrund zugänglich ist.

Anmerkungen

1 Hinzu kommt, dass das Experteninterview häufig auch ‹nur› explorativ-felderschließend genutzt wird (vgl. unten); mit Expertengesprächen wird nicht selten der Weg in die ‹eigentliche› Hauptuntersuchung vorbereitet, die dann auf einem anderen methodischen Zugang basiert. An explorative Verfahren werden aber üblicherweise nicht dieselben strengen methodologischen und methodischen Maßstäbe herangetragen wie an die in den Hauptuntersuchungen genutzten Verfahren – und daher bedürfen solche Verfahren auch nur reduzierter Aufmerksamkeit (so auch Meuser/Nagel 1997, S. 482).

2 In einer gesellschafts- und modernisierungstheoretischen Diskussion über die Folgen der so genannten Expertokratisierung der Gesellschaft werden in kritischer Perspektive die Folgen dieser ungleichen Wissensverteilung diskutiert (vgl. dazu Hitzler u. a. 1994). Die Diskrepanz zwischen dem Wissen des Einzelnen und dem produzierten und verfügbaren Wissen der Gesamtgesellschaft wird in diesem Kontext mit Stichwörtern wie «Entmündigung durch Experten», «Expertenherrschaft» u. Ä. diskutiert. Vor allem in der Professionssoziologie, aber auch in der Eliteforschung finden sich einschlägige Arbeiten darüber.

3 Vgl. hierzu insbesondere Sprondel (1979), der bei seiner Gegenüberstellung von ‹Experte› und ‹Laie› explizit an die Schütz'schen Überlegungen anschließt.

4 Dass diese wechselseitig akzeptierten komplementären Zuschreibungen des Experten- und Laienstatus nun selbst dem gesellschaftlichen Wandel unterliegen, zeigt sich an der neueren Debatte um das Verhältnis von Laien und Experten, etwa am Beispiel von so genannten Risikotechnologien (vgl. etwa Beck 1986).

5 Meuser und Nagel (1994) orientieren sich an einem handlungstheoretischen Elitebegriff. Eliten werden über ihre Funktion und nicht über ihre Position (Positionselite) bestimmt; sie sind qua ihrer Funktion in der Lage, die sozialen Prozesse in ‹ihrem› Sozialsystem in stärkerem Maße zu beeinflussen als Nicht-Eliten. In dieser Hinsicht sind Eliten anderen Mitgliedern dieses Systems ‹überlegen› (vgl. dazu auch Endruweit 1979, S. 43).

6 Zur Unterscheidung von Kontext- und Betriebswissen vgl. Meuser/Nagel 1991, S. 446.

7 Die Ergebnisse dieser Untersuchung sind in zwei Bänden dokumentiert: Bosch u. a. 1999 und Artus u. a. 2001. Die weiteren Aussagen beziehen sich auf denjenigen Untersuchungsteil, der sich mit der Situation in den alten Bundesländern beschäftigt (Bosch u. a. 1999).

Literatur

Abels, Gabriele/Behrens, Maria (1998): ExpertInnen-Interviews in der Politikwissenschaft. Das Beispiel Biotechnologie, in: Österreichische Zeitschrift für Politikwissenschaft, Jg. 27, S. 131–143.

Artus, Ingrid/Liebold, Renate/Lohr, Karin/Schmidt, Evelyn/Schmidt, Rudi/Strohwald, Udo (2001): Betriebliches Interessenhandeln, Bd. 2: Zur politischen Kultur der Austauschbeziehungen zwischen Management und Betriebsrat in der ostdeutschen Industrie, Opladen.

Beck, Ulrich (1986): Risikogesellschaft. Auf dem Weg in eine andere Moderne, Frankfurt a. M.

Behnke, Cornelia/Meuser, Michael (1999): Geschlechterforschung und qualitative Methoden, Opladen.

Bohnsack, Ralf (1991): Rekonstruktive Sozialforschung. Einführung in die Methodologie und Praxis qualitativer Forschung, Opladen.

Bosch, Aida/Ellguth, Peter/Schmidt, Rudi/Trinczek, Rainer (1999): Betriebliches Interessenhandeln, Bd. 1: Zur politischen Kultur der Austauschbeziehungen zwischen Management und Betriebsrat in der westdeutschen Industrie, Opladen.

Endruweit, Günter (1989): Elitebegriffe in den Sozialwissenschaften, in: Zeitschrift für Politik, Jg. 26, S. 30–46.

Hitzler, Ronald (1994): Wissen und Wesen der Experten. Ein Annäherungsversuch – zur Einleitung, in: Ronald Hitzler/Anne Honer/Christian Maeder (Hrsg.), Expertenwissen. Die institutionalisierte Kompetenz zur Konstruktion von Wirklichkeit, Opladen, S. 13–30.

Hoffmann-Riem, Christa (1980): Die Sozialforschung einer interpretativen Soziologie – Der Datengewinn, in: KZfSS, Jg. 32, S. 339–372.

Hopf, Christel (1978): Die Pseudo-Exploration. Überlegungen zur Technik qualifizierter Interviews in der Sozialforschung, in: Zeitschrift für Soziologie, Jg. 7, S. 97–115.

Merton, Robert K./Fiske, Marjorie/Kendall, Patricia L. (1956): The Focused Interview: A Manual of Problems and Procedures, Glencoe.

Merton, Robert K./Kendall, Patricia L. (1946): The Focused Interview, in: American Journal of Sociology, Jg. 51, S. 541–557.

Merton, Robert K./Kendall, Patricia L. (1979): Das fokussierte Interview, in: Christel Hopf/Elmar Weingarten (Hrsg.), Qualitative Sozialforschung, Stuttgart, S. 171–204.

Meuser, Michael/Nagel, Ulrike (1991): Experteninterviews – vielfach erprobt, wenig bedacht. Ein Beitrag zur qualitativen Methodendiskussion, in: Detlef Garz/Klaus Kraimer (Hrsg.), Qualitativ-empirische Sozialforschung. Konzepte, Methoden, Analysen, Opladen, S. 441–471.

Meuser, Michael/Nagel, Ulrike (1994): Expertenwissen und Experteninterview, in: Ronald Hitzler/Anne Honer/Christian Maeder (Hrsg.), Expertenwissen. Die institutionalisierte Kompetenz zur Konstruktion von Wirklichkeit, Opladen, S. 180–192.

Meuser, Michael/Nagel, Ulrike (1997): Das Experteninterview – Wissenssoziologische Voraussetzungen und methodische Durchführung, in: Barbara Friebertshäuser/Annedore Prengel (Hrsg.), Handbuch Qualitative Forschungsmethoden in der Erziehungswissenschaft, Weinheim/Basel, S. 481-491.

Schütz, Alfred (1972): Der gut informierte Bürger, in: ders., Gesammelte Aufsätze, Bd. 2: Studien zur soziologischen Theorie, Den Haag, S. 85–101.

Sprondel, Walter M. (1979): «Experte» und «Laie»: Zur Entwicklung von Typenbegriffen in der Wissenssoziologie, in: Walter M. Sprondel/Richard Grathoff (Hrsg.), Alfred Schütz und die Idee des Alltags in den Sozialwissenschaften, Stuttgart, S. 140–154.

Trinczek, Rainer (1995): Experteninterviews mit Managern: Methodische und methodologische Hintergründe, in: Christian Brinkmann/Axel Deeke/Dieter Völkel (Hrsg.), Experteninterviews in der Arbeitsmarktforschung. Diskussionsbeiträge zu methodischen Fragen und praktische Erfahrungen (= BeitrAB 191), Nürnberg, S. 59–67.

Walter, Wolfgang (1994): Strategien der Politikberatung. Die Interpretation der Sachverständigen-Rolle im Lichte von Experteninterviews, in: Ronald Hitzler/Anne Honer/Christian Maeder (Hrsg.), Expertenwissen. Die institutionalisierte Kompetenz zur Konstruktion von Wirklichkeit, Opladen, S. 268–284.

Wilson, Thomas (1973): Theorien der Interaktion und Modelle soziologischer Erklärung, in: Arbeitsgruppe Bielefelder Soziologen (Hrsg.), Alltagswissen, Interaktion und gesellschaftliche Wirklichkeit, Reinbek bei Hamburg, S. 54–79.

Witzel, Andreas (1985): Das problemzentrierte Interview, in: Gerd Jüttemann (Hrsg.), Qualitative Forschung in der Psychologie. Grundfragen, Verfahrensweisen, Anwendungsfelder, Weinheim u. a., S. 227–255.

Ursula Holtgrewe
2 Narratives Interview

1 Einleitung

In narrativen Interviews werden die Gesprächspartner veranlasst, spontane Stegreiferzählungen zu den interessierenden Forschungsfragen zu erzeugen. Eine solche Methode wird in der Organisationsforschung selten eingesetzt. Gerade das, was Organisationen ausmacht, ihre Ausbildung von Zwecken, Routinen und Mitgliedsrollen, scheint sich gegen die Lebensweltlichkeit des Erzählens zu sträuben. Andererseits sind Organisationen Räume sozialer Erfahrung. Hier handeln Menschen, sie (re)produzieren organisationelle Strukturen, deuten Situationen, bringen ihre Identitäten als Organisationsmitglieder und Personen ins Spiel, schließen Ereignisse aneinander an und stellen Kontinuitäten her. Und wie man als

Organisationsmitglied und -forscher weiß, kursieren auch und gerade in Organisationen Geschichten, gibt es Helden und Schurken, Erfolgsstorys und Tragödien. Die Produktion von Erzählungen ist auch hier «the preferred sense-making currency of human relationships among internal and external stakeholders» (Boje 1991, S. 106). Es könnte sich also lohnen, die erzählerischen Kompetenzen von Interviewpartnern gezielt zu nutzen, um mit den Möglichkeiten dieser Methode «hinter» das Erzählte zu blicken und neben den offensichtlichen Akteurskonstellationen und Ereignisketten auch hintergründige Strategien, *constraints* und Handlungsblockaden zu entdecken.[1]

Narrative Interviews in der Organisationsforschung

In der Organisationsforschung sind narrative Interviews dann zu gebrauchen, wenn es für die gewählte Fragestellung auf subjektive Erfahrungen und erzählenswerte Ereignisse ankommt. Nicht jeder Ausschnitt der sozialen Wirklichkeit, der Organisationsforscher interessiert, ist der Erzählung zugänglich. Routinen, regelmäßige Abläufe und *standard operating procedures* sind schwerlich erzählbar. («Wie war's in der Schule?» «Och, so normal.») Was erzählenswert ist, muss aus der Routine hervortreten und sich der Erzählerin und ihrem Gesprächspartner als Ereignis(-kette) präsentieren (vgl. Bohnsack 1995), die zur Sinnkonstitution, zu Bilanzierung und Evaluation anregt. Dabei wird das Relevanzsystem, in dem Erzählenswertes ausgewählt wird, von beiden in der Interviewsituation interaktiv etabliert.

Geeignet sind also im phänomenologischen Sinn «problematische» Ereignisse, an denen die Befragten beteiligt sind: wahrnehmbare Transformationsprozesse, Projekte mit einem Anfang und einem Ende oder Krisen, die Brüche und Rekonstruktionen der Erfahrung anstoßen. In der Pionierarbeit von Schütze waren dies Fusionen von Gemeinden im Zuge der Verwaltungsreformen der 1970er Jahre, deren Verläufe von beteiligten Kommunalpolitikern erzählt wurden. Das Untersuchungsfeld der Ortsgesellschaft schien Schütze in besonderer Weise geeignet, das Verhältnis von lokal situiertem Handeln und den *constraints* übergeordneter sozialer

Strukturen zu bestimmen. «Ortsgesellschaft ist neben Organisation [!; U. H.] die intermediäre soziale Einheit par excellence zwischen makrostruktureller Gesellschaftsformation und individueller Handlungsabwicklung» (Schütze 1976, S. 204).

Die «Handlungsabwicklung» ist dabei in diesem Zitat eine etwas missverständliche Formulierung: Auch und gerade das Verhältnis von Handeln und Ausführen fremdverfügter Zwänge kann dem Anspruch von Schütze nach über die Analyse von Erzählungen untersucht werden. Dieser Punkt ist hervorzuheben. Die Methode ist sensibel für Selbsttäuschungen und Prozesse, in denen weniger gehandelt denn erlitten wird – auch wenn dies in der Selbstbeschreibung der Befragten erst auf den zweiten Blick zum Ausdruck kommt.

Beschreibung und Herkunft der Methode

Das narrative Interview wurde in Deutschland von Fritz Schütze (1976; 1982; 1983; Hermanns 1995) und seinen Kollegen als Methode ausgearbeitet. Es fügt sich in die Reihe von qualitativen Verfahren ein, die mit weitreichendem, auch gesellschaftstheoretischem Anspruch in den 1970er Jahren ausgebaut wurden. Es steht in der Tradition der Phänomenologie und des symbolischen Interaktionismus (Schütz 1971; Cicourel 1975; Schatzman/Strauss 1966). Schütze wurde insbesondere von Anselm Strauss angeregt.

Typisch für das narrative Interview ist, dass Erzählungen im Unterschied zu anderen Textgenres generiert werden. Befragte sollen also nicht in erster Linie berichten, beschreiben, begründen oder argumentieren, sondern in Bezug auf den relevanten Gegenstandsbereich selbst erlebte Ereignisse und die eigene Beteiligung daran entlang der Zeitachse rekonstruieren:

• wie alles anfing;
• wie sich die Dinge entwickelten;
• was daraus geworden ist.

Dabei bedient man sich einer grundlegenden Kompetenz der Befragten, denn Erzählungen sind gesellschaftsweit geübte und gepflegte Verfahren der Entwicklung von Sinnhorizonten und Situationsdefinitionen (Schütze 1976; Wiedemann 1986). «Prinzipiell kann nämlich von der These ausgegangen werden, daß in der narrativ-retrospektiven Erfahrungsaufbereitung sowohl die Interessen- und Relevanzstrukturen, im Rahmen derer der Erzähler als Handelnder im Verlauf der zu erzählenden Ereignisabfolge handelte, als auch das Komponentensystem der elementaren Orientierungs- und Wissensbestände zur Erfahrungsaufbereitung und zur Handlungsplanung in der zu berichtenden Ereignisabfolge im aktuell fortlaufenden Darstellungsvorgang reproduziert werden müssen, so lange erzählt wird» (Schütze 1977, S. 196).

Die Erzählung verspricht in der Sicht der Vertreter dieser Methode also einen privilegierten Zugang zur Erfahrung der Subjekte, die hier nicht einfach abgefragt, sondern konstruiert und rekonstruiert wird. Die Grundannahme dabei ist, dass diese Rekonstruktion der Erfahrung in der Erzählung Muster aufweist, die den Mustern des Handelns und seiner Begrenzungen in der «Wirklichkeit» entsprechen. Dies ist so, weil Ereignisse und Handlungen eben immer erst auf dem Weg der rückblickenden Rekonstruktion zu Erfahrungen werden, die in die Identität der Subjekte eingehen und damit weitere Erfahrungen strukturieren (Mead 1934/1973; Oevermann 1991). Im narrativen Interview ist demnach gewissermaßen *sensemaking* (Weick 1995) in Echtzeit zu beobachten.

2 Datenerhebung

Die Vorbereitung

Bei der Auswahl von Interviewpartnern kommt es wie immer auf den Untersuchungsgegenstand an. Geht es um bestimmte Prozesse, Ereignisse oder Projekte, so liegt es nahe, die Akteure auszuwählen, die an diesen gestaltend und/oder betroffen beteiligt waren. Das muss nicht nur das obere Management sein. Geht es um Fragestellungen, die sich im Vorfeld weniger genau abgrenzen lassen, oder gerade darum, was die Befragten als relevant und erzählenswert betrachten, wird man *theoretical sampling* betreiben: Interviewpartner mit erwartbar unterschiedlichen oder/und ähnlichen Erfahrungen auswählen (Maximal- und Minimalkontrastierung, vgl. Strauss 1994), Rollen in der Organisation, Betriebszugehörigkeit, Alter und Geschlecht variieren usw. Eine geschichtet-«zufällige» Auswahl durch die Forscher lässt sich jedoch nicht immer realisieren. Vorsicht ist dabei geboten, sich Interviewpartner von «interessierten» Akteuren in der Organisation, sei es dem Management oder dem Betriebsrat, nennen zu lassen. Dann kann man versuchen, strategische oder versehentliche Effekte des Auswahlverfahrens zu korrigieren und sich z. B. von den Interviewpartnern weitere Ansprechpartner nennen lassen, eine Zufallsauswahl aus den von der Organisation Benannten treffen usw. Zudem geht die Methode davon aus, dass die Vielfalt subjektiver Erfahrungen und die Breite und Tiefe, mit der sie erhoben werden, einer allzu strategischen Selbstdarstellung im Sinne der Organisation Grenzen setzen. Selbst wenn die Befragten sich strategisch positionieren, ist die Interpretation sensibel für vorgeschobene Deutungen, Ambivalenzen, hintergründige Interessen und Verstrickungen.

In der praktischen Organisation der Gespräche muss man die räumlichen und zeitlichen Anforderungen narrativer Interviews einerseits, die der Organisation und der Befragten andererseits berücksichtigen. Zu rechnen ist mit einer Dauer ab anderthalb Stunden (in den wenigsten Arbeitsorganisationen empfiehlt es sich, eine Gesprächsdauer von mehr als zwei Stunden vorher anzukündigen). Die Interviews am Arbeitsplatz durchzuführen setzt voraus, dass man dort ungestört ist. Gegebenenfalls kann man einen Besprechungsraum organisieren, wenn einer vorhanden und dieses Setting für die Befragten nicht allzu ungewöhnlich oder einschüchternd ist. In der Organisation hat man jedoch das Problem des Kontextes (siehe nächsten Abschnitt), in dem etwa biographische Erzählungen schwerer zustande kommen als arbeitsbezogene. Andererseits signalisiert die Befragung während der Arbeitszeit die Legitimation und Bedeutung des Projekts – und sie erspart es den Befragten, Freizeit aufzuwenden. Vielfach werden aber die zeitlichen und thematischen Beschränkungen geringer sein, wenn man die Befragten privat aufsucht oder die Interviews im Büro der Forscher durchführt. Letzteres ist, wenn man am Ort forscht, oft günstig. Es bietet eine «neutrale» Umgebung, die die Befragten unmittelbar aus ihren eigenen Kontexten herauslockt und zu erzählenden Rekonstruktionen dieser Kontexte anregt. Natürlich sorgt die Interviewerin für Ungestörtheit.[2] Die Interviews werden auf Band aufgenommen und transkribiert.

Das Interview

Ein narratives Interview beginnt mit der Bitte um eine Erzählung. Das ist gerade in organisationellen Kontexten durchaus nicht trivial. Stellen die Forscher sich und ihr Projekt so vor, dass es sich um Arbeit und Organisation dreht, so ist die Bitte um eine Erzählung, eine biographische zumal, hoch erklärungsbedürftig. Die Annahme, dass ein Stimulus der Art «Tell me about your life» (Holstein/Gubrium 1995) kontextunabhängig umfassende und dichte biographische Erzählungen anstößt, unterschätzt die Bedeutung der Situation. Im Kontext von Organisation und Beruf erwarten Gesprächspartner, als Experten oder als Inhaber von Lebensläufen angesprochen zu werden. Die Aushandlung zwischen Interviewer und Befragter um relevante Themenfelder und Darstellungsebenen ist deswegen aufmerksam zu betreiben. Dann freilich kann sie auch wieder Aufschluss über Selbstpositionierungen und Relevanzen der Erzählerin im Untersuchungsfeld geben.

Die Abweichung von dem, was in Organisationen und von Sozialwissenschaftlern erwartet wird, ist jedoch gleichzeitig eine (mögliche) Stärke der Methode, wenn das Erzählen in Gang gekommen ist. Eine Erzählung verlangt nach Kondensierung, Detaillierung und Gestaltschließung. Damit die Geschichte verstanden wird, muss der Zuhörer die relevanten Informationen bekommen. Der Erzähler muss die Beteiligten und die Situation einführen, notwendige Erklärungen liefern, einen Spannungsbogen aufbauen und zu Ende bringen und darf sich nicht in überflüssigen Details verlieren. Diese «Zugzwänge des Erzählens» (Schütze 1976) können auch Gesprächspartner wie Politiker oder Manager, die auf strategische Selbstdarstellung und Kommunikation spezialisiert sind, dazu veranlassen, mehr an Hintergünden, Motiven, Interessen und Betroffenheiten preiszugeben, als sie das in einem anderen Darstellungsmodus täten. Wiedemann (1986, S. 76) weist allerdings darauf hin, dass die listige Wirksamkeit dieser Zugzwänge nicht zu überschätzen ist. Sie greift nur dann, wenn schon ein Vertrauensverhältnis zwischen Zuhörer und Erzählerin entstanden ist – aber umgekehrt kann ja das Erzählen ein solches Vertrauensverhältnis etablieren, wie immer räumlich und zeitlich beschränkt.

Kommt die Erzählung in Gang, so darf die Interviewerin nicht oft unterbrechen, sondern muss aktiv zuhören. Mitunter ist es nötig, den Erzähler auf dem narrativen Gleis zu halten oder ihn dorthin zurückzulotsen. Solche Nachfragen sollten im Erzählmodus bleiben: «Und dann?», «Wie ist das denn gelaufen, als …?», «Wie kam das?», «Wie haben Sie davon erfahren?» Sie dürfen nicht dazu auffordern, die Ebene zu wechseln («Warum?», «Was meinen Sie?»). Allerdings ist nach meiner Erfahrung ein Interview, in dem man sich auf den Vorrang des Erzählens geeinigt hat, ein vergleichsweise fehlerfreundliches Arrangement. Auch «falsche» Unterbrechungen, geschlossene Fragen und andere Abzweigungen sind dann durch den Erzähler oder die Interviewerin zu reparieren. Insgesamt wird man auch kaum je eine reine Erzählung erhalten. In die Erzählpassagen sind immer wieder Beschreibungen und Begründungen eingelagert (Hermanns 1995). Wenn der Erzähler nicht von selbst auf die Erzählung zurückkommt, wird die Interviewerin den roten Faden wieder aufnehmen: «Wir waren dort stehen geblieben, wo Sie …»

Eine komplette Erzählung als Textgenre folgt einer universellen Grammatik unabhängig davon, ob es sich um Fiktionen oder um selbst Erlebtes handelt (Labov 1972). Sie beginnt mit einem «Abstract», der die Erzählung ankündigt und legitimiert («Mir ist da gestern ein Ding passiert …»). Wird die Erzählung auf Nachfrage produziert wie im narrativen Interview, kann der Abstract wegfallen, da der Erzählstimulus diese Funktion übernimmt. Es folgt die Orientierung über Schauplatz, Beteiligte usw. und dann die Komplikation, das Ereignis oder die Folge von Ereignissen, um die es geht. Darauf folgt eine Evaluation oder Einschätzung des Geschehens, die Auflösung (wenn das Geschehen abgeschlossen ist) und schließlich, als Signal für das Ende der Erzählung, eine Coda («Ja, so kam das, dass …», «Das war es so im Wesentlichen.»). Erzählte

Passagen erkennt man weiterhin daran, dass sie im erzählend etablierten System der Indexikalität bleiben, also die Verweisstruktur der Namen, Pronomen, Orte und Zeiten durchhalten, in denen die Erzählung situiert ist. Typisch für Erzählungen ist die Verwendung erlebter Rede («und dann sagt er zu mir, ...»). Nimmt die Indexikalität ab, so weist das auf einen Ebenenwechsel hin, und dieser lässt – so Schütze (1976) – auf Verwicklungen und hintergründige Interessen des Gesprächspartners schließen.

Die Coda der Erzählung ist das Signal für den Beginn des Nachfrageteils. Hier wird die Interviewerin zunächst im Bezug auf den Erzählmodus verbleiben: bei unklaren Zusammenhängen um Detaillierungen bitten und an unterbelichteten oder wenig plausiblen Punkten weitere narrative Sequenzen anregen. Dabei kann es produktiv sein, sich etwas «dumm» zu stellen: «Sie sagten vorhin ... Das habe ich nicht ganz genau mitbekommen, könnten Sie das noch einmal erzählen?» (vgl. Schütze 1983, S. 285). Erst, wenn die Erzählungen ausgeschöpft sind, wird die Interviewerin zu Selbstdeutungen und Bilanzierungen anregen. Sind solche Passagen – was wahrscheinlich ist – schon als Kommentare in die Erzählungen der Interviewpartnerin eingelassen, so wird man dort ansetzen und solche Selbstdeutungen – nicht zu früh! – aufgreifen, zurückspiegeln, ausführen lassen.

In biographischen Interviews haben Brose, Wohlrab-Sahr und Corsten (1993, S. 224 ff.)[3] und die Forscher des Duisburger Telekom-Projekts darüber hinaus in der Bilanzierungsphase auch mit Metaphern gearbeitet, um den Interviewten über einen Ebenenwechsel bei der Sinnkonstitution einen Ansatzpunkt zur biographischen Reflexion anzubieten.

Frage: Ja, Sie meinen, wenn man sich halt auf einen bestimmten Kurs festlegt, dass es dann eher wie ein Zug auf Schienen ist als wie ein Boot, wo man den Kurs wechseln kann [Richtig, richtig], und demgegenüber würden Sie lieber Boot als Zug fahren?
Antwort: Das liegt in der Natur der Sache, ja, es ist immer beides, ist immer beides, und es ist immer das, was man denn daraus macht. Solange ich das mache, was ich selber denn auch verantworten kann, oder was ich in dem Moment für richtig halte, ist es auf jeden Fall Boot, ein Boot, was

ich steuere. Von daher muss man schon offensiv oder offen an die Arbeit rangehen, und auch mit Interesse drangehen, wenn natürlich Desinteresse da ist und man wird geführt oder einem wird die Arbeit angetragen, man sucht sie nicht selber, dann ist das natürlich Schiene. Wenn einer – einer kommt, legt mir morgens meinen Stapel da hin, das ist Schiene, nur wenn ich es selber mache, wenn ich es aktiv mache, wenn ich es umsetze, dann ist es immer Steuer [Ahja, ahja, also –] – oder würden Sie das anders sehen? (T 2105 Z. 809 ff.)

3 Dateninterpretation und Feedback

Transkription und Auswertung im Überblick

Hat man ein oder mehrere narrative Interviews oder narrative Passagen vorliegen, so sind diese zu transkribieren und zu interpretieren. Die Methodologie folgt der «grounded theory» (Glaser/Strauss 1967; Strauss/Corbin 1991; Strauss 1994). Bei der Transkription, für die man hinreichend Zeit und Manpower einplanen sollte (Drittmittelprojekte!), besteht bekanntlich ein Trade-off zwischen Genauigkeit und Lesbarkeit. Für die Analyse von Erzählungen wird in den meisten Fällen eine weitgehend wörtliche Mitschrift zumindest der narrativen Passagen nötig sein, eine phonetische Transkription hingegen nicht. In unseren Untersuchungen hat es sich bewährt, die Transkription in Schriftdeutsch vorzunehmen. Das genaue Transkribieren z. B. dialektsprachlicher Passagen, phonetischer Besonderheiten usw. ist dann zu überlegen, wenn diese aussagekräftig für den Untersuchungsgegenstand sind und auch interpretiert werden können. Weil abgebrochene, neu begonnene und fehlerhafte Sätze möglicherweise auf aufschlussreiche Brüche in der Erzählung hinweisen, empfiehlt es sich in solchen Fällen nicht, die Syntax in der Transkription zu glätten. So kann man sie per Gedankenstrich in grammatisch richtige Satzteile aufteilen. Dies beim Transkribieren, mit der gesprochenen Sprache im Ohr, zu tun, erspart Interpretationsaufwand beim Auswerten.[4]

Die Interpretationsarbeit findet also am und im transkribierten Text statt. Wenn man nicht computerunterstützt codiert, ist es praktisch, beim Ausdruck nicht am Papier zu sparen. Bewährt haben sich: mindestens 1½-zeiliger Zeilenabstand, einseitiger Ausdruck, breiter Seitenrand (8 cm) und an Handwerkszeug verschiedenfarbige Stifte und ausreichende Mengen Karteikarten, Klebezettel usw. Wie immer man sein Werkzeug auswählt, es sollte Zuordnungen, Querbezüge, Vergleiche und Umgruppierungen des Textes ermöglichen. Zuerst wird der einzelne Fall (das einzelne Interview) interpretiert, dann werden Fälle verglichen.

Für die konkrete, handwerkliche Seite der Auswertung geben die verschiedenen Hand- und Lehrbücher (Fuchs 1984; Denzin 1989; Flick u. a. 1995; Bohnsack 1995; Feldman 1995; Jüttemann/Thomae 1998) einigermaßen wenig her. Jene Beiträge, in denen die Grundzüge verschiedener qualitativer Ansätze pilotiert wurden (wie Schütze 1976; Oevermann u. a. 1979; Heinze 1991), oszillieren zwischen Ansprüchen auf Allgemeingültigkeit und doch hoher Projektspezifität. Einig sind sich die Vertreter qualitativer Verfahren darüber, dass die Auswertung auf verschiedenen Ebenen der Analyse erfolgt und sich in kontrollierten Schritten zwischen Konkretion und Abstraktion, De- und Rekonstruktion bewegt.

Das idealtypische Vorgehen sieht folgendermaßen aus: Texte werden zunächst in Sequenzen aufgeteilt, dann die Sequenzen paraphrasiert und interpretiert. Diese Deutungen werden zunehmend abstrahiert, bis man zu strukturellen inhaltlichen Beschreibungen des Gesagten kommt. Diese werden für die einzelnen Sequenzen miteinander in Beziehung gesetzt und verglichen, bis sich Muster, Prozess- oder Fallstrukturen daraus entwickeln lassen – zunächst innerhalb eines Interviews, sodann im Fallvergleich zwischen Interviews (Minimal- und Maximalkontrastierung).

Mit welchem Aufwand, auf welcher zentralen «Ebene» und in welcher «Tiefe» man interpretiert, wird stark auf die Situation und den Kontext der jeweiligen Forschung ankommen. Biographische Handlungsmuster etwa sind nur dann von Interesse, wenn biographisch konstituierte Subjektivität für die Fragestellung eine Rolle spielt. Geht es um organisationelle Prozesse, wird man sich schneller dem Vergleich zwischen Interviews zuwenden, schon um den Gang der erzählten Ereignisse aus den Sichten mehrerer Beteiligter zu rekonstruieren. Die Methode der Sequenzanalyse «Satz für

Satz» durchgängig anzuwenden, wird schon wegen des hohen Aufwands vielfach nicht möglich sein. Insbesondere die Anforderungen, die etwa die Objektive Hermeneutik (Oevermann u. a. 1979; Reichertz 1995) an das sequenzielle Vorgehen, die Generierung möglichst vieler verschiedener Lesarten in einer Arbeitsgruppe und deren Engführung und Bündelung stellt, sind im Rahmen «normaler» Forschungsprojekte nur punktuell zu leisten.

Jedoch eignet die Sequenzanalyse sich meines Erachtens, selektiv eingesetzt zu werden. Man kann beispielsweise am Anfang der Auswertung versuchen, möglichst vielfältige Deutungshypothesen zu erzeugen. Ist die Auswertung schon fortgeschritten, ist es mitunter sinnvoll, besonders interessant, gewichtig oder problematisch erscheinende Textstellen und Erzählpassagen auf diesem Wege zu entschlüsseln oder anderweitig rekonstruierte Fallstrukturhypothesen durch eine Sequenzanalyse ausgewählter Passagen zu validieren. Besonders lohnend ist es nach meiner Erfahrung, gerade für schwierige Passagen in Interviews, in denen narrative Brüche auftreten, Erzählungen nicht auf den Punkt kommen o. Ä., die Fähigkeiten einer Gruppe bei der Interpretation zu nutzen (vgl. Mruck/Mey 1998).[5]

Die Auswertung im Einzelnen

Zunächst wird der Text nach «Genres» in Sequenzen aufgeteilt, in denen Erzählungen von Argumentationen, Beschreibungen oder Berichten unterschieden werden. Zur Identifizierung von Erzählungen und anderen Darstellungsweisen hat Wiedemann (1986, S. 98) einen Ereignisbaum vorgeschlagen. Schütze (1976; 1983) plädiert dafür, die nicht narrativen Passagen bei der Interpretation zunächst außen vor zu lassen und Erzähltexte «pur» zu interpretieren. Erst nach der Analyse der Erzählung sollen die dort rekonstruierten Prozessstrukturen mit den Selbstdeutungen der Befragten abgeglichen werden: «Ohne den lebensgeschichtlichen Ereignis- und Erfahrungsrahmen für die eigentheoretischen Wissensproduktionen des Biographieträgers zu kennen, ist es unmöglich, den Stellenwert biographischer Theorieproduktionen für den Lebensablauf zu bestimmen» (1983, S. 287).

Das «Ausschneiden» von Erzählungen aus dem Interview zur Interpretation scheint mir jedoch wieder Informationen zu verschenken. Gerade die Ebenenwechsel im Text, etwa zum Theoretisieren, Räsonnieren oder Berichten und zurück zur Erzählung, können aufschlussreich sein. Das spricht dafür, das Interview zwar als Ganzes zu interpretieren, aber den erzählten Passagen für die Auswertung gegenüber expliziten Selbstdeutungen den Vorrang einzuräumen.

Hat man also die Sequenzen identifiziert, so werden sie interpretiert, zunächst paraphrasierend, dann zunehmend abstrakter beschreibend. Südmersen (1983) schlägt vor, Sequenzierung und Textanalyse nicht nacheinander vorzunehmen, sondern sich nach der Abgrenzung der ersten Sequenz gleich an deren Interpretation zu machen. Die Interpretation besteht darin, «eine festgesetzte Sequenz mehrfach intensiv zu lesen, dann einfach aufzuschreiben, was dort passiert, Zeile für Zeile» (Südmersen 1983, S. 299).

Die Sequenzanalyse (vgl. Hildenbrand 1995) geht davon aus, dass das Erzählen oder allgemein Produzieren von Text analog dem Handeln und Erfahren ein aktiver Prozess in der Zeit ist, in dem aus dem objektiven Bedeutungsbereich Möglichkeiten ausgewählt werden. Auch die Struktur des Falls entfaltet sich dann von Anfang an im Verfolgen der Selektionen, die die Textproduzentin vornimmt. Man geht also beim Interpretieren «Satz für Satz» vor. Die Regel ist: Später im Text anfallende Informationen dürfen nicht zu einem früheren Zeitpunkt in die Interpretation einbezogen werden. Das ist natürlich schwierig, wenn man den Text schon kennt, ihn z. B. selbst transkribiert oder segmentiert und relevante Passagen ausgewählt hat. In dem Fall wird man sich lediglich artifiziell «dumm» stellen und sich (am besten in der Gruppe) systematisch immer wieder die Frage stellen können: «Woher wissen wir das?» Das Ziel ist, eine möglichst große Vielfalt von Lesarten und Möglichkeiten zu erzeugen, wie der Text weitergehen könnte, und die Bedingungen für diese Lesarten zu identifizieren. Im Durchgang durch den Text werden diese Lesarten dann wieder eingeschränkt, sodass sich Muster der getroffenen Selektion aus den möglichen Alternativen ergeben. Zentrale Bedeutung kommt bei diesem Vorgehen der Interpretation der Eingangssequenzen zu (Bude 1998). «Hier muß sich die zur Rede gestellte Person buchstäblich ins Nichts entwerfen, was oft dazu führt, daß bereits in den ersten völlig unscheinbaren Äußerungen das Ganze eines Lebens zum Vorschein kommt» (ebd., S. 252).

Beim Interpretieren nimmt man schon eine erste Unterscheidung von Analyseebenen vor, nach dem «Was» und dem «Wie» des Textes (vgl. Czarniawska-Joerges 1997b, S. 365):[6]

1. Auf der einen Ebene sind die erzählten sachlichen Abläufe (z. B. der Lebenslauf, die «Geschichte») zu rekonstruieren (Was ist geschehen?), die Akteure und Umstände zu identifizieren. Auch auf dieser Ebene der faktischen Gegebenheiten kann man schon interpretieren (Oevermann u. a. 1979, Brose/Wohlrab-Sahr/Corsten 1993, S. 72; Reichertz 1995): Was sind die strukturellen Bedingungen und wahrscheinlichen Folgen für diesen oder jenen Verlauf? Indem man auf das Wissen der Interpreten über den Untersuchungsgegenstand und seine soziale Umwelt, über Interaktionsstrukturen, Handlungsmöglichkeiten und Restriktionen zurückgreift, kann man Hypothesen über die Fallstruktur entwickeln, deren Aktualisierung und Entfaltung dann am Text zu überprüfen ist.

2. Auf der nächsten Ebene wird die Darstellung als Prozess sozialer Positionierung und Zurechnung in der Erzählung entschlüsselt: Wie werden Handlungen zugerechnet, wer ist Akteur, wer sind «wir» oder die «anderen»? Welche Interessenkonstellationen und Strategien, Absichten und Pläne sind aufzufinden? Wie verhalten diese sich zu den Ergebnissen des Handelns? Wie bezieht sich die Erzählerin auf fremdverfügte Vorgaben und *constraints*?

3. Welche Relevanzen werden gesetzt und welche Bewertungen vorgenommen? Wie deutet beispielsweise die Befragte Erfolg oder Scheitern? Auf welchem Niveau sind moralische Orientierungen angesiedelt? Solche Interpretationen und Abstraktionen werden in der Forschungstradition der *grounded theory* in «Memos» festgehalten und verdichtet.

4. Über den Vergleich verschiedener Erzählpassagen miteinander, aber auch der Erzählpassagen mit anderen Textgenres im In-

terview lassen sich dann übergreifende Strukturierungsmuster und Fallstrukturen ausmachen.

5. Diese gewinnen über den Vergleich verschiedener Interviews an Kontur. Auch im Vergleich wird zunächst die «Geschichte», nunmehr aus den Darstellungen verschiedener Beteiligter, rekonstruiert. Sodann werden geteilte und divergierende Zuschreibungen von Handlungen, Strategien, Ergebnissen und Folgen ausfindig gemacht. Aufschlussreich sind natürlich besonders die Abweichungen. Sie erlauben Schlüsse auf Verschleierungen und Selbsttäuschungen, auf hintergründige Interessen, Widersprüche, Verwicklungen und auch auf die Funktion, die die generierten Erzählungen und Sinnstrukturen für die Befragten haben.

Feedback in Organisationen

Hat sich das narrative Interview auf die subjektive Erfahrung und/ oder die Biographie der Befragten bezogen, so sind solche Befunde natürlich schwerlich direkt in die Organisation zurückzugeben. Weil dort die Personen unvermeidlich identifizierbar sind, wird man vom Material weit abstrahieren müssen. Weil aber die individuellen Voraussetzungen der Erfüllung von Mitgliedsrollen aus Organisationen tendenziell ausgeblendet werden, sind sie auch von begrenzter Relevanz. Anders sieht dies aus, wenn man Geschehnisse in der Organisation oder zwischen Organisationen narrativ erhebt oder narrative Interviews zur Organisationsdiagnostik einsetzt. Rekonstruierte Akteurskonstellationen, Strategien und Handlungsverkettungen, Wahrnehmungs- und Zurechnungsmuster sind durchaus kommunizierbar. Auch dann werden natürlich subjektive Fallstrukturen diskret zu behandeln sein.

Dabei kann es attraktiv sein, die Form der Erzählung mit ihrer lebensweltlichen Anschlussfähigkeit auch zur gewissermaßen didaktischen Vermittlung in die Organisation einzusetzen. Dazu kann man an die Tradition von Fallstudien in der Managementausbildung und an den Stellenwert von Erzählungen im *change management* und der Diskussion über Organisationskulturen (vgl. Boje 1991) anschließen. Jedoch steht einem umstandslosen Einsatz von Erzählungen entgegen, dass man bei der Vermittlung wissenschaftlicher Befunde in die Organisation den Hang von Organisationsmitgliedern zur personalisierenden Zurechnung wird bremsen müssen. Aus diesem Grund empfiehlt es sich, die Präsentation von den Stegreiferzählungen der Interviewpartner zu distanzieren, Verfremdungseffekte einzubauen und eine eher generische Erzählung in der Art einer Fabel zu destillieren oder Beispiele aus anderen Kontexten zu verwenden. Mit solchen narrativen Impulsen kann man, um eine Gruppendiskussion anzuregen, auch die Sequenzanalyse als Übung anwenden, also Lesarten generieren lassen («Wie könnte die Geschichte weitergehen?»).

Das Feedback an die Befragten selber ist sensibel zu handhaben. Schütze (1983) hält zwar eine biographische Beratung im Hinblick auf undurchschaute Handlungsblockaden und Lähmungen durchaus für möglich und wünschenswert. Er begibt sich damit in die Nähe sozialarbeiterischer oder gar therapeutischer Intervention. Hopf (1995, S. 180) rät davon ab, da man meist als Forscherin keine entsprechende Hilfe anbieten kann. Solche Möglichkeiten bieten sich jedoch dann, wenn der Forschungskontext nahe an Formen professioneller oder biographischer Selbstreflexion liegt, die von den Befragten selbst betrieben werden (z. B. berufliche Weiterbildung, Supervision, systemische Beratung), und wenn Veränderungen bei den Akteuren von diesen gewünscht sind.

Von Befragten wird man mit Wünschen nach Rückmeldung durchaus konfrontiert. Zum einen geht es dabei darum, die einseitige Kommunikationssituation im Interview wieder an die Gepflogenheiten alltäglicher Interaktionen anzunähern. Dann bekommt die Interviewerin vor, während oder nach dem Interview auch Fragen nach dem eigenen Werdegang, der eigenen Arbeitssituation usw. gestellt. Wenn dies im Interview geschieht, sollte man eine Rückfragephase im Anschluss vereinbaren.[7] Es gibt jedoch auch ein gewissermaßen organisationell generiertes Beratungsinteresse bei Befragten. Dies ist vermutlich umso stärker, je mehr Organisationen selbst sich «kommunikativ rationalisieren». Über Gruppenarbeit, Zielvereinbarungen, Personalauswahlverfahren, Kommunikationstrainings, Coaching usw. breiten sich ja Formen der Selbstreflexion in den Arbeitsalltag auch solcher Beschäftigter aus, die nicht Sozial- und Kommunikationsberufe ausüben. Wie im Interviewauszug von Herrn Baumeister in Abschnitt 4 deutlich werden wird, rahmen gerade jüngere Befragte die Situation teils ähnlich wie ein Vorstellungsgespräch und sind dann strategisch an Rückmeldung interessiert. Wenn die Forscherin sich in der Lage sieht, darauf einzugehen, kann sie das für den Schluss des Interviews vereinbaren, wird aber die eigene entscheidungsentlastete Rolle als Wissenschaftlerin dabei transparent machen und nicht allzu «persönlich» werden.

Auch methodisch sind biographische Interviews nur begrenzt für ein Feedback geeignet. Die Auswertung erfordert gerade gegenüber der angestrebten Vertrauenssituation im Interview eine weitgehende Distanzierung der Forscherin gegenüber dem Untersuchungsgegenstand und auch gegenüber den eigenen Verwicklungen in die Interaktion. Durch eine vorschnelle Orientierung auf Beratung und Feedback kann der Prozess der distanzierten Erzeugung von Lesarten meines Erachtens gestört werden. Den Wechsel zurück, also vom wissenschaftlich-auswertenden zum professionell-beratenden Handeln, wird man am ehesten vollziehen können, wenn man sich von den Normen und Praxen professioneller Intervention belehren lässt.

4 Anwendungsbeispiel

Im folgenden Beispiel skizziere ich die subjektiven Verarbeitungsweisen und biographischen Voraussetzungen für die Flexibilität, die Mitgliedern einer Organisation abverlangt wird, die sich ehedem durch extrem erwartbare Karriereverläufe in einer Art «Super-Normalarbeitsverhältnis» auszeichnete (vgl. Blutner u. a. 2000, S. 64 ff.).[8] Mit der Privatisierung der Telekom wurde das Berufsbeamtentum flexibilisiert. Die traditionelle Orientierung des Unternehmens auf die Pflege und den Aufbau der technischen Infrastruktur in stabilen marktlichen und institutionellen Umwelten wurde durch eine Orientierung auf den Markt ersetzt. Während die traditionell zentralen Bereiche der Technik und Instandhaltung Personaleinbußen und Entwertungen verzeichnen mussten (Holtgrewe 2000b), entstanden neue Funktionen insbesondere im Managementstab und in Vertrieb und Marketing. In den Niederlassungen konnten jüngere Beschäftigte des gehobenen Dienstes davon durchaus profitieren. Diesen Beamten bieten sich erweiterte Aufgabenfelder und Profilierungschancen. Die Frage, wie sie diese biographisch be- und verarbeiten, ist deswegen interessant, weil wir für diese Gruppe bei der Berufswahl durchaus überkommene beamtentypische Motive (Sicherheit, auch die Bearbeitung beruflicher Enttäuschungen) vermuten konnten (vgl. etwa Kudera 1986). «BeamtIn werden und dann doch Managementkarriere machen (müssen? können? dürfen?)» schien uns eine voraussetzungsvolle biographische Konstruktion.

Der Text

In dem Textausschnitt aus einem Interview des Telekom-Projekts werden sowohl die Tücken der Durchführung narrativ-biographischer Interviews in der Organisation deutlich als auch die biographische Fallstruktur des Interviewten.

«*Frage:* Ja, Sie haben, was wir untersuchen wollen ist eigentlich, haben wir da wahrscheinlich sogar etwas komplizierter erklärt, im Grunde geht es um die Auswirkung der Reorganisation der Telekom bis hin zum, zu den Wirkungen auf das Leben und das Arbeiten der Beschäftigten selber, und das ist der Punkt wo man halt mit Experteninterviews mit dem Management und mit Fragebogenaktionen nicht sehr viel weiter kommt, da kriegt man zwar ein Gesamtbild, aber weiß nicht wie das auf der Ebene von Erfahrungen eben aussieht [hm, hm]. Und da sind, und deswegen führen wir diese biografischen Interviews, und das – weil man eben Erfahrungen die man mit Reorganisationsprozessen macht, Auswirkungen auf Arbeiten und Leben dann am besten versteht, wenn man auch was über die Person mit der man da spricht weiß, insofern würde ich Sie bitten einfach mal mit Ihrer Lebensgeschichte und Ihrem persönlichen Hintergrund anzufangen.

Antwort: Sie meinen jetzt meinen beruflichen Werdegang oder allgemein?

Frage: Beides, beides.

Antwort: Beides [gern] allgemein [ja] gut also, meinen Namen kennen Sie [ja], bin der Achim Baumeister (Name geändert, U. H.), ich hab eine Berufsausbildung als Elektriker gemacht [hm, hm], bin Handwerker von

Haus aus, hab danach noch mein Abitur gemacht, Fachabi [hm, hm], äh, studiert in M., das ist eine Enklave der Uni in P. und, äh, hab dort abgeschlossen als Ingenieur für Elektrotechnik [ah ja, ah, ja hm] so das war 1992, im Oktober '92 und da war der Berufs- oder Arbeitsmarkt nicht so, dass man sich hätte was aussuchen können [hm, hm ja] wie's noch 'n Jahr oder zwei vorher war. Und da hab ich die Stelle bei der Telekom angetreten, erst mal unter dem Gesichtspunkt besser den Spatz in der Hand als wie die Taube auf'm Dach, bewerben kannste dich ja immer noch [hm hm] und, äh, weil halt nicht sehr viel andere Möglichkeiten gab, im Osten gab's noch 'n paar aber [hm hm], äh, privat hatt' ich auch eher die Beziehung hier hoch und deswegen bin ich aus [der Region] – aus der Provinz praktisch hier ins Ruhrgebiet gezogen. Äh ja wie gesagt, ich hab dann angefangen, eingestellt wurde ich von der Direktion in E., und das waren damals noch sehr komische Umstände die Personalgewinnung, das heißt man wird eingestellt und weiß aber gar nicht wo man landet [aha] und in welchem Bereich, das heißt, das kann sein Verkauf, Vertrieb, das kann sein Technik, und es kann genauso gut sein Organisation [ja ja] und, äh, eigentlich 'ne sehr unbefriedigende Situation wenn man eine Stelle antritt und kennt noch nicht mal sein Aufgabengebiet, noch nicht mal den Ort. [...] Gut, ich hab dann direkt angefangen in E., pardon, in F. hab ich angefangen, nach meiner Anwärterzeit, war dort im Privatkundenservice, das war meine erste Stelle, ich hab sehr oft gewechselt in der ersten Zeit aber, äh, das war meistens auf meinen Wunsch hin, oder in der Regel war es auch mein Wunsch, weil ich Wert darauf lege, dass mir die Arbeit Spaß macht, dass ich mit der Umgebung leben kann, dass ich mit dem Chef leben kann, das ist mir das Wichtigste, das ist erst mal übergeordnet über die Aufgabe, für meine Verhältnisse. Und, äh, weil ich sehr viel Ehrgeiz mitbringe oder auch schon mal 'ne Stunde länger bleibe hab ich auch ganz gute Beziehungen – auch 'n recht guten Standpunkt immer gehabt, wenn ich 'ne Veränderung angestrebt hab. [hm, hm] Äh, sodass das in der Regel kein Problem war. Jetzt bin ich seit April letztes Jahr bei der Niederlassungsleitung, das hört sich hoch an, ist es aber nicht, das heißt ich bin mit ein Zuarbeiter für den Niederlassungsleiter.»

Der Einstieg

Bei dem Workshop «Qualitative Methoden in der Organisationsforschung» haben wir die Methode sequenzanalytischer Interpretation in der Gruppe auf den Eingangsstimulus angewendet. Auch solche Interpretationsdiskussionen lassen sich übrigens gut visualisieren (siehe dazu den Beitrag über visualisierte Diskussionsführung in diesem Band). Es handelt sich zwar hier nicht um eine narrative Passage, aber in der Diskussion wurde deutlich, dass diese Passage in der Tat einige Fragen der Positionierung qualitativer Organisationsforschung beleuchtet.

In der Eingangssequenz versucht die Interviewerin viele Dinge gleichzeitig: Sie sucht das Projekt zu erläutern, den Interviewpartner zur Kooperation zu bewegen, wissenschaftliche Kompetenz zu demonstrieren und dem Befragten die Untersuchung und das Vorgehen transparent zu machen. Sie positioniert sich als Teil einer Forschungsgruppe, distanziert sich ein Stück von einer «komplizierten» Erklärung der Frage und schließt eine weitere komplizierte Erklärung des gewählten Methodenmixes an, die das Interview in den Kontext des gesamten Vorhabens stellt, ihm aber dort einen bestimmten, zentralen Stellenwert zuschreibt. Damit zieht sie sich ein Stück in die Rolle der Expertin zurück, die einem interessierten Laien etwas erläutert – eine Rolle, die mit der der empathisch interessierten Zuhörerin kollidiert. Expertin und Laie, Forscherin und Beforschter werden also durch die Interviewerin sortiert. Jedoch versucht sie, die Wissenschaft als eine – begrenzte – Praxisform neben anderen zu etablieren und deren Pragmatik transparent zu machen. Sie verquickt also den Versuch, Transparenz über das Vorhaben herzustellen und die Situation zu kontrollieren, und schiebt den Moment auf, in dem sie dem Interviewten diese Kontrolle und Rahmung überlässt. Indem sie die Trennung zwischen Organisation und biographischer Erfahrung im Sinne des Projekts zu überbrücken sucht, reproduziert sie sie im Namen der Wissenschaft.

Das ist gewiss nicht die bestmögliche Einleitung eines narrativen Interviews. Sie macht aber deutlich, dass es insbesondere in einem organisationssoziologischen Forschungskontext einer gewissen Anstrengung bedarf, die Rolle der Erzählungen anstoßenden, offenen Zuhörerin einzunehmen. Interviewer tun also gut daran, sich diesen eigenen Rollenwechsel gerade dann vorher klar zu machen, wenn sie vorher Expertengespräche geführt und ihr Projekt präsentiert haben. Gegebenenfalls muss man das regelrecht üben.

In der Interviewsituation wird man idealerweise – anders als im vorliegenden Beispiel – die Information über das jeweilige Projekt und den Erzählstimulus auseinander halten. Andererseits ist es sowohl fair als auch vertrauenbildend, die Interviewten ein Stück weit über die Verwendungszusammenhänge der Interviews ins Bild zu setzen. Wenn man Ort und Zeit für das Interview vereinbart, kann man die nötigsten Informationen über das Vorhaben geben. Dann sollte in der Interviewsituation selbst das persönliche Interesse am Thema und an der Person in den Vordergrund treten.

Herr Baumeister

Herr Baumeister ist Jahrgang 1967, Beamter des gehobenen Dienstes und im Managementstab der Niederlassung A beschäftigt – zuletzt mit der Implementation der ISO 9000 ff. Er gehört zum Beschäftigtentypus der «von Anfang an Mobilen»,[9] denen sich bei der Telekom keine vorgeprägten Karrierepfade mehr bieten. Die Anforderungen des Unternehmens an Flexibilität, Marktorientierung und Leistung übernimmt er auf Umwegen: Wenn er sich als Management-Leistungsträger stilisiert, nimmt er das im jeweils nächsten Satz wieder zurück und rekurriert auf eine unprätentiöse «eigentliche» Identität als «Handwerker von Hause aus» (Z. 35) und als netter, behüteter Junge vom Land.

Herr Baumeister ist in einer ländlichen Region aufgewachsen, sein Vater war Schreiner und ist 1972 gestorben. Der Vater hat ein schuldenfreies Haus hinterlassen, sodass Herrn Baumeisters Mutter ihn und seine vier Jahre ältere Schwester zwar bescheiden, aber ohne finanzielle Probleme allein großziehen konnte. Nach seiner Ausbildung in einem Kleinbetrieb am Ort ist er zu einem Aufzugsbaubetrieb gewechselt. Dort war er als Monteur eingesetzt, also viel unterwegs und nur am Wochenende zu Hause. Seine Mutter hatte ihm schon länger geraten, das Fachabitur zu machen und zu studieren, doch hat er selbst die tatsächliche Entscheidung recht plötzlich nach einem Streit mit einem Kollegen getroffen. Nach dem Fachabitur hat er an der FH in der nächsten Kleinstadt Elektrotechnik studiert und ist dann, nach einer wohl nicht allzu langen Suchphase, zur Telekom gegangen.

Durch den Fall zieht sich eine gewisse Unschärfe von Anforderungen, Erwartungen der Organisation und zurückgenommener eigener Ambition. Herr Baumeister charakterisiert sich selbst als einen Menschen, der etwas Druck oder einen gelegentlichen Tritt braucht. Während seines Studiums war er sich über seine Motivation, die Erwartungen und das Ausreichen seiner Leistungen nie ganz sicher. Ebendeswegen aber «passen» seine handwerklich fundierte, unvollständig professionalisierte berufliche Identität und der flexibilisierte Personaleinsatz, mit dem die Organisation sich gegen konkrete Kenntnisse und Spezialisierungen indifferent setzt, ineinander.

Das wird besonders deutlich, als er seine rapiden Stellenwechsel 1995 begründet. Er selber beschränkt sich darauf, generalisierte Bereitschaften und unspezifisches Engagement zu signalisieren, statt sich selbst auf klare Ziele und bestimmte Interessengebiete festzulegen. Der weiterführende Ehrgeiz, den Herr Baumeister für sich reklamiert, hat eher damit zu tun, dass er Erwartungen signifikanter anderer zu erfüllen sucht (von der Mutter bis zum Chef) – die er jedoch in einem zweiten Schritt für sich durchaus übernimmt.

Zugemutete Chancen: Das beschreibt er selbst als einen persönlichen Entwicklungsprozess. Er hat – auch da stilisiert er sich etwas als typischer Techniker – eigentlich immer lieber «bisschen zurückgezogen, in sich gekehrt» (Z. 132) gearbeitet, aber über die Anforderungen seines Jobs auch gelernt, zu kommunizieren und zu präsentieren:

«Also das ist eine persönliche Entwicklung, die man da durchzieht oder die man da durchmacht in der Zeit, [hm, wie kam –] und auch immer noch durchmacht, ich mache jetzt Lehrgänge, ich mache Veranstaltungen, auch mit für Ressortleiter und Niederlassungsleiter, ich hatte heute morgen den Präsidenten da, und vor dem dann stehen und ein Thema präsentieren, äh, da wächst man mit der Zeit erst rein, das muss man lernen» (Z. 136 ff.)

Er beschreibt also solche Prozesse ganz allgemein so, dass er sich und seine «eigentlichen» Neigungen mit organisationellen (über Personen vermittelten) Erwartungen konfrontiert findet, die er sich dann zu Eigen macht. Das ist keine selbst gesteuerte Entfaltung, auch wenn er in diesem Aneignungsprozess von Anforderungen eine Chance persönlicher Entwicklung sieht. Aber diese «zieht» er nicht durch, sondern «macht» sie durch. Der «zugemutete» Charakter solcher Anforderungen und der Verzicht auf Arbeitsweisen, die ihm eigentlich näher liegen, ist also noch präsent.

Die Handwerker-Identität: Die Identität, «von Haus aus Handwerker» zu sein, hat bei Herrn Baumeister mehrfache «Funktionen». Die damit verbundenen Gegenstandsbezüge kann er im Beruf nicht mehr zur Geltung bringen, verfolgt sie jedoch in der Freizeit: Er hat sein Bauernhaus auf dem Land selbst renoviert, fährt Motorrad und hilft mitunter im Kleinbetrieb eines Freundes als Dreher aus. Aus solchen Tätigkeiten heraus bezieht er Anerkennung, und mit ihrer Intrinsik bieten sie ihm auch eine gewisse Unabhängigkeit von der Anerkennung durch andere. Er kann dabei anschließen an einen sozialgeschichtlich entwickelten Habitus handwerklicher Arbeit und Lebensführung (vgl. Alheit 1996) und an eine überkommene handwerklich-technische (Sub-)Kultur in der Telekom selbst.

Herrn Baumeisters handwerkliche Orientierung bildet einerseits den Ausgangspunkt seiner beruflichen Positionierung, andererseits einen kompensatorischen Rückzugsraum in der Freizeit und schließlich einen normativen Rahmen, dem er seine beruflichen Erfahrungen anzugleichen sucht. Von dort aus bemüht er sich, organisationelle Vorgaben sich anzueignen und mit einem hohen Maß an persönlicher Authentizität aufzufüllen; aber er schafft es gleichzeitig, den Abstand zum anderen, eigentlich authentischen Leben präsent zu halten, in dem Aufgabe, Motivation und Bewährung zusammenfallen. Das hat gewisse Züge Weber'scher Rastlosigkeit, etwa wenn er «Trägheit» und «nur den Abend vorm Fernseher verbringen» (Z. 940 ff.) als unakzeptable Lebensführung ablehnt.

Diese Selbstdeutungen stehen jedoch in gewisser Spannung zu anderen Facetten seiner Erzählung: Im Beruf gewinnt ja der (auch durch persönliche Beziehungen getragene) Spaß an der Arbeit notgedrungen das Übergewicht über die Inhalte der Arbeitsaufgabe. Auch eine gewisse Bequemlichkeit hat er sich ja zugeschrieben. Von der vom Handwerker-Habitus nahe gelegten Eindeutigkeit technischer Gegenstandsbezüge aus einerseits, der Orientierung an den Erwartungen signifikanter anderer aus andererseits erarbeitet er sich die Fähigkeit zur Ambiguitätstoleranz, die ihm eben auch abgefordert wird.

Dennoch und vermutlich deswegen betont und stilisiert er neben der Intrinsik die Sachlichkeit, die er sich zuschreibt. Gegenüber der Firma hat er «keine Emotionen» (Z. 1331), und seinen Bezug zu seiner Arbeit kontrastiert er mit einer Personen- und Beziehungsorientierung, die er eher Frauen, zum Beispiel seiner Ehefrau oder auch Kolleginnen, zuschreibt. Über den Umweg über das private und das organisationell-informelle Geschlechterverhältnis also stellt Herr Baumeister die Ordnung beruflicher Identitäten her, die in seiner eigenen Biographie ja etwas uneindeutiger erscheint.

Diese subjektiven Dispositionen passen funktional zu seiner Stabsfunktion und der Aufgabe, Vorgaben wie die ISO 9000 ff. Norm zu implementieren. Dort müssen nicht völlig unstrukturierte Situationen strukturiert werden, sondern bestimmte Vorgaben flexibel, situations- und personenbezogen angepasst und umgesetzt und dazu Unterstützung eingeworben werden. Der Habitus des «netten Jungen vom Lande», der über seinen eigenen Aneignungsprozess solcher Vorgaben wahrscheinlich ein hohes Maß an persönlicher Authentizität mobilisieren kann, wird ihm und der Organisation dabei nützlich sein.

Fazit: Biographie und Organisation

Die Anforderungen, die eine Organisation, die sich kontinuierlich reorganisiert, an das flexible Strukturierungspotenzial ihrer Beschäftigten und an deren Vermögen, Probleme zu lösen und zu definieren (Heidenreich 1996; Holtgrewe 2000a), stellt, werden von diesen bearbeitet, indem sie vermehrt auf biographische und kulturell verfügbare Ressourcen zurückgreifen (vgl. ausführlicher Blutner u. a. 2002). Beim Managementnachwuchs finden wir – auch im Vergleich mit anderen Fällen (z. B. Wagner 2000) – eine generalisierte und explizite Anpassungsbereitschaft. Diese jedoch ist unterschiedlich formiert und biographisch voraussetzungsvoll. Herr Baumeister formuliert diese als Aneignung von Anforderungen auf der Basis eines handwerklichen Habitus und der Pflege entsprechender Praxisfelder. Dort findet er die Spielräume, vielfältige Erfahrungsmöglichkeiten und Erfolgskriterien zu entwickeln und technisch-experimentell zu überprüfen.

Die Fallstudie illustriert nicht nur die veränderten organisationellen Zugriffe auf die Arbeitskraft im Prozess organisationeller Transformation. Diese fordern dem mittleren Management und den Arbeitenden insgesamt mehr Fähigkeiten ab zu «organisieren». Während die Verdichtungen solcher Anforderungen in Typenbildungen wie dem «Arbeitskraftunternehmer» (Voß/Pongratz 1998) Subjektivität von der Seite organisationeller Anforderungen her konzipieren, macht die Perspektive biographischer Erzählungen deutlich, dass diese Anforderungen auf wiederum sozial voraussetzungsvolle, biographisch erworbene Weise erfüllt werden. Dabei sind für die Organisation nicht nur Strukturierungspotenzial und Machertum ihrer Mitglieder verwertbar, sondern gerade auch die den Subjekten nicht verfügbare Begrenzung und Blockade ihrer Handlungskapazitäten kann sich als funktional erweisen.

5 Möglichkeiten und Grenzen der Methode

Das narrative Interview ist gleichzeitig mit verschiedenen Formen qualitativer Interviews in den 1970er Jahren weiterentwickelt worden (siehe Hopf 1995). Gegenüber den verschiedenen Arten offener Interviews, die interpretativ ausgewertet werden (z. B. Witzel 1982; Kaufmann 1999), kommt es hier darauf an, das Textgenre der Erzählung und seine Anforderungen in den Mittelpunkt der Methode zu stellen. Die Grundannahme ist die, dass die Weise der Sinnkonstitution in der Erzählung auf die Weisen des Handelns der Erzählerin schließen lässt, dass also Muster der Erzählung Mustern des Handelns und der Selbstpositionierung entsprechen (Schütze 1976; Wiedemann 1986). Dann bringen die Anforderungen der handlungsentlasteten Erzählung diese Muster sogar deutlicher hervor. Es wird also möglich, über die im Interview und in der Auswertung doppelt dekontextuierte Erzählung *hinter* die Weise zu blicken, in der Erzählungen *im* Kontext der Organisation selbst zur Situationsdefinition, Wissensmobilisierung und Interessenaushandlung eingesetzt werden.

Wie in der Konversationsanalyse geht es um die Entfaltung von Sinnhorizonten im Prozess – doch findet dies beim narrativen Interview nicht in der «echten» Handlungssituation statt, die man aufzeichnet und anschließend analysiert, sondern in einer handlungsentlasteten Situation, als Rekonstruktion durch die Befragten selber, in denen diese, nicht die Situation, die Relevanzen setzen. Man bedient sich also auch ihrer Deutungs- und Interpretationskompetenzen.

Dass die Befragten im narrativen Interview selbst Erlebtes spontan erzählen sollen, unterscheidet diese Methode auch von der Untersuchung von Erzählungen in Organisationen. Auch Autoren, die «organizational narratives» untersuchen (Martin u. a. 1983; Boje 1991; Czarniawska 1997a), gehen davon aus, dass das Produzieren von Erzählungen ein zentraler Modus des organisationellen *sensemaking* ist. Dabei nähert sich Boje einer eher ethnographischen Forschungsperspektive an (vgl. dazu den Beitrag über teilnehmende Beobachtung in diesem Band), wenn er vorschlägt, Erzählungen in ihrem natürlichen Kontext in Gesprächen und Interaktionen zu dokumentieren und zu analysieren, in welchem sie häufig abgekürzt oder strategisch geglättet werden.

Martin u. a. (1983) heben den generischen Charakter organisationeller Erzählungen hervor. Sie entwickeln eine Typologie von Erzählungen, die sich um die folgenden Kernfragen drehen: «Is the Big Boss Human? Can the Little Person Rise to the Top? Will I Get Fired? Will the Organization Help Me When I Have to Move? How Will the Boss React to Mistakes? How Will the Organization Deal with Obstacles?» (Martin u. a. 1983, S. 442 ff.)

Organisationelle Erzählungen drehen sich demnach um die Themen der Macht, Gleichheit und Sicherheit und um die Leistungsfähigkeit der Organisation.

Gegenüber der Identifizierung tradierter organisationeller Erzählungen und Genres, die die Kultur der Organisation transportieren und der organisationellen (Selbst-)Sozialisation dienen, liegt im narrativen Interview der Akzent eher auf dem Besonderen, Fallspezifischen der Geschichte, auf dem Wie der Strukturierung des Geschehens durch bestimmte Akteure/Erzähler und ihrer Verwicklung und Verstrickung. Eine Identifizierung des Geschichtentyps mit Rückgriff auf diese Typologie – oder die Entwicklung einer eigenen Typologie – kann jedoch brauchbar sein, zumal dann, wenn man z. B. zur Rückmeldung in die Organisation Erzählungen stilisieren will oder muss.

Wenn die Untersuchungsebene nicht in erster Linie die subjektive Erfahrung ist, sondern die Organisation (oder: das Projekt, das Netzwerk usw.), wird sich das narrative Interview in einen Methodenmix einfügen müssen. Die Kontexte der Ereignisse in der Organisation und die organisationellen Strukturen, Strategien, Ablaufmuster und Umwelten wird man zunächst einmal über andere Verfahren in Erfahrung bringen (Experteninterviews, Dokumentenanalyse usw.), schon um relevante und erzählbare Ereignisse zu identifizieren und die zu generierenden Erzählungen nicht mit Erklärungen und Rückfragen überfrachten zu müssen. Diese Ereignisse wird man meistens von verschiedenen Gesprächspartnern erzählen lassen. Dann bietet das narrative Interview die Möglichkeit, Beschreibungen, Legitimationen und retrospektive Deutungen des Geschehens, die man aus anderen Datenquellen bezieht, aus der Perspektive des narrativ rekonstruierten Erlebens und Handelns der Befragten zu beleuchten. «Offizielle» Selbstdeutungen der Organisation, *mission statements,* «Visionen» und andere Bestandteile des organisationellen «talk» (Brunsson 1989) können so auf ihre Erfahrungshaltigkeit hin überprüft werden.

Aus diesem Grund scheint mir gerade in der Organisationsforschung eine gewissermaßen punktuelle Anwendungsweise narrativer Interviews durchaus möglich und aussichtsreich. Man kann auch in Experten- oder Beobachtungsinterviews oder Gruppendiskussionen – ohne sich sehr umfassende Erzählungen zu erhoffen – zur Validierung von Beschreibungen und Situationsdeutungen durchaus nach Beispielen fragen: «Wie ist das im Einzelnen gelaufen, als das das letzte Mal passiert ist?» Wenn sich Erzählungen entwickeln, lassen sich solche Passagen entsprechend interpretieren. Wo es also auf subjektive Erfahrungen und das Handeln von individuellen Akteuren ankommt und wo die Organisation ihnen und sie selber sich Handlungen zurechnen, bietet das narrative Interview (oder auch schon eine narrative Perspektive auf das Material) die Möglichkeit, Handlungsspielräume und -kapazitäten, aber auch Betroffenheiten, Verstrickungen und Fiktionen von Handlungsvermögen aufzufinden und zu überprüfen.

Die Anwendung der Methode narrativer Interviews ist also meines Erachtens nicht auf die Biographieforschung beschränkt. Wenn Organisationen selbst Routinen in Frage stellen, Strukturen flexibilisieren und dazu das Handlungs- und Strukturierungsvermögen ihrer Mitglieder nutzen, dann ist es wahrscheinlich, dass Ereignisse in Organisationen vermehrt Anstöße zur narrativen Selbstpositionierung von Akteuren bieten. Im Zuge gesellschaftlicher Individualisierungs- und organisationeller Dezentralisierungsprozesse werden ja den Individuen Verantwortlichkeiten unvermittelt(er) zugerechnet, und sie selbst vollziehen diese Zurechnungen (mit).[10] Projektförmige Arbeit, Unternehmensneugründungen und «entgrenzte» Karrieren (Arthur/Rousseau 1996) verlangen den Organisationsmitgliedern ab, Zusammenhänge und Kontinuitäten herzustellen, die eben nicht mehr organisationell «gegeben» sind. Nicht nur für Berufsbiographien, sondern auch für Prozesse organisationellen Wandels und gesellschaftlicher Reorganisation kann demnach das narrative Interview Material generieren – sofern man sich für die Ebene der Erfahrung und des Handelns von Subjekten interessiert.

Anmerkungen

1   Ein herzliches Dankeschön geht an meine Kollegen im Telekom-Projekt Hans-Georg Brose, Doris Blutner und Gabriele Wagner, an Bernd Bienzeisler, Ulrike Kissmann, Karen Shire, Sylvia M. Wilz und Sam Zeini und ganz besonders an die Teilnehmer und Organisatoren des Magdeburger Workshops für vielfältige Anregungen und Verbesserungsvorschläge des Beitrags. Verbleibende Fehler und Ungenauigkeiten sind der Autorin anzulasten.
2   Cafés und Kneipen sind aufgrund des Geräuschpegels eine Notlösung, wie man spätestens beim Transkribieren merken wird.
3   «Wenn Sie nun den bisherigen Ablauf Ihres Lebens mit einem Bild vergleichen soll-

ten, was für ein Bild würde Ihnen dazu einfallen?» Wenn die Interviewpartner kein spontanes Bild entwickelten, wurde ihnen eine Auswahl von Metaphern angeboten (Brose/Wohlrab-Sahr/Corsten 1993, S. 224).

4 An schwierigen Stellen oder wenn die Transkription nicht von den Forschern vorgenommen wird, sollte man die Bandnummer notieren und gegebenenfalls nachhören.

5 Die Arbeitsweise mit Interpretationsgemeinschaften hat in der interpretativen Sozialforschung Tradition (siehe schon Oevermann u. a. 1979). Forschungswerkstätten wie die der Magdeburger mikrosoziologischen Arbeitsgruppe um Fritz Schütze, der regelmäßig veranstaltete Sommerkurs von Ulrich Oevermann und vielfältige Tagungen mit Workshop-Charakter sind üblich. In der Erfahrung der Autorin haben sich auch selbst organisierte, projektübergreifende Auswertungsgruppen bewährt. In Duisburg hat sich über mehrere Jahre eine Arbeitsgruppe aus Forschern und Diplomanden zusammengefunden, in der reihum, je nach Bedarf, Auszüge aus verschiedenartigen offenen Interviews (biographischen wie Experteninterviews) gemeinsam auf die Fragestellungen hin interpretiert wurden, die für die jeweils Vortragenden relevant waren. Das bringt eine größere Breite von Lesarten, die in der Diskussion begründet, verteidigt oder ausgeschlossen werden können, und aufschlussreiche Querbezüge zu anderen organisationellen Kontexten und Erfahrungsbereichen.

6 Beim Auswerten «von Hand» haben sich aus Sicht der Autorin unterschiedliche Schriftfarben für unterschiedliche Ebenen bewährt.

7 Managementgeschulte Befragte geben einem mitunter selbst auch eine Rückmeldung über ihren Eindruck des Gesprächs oder des Interviewerverhaltens.

8 Das Beispiel entstammt dem Forschungsprojekt «Transformation der Beschäftigungsverhältnisse bei der Deutschen Telekom AG», das die Autorin gemeinsam mit Hanns-Georg Brose, Doris Blutner und Gabriele Wagner von 1996 bis 1999 durchgeführt hat. Hier wurde versucht, dem Wandel der Organisation von einem staatlichen Infrastrukturanbieter zu einem global agierenden Telekommunikationsunternehmen bis auf die Ebene der subjektiven und biographischen Verarbeitung dieses Wandels nachzugehen. Wir haben die Implementation verschiedener Reorganisationsschritte und deren subjektive und biographische Verarbeitung durch die Beschäftigten in zwei Niederlassungen untersucht. Dazu wurden Experteninterviews geführt, die Beschäftigten schriftlich zu Reorganisationserfahrungen und -erwartungen und ihren beruflichen Werdegängen befragt, und schließlich wurden ca. 40 biographische Interviews geführt, um der subjektiven Prozessierung der organisationellen Transformation nachzugehen.

9 Die Fallauswahl für die biographischen Interviews wurde geschichtet auf der Grundlage einer qualitativen Auswertung der Lebensläufe, die in der schriftlichen Befragung der Telekombeschäftigten erhoben worden waren. Diese erbrachte eine Typologie beruflicher Verläufe, in der die Aufwärts- und Seitwärtsmobilität laufbahn- und altersspezifisch variierte. Deutlich wurde, dass in der Tat die jüngeren Beschäftigten des gehobenen (und höheren) Dienstes gegenüber ihren älteren Kollegen eine höhere Zahl an Positionswechseln verzeichneten und veränderte, marktnähere Aufgabenbereiche übernahmen.

10 Zur individualisierungstheoretischen Unterscheidung der Zunahme von Wahl- und Entscheidungsmöglichkeiten einerseits, der Zurechnung solcher Wahlen andererseits vgl. Wohlrab-Sahr 1997 mit Rückgriff auf Beck 1986.

Literatur

Alheit, Peter (1996): Die Modernisierung biographischer Handlungsumwelten und die Transformation gewachsener Wissensbestände: Theoretische Aspekte einer Pädagogenkarriere, in: Dieter Nittel/Wilfried Marotzki (Hrsg.), Berufslaufbahn und biographische Lernstrategien: Eine Fallstudie über Pädagogen in der Privatwirtschaft, Baltmannsweiler, S. 36–58.

Arthur, Michael B./Rousseau, Denise M. (Hrsg.) (1996): The Boundaryless Career. A New Employment Principle for a New Organizational Era, New York/Oxford.

Beck, Ulrich (1986): Risikogesellschaft. Auf dem Weg in eine andere Moderne, Frankfurt a. M.

Blutner, Doris/Brose, Hanns-Georg/Holtgrewe, Ursula (2002): Telekom – wie machen die das? Die Transformation der Beschäftigungsverhältnisse bei der Deutschen Telekom AG, Konstanz.

Blutner, Doris/Holtgrewe, Ursula /Wagner, Gabriele/Zenker, Claudia (2000): Zwischen Beamtentum und Börse: Positionierungen der Telekom, in: Hanns-Georg Brose (Hrsg.), Die Reorganisation der Arbeitsgesellschaft, Frankfurt a. M./New York, S. 57–84.

Bohnsack, Ralf (1995): Rekonstruktive Sozialforschung. Einführung in Methodologie und Praxis qualitativer Sozialforschung, 2. Aufl., Opladen.

Boje, David M. (1991): The Storytelling Organization: A Study of Story Performance in an Office-Supply Firm, in: Administrative Science Quarterly, Jg. 36, S. 106–126.

Brose, Hanns-Georg/Hildenbrand, Bruno (1988): Biographisierung von Erleben und Handeln, in: dies. (Hrsg.), Vom Ende des Individuums zur Individualität ohne Ende, Opladen, S. 11–30.

Brose, Hanns-Georg/Holtgrewe, Ursula/Wagner, Gabriele (1994): Organisationen, Personen und Biographien: Entwicklungsvarianten von Inklusionsverhältnissen, in: Zeitschrift für Soziologie, Jg. 23, S. 255–274.

Brose, Hanns-Georg/Wohlrab-Sahr, Monika/Corsten, Michael (1993): Soziale Zeit und Biographie, Opladen.

Brunsson, Nils (1989): The Organization of Hypocrisy. Talk, Decisions and Actions in Organizations, Chichester u. a.

Bude, Heinz (1998): Lebenskonstruktionen als Gegenstand der Biographieforschung, in: Gerd Jüttemann/Hans Thomae (Hrsg.), Biographische Methoden in den Humanwissenschaften, Weinheim, S. 247–258.

Cicourel, Aaron V. (1975): Sprache in der sozialen Interaktion, München.

Corsten, Michael (1998): Die Kultivierung beruflicher Handlungsstile, Frankfurt a. M.

Corsten, Michael (1999): Treulose Arbeitsindividuen ohne berufliche Bindung – Mythen und Anti-Mythen zur Krise der beruflichen Sozialisation, in: Claudia Honegger / Stefan Hradil/Franz Traxler (Hrsg.), Grenzenlose Gesellschaft? Verhandlungen des 29. Kongresses der Deutschen Gesellschaft für Soziologie, des 16. Kongresses der Österreichischen Gesellschaft für Soziologie, des 11. Kongresses der Schweizerischen Gesellschaft für Soziologie, Teil 1, Opladen, S. 290–306.

Czarniawska, Barbara (1997a): Narrating the Organization. Dramas of Institutional Identity, Chicago/London.

Czarniawska-Joerges, Barbara (1997b): Symbolism and Organization Studies, in: Günther Ortmann/Jörg Sydow/Klaus Türk (Hrsg.), Theorien der Organisation, Opladen, S. 360–384.

Denzin, Norman K. (1989): Interpretive Biography, Newbury Park u. a.

Feldman, Martha S. (1995): Strategies for Interpreting Qualitative Data, Thousand Oaks u. a.

Flick, Uwe/Kardorff, Ernst v./Keupp, Heiner/Rosenstiel, Lutz v./Wolff, Stephan (Hrsg.) (1995): Handbuch qualitative Sozialforschung. Grundlagen, Konzepte, Methoden und Anwendungen, 2. Aufl., Weinheim.

Fuchs, Werner (1984): Biographische Forschung. Eine Einführung in Praxis und Methoden, Opladen.

Fuchs-Heinritz, Werner (1998): Soziologische Biographieforschung: Überblick und Verhältnis zur Allgemeinen Soziologie, in: Gerd Jüttemann/Hans Thomae (Hrsg.), Biographische Methoden in den Humanwissenschaften, Weinheim, S. 3–23.

Glaser, Barney G./Strauss, Anselm S. (1967/1979): The Discovery of Grounded Theory. Strategies for Qualitative Research, New York.

Heidenreich, Martin (1996): Die subjektive Modernisierung fortgeschrittener Arbeitsgesellschaften, in: Zeitschrift für Soziologie, Jg. 24, S. 24–43.

Heinze, Thomas (Hrsg.) (1991): Interpretation einer Bildungsgeschichte. Überlegungen zur sozialwissenschaftlichen Hermeneutik, Hagen.

Hermanns, Harry (1995): Narratives Interview, in: Uwe Flick/Ernst v. Kardorff/Heiner Keupp/Lutz v. Rosenstiel/Stephan Wolff (Hrsg.), Handbuch qualitative Sozialforschung. Grundlagen, Konzepte, Methoden und Anwendungen, 2. Aufl., Weinheim, S. 182–185.

Hermanns, Harry/Tkocz, Christian/Winkler, Helmut (1984): Berufsverlauf von Ingenieuren. Biographieanalytische Auswertungen narrativer Interviews, Frankfurt a. M./New York.

Hildenbrand, Bruno (1995): Fallrekonstruktive Forschung, in: Uwe Flick/Ernst v. Kardorff/Heiner Keupp/Lutz v. Rosenstiel/Stephan Wolff (Hrsg.), Handbuch qualitative Sozialforschung. Grundlagen, Konzepte, Methoden und Anwendungen, 2. Aufl., Weinheim, S. 256–260.

Hohn, Hans-Willy/Windolf, Paul (1988): Lebensstile als Selektionskriterien – Zur Funktion «biographischer Signale» in der Rekrutierungspolitik von Arbeitsorganisationen, in: Hanns-Georg Brose/Bruno Hildenbrand (Hrsg.), Vom Ende des Individuums zur Individualität ohne Ende, Opladen, S. 179–207.

Holstein, James A./Gubrium, Jaber F. (1995): The Active Interview, Thousand Oaks u. a.

Holtgrewe, Ursula (2000a): «Wer das Problem hat, hat die Lösung.» Strukturierung und pragmatistische Handlungstheorie am Fall von Organisationswandel, in: Soziale Welt, Jg. 51, S. 173–190.

Holtgrewe, Ursula (2000b): «Meinen Sie, da sagt jemand danke, wenn man geht?» Anerkennungs- und Missachtungsverhältnisse im Prozess organisationeller Transformation, in: Ursula Holtgrewe/Stephan Voswinkel/Gabriele Wagner (Hrsg.), Anerkennung und Arbeit, Konstanz, S. 63–84.

Hopf, Christel (1995): Qualitative Interviews in der Sozialforschung. Ein Überblick, in: Uwe Flick/Ernst v. Kardorff/Heiner Keupp/Lutz v. Rosenstiel/Stephan Wolff (Hrsg.), Handbuch qualitative Sozialforschung. Grundlagen, Konzepte, Methoden und Anwendungen, 2. Aufl., Weinheim, S. 177–182.

Jüttemann, Gerd/Thomae, Hans (Hrsg.) (1998): Biographische Methoden in den Humanwissenschaften, Weinheim.

Kaufmann, Jean-Claude (1999): Das verstehende Interview. Theorie und Praxis, Konstanz.

Kudera, Sabine (1986): Historische Veränderungen von «Normalkarrieren»? Kohortenverschiebungen in Lebensverläufen und Orientierungen von mittleren Beamten, in: Hanns-Georg Brose (Hrsg.), Berufsbiographien im Wandel, Opladen, S. 44–55.

Labov, William (1972): The Transformation of Experience in Narrative Syntax, in: William Labov (Hrsg.), Language in the Inner City: Studies in the Black English Vernacular, Philadelphia, S. 354–396.

Luhmann, Niklas/Mayntz, Renate (1973): Personal im öffentlichen Dienst. Eintritt und Karrieren, Baden-Baden.

Martin, Joanne/Feldman, Martha S./Hatch, Mary Jo/Sitkin, Sim B. (1983): The Uniqueness Paradox in Organizational Stories, in: Administrative Science Quarterly, Jg. 28, S. 438–453.

Mead, George Herbert (1934/1973): Geist, Identität und Gesellschaft, Frankfurt a. M.

Mruck, Katja/Mey, Günter (1998): Selbstreflexivität und Subjektivität im Auswertungsprozeß qualitativer Materialien. Zum Konzept einer «Projektwerkstatt qualitativen Arbeitens» zwischen Colloquium, Supervision und Interpretationsgemeinschaft, in: Gerd Jüttemann/Hans Thomae (Hrsg.), Biographische Methoden in den Humanwissenschaften, Weinheim, S. 284–306.

Mutz, Gerd/Ludwig-Mayerhofer, Wolfgang/Koenen, Elmar J./Eder, Klaus/Bonß, Wolfgang (1995): Diskontinuierliche Erwerbsverläufe. Analysen zur postindustriellen Arbeitslosigkeit, Opladen.

Oevermann, Ulrich (1991): Genetischer Strukturalismus und das sozialwissenschaftliche Problem der Erklärung der Entstehung des Neuen, in: Stefan Müller-Doohm (Hrsg.), Jenseits der Utopie. Theoriekritik der Gegenwart, Frankfurt a. M., S. 267–336.

Oevermann, Ulrich/Allert, Tilman/Konau, Elisabeth/Krambeck, Jürgen (1979): Die Methodologie einer «objektiven Hermeneutik» und ihre allgemeine forschungslogische Bedeutung in den Sozialwissenschaften, in: Hans-Georg Soeffner (Hrsg.), Interpretative Verfahren in den Sozial- und Textwissenschaften, Stuttgart, S. 352–434.

Ortmann, Günther/Windeler, Arnold/Becker, Albrecht/Schulz, Hans-Joachim (1990): Computer und Macht in Organisationen. Mikropolitische Analysen, Opladen.

Pioch, Roswitha (1995): Technische Rationalität und biographische Orientierungsmuster im Berufsfeld der Ingenieure, in: Erika M. Hoerning/Michael Corsten (Hrsg.), Institution und Biographie. Die Ordnung des Lebens, Pfaffenweiler, S. 95–110.

Reichertz, Jo (1995): Objektive Hermeneutik, in: Uwe Flick/Ernst v. Kardorff/Heiner Keupp/Lutz v. Rosenstiel/Stephan Wolff (Hrsg.), Handbuch qualitative Sozialforschung. Grundlagen, Konzepte, Methoden und Anwendungen, 2. Aufl., Weinheim, S. 223–228.

Riemann, Gerd (1987): Das Fremdwerden der eigenen Biographie. Narrative Interviews mit psychiatrischen Patienten, München.

Schatzman, Leonhard/Strauss, Anselm (1966): Social Class and Modes of Communication, in: Alfred G. Smith (Hrsg.), Communication and Culture, New York, S. 442–455.

Schütz, Alfred (1971): Gesammelte Aufsätze, Bd. 1, Den Haag.

Schütze, Fritz (1976): Zur Hervorlockung und Analyse von Erzählungen thematisch relevanter Geschichten im Rahmen soziologischer Feldforschung – dargestellt an einem Projekt zur Erforschung von kommunalen Machtstrukturen, in: Arbeitsgruppe Bielefelder Soziologen: Kommunikative Sozialforschung, München, S. 159–260.

Schütze, Fritz (1977): Die Technik des narrativen Interviews in Interaktionsfeldstudien –

dargestellt an einem Projekt zur Erforschung von kommunalen Machtstrukturen, Universität Bielefeld: Fakultät für Soziologie.

Schütze, Fritz (1982): Narrative Repräsentation kollektiver Schicksalsbetroffenheit, in: Eberhard Lämmert (Hrsg.), Erzählforschung. Ein Symposium, Stuttgart, S. 568–590.

Schütze, Fritz (1983): Biographieforschung und narratives Interview, in: Neue Praxis, Jg. 13, S. 283–293.

Strauss, Anselm L. (1994): Grundlagen qualitativer Sozialforschung, München.

Strauss, Anselm L./Corbin, Juliet M. (1991): Basics of Qualitative Research. Grounded Theory Procedures and Techniques, Newbury Park u. a.

Südmersen, Ilse M. (1983): Hilfe, ich ersticke in Texten! – Eine Anleitung zur Aufarbeitung narrativer Interviews, in: Neue Praxis, Jg. 13, S. 294–306.

Voß, G. Günter/Pongratz, Hans J. (1998): Der Arbeitskraftunternehmer. Eine neue Grundform der Ware Arbeitskraft?, in: Kölner Zeitschrift für Soziologie und Sozialpsychologie, Jg. 50, S. 131–158.

Wagner, Gabriele (2000): Berufsbiographische Aktualisierung von Anerkennungsverhältnissen. Identität zwischen Perspektivität und Patchwork, in: Ursula Holtgrewe/Stephan Voswinkel/Gabriele Wagner (Hrsg.), Anerkennung und Arbeit, Konstanz, S. 141–166.

Weick, Karl E. (1995): Sensemaking in Organizations, Thousand Oaks u. a.

Wiedemann, Peter M. (1986): Erzählte Wirklichkeit. Zur Theorie und Auswertung narrativer Interviews, Weinheim/München.

Willisch, Andreas (1999): Sozialer Wandel und die Kategorie der Überflüssigkeit, in: Claudia Honegger/Stefan Hradil/Franz Traxler (Hrsg.), Grenzenlose Gesellschaft? Verhandlungen des 29. Kongresses der Deutschen Gesellschaft für Soziologie, des 16. Kongresses der Österreichischen Gesellschaft für Soziologie, des 11. Kongresses der Schweizerischen Gesellschaft für Soziologie, Teil 2, Opladen, S. 83–95.

Witzel, Andreas (1982): Verfahren der qualitativen Sozialforschung. Überblick und Alternativen, Frankfurt a. M./New York.

Wohlrab-Sahr, Monika (1997): Individualisierung: Differenzierungsprozeß und Zurechnungsmodus, in: Ulrich Beck/Peter Sopp (Hrsg.), Individualisierung und Integration: neue Konfliktlinien und neuer Integrationsmodus?, Opladen, S. 23–36.

Martin Kuhlmann

3 Beobachtungsinterview

1 Einleitung

Obwohl das Wort Beobachtungsinterview auf den zunächst einfachen und aus Alltagssituationen vertrauten Sachverhalt verweist, dass Beobachten und Fragen in der Regel miteinander verschränkt sind, ist das Beobachtungsinterview als eigenständiges Verfahren ein vergleichsweise junges Produkt einer sich in ihren Methoden immer weiter ausdifferenzierenden Sozialforschung. Als Bezeichnung für ein bestimmtes Verfahren der empirischen Sozialforschung wird der Begriff Beobachtungsinterview erst in jüngerer Zeit beispielsweise im Zusammenhang mit in der Arbeitspsychologie entwickelten Instrumenten einer systematischen Arbeitsanalyse verwendet. Verstärkt seit Beginn der 1980er Jahre entstanden im Kontext dieser stark am Methodenverständnis einer naturwissenschaftlich geprägten Psychologie orientierten Disziplin eine Vielzahl von Arbeitsanalyseinstrumenten[1], bei denen Arbeitssituationen jeweils entlang von Leitfäden strukturiert beobachtet und über gezielte Fragen an die Beschäftigten beurteilt werden (einen Überblick bieten Dunckel 1999; Frieling/Sonntag 1999). Die Notwendigkeit der Kombination von Beobachtungs- und Befragungselementen ergibt sich in diesen Instrumenten häufig schon allein daraus, dass sie auf handlungstheoretischen Konzepten beruhen, die den Denkprozessen der Arbeitenden einen hohen Stellenwert einräumen. Ziel dieser arbeitspsychologischen Beobachtungsinterviews sind personen*unabhängige*, zumeist als bedingungsbezogen bezeichnete Arbeitsanalysen, bei denen jedoch nicht äußere Merkmale der Tätigkeiten im Vordergrund stehen, sondern die vielmehr auf einem Verstehen der Arbeitsprozesse und der Handlungsstrukturen von Arbeitstätigkeiten beruhen (Oesterreich/Volpert 1987).

Hiermit ist aber nur ein Anwendungsgebiet des Beobachtungsinterviews bezeichnet. Weitgehend unabhängig von Entwicklungen der Arbeitspsychologie wird das Verfahren seit längerem bei der Untersuchung von Arbeitssituationen durch die phänomenologisch orientierte Industriesoziologie eingesetzt, der es ebenfalls um eine verstehende Analyse von Arbeit geht. Der inzwischen klassische Text dieser Tradition sind die beiden Bände «Technik und Industriearbeit» sowie «Das Gesellschaftsbild des Arbeiters» von Popitz, Bahrdt, Jüres und Kesting (1957a; 1957b), die im Anhang (1957b, S. 250–288) die «Arbeitsmonographie der Umwalzer an der Draht- und Feinstraße eines Walzwerkes» enthielten; diese sind ein frühes Beispiel für die Ergebnisse eines Beobachtungsinterviews. Hier finden sich bereits die wichtigsten Grundmerkmale des später dann unter der Überschrift «Arbeitsplatzbeobachtung» (Kern/Schumann 1970, Schumann u. a. 1982) weiter ausgearbeiteten und verfeinerten Instruments: Das Ziel dieser Methoden ist eine personenunabhängige, auf typische Merkmale ausgerichtete Analyse und Beschreibung von Arbeitssituationen durch eine mitunter mehrtägige Beobachtung der Arbeitenden während des Vollzugs ihrer Tätigkeiten sowie begleitende Gespräche, in denen es um Verständnisfragen zu den beobachteten Sachverhalten sowie die Erhebung von nicht direkt beobachtbaren Aspekten, komplexen Erfahrungsbestandteilen und sozialen Bedeutungen[2] geht.

Beim Beobachtungsinterview handelt es sich insofern um ein in unterschiedlichen Kontexten genutztes Instrument zur Analyse von Arbeitstätigkeiten. Zum Verfahren selbst finden sich in den einschlägigen Studien – und auch in vorliegenden Lehrtexten zur empirischen Sozialforschung – jedoch nur sehr spärliche Hinweise. Während die Industriesoziologie ihre Vorgehensweise bei Beobachtungsinterviews kaum expliziert und sich nicht selten mit dem generellen Hinweis auf Fallstudien oder die Durchführung von Arbeitsplatzbeobachtungen begnügt, beschränken sich arbeitspsychologische Veröffentlichungen häufig auf detaillierte Erläuterungen zu den methodischen Begründungen und Operationalisierungen der arbeitsanalytischen Kategorien. Obwohl es sich bei den Instrumenten zur Arbeitsanalyse in der Regel um umfangreiche Manuale mit einer Vielzahl von einzeln einzustufenden Merkmalen und Skalen handelt,[3] die zudem auf einer umfangreichen Dokumentation unterschiedlicher Arbeitsfunktionen beruhen, sind die Hinweise zur Vorgehensweise selbst auch hier vergleichsweise knapp und eher allgemein gehalten oder beschränken sich auf die Explikation von Rahmenbedingungen. Detailliert festgelegt wird, *worauf* sich das Beobachtungsinterview zu richten hat, das heißt, welche Beobachtungskategorien einzustufen und welche Daten zu erheben sind; dem Vorgehen in der Erhebungssituation wird dagegen sehr viel weniger Aufmerksamkeit geschenkt: «Im *Manual* werden dem Untersucher von ihm (und nicht von dem Arbeitenden) zu beantwortende Fragen vorgegeben. In freier Beobachtung und Befragung muß sich der Untersucher alle Informationen verschaffen, die ihm die Beantwortung der vorgegebenen Fragen – überwiegend mit standardisierten Antwortkategorien – erlauben.» (Oesterreich/ Leitner 1989, S. 240)

Der vorliegende Beitrag wird daher keinen Einblick in die theoretisch-kategorialen Weiterentwicklungen und Ausdifferenzierungen der arbeitsanalytischen Methodik in Arbeitspsychologie und Industriesoziologie geben, sondern auf die Besonderheiten der Methode des Beobachtungsinterviews sowie ihr Einsatzgebiet eingehen und konkrete Hinweise zum praktischen Vorgehen geben. Schon der Begriff Beobachtungsinterview deutet allerdings eine weitere notwendige Fokussierung an: Da es sich bei diesem Erhebungsverfahren um eine Kombination von Beobachtungs- und Interviewmethoden handelt, sind viele Hinweise aus dem Kapitel über die teilnehmende Beobachtung sowie die Besonderheiten qualitativer Interviews auch für das hier vorgestellte Verfahren relevant. Damit es bei der Darstellung nicht zu umfangreichen Wiederholungen von bereits behandelten Sachverhalten kommt, wird sich die Vorstellung des Beobachtungsinterviews daher vor allem auf Besonderheiten der Methode, die Anwendung sowie Vorteile und Grenzen beziehen, die aus der Kombination von Beobachtung und Interview resultieren.

2 Datenerhebung

Eine Grundregel empirischer Sozialforschung besagt, dass die Untersuchungsmethoden sich an der jeweiligen Erkenntnisabsicht einer konkreten Untersuchung zu orientieren haben. Beim Beobachtungsinterview erscheint es daher auch wenig sinnvoll, unterschiedliche Formen im Sinne eines eher quantitativen oder eher qualitativen Vorgehens zu unterscheiden oder unterschiedliche Grade der Strukturierung einander gegenüberzustellen (vgl. zu diesen Aspekten insbesondere Lamnek 1995). Entscheidend ist vielmehr, dass sich Beobachtungsinterviews dort bewähren, wo sich Aufschlüsse gerade durch die Kombination von Beobachtung und Interview gewinnen lassen. In der Organisationsforschung liegt das Hauptanwendungsgebiet von Beobachtungsinterviews daher in der Arbeitsanalyse, d. h. der Untersuchung von Arbeitssituationen.

Die besondere Leistungsfähigkeit von Beobachtungsinterviews beruht darauf, dass sie auf zwei Ebenen der sozialen Wirklichkeit zugleich ansetzen. Aufgrund des Beobachtungscharakters und der Tatsache, dass das Beobachtungsinterview vor Ort, während der Arbeit durchgeführt wird, sind zunächst faktische, quasi-objektive Bestimmungsmomente der Arbeit direkt erfahrbar und damit Gegenstand der Datenerhebung. Hierbei geht es beispielsweise um die Beschreibung von räumlichen Gegebenheiten der Arbeit, technische Arbeitsmittel und Kontrollinstrumente, maßgebliche Unterlagen (Arbeitsunterlagen, Vorschriften und Arbeitsanweisungen) sowie die wichtigsten Schritte des Arbeitsprozesses einschließlich der dabei relevanten Voraussetzungen und Folgewirkungen. Neben der Erhebung faktischer Sachverhalte zielt der verstehende Charakter der Arbeitsanalyse, der sich in besonderer Weise – aber nicht nur – aus den Gesprächssequenzen des Beobachtungsinterviews ergibt, im Kern jedoch auf eine sinnhafte Analyse der Arbeit. Dabei stehen allerdings nicht die individuellen Sinnzuschreibungen der handelnden Subjekte im Zentrum – der subjektiv gemeinte Sinn einzelner Personen –, sondern eher der das soziale Handeln bestimmende soziale Sinn entsprechend der Theorietradition der von Max Weber und Alfred Schütz begründeten verstehenden Soziologie (Weber

1980; Schütz 1974; Helle 1999; Hitzler/Honer 1997), bei der die intersubjektiven Momente des sozialen Handelns und Erlebens stärker betont werden. Für die Interviewsituation und insbesondere die Fragetechniken bleibt dies nicht ohne Folgen. Letztere unterscheiden sich in mehrfacher Hinsicht vom typischen Experteninterview oder einem qualitativen Einzelinterview, bei denen die Entfaltung persönlicher Bezüge sowie subjektiver Bewertungen einen sehr viel größeren Stellenwert einnehmen. Im Beobachtungsinterview geht es demgegenüber eher um Typisches, und es entspricht aufgrund der Kombination von Beobachten und Fragen sowie Faktischem und Sinnstrukturen in besonderer Weise der mittlerweile zum Standard empirischer Sozialforschung gewordenen Forderung nach Methodenvielfalt, «cross-examination» bzw. Triangulation (Kern 1982; Schnell u. a. 1999; Flick 2001).

Im Bereich der Organisationsforschung scheint dieses Merkmal des Beobachtungsinterviews insbesondere deshalb vorteilhaft, weil Organisationen sich durch ein hohes Maß an Komplexität und Multidimensionalität auszeichnen – eine Tatsache, aus der sich zugleich wichtige Bezugspunkte der Datenerhebung ergeben. So zeichnen sich Arbeitstätigkeiten bzw. Arbeitsplätze als zentrale Untersuchungseinheiten von Beobachtungsinterviews zunächst einmal dadurch aus, dass sie Bestandteile von in der Regel komplexen Wertschöpfungs- oder (Dienst-)Leistungserstellungsketten sind, die einerseits aus Kooperationsprozessen bestehen, andererseits aber auch durch Formen der Über- und Unterordnung gekennzeichnet sind. Ein hohes Maß an Komplexität im Sinne der Verschränkung von objektiv-faktischen mit sozial-sinnhaften Momenten in der Arbeit kommt aber auch dadurch zustande, dass Arbeit durchweg sowohl als konkret stofflicher Arbeits- bzw. Produktionsprozess zu analysieren ist als auch lebensweltliche Bezüge beinhaltet, die zu explizieren sind. Da es sich bei den Untersuchungsfeldern der Organisationsforschung häufig zugleich um abhängige Erwerbsarbeit handelt, kommen zumeist weitere, für die Analyse von Arbeit relevante Bestimmungsmomente hinzu wie das Ziel der Erwirtschaftung von Gewinnen oder der Herrschaftscharakter von Organisationen. Ein anschaulicher Überblick über grundlegende Dimensionen bei der Analyse von Arbeitssituationen findet sich bei Littek (1982, S. 102–114), der eine stofflich-technisch-funktionale, eine ökonomische und eine politisch-herrschaftliche Dimension unterscheidet.

Ausgangspunkt für die Datenerhebung ist zunächst, sich Klarheit über die Erkenntnisabsicht der Forschung zu verschaffen, um auf dieser Basis die Untersuchungseinheit zu bestimmen, auf die sich das Beobachtungsinterview beziehen soll. Da es in den meisten Fällen um eine personenunabhängige Analyse von Arbeit geht, sind konkrete Arbeitssituationen oder Tätigkeiten, die sich zu einer bestimmten Arbeitsrolle im Sinne eines abgrenzbaren spezifischen Arbeitshandelns bündeln, die häufigsten Untersuchungsgegenstände. Es sind jedoch auch erweiterte Untersuchungseinheiten denkbar. Im Anwendungsbeispiel dieses Kapitels wird etwa über eine Untersuchung berichtet, in der es um die Analyse von Arbeitssituationen bei Gruppenarbeit geht. Beobachtungsinterviews gehen also keineswegs zwangsläufig mit einer Fokussierung auf Einzelarbeitssituationen einher. Die Erkenntnisabsicht von Beobachtungsinterviews kann im Anspruch einer ganzheitlichen Betrachtung von Arbeitssituationen bestehen; häufiger werden jedoch bestimmte, mehr oder weniger scharf umrissene Ausschnitte von Arbeitssituationen untersucht. So richten sich insbesondere die in der Einleitung erwähnten arbeitspsychologischen Arbeitsanalyseverfahren oft auf ganz spezielle Aspekte von Arbeitssituationen wie Stressbelastungen oder handlungstheoretisch definierte Regulationserfordernisse.

Auswahlentscheidungen

Nach dieser Phase von Vorklärungen erfolgt die Auswahl des konkreten Untersuchungsfeldes innerhalb der betreffenden Organisation. Typischerweise sind dies bestimmte Arbeitssituationen: etwa die eines Schichtmeisters in einem vollkontinuierlichen Chemiebetrieb, die Arbeit eines Call-Center-Agenten, einer Stationsschwester, einer Bestückerin in einer Flachbaugruppenfertigung oder eines Montagearbeiters in der Großserienproduktion der Automobilindustrie nach der Einführung von Gruppenarbeit. Beobachtet werden sollten stets mehrere konkrete Arbeitsplätze, die sich idealerweise in verschiedenen Abteilungen einer Organisation oder sogar in verschiedenen Organisationen befinden. Zudem sollten mögliche Variationen einer konkreten Tätigkeit gezielt zum Gegenstand weiterer Beobachtungsinterviews gemacht werden.

Bei der Auswahl der Untersuchungspersonen geht es darum, für den betreffenden Arbeitsplatz typische Beschäftigte hinsichtlich Qualifikationsniveau, Arbeitsbiographie oder betrieblichem Karriereverlauf einzubeziehen sowie sozialstatistische Merkmale und die Dauer der Betriebszugehörigkeit zu berücksichtigen. Die Arbeitsplatzinhaber sollten die Tätigkeit bereits seit längerer Zeit ausüben und die normalerweise an den Arbeitsplätzen verlangten qualifikatorischen Anforderungen mitbringen. Aufgrund der besonderen Bedeutung von Verbalisierungen für die Methode des Beobachtungsinterviews hat es sich zudem als vorteilhaft erwiesen, wenn die Untersuchungspersonen über jeweils landesübliche Sprachkenntnisse verfügen und eine direkte Verständigung mit den Forschenden möglich ist. Gerade in Arbeitsbereichen, in denen Kenntnisse der jeweiligen Landessprache nicht die Regel sind, sind allerdings zusätzlich auch aus dieser Gruppe Untersuchungspersonen auszuwählen. In diesen Fällen kommt den Beobachtungsmomenten eine besondere Bedeutung zu: So ist insbesondere darauf zu achten, ob die Tätigkeiten von solchen Beschäftigten anders ausgeführt werden. Grundsätzlich gilt, dass die Untersuchungspersonen in etwa repräsentativ für die Gesamtheit der an den Arbeitsplätzen eingesetzten Personen sein sollten. Andererseits lassen sich über Beobachtungsinterviews mit Extremfällen oft besondere, ergänzende Einsichten gewinnen. Dies gilt etwa für Beschäftigte, die sich noch im Anlernprozess befinden, Beschäftigte mit einer überdurchschnittlich langen Arbeitsplatzerfahrung oder solche mit Vorerfahrungen auf vergleichbaren Arbeitsplätzen in anderen Organisationen.

Für die Dauer eines Beobachtungsinterviews lassen sich keine generellen Größenordnungen angeben. Sie hängt vor allem vom Charakter, der Komplexität und den Zeitrhythmen der Tätigkeiten sowie von der im Vorfeld zu präzisierenden Erkenntnisabsicht ab.

In der Regel sollten sich Beobachtungsinterviews jedoch über mehrere Arbeitstage erstrecken. Entscheidend ist, dass die Forschenden sich in der Lage sehen, alle im Erhebungsprogramm vorgesehenen Fragen zu beantworten und die entsprechenden Einstufungen durchzuführen. Letztlich geht es darum, die jeweiligen Tätigkeiten in ihren Grundzügen verstehend nachvollziehen zu können. Ein Beobachtungsinterview dauert so lange, bis man die Arbeitssituation verstanden hat, lautet daher die Empfehlung. Im strengen Sinn ist ein Beobachtungsinterview erst dann als beendet anzusehen, wenn durch weitere Beobachtungen und Gespräche keine grundsätzlich neuen Informationen mehr gewonnen werden, sondern nur noch das bereits vorhandene Verständnis der jeweiligen Arbeitssituation bestätigt wird.

Vorgehensweise

Gerade weil es im Unterschied zu Interview- oder Fragebogeninstrumenten kaum formale Kriterien hinsichtlich der zeitlichen Dauer eines Beobachtungsinterviews gibt, spielen Hinweise zur Vorgehensweise eine besondere Rolle. Entscheidend für die soziale Situation des Beobachtungsinterviews ist die Tatsache, dass es sich um eine typische Feldsituation handelt. Die Forschenden folgen den Untersuchungspersonen während des Arbeitsablaufs und stellen immer wieder Fragen, die der Einordnung des Gesehenen dienen, ohne aber die jeweiligen Handlungsabläufe dabei zu stören oder zu sehr zu zerstückeln. Genau wie bei den meisten Formen der Beobachtung (vgl. den Beitrag zur teilnehmenden Beobachtung in diesem Band sowie Girtler 2001) sind die Forschenden damit in einer natürlichen Situation unmittelbar präsent, dringen also in Alltagssituationen der Untersuchungspersonen ein. Dies setzt ein hohes Maß an Einverständnis von allen Beteiligten voraus. Nicht nur der Anlass und die generelle Zielsetzung der Untersuchung sind daher mitzuteilen und zu begründen, darüber hinaus sind auch die spezifischen Erkenntnisabsichten und die Vorgehensweise beim Beobachtungsinterview offen zu legen.

Aufgrund der bereits genannten Besonderheiten des Gegenstandes der Organisationsforschung spielt das Vertrauen der Untersuchungspersonen sowie der Vertrauensschutz eine entscheidende Rolle. Absolut notwendig ist daher, nicht nur die jeweilige Leitung, sondern auch die Interessenvertretung der Arbeitenden einzubeziehen. Da sich die Forschenden im Arbeitsbereich frei bewegen und grundsätzlich, das heißt, soweit die Arbeitsprozesse es zulassen, über die Möglichkeit verfügen müssen, jeden Beschäftigten jederzeit anzusprechen, gewinnen sie detaillierte Einblicke in die Praxis der jeweiligen Tätigkeiten. Die doppelte Wirklichkeit von Organisationen (Weltz 1991) wird damit zu einem wichtigen Gegenstand des Beobachtungsinterviews. Damit werden aber auch solche Verhaltensweisen zum Thema, die beispielsweise gegen betriebliche Vorschriften verstoßen und im Einzelfall nicht einmal den jeweiligen Vorgesetzten bekannt sind. Bei der Information der Beschäftigten besonders wichtig ist deshalb der Hinweis auf den Vertrauensschutz sowie darauf, dass es sich nicht um eine Kontrolle durch den Betrieb handelt. Außerdem ist klarzustellen, dass es nicht um die Beobachtung einzelner Personen, sondern um das Verstehen von Tätigkeiten geht. Bewährt hat sich beispielsweise der Hinweis, dass man eben nicht nur «am grünen Tisch» über die betreffenden Tätigkeiten reden, sondern sie auch ganz konkret kennen lernen und in Ansätzen verstehen wolle. Man werde daher in den nächsten Tagen vor Ort dabei sein und jede Menge «dumme» Fragen stellen.

Das eigentliche Beobachtungsinterview ist dann so anzulegen, dass es von den Untersuchungspersonen als eher unspektakulär erlebt wird. Diese gehen im Wesentlichen ihren normalen Tätigkeiten nach – mit dem Unterschied allerdings, dass sie dabei von einer weiteren Person beobachtet werden und von Zeit zu Zeit Nachfragen zu unterschiedlichen Aspekten ihres Arbeitshandelns gestellt bekommen. Wenn die beobachtete Person mit anderen Personen Kontakt aufnimmt, ist es mitunter zweckmäßig, dass der Forscher kurz vorgestellt wird. Grundsätzlich sollten derartige Entscheidungen und die Initiative hierzu jedoch bei den Untersuchungspersonen und nicht bei den Forschenden liegen: Die Beschäftigten definieren, was aus ihrem Verständnis der Arbeitsrolle und den jeweiligen Gepflogenheiten heraus üblich und zu tun ist. Die Forschenden sollten nur auf Aufforderung hin in die Situation aktiv eingreifen. Zudem bleibt es der Untersuchungsperson überlassen, ob sie den Forscher in bestimmten Situationen bittet, die Beobachtung zu unterbrechen. Letzteres kann etwa bei einem Führungsgespräch mit einem Untergebenen sinnvoll sein. In solchen Fällen sind aber die für das Beobachtungsinterview relevanten Aspekte nach Möglichkeit gesprächsweise unmittelbar im Anschluss an eine solche Situation zu klären.

Im Unterschied zur aktiv teilnehmenden Beobachtung sollte man jedoch darauf verzichten, Teile der beobachteten Arbeitstätigkeit selbst auszuführen. Zunächst einmal dürfte dies bei den meisten Tätigkeiten ohnehin nicht praktikabel sein; darüber hinaus könnte es jedoch auch zu Fehlschlüssen infolge des Missverständnisses besonderer Unmittelbarkeit oder gar Authentizität verleiten. Entscheidend ist – wie bei verstehenden Methoden generell –, ein hohes Maß an Empathie wirksam werden zu lassen und sich so weit wie möglich in die Situation der beobachteten Person hineinzuversetzen, hierbei jedoch nicht dem Trugschluss zu verfallen, das Erleben und die Handlungsweisen der Untersuchungsperson unmittelbar nachvollziehen zu können. Allerdings ist gerade bei einfachen Tätigkeiten durchaus damit zu rechnen, dass die Forschenden aufgefordert werden, es doch selbst einmal zu versuchen – eine Aufforderung, der man sich prinzipiell auch nicht widersetzen sollte. Einerseits kann eine solche Situation Anlass für eine Gesprächssequenz über das Erleben dieser Tätigkeit sein, andererseits kommt – vergleichbar mit der Situation in einem qualitativen oder narrativen Interview – der Aufrechterhaltung des besonderen Charakters der von vergleichsweise hohem Vertrauen geprägten Untersuchungssituation eine besondere Bedeutung zu.

Insgesamt erhöht sich die Qualität eines Beobachtungsinterviews erheblich, wenn es gelingt, die beobachteten Personen aktiv in den Untersuchungsprozess einzubeziehen. So ist es beispielsweise sinnvoll, im Anschluss an die Erläuterungen zur Untersuchungsfragestellung und Vorgehensweise die Beschäftigten zu bitten zu überlegen, welche Unterlagen für das Verständnis ihrer Tätigkeit wichtig sind oder welche besonderen Teilaufgaben oder Situationen (z. B. Schichtwechsel oder Nachtschicht) sich die Forschenden auf jeden Fall anschauen sollten. Gerade in der Startphase eines Beobachtungsinterviews sollte man die Möglichkeit nutzen, möglichst viele Beschäftigte eines Bereichs zu erreichen, und auch während eines Beobachtungsinterviews (beispielsweise in gemeinschaftlich verbrachten Arbeitspausen) jede sich bietende Gelegenheit ergreifen, Einzelaspekte in ad hoc entstehenden Diskussionen zwischen mehreren Arbeitsplatzinhabern zu vertiefen. Gerade solche Gespräche, die häufig an unterschiedlichen Einschätzungen einzelner Personen anknüpfen, helfen, ein detailliertes Bild der jeweiligen Tätigkeit zu zeichnen.

Letztlich sind alle Entscheidungen hinsichtlich der Vorgehensweise dem zentralen Ziel unterzuordnen, möglichst viele Aspekte der Tätigkeit direkt zu beobachten und mittels kurzer Gesprächssequenzen in ihrem Bedeutungsgehalt, möglichen Unterschieden in der Ausführung sowie in ihren Wirkungen auf die Arbeitssituation einschließlich der hierfür relevanten Einflussfaktoren zu verstehen. Praktisch bedeutet dies, dass man nicht nur möglichst unterschiedliche Situationen kennen lernen sollte; erreicht wird dieses Ziel auch dadurch, dass Beobachtungsinterviews zu ein und derselben Tätigkeit mit unterschiedlichen Personen durchgeführt werden. Diese Möglichkeit ist im Prinzip immer gegeben und sollte auch deshalb extensiv genutzt werden, um einzelne Personen nicht zu sehr zu belasten, sämtliche Beschäftigten in die Untersuchung einzubeziehen und so einen Eindruck vom gesamten Arbeitssystem zu erhalten. Gerade das beim Beobachtungsinterview in der Regel im Vordergrund stehende Typische unterschiedlicher Arbeitssituationen lässt sich erst über den Vergleich zwischen Beobachtungsinterviews mit verschiedenen Untersuchungspersonen ermitteln. Besonders gute, unbedingt zu nutzende Vergleichsmöglichkeiten bieten sich dabei in Organisationen, in denen aufgrund von Schichtarbeit ohnehin unterschiedliche Beschäftigte an identischen Arbeitsplätzen arbeiten. Hier besteht zudem die Chance, sich bestimmte Tätigkeiten mehrfach erklären zu lassen, ohne dass daraus Irritationen entstehen. Generell bewährt hat sich eine Mischung aus kurzen, mitunter gezielt auf einzelne Aspekte ausgerichteten Beobachtungs- und Interviewsequenzen einerseits und längeren Passagen, die im Extremfall den Charakter einer teilnehmenden Beobachtung annehmen können, andererseits. Bei besonders komplexen Tätigkeiten bietet sich dabei auch die Vorgehensweise des Mitverfolgens eines ganzen Arbeitstages an. Auch hier ist allerdings wichtig, dass dabei die Möglichkeit besteht, die verschiedenen Situationen durch Nachfragen immer wieder zu klären. Am Ende eines solchen Tages sollte zudem Zeit eingeplant werden, um zu klären, inwieweit der erlebte Tag typisch und was ungewöhnlich war.

Fragetechniken, Fragearten

Entscheidend für die Datenerhebung ist, dass es sich beim Beobachtungsinterview primär gerade nicht um ein Interview handelt. Gesprächssequenzen spielen zwar eine wichtige Rolle bei der Datenerhebung; im Vordergrund steht jedoch die Beobachtung, und die Interviewsequenzen dienen eher dem Verständnis der beobachteten Situationen sowie dem Nachvollzug von Denk- und Entscheidungsprozessen. Grundsätzlich sollte also immer zunächst beobachtet werden. Der normale Arbeitsprozess darf dabei so wenig wie möglich unterbrochen werden. Dies bedeutet, dass vollständige Handlungssequenzen oder Interaktionsszenen abzuwarten sind, Gesprächspassagen jeweils nicht zu lang sein sollten und deutliche Markierungen für eine Rückkehr in die Beobachterrolle einzusetzen sind (einen Schritt zurücktreten, kurze verbale Hinweise oder Aufforderungen). Auch dann, wenn bestimmte Aspekte der Arbeitssituation im Gespräch bilanzierend geklärt werden, sollten die Interviewfragen stets von beobachteten oder erlebten Szenen ausgehen. Falls ein Beschäftigter von sich aus in ein längeres Gespräch einsteigt, sollte man ihn zunächst auffordern, doch diese oder jene Tätigkeit zu zeigen oder zu wiederholen. Letztlich bleibt aber nur die Möglichkeit, die Situation behutsam abzubrechen – beispielsweise indem man sich einem anderen Arbeitsbereich mit dem Hinweis zuwendet, sich diesen auch noch anschauen zu wollen.

Die Fragen im Beobachtungsinterview ergeben sich teils aus der grundlegenden Erkenntnisabsicht, teils aus den verschiedenen Zielrichtungen einzelner Gesprächssequenzen. Als besonders übliche Fragearten des Beobachtungsinterviews lassen sich unterscheiden: (1) die Frage nach verfügbaren Handlungs- bzw. Entscheidungsalternativen sowie die Nachfrage zu Begründungen für die jeweils gewählte Alternative; (2) die Bitte, Rahmenbedingungen und Voraussetzungen für das Eintreten von bestimmten Situationen zu erläutern – hierbei ist darauf zu achten, inwieweit diese den Handelnden überhaupt transparent sind; (3) die Frage nach möglichen und wahrscheinlichen Folgewirkungen von Handlungen für die eigene Tätigkeit bzw. Arbeitssituation; (4) die Bitte, den Zusammenhang des eigenen Arbeitshandelns mit Handlungen anderer zu erläutern; (5) Fragen zur zeitlichen und inhaltlichen Verortung von beobachteten Situationen (Beispiele: Wie oft muss man so etwas bei dieser Arbeit erledigen? War dies jetzt ein besonders schwieriges Gespräch – eine besonders knifflige Anlagenstörung? Kann es auch mal sein, dass das Zusammenbauen nicht so reibungslos klappt?).

Sowohl bei der Frage nach Handlungsalternativen, allemal jedoch bei Fragen nach Verortungen und arbeitssituativen Einschätzungen ist es – insbesondere in gewerblichen Tätigkeitsfeldern – sinnvoll, zunächst in der eher unpersönlichen, auf Typisches rekurrierenden man-Form zu fragen. Mitunter lässt sich durch eine zusätzliche Nachfrage, wie die betreffende Person mit der entsprechenden Situation umgeht, ein besonders differenziertes Verständnis einer Tätigkeit gewinnen. Hier ist selbstverständlich auf den bereits hervorgehobenen Sachverhalt zu achten, dass es in der Regel um die Tätigkeiten selbst geht und personenbezogene Nachfragen stets die Gefahr beinhalten, dass hierdurch das Misstrauen geweckt wird, dass es dem Forscher vielleicht doch darum gehen könnte herauszufinden, wie einzelne Personen arbeiten. Es kann jedoch sinnvoll sein, danach zu fragen, ob es Unterschiede im Arbeitshandeln zwischen bestimmten Personengruppen (z. B. Älteren und Jüngeren, Leuten mit oder ohne einschlägige Ausbildung) gibt oder ob sich unterschiedliche Arbeitsstile herausbilden. Mit entsprechenden Erläuterungen versehen, leuchten solche Fragen den meisten Beschäftigten schnell ein und werden in der Regel auch nicht als bedrohlich empfunden.

Schließlich sei noch auf eine letzte Fragetechnik verwiesen, die häufig zu besonders guten Ergebnissen führt. Insbesondere dort, wo den mit einer Tätigkeit einhergehenden kognitiven Prozessen eine große Bedeutung zukommt, kann es mitunter gelingen, die beobachtete Person dazu zu bringen, ihre Überlegungen sogar während des Vollzugs einer Tätigkeit zu verbalisieren. Die Bitte, bei der Arbeit doch einmal laut zu denken, kann bei einigen Menschen äußerst präzise und anschauliche Verbalisierungen ihres Arbeitshandelns hervorbringen.

Nutzung von Problemsituationen

Besonders aussagefähige Situationen entstehen während eines Beobachtungsinterviews immer dann, wenn sich mehrere Personen versammeln und über ihr Handeln verständigen oder mögliche Reaktionen diskutieren. Grundsätzlich gilt daher, dass man im Feld keine Chance ungenutzt lassen sollte, sich in solche Situationen hineinzubegeben – oft gibt es in Arbeitsbereichen sogar bestimmte Orte (z. B. die Messwarten in der Prozessindustrie), an denen Gespräche über das Arbeitshandeln besonders häufig stattfinden. Sinnvoll ist es, die gerade versammelten Personen im Anschluss an eine beobachtete Szene um eine Kommentierung zu bitten oder sie mit einer daran anschließenden Frage zu konfrontieren.

Problematische Situationen, auftauchende Konflikte, voneinander abweichende Einschätzungen sowie sich anbahnende Auseinandersetzungen sind für Beobachtungsinterviews von hoher Relevanz und sind mit besonderer Aufmerksamkeit und Sorgfalt zu verfolgen. Sie lassen sich in einem Beobachtungsinterview nicht erzeugen, dürften aber bei mehrtägigen Beobachtungen in der Regel vorkommen und sind für die Analyse und Interpretation stets besonders aufschlussreich. Dem Nachgehen von problematischen Ereignissen kommt bei der Datenerhebung daher eine wichtige Rolle zu, was am Beispiel eines Beobachtungsinterviews zu einer Anlagenführertätigkeit im Rohbau eines Automobilherstellers kurz erläutert werden soll.

Die Ausgangssituation der in diesem Zusammenhang beobachteten Szene bestand darin, dass eine Gruppe von Anlagenführern mit der Tatsache konfrontiert war, dass die Zulieferung einer bestimmten Türart aufgrund eines Zulieferproblems zu stocken drohte. Die Arbeitsgruppe war zuständig für eine von drei parallelen Montagelinien, in denen die Türen weitgehend automatisiert angebaut wurden, sowie für ein alle drei Linien versorgendes Hochregallager, in dem die verschiedenen Türvarianten vorgehalten wurden. Nachdem die Gruppe über den bald bevorstehenden Mangel einer Türart auf Nachfrage in der Logistik hin informiert war, antizipierte sie, dass dies aufgrund technischer Abhängigkeiten der Anlage dazu führen könnte, dass nach kurzer Zeit alle drei Montagelinien zum Stillstand kommen. Nach kurzer Beratung beschlossen die Anlagenführer daher, eine der drei Linien komplett nicht mehr zu versorgen, da nur dies geeignet war, einen Rückstau von Ladungsträgern zu verhindern, sodass die beiden anderen Linien mit den dort benötigten Türen weiter versorgt werden konnten. Da sich der vorgesetzte Meister der betreffenden Anlagenführer auf einer Weiterbildung befand, informierte die Gruppe direkt den zuständigen Bereich, dessen Vorgesetzter sich jedoch sehr bald bei der Gruppe beschwerte und sie unter Drohungen anwies, die Belieferung «seiner» Linie trotz des damit verbundenen Risikos wieder aufzunehmen. Die Situation eskalierte, und aus Verärgerung ging die Gruppe, entgegen der bisherigen informellen Praxis eines Durchfahrens der Pausen durch eine Notbesetzung, geschlossen in die Mittagspause, was eine weitere Unterbrechung der Versorgung der dritten Linie zur Folge hatte. Am nächsten Tag hatte dieser Vorfall ein Nachspiel, bei dem sogar die Rohbauleitung eingeschaltet wurde, um die Situation zwischen den verschiedenen Vorgesetzten und der Gruppe zu klären.

Für das Beobachtungsinterview erweist sich ein solches Ereignis insofern als Glücksfall, als es einen besonders guten Einblick in die Entscheidungskompetenzen, das Arbeitshandeln und die widersprüchlichen Momente der Arbeitssituation der Anlagenführer erlaubt. Bei der Datenerhebung ist entscheidend, dass die verschiedenen Phasen eines solchen Vorfalls teils direkt beobachtet, teils mit den verschiedenen Akteuren besprochen werden. Hierzu war es im erwähnten Fall zunächst notwendig, in die verschiedenen Anlagenbereiche zu gehen, um sich einen Überblick über die Auswirkungen zu verschaffen. Am Ende des ersten Tages war zudem klar, dass die Rückkehr des zuständigen Meisters am nächsten Tag nach Möglichkeit vor Ort mitzuerleben war. Während der Ereignisse und vor allem tags darauf waren darüber hinaus kurze Gespräche mit den verschiedenen Akteuren über ihre Sichtweise der Ereignisse notwendig, und schließlich war gesprächsweise auch noch zu klären, ob der beobachtete Ablauf aus Sicht der Beteiligten typisch war und wie häufig solche oder ähnliche Vorkommnisse stattfinden.

Das Ansetzen an problematischen Situationen und die Technik des Nachverfolgens solcher Ereignisse ist nicht nur ein besonders wichtiger Baustein von Beobachtungsinterviews, es ist zudem ein gutes Beispiel für die enge Verschränkung von Beobachtungs- und Interviewsequenzen sowie für die Unterschiedlichkeit der Fragearten.

3 Dateninterpretation und Feedback

Da es für Beobachtungsinterviews, insbesondere wenn sie zur Arbeitsanalyse in der Organisationsforschung eingesetzt werden, charakteristisch ist, dass sich die Phasen der Datenerhebung und der Dateninterpretation sehr stark überlappen, werden unter der Überschrift «Dateninterpretation» auch Momente angesprochen, die zeitlich-räumlich noch in die Phase der Datenerhebung fallen. Aus dem bereits Dargestellten dürfte nicht nur deutlich geworden sein, dass der Prozess der Datenerhebung insbesondere aufgrund seiner im Kern verstehenden Methodik bereits in hohem Maß Interpretationscharakter besitzt; noch entscheidender ist, dass wesentliche Kategorien der Analyse – wie im Konzept der «grounded theory» beschrieben (Strauss/Corbin 1996; Lamnek 1995) – im Verlauf des Beobachtungsinterviews, d. h. während der Datenerhebung, erst entstehen. Eine relativ strenge Trennung von Datenerhebung und Dateninterpretation ist nur in den in der Einleitung beschriebenen weitgehend standardisierten arbeitspsychologischen Arbeitsanalyseverfahren möglich, deren Ziel in erster Linie ein methodisch abgesicherter Vergleich unterschiedlicher Tätigkeiten in bestimmten Einzeldimensionen sowie die Erarbeitung von Hinweisen für die prospektive Gestaltung von Tätigkeiten ist. Von diesem Einsatzfeld abgesehen, in dem es vor allem um das Ausfüllen bereits vorliegender Schemata geht, liegt ein entscheidendes Moment von Beobachtungsinterviews jedoch in der iterativen Erarbeitung von Analysekategorien. Gerade hierfür erweist sich die Kombination sowie der Wechsel von Beobachtungs- und Interviewsequenzen als besonders förderlich.

Dokumentation der Ergebnisse

Praktisch bewährt hat sich auch bei Beobachtungsinterviews die abendliche Niederschrift des Erlebten – häufiger ist es eher eine Ergänzung von tagsüber bereits angefertigten Kurznotizen – sowie die Sichtung und Systematisierung der bisherigen Ergebnisse. Grundsätzlich ist es ratsam, Beobachtungen und Gesprächsinhalte möglichst zeitnah zu dokumentieren, was aufgrund der Offenlegung der Forschungssituation in der Regel auch leicht möglich ist. Während die in der Einleitung beschriebenen standardisierten Analyseinstrumente Interpretationsspielräume bewusst einschränken und möglichst eindeutige, wenn auch nicht immer einfach zu handhabende Zuordnungsregeln vorgeben und bei der Protokollierung der Ergebnisse sogar mit Vordrucken arbeiten,[4] ist die schrittweise Entwicklung der Analysekategorien in anderen Fällen die zentrale Interpretationsleistung.

In einer Pendelbewegung aus Beobachtung, Gespräch und Durcharbeiten der vorliegenden Daten entsteht dabei nach und nach ein Gesamtbild des Untersuchungsgegenstandes. Schritt für Schritt wird der Untersuchungsgegenstand differenziert und in seinen einzelnen Facetten bearbeitet. Die Durchsicht der bereits protokollierten Ergebnisse unter dem Gesichtspunkt ihrer Vollständigkeit, Plausibilität und Widersprüchlichkeit gibt zudem Hinweise für weitere Beobachtungs- und Gesprächssequenzen. Den im Laufe des Beobachtungsinterviews erhobenen faktischen Daten und gesammelten Unterlagen (Beschreibungen/Pläne der räumlichen Gegebenheiten, verfügbare oder selbst erhobene Produktions- und Beschäftigtendaten, vorhandene Tätigkeitsbeschreibungen, Vorschriften oder Schulungsunterlagen) kommt dabei insofern eine besondere Rolle zu, als sie den ansonsten im Vordergrund stehenden Interpretationsleistungen durch die Forschenden gegenüber eine wichtige Korrekturfunktion wahrnehmen. Sie haben bei der Dateninterpretation eine wichtige Funktion; Beobachtungsinterviews sollten sich deshalb bemühen, möglichst viele Daten dieses Typs zu generieren.

Dateninterpretation als kollektiver Prozess
Ein wichtiges Mittel der Sicherung der Validität von Beobachtungsinterviews liegt darin, diese als kollektiven Forschungsprozess zu organisieren. Im Zweier-, Dreier- oder Viererteam besteht nicht nur die Möglichkeit einer umfangreicheren Datenerhebung, besonders vorteilhaft ist eine solche Konstellation vor allem für den Prozess der Dateninterpretation. Im Diskutieren und Abwägen verschiedener Deutungen (instruktiv auch für das Beobachtungsinterview sind Oevermann u. a. 1979 und Neumann 1984) sowie dem Vergleich der jeweiligen Einschätzungen und Materialien entsteht im Normalfall ein sehr viel breiteres und tiefenschärferes Bild des Untersuchungsgegenstandes. Gerade in der Anfangsphase eines Beobachtungsinterviews, dann nämlich, wenn die Forschenden sich überwiegend noch mit unterschiedlichen Personen oder Teilbereichen beschäftigen, kommt es nicht selten zu aufschlussreichen Diskussionen, die die Komplexität und den Facettenreichtum des Untersuchungsgegenstandes in besonderer Weise zum Ausdruck bringen. Das frühzeitige Protokollieren und spätere Interpretieren von unterschiedlichen Sichtweisen der Forscher fördert häufig besonders relevante Ergebnisse zutage.

Anschlussfähigkeit als Voraussetzung für Methodenvielfalt
Das Prinzip der Methodenvielfalt ist nicht nur deshalb für die Dateninterpretation grundlegend, weil beim Beobachtungsinterview sowohl faktische Daten als auch Sichtweisen der Beschäftigten er-

hoben werden, sondern auch deshalb, weil die hierdurch gewonnenen Ergebnisse häufig selbst wiederum nur ein Baustein innerhalb komplexerer Fallstudien sind. Bereits bei der Interpretation der durch Beobachtungsinterviews gewonnenen Daten kommt der Verschränkung von faktischen Momenten und Deutungen eine zentrale Rolle zu. Die begrifflichen Unterscheidungen (etwa von Aspekten der Arbeitssituation), Typisierungen (etwa von Tätigkeiten) sowie vergleichenden Einstufungen (vor allem von Ausprägungen relevanter Untersuchungsdimensionen) sollten dabei so formuliert sein, dass sie anschlussfähig insbesondere für Untersuchungsmethoden sind, bei denen es explizit um die Erhebung von Bewertungen und Deutungen der Subjekte, um den subjektiv gemeinten Sinn konkreter Akteure geht. Gerade in der Organisationsforschung werden mittels Beobachtungsinterviews erarbeitete Arbeitssituationsanalysen vor allem dann aussagekräftig, wenn es gelingt, diese mit qualitativen Interviews und Befragungen zu kombinieren.

Feedback

Grundsätzlich lässt die Methode des Beobachtungsinterviews eine Einbindung der Untersuchungspersonen bereits während der Datenerhebung zu, d. h. noch im Verlauf der Feldphase. So kann es in Abhängigkeit vom Charakter und der Komplexität des Analyseschemas, aber auch von den betrachteten Tätigkeiten durchaus praktikabel sein, Beschäftigte selbst Einblick in das Analyseschema nehmen zu lassen oder sie in bestimmten Phasen der Ausarbeitung direkt einzubeziehen. Selbst wenn es sich beim Untersuchungsansatz nicht um Aktionsforschung handelt, kann eine stärkere Einbeziehung der Beschäftigten sinnvoll sein, obwohl die Forscherrolle letztlich in dem Sinn traditionell definiert bleibt, dass für die verschiedenen Selektionsleistungen und Entscheidungen des Forschungsprozesses ausschließlich die Wissenschaftler verantwortlich sind. Auch bei der Einbeziehung der Beschäftigten gilt, dass die Offenlegung der Erhebungsziele und -methoden ein wichtiger Grundsatz sein sollte. Möglich ist sie aber auch deshalb, weil die besonderen Erkenntnisabsichten sowie der Untersuchungsgegenstand Verzerrungseffekte weniger wahrscheinlich machen und durch den Feldbeobachtungscharakter sowie die Methode der «cross-examination» hinreichend transparent bleiben.

Einen systematischen Stellenwert bekommen Feedbackverfahren jedoch nach der Datenerhebung und Datenanalyse. Obwohl es inzwischen fast zur gängigen Praxis geworden ist, den an Forschungsprojekten beteiligten Organisationen eine direkte Rückmeldung über die Untersuchungsergebnisse zu geben, lohnt ein besonderer Hinweis auf das Feedback beim Beobachtungsinterview, weil es sich hierbei in der Regel um aus Sicht der Beschäftigten besonders erfahrungsnahe Sachverhalte handelt. Zunächst einmal verfügen die Beschäftigten selbstverständlich über besondere Kompetenzen, soweit es um die Frage nach den verschiedenen Merkmalen ihrer Tätigkeiten geht. Die Reaktion der Beschäftigten auf die von den Forschenden vorgetragenen Untersuchungsergebnisse stellt dabei einen wichtigen Schritt der kommunikativen Validierung der Untersuchungsbefunde dar.

Die Präsentationsveranstaltungen sollten daher workshopartig organisiert sein: Nicht nur genügend Zeit ist dabei wichtig, sondern gerade der Charakter der Veranstaltung ist entscheidend. Bewährt haben sich Kleingruppen- und Plenumsdiskussionen sowie eine unabhängige Moderation. Fast immer werden innerhalb einer Organisation nicht einzelne Arbeitsplätze untersucht, sondern es geht um den Vergleich unterschiedlicher Arbeitssituationen. Hieraus ergeben sich dann zumeist nicht nur interessante Vergleichsperspektiven und damit Diskussionen; mitunter kann es auch zu aufschlussreichen Kontroversen kommen, da die Vergleichsergebnisse eines objektivierenden Analyseinstruments nicht unbedingt mit den Selbstwahrnehmungen der Organisationsmitglieder übereinstimmen müssen. Da diese Kontroversen bei ausreichender Qualität der Analyseergebnisse und bei einer Organisation des Workshops, die den verschiedenen Beteiligten ausreichende Artikulationsmöglichkeiten bietet, typischerweise aber nicht ausschließlich zwischen den Forschenden auf der einen und den verschiedenen Beschäftigtengruppen auf der anderen Seite stattfinden, sind solche Veranstaltungen gerade in diesen Fällen sehr gut zur Validierung von Untersuchungsergebnissen geeignet und lassen sich mitunter sogar als weitere Phase der Datenerhebung nutzen.

Durch den in vielen Arbeitsanalyseinstrumenten implizierten Anspruch, Arbeitsprobleme aufzuzeigen und Hinweise zur Arbeitsgestaltung zu geben, besteht die Möglichkeit, dass nicht nur die Forschung, sondern auch die Beteiligten von solchen Feedbackveranstaltungen profitieren und es sich insofern nicht um reine Informationsveranstaltungen handelt. Wo der Untersuchungskontext von Beobachtungsinterviews nicht ohnehin in einer Schwachstellenanalyse der Organisation sowie der Benennung von Verbesserungsmöglichkeiten besteht (vgl. beispielhaft für ein besonders komplexes Untersuchungskonzept dieses Typs, in dem Beobachtungsinterviews eine wichtige Rolle spielen, Strohm/Ulich 1997), sollte daher die Einbindung von internen oder externen Organisationsberatern in solche Workshops versucht werden.

4 Anwendungsbeispiel

Das Anwendungsbeispiel stammt aus einer industriesoziologischen Untersuchung, in der es um die arbeitssituativen Auswirkungen der Einführung von Gruppenarbeit ging. Typisch für den Einsatz von Beobachtungsinterviews in der Organisationsforschung ist dieses Beispiel insofern, als das Instrument zusammen mit anderen Methoden im Rahmen eines komplexen Untersuchungsansatzes zum Einsatz kam. Charakteristisch ist die vorgestellte Anwendung zudem dadurch, dass für die Arbeitsanalysen nicht einfach auf bewährte Verfahren zurückgegriffen werden konnte, sondern die Entwicklung eines Analyserasters ausdrücklicher Bestandteil der Untersuchung war. In der Industriesoziologie und der Arbeitspsychologie lagen zum Zeitpunkt des Untersuchungsbeginns (Frühjahr 1993) zwar eine Reihe von Arbeitsanalyseinstrumenten für Einzeltätigkeiten vor; die seit Ende der 1980er Jahre verstärkt in die Industrie Einzug haltenden Formen von Gruppenarbeit ließen sich hierdurch jedoch nicht in ausreichendem Maß analysieren und beurteilen (Weber 1997).

Die Untersuchungen selbst erfolgten im Auftrag von Großunternehmen aus den Bereichen Chemie/Pharma, der Automobilindustrie sowie dem Zulieferbereich dieser Branche. In weitgehend vergleichbaren Betriebsvereinbarungen hatten alle diese Unternehmen eine zunächst pilothafte Einführung von Gruppenarbeit in der Produktion beschlossen, die nicht nur Wettbewerbsvorteile für die Unternehmen, sondern zugleich auch Verbesserungen der Arbeitssituation der Beschäftigten bringen sollte. Der Forschergruppe des Soziologischen Forschungsinstituts Göttingen (SOFI) war hierbei die Rolle zugefallen, die arbeitssituativen Auswirkungen der in verschiedenen Betrieben erprobten Gruppenarbeit zu untersuchen und für den weiteren Entscheidungsprozess der Unternehmen zu bilanzieren (zum Forschungsansatz siehe Gerst/Kuhlmann 1998; Ergebnisse aus verschiedenen Etappen dieser Untersuchungen finden sich in Gerst u. a. 1994; 1995; Kuhlmann 1996; 2001; Schumann/Gerst 1997; Gerst 1998; Kuhlmann/Schumann 2000).

Angesichts heftiger Debatten über die Vor- und Nachteile von Gruppenarbeit einerseits sowie eines fast vollständigen Mangels an aktuellen empirischen Untersuchungen zu den Auswirkungen dieser Arbeitsform andererseits entschied sich die Forschergruppe für einen komplexen Untersuchungsansatz mit Fallstudien in ausgewählten Pilotbereichen auf der Basis eines breiten Methodenmixes. Zum Einsatz kamen in allen untersuchten Pilotbereichen: Experteninterviews mit den unterschiedlichsten betrieblichen Akteuren, mehrstündige qualitative Interviews mit einer Auswahl von Gruppenarbeitern sowie standardisierte Befragungen aller Gruppenmitglieder und schließlich Arbeitsanalysen mittels Beobachtungsinterviews.[5] Gerade in den ersten Untersuchungsfeldern dauerte die Feldarbeit in einem Gruppenarbeitsbereich mit 20 bis 40 Beschäftigten verteilt auf zwei oder drei Schichten jeweils mehrere Wochen, und die Beobachtungsinterviews spielten dabei eine zentrale Rolle.

So wurde, nachdem das Forscherteam – bestehend aus zumeist vier Personen, von denen zwei Wissenschaftler über sämtliche Etappen an der Untersuchung beteiligt waren – vorgestellt und das Ziel der Untersuchung sowie die Vorgehensweise allen Beteiligten erläutert war,[6] vor Ort zunächst mit den Beobachtungsinterviews begonnen, d. h. mit der Anwesenheit der Forscher in den Arbeitsgruppen. Erst nachdem die Forschenden sich auf diesem Weg einen ersten Eindruck von den Arbeitsplätzen, den Tätigkeiten und insbesondere von den Arbeitsgruppen selbst verschafft hatten, wurden nach und nach immer mehr Expertengespräche sowie qualitative Interviews mit einzelnen Gruppenarbeitern geführt. In Letzteren ging es unter Aufnahme von arbeitsbiographischen Hintergründen im Kern um eine ausführliche Einschätzung der jeweiligen Sichtweise der Gruppenarbeitsrealität sowie um Bewertungen der Gruppenarbeit und deren Begründungen. Während die Beobachtungsinterviews eine Vertrautheit mit den jeweiligen Situationen – aber eben auch den Personen – schafften, konkrete Anknüpfungspunkte für die qualitativen Interviews lieferten und bei der Einordnung der Aussagen der Befragten halfen, ging es in den qualitativen Interviews und den Expertengesprächen vor allem darum, etwas über die Bewertung der ermittelten Arbeitssituationen zu erfahren.

Ausschlaggebend für den Einsatz und die konkrete Ausformung der Beobachtungsinterviews war der zum Untersuchungsstart erreichte Stand der Forschung,[7] der durch entschiedene Argumentationen pro und contra Gruppenarbeit geprägt war und in dem normative Überlegungen und Gestaltungskonzepte aus Beraterkreisen eine große Rolle spielten, bei dem es jedoch nur wenige empirische Befunde zum Thema Gruppenarbeit gab. Problematischer noch mit Blick auf den Zweck der gerade begonnenen Untersuchung war, dass sowohl die gängigen Konzepte der Arbeitsanalyse als auch die zum damaligen Zeitpunkt geführten Debatten die mit der Gruppenarbeit einhergehenden Spezifika wie Gruppenverantwortung, auf Gruppenebene angesiedelte Entscheidungskompetenzen, Gruppengespräche oder Wahl von Gruppensprechern kaum berücksichtigten, sondern stattdessen stark um Qualifikationsthemen kreisten und weitgehend am Modell der Einzeltätigkeit orientiert waren (neben Weber 1997 sei hier für die Industriesoziologie exemplarisch verwiesen auf Kern/Schumann 1985 aufgrund der daran anschließenden Debatte sowie auf Pries u. a.

1990, die einen guten Überblick über die damalige Diskussion geben).

Bereits vor Beginn der ersten Felderfahrungen erschien es daher plausibel, dass Beobachtungsinterviews im Forschungsprozess einen zentralen Stellenwert haben würden und dass eine wichtige Aufgabe darin bestehen musste, in der Arbeitsanalyse über ein im engeren Sinn arbeitssituatives Analyseschema hinauszugelangen – ohne dass die Wichtigkeit der Berücksichtigung von aus der Gruppenarbeitssituation resultierenden Aspekten von Arbeit und deren Rückwirkungen selbst auf vermeintlich gut erforschte Dimensionen von Arbeit dem Forschungsteam zum damaligen Zeitpunkt schon klar war. Das in Teilen aus früheren Untersuchungen übernommene, beim Start der Feldarbeiten jedoch bereits ergänzte und schließlich im Verlauf der Forschung erst vollständig ausgearbeitete Analyseschema enthielt daher neben Analysedimensionen, die der Aufnahme der Arbeitssituation im engeren Sinn dienen sollten, auch Passagen, die explizit unter der Überschrift «Gruppensituation» standen. Anhand einzelner Beispiele wurde nicht nur die Notwendigkeit der Erweiterung klassischer Arbeitsanalyseinstrumente deutlich, sondern auch die Tatsache, dass Beobachtungsinterviews in besonderer Weise zur Klärung bestimmter Sachverhalte geeignet sind.

Ob und in welchem Ausmaß sich beispielsweise eine Gruppenverantwortung herausgebildet hat und inwieweit es zu wechselseitiger Unterstützung in der Gruppe kommt, konnte zwar anhand unterschiedlicher Produktionssituationen beobachtet werden, Nachfragen und kurze Gesprächssituationen spielten dabei aber eine wichtige Rolle. Etwa dann, wenn geleistete Hilfestellungen zu interpretieren und mit Blick auf das Analyseschema einzuordnen waren: Warum hat der Kollege Sie jetzt unterstützt? Warum haben Sie das jetzt für Ihren Kollegen erledigt? Macht man das so, dass man …? In einem Fall waren die Tätigkeiten zeitlich zudem so bewertet, dass man an einigen weniger stark ausgelasteten Plätzen sogar offiziell verpflichtet war, an anderen Plätzen auszuhelfen, sodass hier besonders komplexe Kooperations- und Hilfeleistungskonstellationen entstanden, die sich über Beobachtungen allein nicht klären ließen. Auch die Rolle der Gruppensprecher und der Charakter der Gruppengespräche – die weitere Dimensionen der Arbeitsanalyse darstellten – waren aufgrund der mit den Beobachtungsinterviews gegebenen Möglichkeit, faktische Ereignisse zeitnah und zugleich flexibel auf Sinnzuschreibungen und Begründungen der Handelnden zu beziehen, besonders gut zu klären. Auch hier erwiesen sich Beobachtungsinterviews gerade dann als leistungsfähig, wenn es darum ging, die Perspektiven unterschiedlicher Beteiligter in Erfahrung zu bringen.

Bei den Gruppengesprächen wurde zudem die Bedeutung des Rückgriffs auf vorhandene Dokumente deutlich: Die Teilnahme an Gruppengesprächen war zwar eine wichtige Primärerfahrung während der Beobachtungsinterviews, sie ersetzte jedoch nicht die Durchsicht der vorliegenden Protokolle, aus denen sich wiederum Nachfragen zu früheren Vorkommnissen und zum generellen Charakter der Gruppengespräche ergaben. Letztlich resultiert die besondere Leistungsfähigkeit der Beobachtungsinterviews daher nicht nur aus ihrer Fähigkeit zur Triangulation unterschiedlicher Erfahrungs- und Sinnebenen sowie aus der Möglichkeit der «cross-examination»; sie bieten auch die Möglichkeit, den zeitlichen Bezugsrahmen der Datenerhebung zu erweitern und Daten über Vorstellungen zu möglichen Abläufen zu erheben: War dies immer so? Wie hat man diese Dinge vor Einführung der Gruppenarbeit erledigt? Würde man immer so reagieren? Ist es stets so, dass …?

In den Gruppenarbeitsuntersuchungen bestand das Ziel nicht nur darin, sich ein Bild über die jeweiligen Arbeits- und Gruppensituationen zu verschaffen; auf der Basis der jeweils gewonnenen Einschätzungen musste zudem ein Analyseinstrument entwickelt werden, das einen Vergleich von verschiedenen Gruppen ermöglichte (vgl. Abbildung 1). Hierzu wurden von der Forschergruppe interpretatorisch zunächst relevante Aspekte der Arbeit unterschieden und als Analysedimensionen definiert, anschließend fand eine Einstufung[8] der verschiedenen Gruppen in diesen Dimensionen statt.

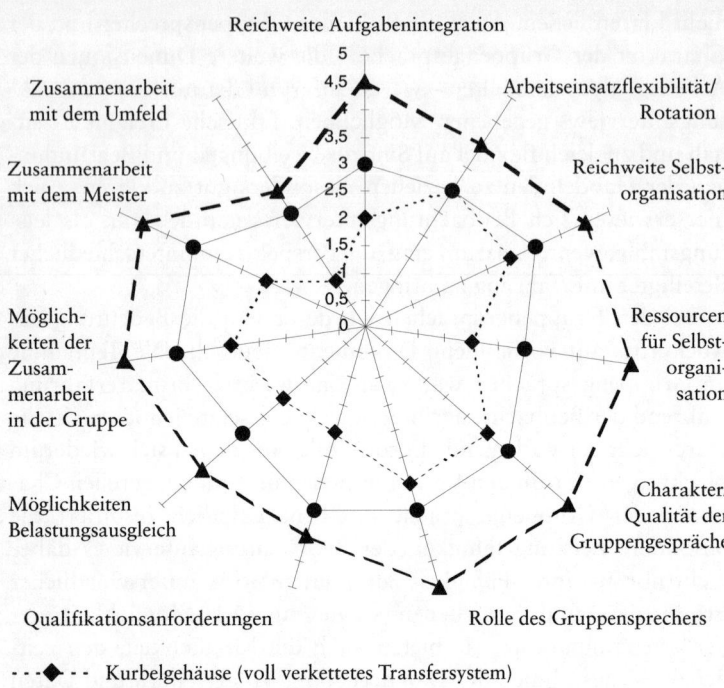

- - ◆ - - Kurbelgehäuse (voll verkettetes Transfersystem)

———●——— Prüffeld

——▲—— Wellenfertigung (teilverkettete Transfersysteme)

Abbildung 1: Exemplarische Projektprofile
(hohes, mittleres, geringes Realisierungsniveau selbst organisierter funktionsintegrierter Gruppenarbeit)

Soweit möglich, wurden die einzelnen Dimensionen dann über das Vorliegen eindeutig bestimmbarer Sachverhalte (z. B. die Frage, ob Gruppengespräche regelmäßig durchgeführt werden oder ob dabei der Vorgesetzte anwesend ist) untergliedert, um die Einstufungen zu vereinfachen. Aufgrund der Komplexität und Mehrdimensionalität der meisten Aspekte war dies aber nur bedingt möglich. Bei den Einstufungen handelt es sich vielmehr um relationale, bei denen zudem sehr viele und nur selten klar hierarchisierbare Momente eine Rolle spielen. Protokolliert wurden außer der jeweiligen Einstufung auch Begründungen sowie die wichtigsten Besonderheiten der einzelnen Gruppen. Nur selten ergaben sich hierbei einfach zu handhabende Verfahrensregeln.

Entscheidend war vielmehr, dass innerhalb der Forschergruppe ein Diskussions- und Abklärungsprozess stattfand, in dem Einschätzungen ausgetauscht und wechselseitig überprüft wurden, sodass sukzessive ein Bild der jeweiligen Einstufung entstand. Da es sich um relationale Einschätzungen handelte, kam es im Fortgang der Untersuchung auch zu Modifikationen von einzelnen Einstufungen, ohne dass sich aber die Rangreihen dadurch veränderten. Die Übereinstimmung zwischen den Forschenden in der Einstufung der einzelnen Aspekte war selbstverständlich ein wichtiges Gütekriterium – auch hier gilt jedoch, dass anfangs unterschiedliche Interpretationen mitunter besonders aufschlussreich für das Verständnis der jeweiligen Gruppenarbeit waren. Letztlich konnten mit der hier beschriebenen Vorgehensweise in technischer Hinsicht allerdings bei weitem nicht die in der Arbeitspsychologie üblichen Methodenstandards erreicht werden (vgl. etwa die methodischen Ausführungen zu den in der Einleitung erwähnten Analyseinstrumenten) – ein Manko, das aber mit Blick auf den engeren Wirklichkeitsausschnitt der dort entwickelten Instrumente in Kauf genommen wurde.

Diese Grundproblematik bei der Entwicklung des Analyseinstruments sei an zwei Beispielen kurz erläutert. Relativ einfach ist die Handhabung im Fall eines vergleichsweise wenig komplexen Aspekts wie der Arbeitseinsatzflexibilität. Zumindest die Pole der Einstufung lassen sich hier relativ leicht benennen: «alle Gruppenmitglieder können alle Tätigkeiten übernehmen, und es wird regelmäßig rotiert» versus «jeder führt nur eine einzige Tätigkeit aus». Dass die Einstufungen sich hier nicht auf eine technische Zuordnung reduzieren lassen, sondern Beurteilungen beinhalten, wird daran deutlich, dass es nicht nur darum geht, wie hoch der Anteil von Beschäftigen ist, die die verschiedenen Tätigkeiten beherrschen und regelmäßig ausüben, sondern zusätzlich um die Häufigkeit des Vorkommens bestimmter Tätigkeiten, den Schwierigkeitsgrad, die relative Bedeutung von sowie die Abhängigkeiten zwischen Tätigkeiten, aber auch darum, inwieweit eine gemeinsame Kernaufgabe aller Gruppenmitglieder existiert oder ob es neben formellen Rotationsregeln auch einen ungeregelten situativen Arbeitswechsel gibt. All dies muss nicht nur im Beobachtungsinterview geklärt, sondern letztlich auch bei der Einstufung der Arbeitseinsatzflexibilität berücksichtigt werden.

Bei der Einstufung der Rolle des Gruppensprechers wird die Komplexität von Einstufungen noch deutlicher. Im Grundsatz war in der Gruppenarbeitsuntersuchung zu klären, inwieweit es sich beim Gruppensprecher um eine von der Gruppe ausgewählte Person bzw. Funktion handelt, die in die regulären Tätigkeiten fest eingebunden ist und gerade nicht mit besonderen Privilegien, Befugnissen oder Zuständigkeiten ausgestattet wird, oder ob die Rolle eher der eines Vorarbeiters entspricht. Ganz verzichtet wurde auf die Ausdifferenzierung eines Gruppensprechers in keinem von uns untersuchten Fall, mitunter wurde jedoch der Versuch gemacht, einen Wechsel in der Wahrnehmung dieser Aufgabe zu institutionalisieren. Für die Einstufung der Rolle des Gruppensprechers sind eine Fülle von Merkmalen relevant: der reale Aufgabenzuschnitt, der Modus der Findung des Gruppensprechers, sein Selbstverständnis sowie die Rollenzuschreibungen von Kollegen, Vorgesetzten und Kooperationspartnern bis hin zu besonderen Entgelt- oder Arbeitszeitregelungen. Entscheidend ist ferner die Gewichtung dieser Aspekte, die in verschiedenen Untersuchungsfällen aufgrund der jeweiligen Besonderheiten der Bereiche unterschiedlich ausfallen kann. Selbst bei einer vermeintlich einfachen Einstufung wie der Frage, ob es sich um einen gewählten oder einen vom Betrieb ernannten Gruppensprecher handelt, lassen sich durchaus relevante Schattierungen ausmachen: Vorgesetzte können versuchen, eine Wahl mehr oder weniger subtil zu beeinflussen, die Anzahl der Kandidaten kann unterschiedlich sein usw.

Abschließend sei noch einmal auf das Verfahren des Nachverfolgens problematischer Ereignisse hingewiesen. Ausgangspunkt eines solchen Vorgehens in der hier berichteten Untersuchung war, dass der Vorgesetzte einer Gruppe den Gruppensprecher zu sich holte und ihn bat, der Gruppe mitzuteilen, dass nun entschieden sei, dass ab der nächsten Woche der neue Kollege in die Gruppe komme. Offensichtlich war über diesen Vorgang im Vorfeld bereits gesprochen worden. Der Gruppensprecher meinte allerdings, dass dies nicht seine Aufgabe sei und dass der Meister dies der Gruppe doch bitte selbst mitteilen solle, was dieser in einem improvisierten Gruppengespräch dann auch tat. Daraufhin kam es in diesem Gruppengespräch zu einer längeren Diskussion, in der sich die Gruppe zunächst darüber beschwerte, den neuen Kollegen aufnehmen zu müssen, mit dem Meister dann jedoch übereinkam, dass versucht werden solle, einen erfahrenen Kollegen der anderen Schicht zum Wechsel in die jetzige zu bewegen und diese mittelfristig fachlich besser auszustatten. Vereinbart wurde insbesondere zusätzliches Personal zur besseren Anlernung.

Nachdem die Ausgangssituation von den Forschern miterlebt worden war, bestand das Nachgehen in diesem Fall zunächst aus einer Reihe von kurzen Einzelgesprächen mit dem Meister, dem Gruppensprecher und Gruppenmitgliedern aus der Schicht, die sich benachteiligt fühlte. Hierbei wurde deutlich, dass diese Schicht das Gefühl hatte, systematisch schwächer im Sinne geringerer Arbeitserfahrung besetzt zu sein, und dass sich der Widerstand nicht gegen den neuen Kollegen als solchen richtete. Über weiteres Nachverfolgen konnte geklärt werden, dass diese Schicht in der Tat im Schnitt über weniger Arbeitserfahrung an den überwiegend neuen Anlagen verfügte und zudem bereits zu früheren Zeitpunkten neues Personal bekommen hatte, während erfahrene Leute in die andere Schicht gewechselt waren. Im weiteren Verlauf des Beobachtungsinterviews war daher auch zu klären, inwieweit es die behaupteten Unterschiede zwischen den beiden Schichten gab – der Meister verneinte dies, wies aber auf unterschiedliche Arbeitsstile der Schichten hin – und inwieweit weitere Schichtunterschiede zu beobachten waren: z. B. ob sich das Gefühl der Benachteiligung der einen Schicht auch an anderen Dingen festmachen ließ, ob die andere Schicht sich beispielsweise durch ein besseres Gruppenklima auszeichnete, das dann zu den Wechseln geführt haben könnte. Vervollständigt wurde die Analyse dieses

Vorkommnisses schließlich durch ein Gespräch mit dem neuen Kollegen der Gruppe, dem der «Wirbel» um seinen Wechsel nicht verborgen geblieben war.

5 Möglichkeiten und Grenzen der Methode

Charakteristisch für das Beobachtungsinterview ist, dass es im Kontext unterschiedlicher Untersuchungsstrategien eingesetzt werden kann. Seine besonderen Qualitäten entfaltet es jedoch gerade dann, wenn es Bestandteil einer explorativen Vorgehensweise ist oder im Sinne der «grounded theory» eingesetzt wird. Gerade in Forschungsprojekten, in denen ganz neue Felder oder Fragestellungen erschlossen werden sollen, sowie in besonders komplexen sozialen Situationen versprechen Beobachtungsinterviews besondere Erkenntnischancen, da sie die Entfaltung unterschiedlicher Sinnzuschreibungen ermöglichen und diese stets und vergleichsweise unmittelbar auf faktisches Handeln sowie auf technische oder organisationsstrukturelle Artefakte und Voraussetzungen rückbeziehen.

Von Vorteil ist neben der Flexibilität beim Einsatz der Beobachtungs- und Interviewelemente sowie der Tatsache, dass Beobachtungsinterviews im Prozess der Datenerhebung unterschiedliche Dimensionen von Wirklichkeit (faktische Momente, sozialen Sinn, subjektiv gemeinten Sinn) in den Blick zu nehmen versuchen, auch die hohe situative Flexibilität dieses Verfahrens. Der ausgesprochene Feldforschungscharakter dieser Methode fördert die Vertrautheit der Forschenden mit den von ihnen untersuchten Gegenständen, schafft aber auch besondere Verhaltensanforderungen und Bedingungen. Hierzu zählen hohe soziale Kompetenzen, die Notwendigkeit einer weitgehenden Offenlegung der Erkenntnisabsichten sowie die Notwendigkeit des Vermeidens der aus der teilnehmenden Beobachtung bekannten Gefahr des «going native», d. h. der zu starken Identifikation mit dem untersuchten Feld.

Erkauft werden die Vorteile von Beobachtungsinterviews allerdings mit einem gravierenden Nachteil und einigen im konkreten

Forschungsprozess nicht zu unterschätzenden Gefahren. Als Begrenzung der Anwendungsmöglichkeiten der Methode ist vor allem der hohe Aufwand zu nennen. Dies gilt natürlich zunächst insofern, als Beobachtungsinterviews einen hohen zeitlichen Aufwand voraussetzen. Weiter ist die Qualität von mittels Beobachtungsinterviews erstellten Analysen im Normalfall dann besonders hoch, wenn sie aus dem kollektiven Forschungsprozess eines Forscherteams hervorgehen, was die Methode unter forschungsökonomischen Gesichtspunkten noch problematischer macht. Es sind jedoch mit eingeschränkten Zielvorstellungen auch punktuelle Anwendungen von Beobachtungsinterviews bezogen auf klar abgegrenzte Aspekte einer Arbeitssituation denkbar, wofür die arbeitspsychologischen Analyseinstrumente ein gutes Beispiel sind.

Eng verbunden mit dieser Problematik ist die Gefahr, dass Beobachtungsinterviews in ihren Erträgen hinter dem erheblichen Ressourceneinsatz zurückbleiben, deswegen, weil die Flexibilität des Verfahrens umgekehrt eben auch ein vergleichsweise geringes Maß an Systematik und Regelhaftigkeit bedeutet und damit hohe Anforderungen an die Erfahrung der Forscher sowie die vorherige Explikation der Erkenntnisabsichten stellt. Mit dieser Methode geht daher ein besonders großes Risiko unproduktiver Umwege und uninterpretierter Datenberge einher. Um den Mangel an generell gültigen Verfahrensregeln gerade im Prozess der Selektion relevanter Daten zu kompensieren, kommt der vorab und kontinuierlich im Forschungsprozess ohnehin zu leistenden Explikation, Überprüfung und Weiterentwicklung der Untersuchungskategorien und Analysedimensionen eine wichtige Rolle zu. Zugleich liegt hierin ein entscheidendes Gegengewicht zur bereits erwähnten Gefahr des «going native» – die allerdings im Bereich der Organisationsforschung weniger ausgeprägt sein dürfte, da Organisationen sich in der Regel durch potenziell besonders spannungsreiche soziale Beziehungen auszeichnen.

Beim Einsatz von Beobachtungsinterviews zum Zweck der Arbeitsanalyse ist die Gefahr der unzureichenden analytischen Durchdringung des Untersuchungsgegenstandes zwar weniger groß, weil das vorab vorliegende bzw. nach und nach zu entwickelnde Analyseschema immer wieder zur Selektion relevanter Aspekte zwingt und den Einzelfall damit stets vor der Folie anderer Fälle dekontextualisiert. Auch hier besteht aber eine Gefahr in der Anwendung des Verfahrens darin, dass die Vielfalt möglicher Kontexte oder Einflussgrößen nicht genügend berücksichtigt wird. Dies kann beispielsweise daraus resultieren, dass die Auswahl der Fallstudien nicht genügend reflektiert wird und unsystematisch geschieht; es kann aber auch als Folge unangemessener Interpretationen auftreten, die die Besonderheiten der jeweiligen Untersuchungsbereiche nicht genügend berücksichtigen.

Anmerkungen

1 Typische Beispiele sind das Tätigkeitsbewertungssystem (TBS) von Hacker u. a. (1983) oder die Verfahren VERA (Verfahren zur Ermittlung von Regulationserfordernissen in der Arbeitstätigkeit; Volpert u. a. 1983; Oesterreich/Volpert 1991), RHIA (Regulationshindernisse in der Arbeitstätigkeit; Leitner u. a. 1987) und KABA (Kontrastive Aufgabenanalyse im Büro; Dunckel u. a. 1993).

2 In den Erläuterungen zum Beobachtungsinterview der MTO-Analyse, die verschiedene arbeitspsychologische Instrumente kombiniert, ist allgemein von «psychischen Prozessen» die Rede, die «allein durch Beobachtung nicht fundiert erschlossen werden können» (Strohm/Ulich 1997).

3 Einstufungen zu arbeitssituativen Merkmalen sind in sämtlichen Verfahren ein zentrales Ergebnis von Beobachtungsinterviews, auch wenn die jeweilige Ausgestaltung der Einstufungen sehr unterschiedlich erfolgt. Anhand von drei Beispielen aus arbeitspsychologischen Instrumenten sollen verschiedene Formen kurz illustriert werden, im Anwendungsbeispiel des vierten Abschnitts wird dann ein eher qualitativ orientierter Ansatz vorgestellt. – Im VERA-Verfahren werden fünf Ebenen und insgesamt zehn jeweils aufeinander aufbauende Stufen der Handlungsregulation unterschieden. Die niedrigste Stufe 1R besagt: «Für den Entwurf der zu regulierenden Abfolge von Arbeitsbewegungen bedarf es keiner bewußten Planung. Es werden stets die gleichen Werkzeuge verwendet.» Auf dem vergleichsweise hohen Niveau der Stufe 4 heißt es: «Mehrere Teilplanungen (im Sinne der Stufe 3) von sich gegenseitig bedingenden Teilen des Arbeitsprozesses sind miteinander zu koordinieren.» Grundlage der Einstufungen sind mehrstufige Fragealgorithmen auf der Basis des Vorliegens bestimmter Bedingungen. – Im Tätigkeitsanalyseinventar (TAI) findet sich ein Item «Variationsmöglichkeit der Arbeitszeit», bei dem fünf Kategorien der Einstufung vorgegeben sind: (1) Der Stelleninhaber kann Arbeitsbeginn und -ende nach Absprache mit Vorgesetzten variieren; (2) es besteht Gleitzeitregelung; (3) der Stelleninhaber kann regelmäßig Arbeitsbeginn und -ende nach Absprache mit Vorgesetzten variieren; (4) keine Variationsmöglichkeit, Zeiten müssen genau eingehalten werden; (5) Arbeitsbeginn und -ende richten sich nach betrieblichen Erfordernissen. – Im Instrument zur

Stressbezogenen Tätigkeitsanalyse (ISTA), das stärker mit Befragungsmethoden arbeitet, wird mitunter mit Gegenüberstellungen gearbeitet. In der Skala «Unsicherheit» findet sich beispielsweise folgendes Item: «A macht eine Arbeit, bei der immer sofort klar ist, ob ein Arbeitsschritt gelungen ist oder nicht.» «B macht eine Arbeit, bei der sich oft erst nach Stunden oder Tagen herausstellt, ob ein Arbeitsschritt gelungen ist oder nicht.» Eingestuft werden soll, ob der eigene Arbeitsplatz «genau wie der von A (1)», «ähnlich wie der von A (2)», «zwischen A und B (3)», «ähnlich wie der von B (4)» oder «genau wie der von B (5)» beschaffen ist. Nachlesen lassen sich diese Beispiele in Dunckel 1999, wo die einzelnen Verfahren übersichtlich vorgestellt und überblicksartig verglichen werden.

4 Diese Verfahren sind das Ergebnis aufwendiger Forschungs- und Entwicklungsprozesse, in denen die jeweiligen Instrumente erarbeitet und validiert werden. Üblicherweise betonen die Autoren jedoch, dass der Einsatz dieser Verfahren sich nicht auf eine technische Anwendung beschränkt, sondern eine umfangreiche Unterweisung voraussetzt und damit letztlich nur durch erfahrene, mit den zugrunde liegenden theoretischen Konzepten vertraute Anwender erfolgen sollte.

5 Selbstverständlich erfolgte in allen Fällen eine umfangreiche Sichtung der die Pilotbereiche betreffenden Dokumente: von internen Projektunterlagen und Ergebnisdokumentationen bis hin zu Gruppengesprächsprotokollen der untersuchten Gruppen. In einigen Fällen wurden auch Gruppendiskussionen durchgeführt. Zudem handelte es sich bei den Untersuchungen teilweise um Panelstudien mit Zeitpunkten zu Beginn sowie ein bis zwei Jahre nach Einführung der Gruppenarbeit.

6 Die für Beobachtungsinterviews äußerst wichtige Offenlegung der Erkenntnisabsichten war in allen Fällen unproblematisch, da es im Zentrum ja darum gehen sollte, die Erfahrungen der Beschäftigten selbst zu erforschen, und da die Unabhängigkeit der Forscher ausdrücklich betont wurde. Da Geschäftsleitung *und* Betriebsrat ihr Interesse an den Ergebnissen bekundeten und die Fortführung der Gruppenarbeit ausdrücklich von den Erfahrungen der Pilotphase abhängig machten, fiel den Forschern die Rolle eines unparteiischen Gutachters zu, und die Beschäftigten konnten sich von der Untersuchung einen konkreten Nutzen zumindest erhoffen. Der Wunsch der Forscher, die praktischen Auswirkungen der Gruppenarbeit möglichst «ungeschminkt» kennen zu lernen, stieß bei den Arbeitsgruppen daher sehr schnell auf Zustimmung, und nach einer kurzen Kennenlernphase bestand eine große Bereitschaft, den Forschern Einblick in die eigene Arbeitssituation zu gewähren. Die von den Beschäftigten gemachte Erfahrung, dass die Forscher den direkten Kontakt suchen, deren Interesse an der konkreten Situation der Gruppenarbeiter sowie die Bereitschaft, vor Ort sehr viel Zeit zu verbringen, hat nicht nur die Mitarbeit der Beschäftigten im Forschungsprozess generell erhöht, sondern ist insgesamt eine wichtige Voraussetzung für das Gelingen von Beobachtungsinterviews.

7 Daneben sei jedoch noch einmal an die bereits erwähnten, nicht zu unterschätzenden forschungspraktischen Gründe erinnert: Das Forschungsprojekt machte sich mit den Beobachtungsinterviews gewissermaßen einen Hawthorne-Effekt in Bezug auf ihren eigenen Forschungsprozess zunutze – der in diesem Fall jedoch keine manipulativen Zwecke verfolgte.

8 Die Fünfer-Skala wurde aus pragmatischen Gründen gewählt. Sie lässt ein ausreichendes Maß an Differenzierung zu, ohne dass jedoch der Merkmalsraum zu groß und damit unübersichtlich würde. Für die diskursive Klärung von Einstufungen bietet sich eine Fünfer-Skala insofern an, als mit dem Wert 3 die einfache Benennung

einer Mitte möglich ist und die Werte 2 und 4 Einstufungen von eindeutigen Tendenzen in Bezug auf die definierten Endpunkte darstellen. Hierdurch ist eine sehr einfache sowie erfahrungsnahe Zuordnung im Sinne von «ja»/«nein», «eher ja»/«eher nein» sowie «teils, teils» möglich. Genauere Differenzierungen und detailliertere Rangfolgen lassen sich anschließend durch die Zuordnung zu Halbstufen gewinnen.

Literatur

Diekmann, Andreas (2001): Empirische Sozialforschung. Grundlagen, Methoden, Anwendungen, Reinbek bei Hamburg.

Dunckel, Heiner (Hrsg.) (1999): Handbuch psychologischer Arbeitsanalyseverfahren. Ein praxisorientierter Überblick, Zürich.

Dunckel, Heiner u. a. (1993): Kontrastive Aufgabenanalyse im Büro. Der KABA Leitfaden, Zürich.

Flick, Uwe (2001): Triangulation. Methodologie und Anwendung, Opladen.

Frieling, Ekkehart/Sonntag, Karlheinz (1999): Lehrbuch Arbeitspsychologie, 2., vollst. überarb. und erw. Aufl., Bern.

Gerst, Detlef (1998): Selbstorganisierte Gruppenarbeit. Gestaltungschancen und Umsetzungsprobleme, Eschborn.

Gerst, Detlef/Hardwig, Thomas/Kuhlmann, Martin/Schumann, Michael (1994): Gruppenarbeit in der betrieblichen Erprobung – ein «Modell» kristallisiert sich heraus; in: Angewandte Arbeitswissenschaft, Heft 142, S. 5–30.

Gerst, Detlef/Hardwig, Thomas/Kuhlmann, Martin/Schumann, Michael (1995): Gruppenarbeit in den 90ern: Zwischen strukturkonservativer und strukturinnovativer Gestaltungsvariante, in: SOFI-Mitteilungen, Nr. 22, S. 39–65.

Gerst, Detlef/Kuhlmann, Martin (1998): Unternehmensfinanzierte Sozialforschung – Erfahrungen im Rahmen einer Evaluation von Gruppenarbeitsprojekten, in: Jürgen Howaldt/Ralf Kopp (Hrsg.), Sozialwissenschaftliche Organisationsberatung, Berlin, S. 251–271.

Girtler, Roland (2001): Methoden der Feldforschung, Wien.

Hacker, Winfried/Iwanowa, Anna/Richter, Peter (1983): Tätigkeits-Bewertungs-System. Verfahren zur objektiven Tätigkeitsanalyse, Berlin.

Helle, Horst Jürgen (1999): Verstehende Soziologie, München.

Hitzler, Ronald/Honer, Anne (Hrsg.) (1997): Sozialwissenschaftliche Hermeneutik, Opladen.

Kern, Horst (1982): Empirische Sozialforschung. Ursprünge, Ansätze, Entwicklungslinien, München.

Kern, Horst/Schumann, Michael (1970): Industriearbeit und Arbeiterbewußtsein, Frankfurt a. M.

Kern, Horst/Schumann, Michael (1985): Das Ende der Arbeitsteilung? Rationalisierung in der industriellen Produktion, München.

Kuhlmann, Martin (1996): Erfahrungen mit neuen Arbeitsformen in der Automobilindustrie, in: Reinhard Bahnmüller/Rainer Salm (Hrsg.), Intelligenter, nicht härter arbeiten? Gruppenarbeit und betriebliche Gestaltungspolitik, Hamburg, S. 112–139.

Kuhlmann, Martin/Schumann, Michael (2000): Was bleibt von der Arbeitersolidarität?

Zum Arbeits- und Betriebsverständnis bei innovativer Arbeitspolitik, in: WSI-Mitteilungen, Jg. 51, S. 18–27.

Kuhlmann, Martin (2001): Reorganisation der Produktionsarbeit in der Automobilindustrie: Entwicklungslinien und Arbeitsfolgen, in: Werner Dostal/Peter Kupka (Hrsg.), Globalisierung, veränderte Arbeitsorganisation und Berufswandel, Nürnberg, S. 47–79.

Lamnek, Siegfried (1995): Qualitative Sozialforschung, München.

Leitner, Konrad u. a. (1987): Analyse psychischer Belastung in der Arbeit. Das RHIA-Verfahren, Köln.

Littek, Wolfgang (1982): Arbeitssituation und betriebliche Arbeitsbedingungen, in: Wolfgang Littek/Werner Rammert/Günther Wachtler (Hrsg.), Einführung in die Arbeits- und Industriesoziologie, Frankfurt a. M., S. 92–135.

Neumann, Enno (1984): Zur Methode der Durchführung und hermeneutischen Interpretation von Interviews, in: Rainer Zoll (Hrsg.), «Hauptsache ich habe meine Arbeit», Frankfurt a. M., S. 118–134.

Oesterreich, Rainer/Leitner, Konrad (1989): Handlungstheoretische Arbeitsanalyseverfahren «VERA» und «RHIA», in: Siegfried Greif/Heinz Hollig/Nigel Nicholson (Hrsg.), Arbeits- und Organisationspsychologie, München, S. 240–244.

Oesterreich, Rainer/Volpert, Walter (1987): Handlungstheoretisch orientierte Arbeitsanalyse, in: Uwe Kleinbeck/Josef Rutenfranz (Hrsg.), Arbeitspsychologie, Göttingen, S. 43–73.

Oesterreich, Rainer/Volpert, Walter (Hrsg.) (1991): VERA Version 2, Berlin.

Oevermann, Ulrich/Allert, Tilmann/Konau, Elisabeth/Krambeck, Jürgen (1979): Die Methodologie einer «objektiven Hermeneutik» und ihre allgemeine forschungspraktische Bedeutung in den Sozialwissenschaften, in: Hans-Georg Soeffner (Hrsg.), Interpretative Verfahren in den Sozial- und Textwissenschaften, Stuttgart, S. 352–433.

Popitz, Heinrich/Bahrdt, Hans Paul/Jüres, Ernst August/Kesting, Hanno (1957a): Technik und Industriearbeit, Tübingen.

Popitz, Heinrich/Bahrdt, Hans Paul/Jüres, Ernst August/Kesting, Hanno (1957b): Das Gesellschaftsbild des Arbeiters, Tübingen.

Pries, Ludger/Schmidt, Rudi/Trinczek, Rainer (1990): Entwicklungspfade von Industriearbeit, Opladen.

Schnell, Rainer/Hill, Paul B./Esser, Elke (1999): Methoden der empirischen Sozialforschung, München.

Schumann, Michael/Einemann, Edgar/Siebel-Rebell, Christa/Wittemann, Klaus Peter (1982): Rationalisierung, Krise, Arbeiter. Eine empirische Untersuchung auf der Werft, Frankfurt a. M.

Schumann, Michael/Gerst, Detlef (1997): Innovative Arbeitspolitik – Ein Fallbeispiel. Gruppenarbeit in der Mercedes-Benz AG, in: Zeitschrift für Arbeits- und Organisationspsychologie, Jg. 41, S. 143–156.

Schütz, Alfred (1974): Der sinnhafte Aufbau der sozialen Welt. Eine Einleitung in die verstehende Soziologie, Frankfurt a. M.

Strauss, Anselm/Corbin, Juliet (1996): Grounded Theory: Grundlagen Qualitativer Sozialforschung, Weinheim.

Strohm, Oliver/Ulich, Eberhard (Hrsg.) (1997): Unternehmen arbeitspsychologisch bewerten. Ein Mehr-Ebenen-Ansatz unter besonderer Berücksichtigung von Mensch, Technik und Organisation, Zürich.

Volpert, Walter/Oesterreich, Rainer/Gablenz-Kolakovic, Silke/Krogoll, Tilmann/Resch,

Marianne (1983): Verfahren zur Ermittlung von Regulationserfordernissen in der Arbeitstätigkeit (VERA). Analyse von Planungs- und Denkprozessen in der industriellen Produktion, Köln.

Weber, Max (1980): Wirtschaft und Gesellschaft. Grundriß der verstehenden Soziologie, Tübingen.

Weber, Wolfgang G. (1997): Analyse von Gruppenarbeit. Kollektive Handlungsregulation in soziotechnischen Systemen, Bern.

Weltz, Friedrich (1991): Der Traum von der absoluten Ordnung und die doppelte Wirklichkeit der Unternehmen, in: Eckart Hildebrandt (Hrsg.), Betriebliche Sozialordnung unter Veränderungsdruck, Berlin, S. 85–97.

Gruppenorientierte Methoden

Brigitte Liebig
und Iris Nentwig-Gesemann

4 Gruppendiskussion

1 Einleitung

Gruppen bilden zentrale Untersuchungseinheiten in der qualitativen Organisationsforschung, wobei ein breites Spektrum von Methoden zur Anwendung gelangt (vgl. z. B. Herndon/Kreps 1993; Cassell/Symon 1994; Symon/Cassell 1998). Zu den bekanntesten zählen die ursprünglich aus der kommerziellen Markt- und Meinungsforschung stammenden Methoden des *Gruppeninterviews* und der *Fokusgruppe* (vgl. z. B. Demmer/Szymkowiak 1998; Greenbaum 1998; Morgan 1998), die heute in so verschiedenen Bereichen wie der Personalauswahl, der Organisationsentwicklung oder der Organisationskulturforschung genutzt werden. Die *Gruppendiskussion* wird in der Regel begrifflich in der – insgesamt spärlichen – Literatur zu Gruppenmethoden in der Organisationsforschung mit diesen beiden Verfahren gleichgesetzt, wobei sie im Rahmen unterschiedlichster Zielsetzungen und auf dem Hintergrund unterschiedlichster Definitionen dessen, was eine «Gruppe» ist, Verwendung findet (vgl. Steyart/Bouwen 1994; s. a. Flick 1995). Als eigenständige Methode ist die Gruppendiskussion im interdisziplinären Feld der Organisationsforschung aber noch kaum bekannt, obgleich sie in den letzten Jahren in der empirischen Sozialforschung stark an Bedeutung gewann und in einer Vielzahl von Forschungsfeldern genutzt und ausdifferenziert wurde.[1]
Im angloamerikanischen Raum lässt sich die Gruppendiskus-

sion bis in die 1930er Jahre zurückverfolgen. Der Sozialpsychologe Kurt Lewin und seine Schüler setzten sie in einer großen Zahl von Untersuchungen ein (vgl. Lewin 1963), die als historisch älteste Form der qualitativen Organisationsanalyse gelten. Ausgehend von zwei zentralen Eckpunkten seiner Theorie, dass nämlich zum einen die Gruppe als «dynamische Ganzheit» zu verstehen sei und weit mehr als die Summe ihrer Mitglieder darstelle, dass zum anderen das Verhalten der Individuen nur im Zusammenhang mit den Bedingungen ihres «Lebensraums» – zu dessen grundlegenden Determinanten wiederum mehrere ineinander verschachtelte soziale «Felder» gehören – zu verstehen und zu verändern sei, konzentrierte sich Lewins Interesse auf die Dynamik kollektiver Prozesse (vgl. 1975, S. 112 ff., 128 ff.). Unter anderem wurden in Industriebetrieben und im kommunalen Bereich in mehreren als «Aktionsforschung» konzipierten Untersuchungen gruppendynamische Prozesse und Möglichkeiten ihrer Veränderung erforscht.[2]

Die Geschichte des Gruppendiskussionsverfahrens lässt sich im deutschsprachigen Raum auf Mitte der 1950er Jahre datieren: Im Rahmen einer Studie am Frankfurter Institut für Sozialforschung setzte Friedrich Pollock (1955) – ausgehend von einer grundlegenden Kritik an den gängigen Umfragemethoden – die Gruppendiskussion ein, um politische Einstellungen und Ideologien von Menschen im Nachkriegsdeutschland freizulegen.[3] Er ging davon aus, dass individuelle Meinungen und Einstellungen nicht isoliert existieren, sondern in der Regel in sozialen Kontexten situiert sind, innerhalb dieser ausgebildet und artikuliert werden. Diese latent vorhandenen Einstellungen – Pollock spricht von «Dispositionen» (Pollock 1955, S. 33) – würden dem Einzelnen «häufig erst während der Auseinandersetzung mit anderen Menschen deutlich. Sie mögen zwar latent vorhanden sein, gewinnen aber erst Konturen, wenn das Individuum – etwa in einem Gespräch – sich gezwungen fühlt, seinen Standpunkt zu bezeichnen und zu behaupten» (ebd., S. 32). Die Gruppendiskussion wird hier vor allem als Methode verstanden, mit der es gelingen kann, die *individuellen* Meinungen von Einzelnen zu erfassen, die durch die Diskussion mit den anderen Teilnehmern spontaner, unkontrollierter und durch die Bezugnahme auf differente (insbesondere konträre) Ansichten auch deutlicher zum Ausdruck gebracht werden.[4]

In den folgenden Jahren wurde das Verfahren innerhalb und außerhalb des Frankfurter Instituts vielfältig, aber ohne wesentliche methodische Weiterentwicklungen eingesetzt. Erst die ebenfalls am Frankfurter Institut für Sozialforschung entstandenen Arbeiten von Werner Mangold (1960; 1967) leiteten die entscheidende Wende und empirisch-methodische Neukonzipierung des Gruppendiskussionsverfahrens ein: Mangold arbeitete heraus, dass die Gruppendiskussion vor allem geeignet ist, um «informelle Gruppenmeinungen» (vgl. 1960, S. 59 ff.) zu untersuchen, also den «empirischen Zugriff auf das Kollektive» zu gewährleisten (Bohnsack 2000, S. 125). Während das Verfahren zuvor meist eingesetzt wurde, um die – sich unter dem Einfluss von Gruppendynamik und -kontrolle besonders deutlich herauskristallisierenden – individuellen Meinungen von Einzelnen zu erfassen, rückte nun die Erforschung von kollektiv verankerten Orientierungen in den Vordergrund. Diese Gruppenmeinungen betrachtete Mangold als das Produkt von gemeinsamen Erfahrungen und kollektiven Interaktionen, die *vor* der Diskussionssituation liegen und in dieser lediglich aktualisiert werden.

Eine theoretisch-methodische Grundlage erhielt das Gruppendiskussionsverfahren endlich durch Rekurs auf wissenssoziologische Überlegungen, wie sie Ralf Bohnsack im Anschluss an die Überlegungen Mangolds vorgenommen hat (vgl. Mangold/Bohnsack 1988; Bohnsack 1989). Zentrale Bedeutung erhält dabei das Konzept des «konjunktiven Erfahrungsraums» des Soziologen Karl Mannheim: Für ihn stellt sich der Mensch in erster Linie als Gemeinschaftssubjekt dar, das den Sinn von Erfahrungen aus der Bezogenheit auf «einen bestimmten von einer Gemeinschaft getragenen Erfahrungszusammenhang» gewinnt (1980, S. 241). Anders als die konkreten Bedingungen des Lebensraums, auf die Lewin sein Augenmerk richtete, lassen sich konjunktive Erfahrungsräume oder auch kulturelle ‹Milieus› im Sinne von Mannheim dadurch charakterisieren, «dass ihre Angehörigen (...) durch Gemeinsamkeiten des Schicksals, des biographischen Erlebens, Gemeinsamkeiten der Sozialisationsgeschichte miteinander verbunden sind. Dabei ist die Konstitution konjunktiver Erfahrung nicht an das gruppenhafte Zusammenleben derjenigen gebunden, die an ihr teilhaben» (Bohnsack 2000, S. 131).

Gruppendiskussionen eröffnen somit einen Zugang sowohl zu einer kollektiven Erlebnisschichtung in einem gemeinschaftlichen Lebensraum, als auch – und dies ist für den Erkenntnisgewinn von zentraler Bedeutung – zu ‹übergemeinschaftlichen› konjunktiven Entstehungszusammenhängen kollektiver Orientierungen. Die konkrete Diskussionsgruppe wird also nicht als der ausschließliche soziale Zusammenhang für die Genese von gemeinsamen handlungsleitenden Orientierungen betrachtet, wohl aber als ein Ort, an dem gemeinsame und strukturidentische Erfahrungen besonders eindrücklich artikuliert und exemplifiziert werden können – in denen also der empirische Zugriff auf ‹Milieutypisches› im Sinne übergreifender konjunktiver Erfahrungsräume (beispielsweise Generationen-, Geschlechter-, Herkunfts- und Bildungsmilieus, sozialräumliche Milieus) gelingen kann (vgl. Bohnsack 2000, S. 123 ff.). Die Orientierungen und ihre Rahmung sind den Mitgliedern einer Gruppe weder gänzlich bewusst, d. h. sie können nicht gezielt abgefragt werden, noch gänzlich unbewusst und also einer empirischen Zugangsweise verschlossen. Die Chance des Verfahrens liegt darin, das handlungsleitende, implizite Alltagswissen bzw. das ‹tacit knowledge› (vgl. Polanyi 1966) von Personen oder Personengruppen begrifflich-theoretisch zu explizieren, und zwar auf der Grundlage von Erzählungen und Beschreibungen der Erforschten.

Das ebenfalls in dieser methodologischen Tradition verwurzelte forschungspraktische Interpretationsverfahren, das im 3. Abschnitt ausführlich beschrieben wird, ist die ‹dokumentarische Methode›[5] (Bohnsack 2000; Bohnsack u. a. 2001). Die theoretische Weiterentwicklung und empirische Erprobung des Gruppendiskussionsverfahrens sowie eng verzahnt damit auch der dokumentarischen Methode der Interpretation wurde im Sinne einer derart verstandenen Milieuanalyse bzw. Rekonstruktion milieuspezifischer Orientierungen unterdessen in einer Vielzahl von Studien unterschiedlicher Inhaltsbereiche vorangetrieben.[6]

2 Datenerhebung

Vorüberlegungen und Vorbereitungen

Die hier in aller Kürze skizzierte methodologisch-theoretische Fundierung des Gruppendiskussionsverfahrens hat zahlreiche Implikationen für dessen forschungspraktische Anwendung im Rahmen der Organisationsforschung.

So geht es im Unterschied zu Gruppeninterviews bzw. Fokusgruppen weder darum, mehr oder minder standardisiert einen schnellen Einblick in Organisationen zu erhalten oder möglichst zahlreiche Informationen zu vordefinierten Fragestellungen zu sammeln. Vielmehr handelt es sich um eine Methode, die in erster Linie dem Erfassen des ‹impliziten› Wissens der Organisationsmitglieder bzw. dem Generieren von Theorien über Wissen und Handeln in Organisationen dient. Und während Gruppeninterviews oftmals eine individualisierende theoretische Perspektive zugrunde liegt – auch wenn sie zum Teil auf die aus Gruppensituationen entstehenden Synergieeffekte zielen –, so stehen bei der Gruppendiskussion von vornherein *kollektive* Phänomene – Erfahrungszusammenhänge, Prozesse und Orientierungen – im Vordergrund. Auch wird das Gespräch im Rahmen dieser Methode weder von den Forschenden gesteuert oder ‹fokussiert›, noch werden – wie in ethnographisch oder konversationsanalytisch orientierten Zugängen der Organisationsforschung – in alltäglichen Situationen entstehende Unterhaltungen der Erforschten dokumentiert, sondern es werden «in einer Gruppe fremdinitiiert Kommunikationsprozesse angestoßen (…), die sich in ihrem Ablauf und der Struktur zumindest phasenweise einem ‹normalen› Gespräch annähern» (Loos/Schäffer 2001, S. 13). Die Gruppe soll sich in Bezug sowohl auf die für sie zentralen Inhalte als auch auf ihre Sprache weitestgehend in ihrer Eigenstrukturiertheit entfalten können. In das Forschungsinteresse eingeschlossen sind hier gleichermaßen die Erzählungen und Beschreibungen der Teilnehmenden über ihr (Er-)Leben wie auch ihre kollektive Praxis des Miteinander-Redens. Gleichwohl begleiten die Forschenden – von ihrer Erkenntnisabsicht und den daran anknüpfenden immanenten und vorformulierten Nachfragen geleitet – die Diskutierenden quasi durch die Gruppendiskussion hindurch. Dieses Gleichgewicht zu wahren, stellt weniger eine erlernbare Interviewtechnik, sondern eine ‹Kunst› dar, die letztlich nur über Erfahrung anzueignen und zu verfeinern ist.

Im Vorfeld einer Gruppendiskussion muss zudem geklärt werden, ob Gespräche mit so genannten Realgruppen oder aber mit «künstlich zusammengestellten Gruppen» durchgeführt werden sollen (Loos/Schäffer 2001, S. 43 ff.). Beides ist – in Abhängigkeit von der jeweiligen Fragestellung – grundsätzlich möglich, wobei – quasi als Verbindung zwischen den diskutierenden Gruppenmitgliedern – vergleichbare existenzielle Hintergründe und Erfahrungsgrundlagen vorliegen sollen. Bei Mitgliedern von Realgruppen, die sich auch jenseits der Erhebungssituation in einem sozialen Zusammenhang befinden und miteinander interagieren, kann man zum einen per se von einer konkreten, kollektiv geteilten Erfahrungsbasis ausgehen, an die die Fragestellungen unmittelbar anschließen können. Zum anderen gehört es zum Charakter von Realgruppen, dass sie hinsichtlich einzelner Milieudimensionen eine relativ große Homogenität aufweisen, die Mitglieder beispielsweise einen ähnlichen Bildungshintergrund haben oder derselben Generation zugehören. Gleichwohl können auch Mitglieder einer künstlich gebildeten Gruppe, beispielsweise leitende Angestellte oder Manager verschiedener Unternehmen, in Bezug auf mehrere Dimensionen ihres existenziellen Erfahrungshintergrundes (z. B. Geschlecht, Bildung, Kontext der Organisation) in hohem Maß über strukturidentische Erfahrungen verfügen (vgl. z. B. Liebig 2000). Der zentrale Vorteil von Diskussionen mit Mitgliedern von Realgruppen ist, dass diese nicht nur durch die Ebene vergleichbarer Erfahrungen, sondern darüber hinaus durch eine *gemeinsame Handlungspraxis* verbunden sind. Die erlebnismäßige und interaktive Herstellung von Wirklichkeit durch die Gruppenmitglieder, die Entwicklung von kollektiven Orientierungen in ihrer Prozesshaftigkeit dokumentiert sich in Erzählungen und Beschreibungen über miteinander Erlebtes sowie in der Art und Weise, *wie* der Diskurs geführt wird. Das Ziel von Gruppendiskussionen mit Realgruppen ist in diesem Sinn dann auch nicht, situationsgebundene und aus der konkreten Interaktionssituation emergierende Meinungen ebendieser spezifischen Gruppe zu rekonstruieren, sondern einen Zugang zu kollektiven, situationsunabhängigen Orientierungsmustern zu finden, die auf der Ebene von Milieus angesiedelt sind.[7] Wie homogen bzw. heterogen die Gruppe bezüglich welcher der verschiedenen, sich überlagernden Milieudimensionen sein soll, kann letztlich nur in Abhängigkeit von der Erkenntnisabsicht beantwortet werden. So kann beispielsweise ein hierarchisches Gefälle, ein großer Kontrast zwischen den Diskutierenden – wie zwischen der Leiterin einer Kindertagesstätte und ‹ihren› Erzieherinnen – für die Rekonstruktion von milieuspezifischen Gemeinsamkeiten auf anderen Ebenen ausgesprochen ertragreich sein (vgl. Nentwig-Gesemann 1999, S. 90 ff.).

Die Gruppe, die schließlich ausgewählt wird, kann aus zwei Personen bestehen (man spricht dann auch von einer «Paardiskussion») und sollte eine Teilnehmerzahl von maximal zehn Personen nicht überschreiten, um ein Auseinanderfallen der Gruppe und eine in der Transkription nicht mehr zu rekonstruierende Verschachtelung mehrerer Diskurse zu vermeiden. Auch ein Interviewerpaar hat sich aus ganz pragmatischen Gründen – die Zuständigkeiten vor, während und nach der Diskussion können aufgeteilt werden – als vorteilhaft erwiesen. Darüber hinaus haben wir die Erfahrung gemacht, dass ein größeres Potenzial an Aufmerksamkeit von unterschiedlich wahrgenommenen Interviewerpersönlichkeiten bei den Interviewten ihrerseits zu mehr Konzentration und diskursiver Dichte führt.

Bevor die Gruppendiskussion beginnen kann, müssen zunächst einige technische und organisatorische Vorbereitungen getroffen werden, die eine entspannte Kommunikation und störungsfreie Aufnahme auf einen Tonträger gewährleisten: Der Raum, in dem die Diskussion stattfindet, sollte vor allem ruhig sein, ein angemessener Zeitrahmen sollte vereinbart und gesichert sein (zwischen ein und zwei Stunden), die technische Ausrüstung muss verlässlich und auf ihre Funktionstüchtigkeit hin überprüft sein.[8]

Der Prozess der Gruppendiskussion

In der *Eröffnungsphase* der Gruppendiskussion stellen die Interviewer sich und ihr Projekt vor, wobei die Erkenntnisabsicht auf einer sehr allgemeinen Ebene formuliert werden sollte, um keine thematische Einengung vorzugeben. Auch der Ablauf der Gruppendiskussion und die Rollenverteilung müssen skizziert werden, da sie von standardisierten Erhebungsverfahren und den damit verbundenen Erwartungen deutlich abweichen: Die Interviewer werden die Rolle aufmerksamer Zuhörer einnehmen und weder mit thematischen noch mit evaluativen Interventionen in den Gesprächsverlauf eingreifen. Den Interviewten muss also klar sein, dass *sie* im Verlauf der Diskussion die Themenbereiche bestimmen können, dass vor allem Beschreibungen und Erzählungen aus der eigenen Alltagspraxis von Interesse sind und es sogar erwünscht ist, dass sie das Gespräch in der für sie charakteristischen Sprache führen. Schließlich muss eine Aufklärung über die Gewährleistung des Datenschutzes erfolgen.

Der Prozess des möglichst selbstläufigen Erzählens und Diskutierens untereinander wird dann durch einen in allen Gruppen gleichgesetzten *erzählgenerierenden Ausgangsstimulus* angeregt, der einerseits einen möglichst allgemein gehaltenen thematischen Rahmen absteckt und damit Vergleiche zwischen den Gruppen erleichtert, andererseits jeder Gruppe Freiräume für eine für sie spezifische thematische Ausdifferenzierung bietet. Während des nun folgenden ersten und zentralen *selbstläufigen Teils der Diskussion* ergibt sich die Rolle der Interviewer aus der Fokussierung auf die Erzeugung von Selbstläufigkeit im Gespräch der Teilnehmenden, die allenfalls durch Paraphrasierungen oder immanente Nachfragen – die auf die Generierung von Erzählungen und Beschreibungen bezüglich von der Gruppe bereits angesprochener Themen abzielen – gesichert wird. Die immer als Gruppe angesprochenen Interviewten sollen sich auf die ihnen gemeinsamen Erlebniszusammenhänge, auf ihre zentralen Erlebniszentren und Relevanzsysteme, die für den kollektiven Orientierungsrahmen und dessen Rekonstruktion von zentraler Bedeutung sind, einpendeln und deren Bearbeitung in der für sie typischen Eigenstrukturiertheit und Sprache kollektiv und prozesshaft entwickeln können.[9]

Erst wenn die Gruppe ihr «*immanentes Potenzial*» (Loos/Schäffer 2001, S. 53) erschöpft hat, auch nach längeren Pausen weder neue Themen von den Diskutierenden aufgeworfen werden noch sich Passagen mit hoher interaktiver und metaphorischer Dichte – so genannte «Fokussierungsmetaphern» (Bohnsack 2000, S. 101) – entwickeln, in denen die Orientierungsmuster einer Gruppe besonders prägnant und plastisch zum Ausdruck kommen, beginnt die Phase der *exmanenten Nachfragen*. In diesem Teil werden für die Erkenntnisabsicht der Untersuchung besonders relevante Themen und Bereiche angesprochen, sofern diese noch nicht im selbstläufigen Teil thematisiert wurden. Die Bedingungen für eine komparative Analyse, d. h. die Arbeit mit empirisch fundierten Vergleichshorizonten, werden damit erleichtert bzw. verbessert. Auch wenn man davon ausgeht, dass sich die Grundstruktur eines Falls in allen angesprochenen Themen reproduziert, d. h. die zentralen Orientierungen sich in der Bearbeitung verschiedener Themen immer wieder herauskristallisieren, ist es für die Interpretation durchaus hilfreich, wenn inhaltlich vergleichbare Textpassagen vorliegen. Auch diese Nachfragen sind «demonstrativ vage» gehalten und müssen darauf abzielen, detaillierte Erzählungen und Beschreibungen zu generieren (vgl. Bohnsack 2000, S. 214 f.). Schließlich ist es möglich, noch eine *direktive Phase* folgen zu lassen, in der auch Widersprüche und Auffälligkeiten vom Forscher offen, sogar konfrontativ angesprochen werden können (vgl. Loos/Schäffer 2001, S. 54).

Nach Abschluss der Diskussion sollte von den Interviewten ein Kurzfragebogen zu soziodemographischen Daten ausgefüllt werden. Auch empfiehlt es sich, so bald wie möglich ein detailliertes Beobachtungsprotokoll zu schreiben und eine Sicherheitskopie der Aufnahme anzufertigen.

Transkription

Zunächst wird das gesamte Band abgehört, um einen Überblick über den *thematischen Verlauf* der Diskussion zu erstellen, d. h. eine Gliederung in Ober- und Unterthemen vorzunehmen. Anschließend wird dann zunächst eine inhaltlich und formal in sich geschlossene Passage für die Transkription ausgewählt, später kommen ein oder zwei weitere hinzu. Die Wahl wird zum einen von der thematischen Relevanz der Passage im Hinblick auf die Fragestellung bzw. ihre thematische Vergleichbarkeit mit entsprechenden Stellen aus anderen Gruppendiskussionen geleitet. Die Transkription und Interpretation der Eingangspassage – mit ihrer unmittelbaren Reaktion der Gruppe auf den Ausgangsstimulus – kann sich als sehr geeigneter und ertragreicher Einstieg in die Interpretationsarbeit erweisen. Zum anderen empfiehlt es sich, eine Passage mit hoher interaktiver und metaphorischer Dichte auszuwählen, da die Orientierungsmuster einer Gruppe dort besonders prägnant und plastisch zum Ausdruck kommen. Die Transkription erfolgt nach spezifischen Regeln, die von Ralf Bohnsack und seinen Mitarbeitern entwickelt wurden und sich in der Praxis bewährt haben (Bohnsack 2000, S. 233 f.).[10] Als übergeordnetes Prinzip kann das der «demütigen Verschriftung von Details» formuliert werden, ohne dass damit die Lesbarkeit der Passagen gefährdet werden sollte (vgl. Deppermann 1999, S. 39 ff.).

3 Dateninterpretation

Die dokumentarische Methode

Für die Auswertung von Gruppendiskussionen hat sich die bereits erwähnte dokumentarische Methode bewährt, die hier zunächst auf der theoretisch-methodologischen Ebene in aller Kürze skizziert werden soll. Wir orientieren uns dabei an den forschungspraktischen und theoretischen Arbeiten von Ralf Bohnsack. Die «dokumentarische Methode der Interpretation» ist ein zentraler Begriff der Wissenssoziologie von Karl Mannheim, der von der Grundidee ausgeht, dass das Fremde nur in seiner jeweiligen Mi-

lieu- oder Seinsgebundenheit zu begreifen ist. Damit der Milieu-
fremde, also auch der Forscher, die Milieuangehörigen verstehen
kann – d. h. sie nicht auf der Grundlage seiner eigenen Standortgebundenheit interpretiert –, ist es notwendig, über die z. B. von einer
Gruppe dargestellten Erlebnisprozesse zumindest virtuell in ihren
konjunktiven Erfahrungsraum einzutauchen und die Genese ihrer
handlungsleitenden Orientierungen aus diesem Kontext heraus zu
rekonstruieren. Es geht also nicht um die Frage danach, *was* gesellschaftliche Tatsachen *sind*, sondern zum einen, *wie* Lebensverhält-
nisse, soziale Konstellationen und auch Fremdzuschreibungen individuell erlebt, interpretiert und verarbeitet werden. Zum anderen
kann – auf dem Weg der Analyse habitualisierter Handlungspraxis
und handlungspraktischen Erfahrungswissens – rekonstruiert werden, *wie* gesellschaftliche Tatsachen von den Akteuren selbst interaktiv bzw. diskursiv hergestellt werden.

Arbeitsschritte der Interpretation

Im ersten Schritt der dokumentarischen Methode, der *formulierenden Interpretation*, wird eine thematische Feingliederung der ausgewählten Passagen sowie eine Zusammenfassung ihres Inhalts
vollzogen. Durch eine Strukturierung in Unterpassagen und die
Kennzeichnung von Themen durch Überschriften wird die Über-
sichtlichkeit des Textes erhöht. Inhalt und Struktur eines Textes
werden gleichsam entschlüsselt, ohne dass der Interpret das Be-
griffssystem und den Orientierungsrahmen der Gruppe verlässt. Im
Sinne von Mannheim handelt es sich bei der formulierenden Interpretation also um die Erfassung des «immanenten oder objektiven
Sinngehaltes» (Mannheim 1970, S. 104).[11]

Im zweiten Schritt, der *reflektierenden Interpretation*, wird im
eigentlichen Sinn eine dokumentarische Interpretation vorgenommen: Die Frage nach der Erlebnisgebundenheit von Orientierungen und nach dem interaktiven Prozess der Herstellung von Wirklichkeit im Rahmen kollektiver Handlungspraxis bestimmt nun
den Interpretationsvorgang. Der entsprechende Zugang erschließt
sich über die «Rekonstruktion und Explikation des *Rahmens*,
innerhalb dessen das Thema abgehandelt wird» (Bohnsack 2000,

S. 150). Der Rahmen ist über die so genannten *positiven* und *negativen Gegenhorizonte* identifizierbar, die eine Gruppe in ihren Erzählungen entfaltet, um ihren eigenen Standort schärfer zu konturieren. In Beschreibungen und vor allem in erzählten Geschichten werden die «Enaktierungspotenziale» der Gegenhorizonte deutlich, d. h. ihre Erlebnisgebundenheit und die Prozesse der Umsetzung von Orientierungen in Alltagshandeln (vgl. ebd., S. 151). «Jene Orientierungsfigur bzw. die sie konstituierenden Gegenhorizonte, die im Focus des Diskurses stehen und somit den Rahmen konstituieren, kommen am prägnantesten in jenen Passagen zum Ausdruck, die sich durch besondere interaktive und metaphorische Dichte auszeichnen, den sog. *Focussierungsmetaphern*» (ebd., S. 152). Eine Fokussierungsmetapher lässt sich leicht durch ein großes (emotionales) Engagement der Beteiligten und häufige Sprecherwechsel auch innerhalb von Sätzen oder Passagen, also eine hohe interaktive Dichte, identifizieren. Bei der Auswertung zeigt sich dann oft, dass diese Passagen darüber hinaus eine hohe metaphorische Dichte, d. h. Bildhaftigkeit und Plastizität der Äußerungen, aufweisen. Die kollektiven Orientierungen einer Gruppe, deren Mitglieder durch alltägliche Handlungspraxis miteinander verbunden sind, werden also in der Regel nicht begrifflich-theoretisch expliziert, sondern kommen in metaphorischer Form in den Erlebnisdarstellungen über die Alltagspraxis zum Ausdruck. Da es um die Analyse kollektiver Orientierungen geht, die während der Gruppendiskussion prozesshaft (im Sinne einer Aktualisierung) entfaltet werden, und nicht um das individuell Charakteristische, wird in der reflektierenden Interpretation also zum einen die *Dramaturgie des Diskursprozesses* herausgearbeitet: «Dort, wo in *dramaturgischer* Steigerung die interaktive Bezugnahme ihre höchste Intensität und Dichte erreicht (…), verschmelzen die Einzelbeiträge am deutlichsten ineinander, und es treten die Individuen, die Charaktere der einzelnen Sprecherpersönlichkeiten zurück hinter das *gemeinsame Erleben*, das hier seinen *Focus* hat» (ebd., S. 155).

Demselben Zweck, der Einstellung auf das Kollektive, dient zum anderen auch die Rekonstruktion der formalen *Diskursorganisation*, auf die nun in ihrer spezifischen Begrifflichkeit etwas genauer eingegangen werden soll.[12] Mit der Analyse der Verschränkung der Redebeiträge wird gleichsam auch das «Gerüst» des kollektiven Rahmens der Gruppe rekonstruiert. Orientierungen werden grundsätzlich in Form von *Propositionen* zum Ausdruck gebracht, die Bohnsack im Anschluss an Harold Garfinkel (1961) als Stellungnahmen zu einem Thema definiert, in denen eine Orientierung oder Haltung impliziert ist (vgl. Bohnsack 2000, S. 240). In *Anschlusspropositionen* wird das Thema beibehalten, der Rahmen aber erweitert oder verändert. Bei den Beiträgen, in denen Propositionen oder Anschlusspropositionen bearbeitet oder elaboriert werden, unterscheiden wir (a) *Validierungen* («ja»), in denen sich eine Übereinstimmung ausdrückt, (b) *Differenzierungen* («ja, aber»), mit denen der propositionale Gehalt von Äußerungen ergänzt oder in seiner Reichweite eingeschränkt wird, und (c) *Oppositionen* («nein»), in denen die Nichtvereinbarkeit mit vorangegangenen Propositionen bzw. Orientierungen zum Ausdruck kommt. Im Rahmen einer *Synthese* werden am Ende der Elaboration bzw. Differenzierung eines Rahmens (positive und negative Gegenhorizonte sowie deren Enaktierungspotenziale) differierende Erfahrungen und Einschätzungen in einen gemeinsamen Orientierungsrahmen integriert. Mit einer *Konklusion* wird ein Thema endgültig abgeschlossen. Eine *Transposition* stellt gleichermaßen eine Konklusion als auch eine Überleitung auf ein neues Thema dar.

Die Art und Weise, wie nun der Diskurs einer Gruppe organisiert ist – und dies kann in Abhängigkeit vom jeweiligen Thema innerhalb derselben Gruppendiskussion durchaus variieren –, lässt nicht nur Rückschlüsse über die aktuelle Interaktionsdynamik der Gruppe zu, sondern es dokumentiert sich hier darüber hinaus, welche der sich überlagernden milieuspezifischen Erfahrungsdimensionen die zentrale(n) und verbindende(n) der Gruppe ist bzw. sind, aus der oder denen heraus sich ihre handlungsleitenden Orientierungen entwickelt haben. In der Übereinstimmung von – in der Linguistik auch als «Suprasegmentalia» bezeichneten – Phänomenen wie Lautstärke, Sprechtempo, Intonation oder Tonhöhe, die in einer Gruppe bei der Bearbeitung bestimmter Themen gefunden wird und auch als «gemeinsamer Rhythmus» bezeichnet werden kann (vgl. Gumperz/Cook-Gumperz 1981, S. 436; Auer 1986, S. 29), dokumentieren sich auch Gemeinsamkeiten bzw. Ähnlichkeiten auf der Ebene von milieuspezifischen Erfahrungsgrundlagen. Gibt es in Bezug auf einzelne Milieudimensionen keine geteilten Erfahrungen – z. B. bei unterschiedlicher Geschlechtszugehörigkeit –, lässt sich auch dies an der Diskursorganisation bei Themen, in denen diese für die Gruppenmitglieder den zentralen Erfahrungshintergrund bilden, quasi ‹ablesen›. Idealtypisch lassen sich mehrere diskursive Muster unterscheiden, von denen hier drei dargestellt werden sollen (vgl. Loos/Schäffer 2001, S. 69 ff.): Eine (a) *oppositionelle Diskursorganisation* zeichnet sich dadurch aus, dass es eine Aufspaltung der Gruppe in mehrere Untergruppen gibt, die sowohl auf der Ebene von Themen bzw. Inhalten als auch hinsichtlich der Frage, *wie* über diese diskutiert wird, konkurrieren. Als Konsequenz kann es in einem derartigen Fall entweder zum offenen Streit kommen, eine ‹Partei› kann eindeutig die dominante Position beanspruchen oder sich erstreiten, ein Teil der Gruppe kann sich völlig aus der Diskussion zurückziehen oder diese verlassen. Eine oppositionelle Diskursorganisation lässt darauf schließen, dass in Bezug auf die verhandelten Themen kein kollektiv geteilter Orientierungsrahmen vorliegt, also auch keine gemeinsame milieuspezifische Erfahrungsbasis. Eine (b) *konkurrierende Diskursorganisation* zeichnet sich dadurch aus, dass es – auf der Grundlage eines gemeinsamen Orientierungsrahmens – in der Konkurrenz der Diskutierenden darum geht, wer diesen am besten zu beschreiben und zu exemplifizieren vermag. Die Gruppe strebt hier nach einer für alle befriedigenden Konklusion, die nicht mit einem Konsens in jeder Beziehung zu verwechseln ist! Von einer (c) *parallelisierenden Diskursorganisation* spricht man, wenn bei «einer aneinander reihenden Schilderung von Beispielen» dem Beobachter zunächst unklar bleibt, ob es sich um Propositionen zu einem gemeinsamen Thema handelt und welche diese übergreifende Thematik dann überhaupt ist.

Beginnend mit der Auswahl der Gruppen bis zur Typenbildung ist das Prinzip, den Kontrast in der Gemeinsamkeit zu suchen, fundamental.[13] Die Methode der komparativen Analyse bzw. des

Milieuvergleichs kommt nicht erst zur Anwendung, wenn die Einzelfallanalyse oder sogar die Konstruktion von Typen abgeschlossen ist, sondern stellt ein leitendes Prinzip dar, das – wie im Folgenden noch deutlich wird – auf jeder Ebene des Forschungsprozesses zur Anwendung gelangt. Zwar bleibt im Rahmen der reflektierenden Interpretation der Fall in seiner Besonderheit der zentrale Bezugspunkt sowohl der Analyse als auch der Darstellung, der fallübergreifende Vergleich gewinnt aber mit jedem weiteren interpretierten Fall, der als Kontrastfolie genutzt werden kann, an Bedeutung. Zum einen können milieutypische Unterschiede nur evident werden, wenn man sie vor dem Hintergrund von Gemeinsamkeiten betrachtet, zum anderen lässt sich die Standortgebundenheit des Interpreten durch die komparative Analyse methodisch kontrollieren. Vor der Erstellung von Diskurs- oder Fallbeschreibungen, die nicht mit einem neuen Interpretationsschritt verbunden sind, sondern eine Verdichtung und Zusammenfassung der gesamten Interpretationsergebnisse darstellen, müssen also durch vielschichtige komparative Analysen fallübergreifende Typen generiert und spezifiziert werden.

Die Analyse auf der *sinngenetischen Ebene* zielt, auf der Grundlage der in reflektierender Interpretation generierten kollektiven Orientierungsrahmen einzelner Gruppen, auf die Herausarbeitung von Gemeinsamkeiten der Fälle. Für diese *Abstraktion des Orientierungsrahmens* ist die fallübergreifende komparative Analyse von zentraler Bedeutung, weil von der je fallspezifischen Besonderheit abstrahiert werden kann und Orientierungsfiguren mit Abstraktions- oder Verallgemeinerungspotenzial von dieser unterschieden werden können. Zum anderen stellt die komparative Analyse eine methodische Kontrolle der Standortgebundenheit des Forschers dar. Erst die Nutzung von empirisch beobachtbaren und überprüfbaren Vergleichshorizonten erlaubt die Generierung von Typen mit relativ hohem Abstraktionspotenzial. Konkret werden in diesem Arbeitsschritt also zunächst thematisch vergleichbare Passagen aus mehreren Gruppendiskussionen auf gemeinsame Orientierungsmuster hin untersucht.

Es folgt die *Spezifizierung des Typus*, und zwar durch fallübergreifende und fallinterne Vergleiche. Die fallübergreifende komparative Analyse ist nun nicht mehr primär auf die Gemeinsamkeiten der Fälle, sondern auf die Kontraste gerichtet: «Das gemeinsame Dritte, das tertium comparationis ist nun nicht mehr durch ein (fallübergreifend) vergleichbares Thema gegeben, sondern durch den (fallübergreifend) abstrahierten Orientierungsrahmen bzw. Typus» (vgl. Bohnsack 2001, S. 236 f.). Im Zuge der fallinternen komparativen Analyse geht es noch einmal darum, die Struktur der Einzelfälle erneut in den Fokus der Interpretation zu rücken, um die erarbeiteten spezifizierten Typen auf ihre Validität hin zu überprüfen. Sind also die herausgearbeiteten typisierten Orientierungsmuster nur für einzelne Situationen von handlungspraktischer Bedeutung, oder bilden sie einen übergeordneten Rahmen der Gruppe? Die Frage, *wofür* die in den jeweiligen Typen herausgearbeiteten Orientierungen typisch sind, aus welchen konjunktiven Erfahrungsräumen bzw. welcher spezifischen Überlagerung von Erfahrungsräumen heraus sie sich entwickelt haben, kann auf dieser Ebene noch nicht beantwortet werden.

Erst wenn über die Ebene der sinngenetischen Interpretation, also die Generierung und Spezifizierung von in Bezug auf Orientierungen und Handlungspraxis kontrastierende Typen hinaus, Erfahrungsräume identifiziert werden können, auf die sich die Unterschiede zurückführen lassen, ist eine Ebene der Interpretation und damit auch Typenbildung erreicht, die wir mit Mannheim als *soziogenetische* bezeichnen (vgl. 1980, S. 85 ff.). Die sinngenetische Interpretation und Typenbildung ist hier zwar Voraussetzung, die Typen werden aber wieder vollständig neu komponiert. Es gilt, auf dieser Ebene zu rekonstruieren, aus welchen – individuellen und kollektiven – Erfahrungsräumen oder «existenziellen Hintergründen» heraus sich bestimmte handlungsleitende Orientierungen entwickelt haben. Die komparative Analyse findet an diesem Punkt nicht mehr auf der Ebene von Themen oder Orientierungen bzw. der unterschiedlichen Bearbeitung eines Orientierungsproblems statt, sondern auf der mehrdimensionalen Ebene der einander überlagernden Erfahrungsräume der Erforschten. Das Interesse an der Fallstruktur tritt hier endgültig in den Hintergrund. Die

Analyse richtet sich vielmehr auf die Struktur von Milieus, also beispielsweise auf sozial-räumliche oder organisationsspezifische Strukturen und in sie eingelagerte Erlebnisse und Interaktionsprozesse, die zur Herausbildung bestimmter handlungsleitender Orientierungen und habitualisierter Handlungspraxis geführt haben. Die an Einzelfällen erkannte Zugehörigkeit zu einem konjunktiven Erfahrungsraum, einem Milieu, kann – um nur einige Beispiele zu nennen – generations-, geschlechts- oder auch organisationstypisch sein.[14] Bei jedem Einzelfall überschneiden oder überlagern sich nun die verschiedenen *Typiken* auf je spezifische Art und Weise. «Sie (die soziogenetische Typenbildung, Anm. d. Verf.) erfasst damit den Fall nicht lediglich in *einer* Bedeutungsschicht oder -dimension, und d. h. in bezug auf *eine* Typik, sondern zugleich unterschiedliche Dimensionen oder Erfahrungsräume des Falles, so dass unterschiedliche Typiken in ihrer Überlagerung, Verschränkung ineinander und wechselseitigen Modifikation sichtbar werden» (Bohnsack 2000, S. 175). Die Struktur der Typologie, die im Rahmen der dokumentarischen Methode angestrebt wird, spiegelt diese Perspektive: Jeder Fall wird innerhalb der Typiken der Typologie umfassend verortet und kann damit zum Dokument und zur Exemplifizierung für mehrere Typiken werden.

In der Diskursbeschreibung geht es, wie schon erwähnt, nicht um neue Interpretationsleistungen, sondern um eine Verdichtung der Textinterpretationen zum Zwecke der verständlichen Vermittlung an die Leserschaft. Die Diskursbeschreibung einer Gruppe folgt in der Regel der dramaturgischen Entwicklung der interpretierten Passagen, das heißt, sie beginnt mit der jeweiligen Themeninitiierung und gelangt über die Darstellung der dramaturgischen Steigerungen zu den Konklusionen, die sich durch eine sachliche Zusammenfassung oder einen rituellen Abschluss erkennen lassen. Auch die Ergebnisse aus der Rekonstruktion der Diskursorganisation werden hier eingefügt (vgl. Bohnsack 2000, S. 155 ff.). Kreative Variationen sind hier nicht nur möglich, sondern auch erwünscht: So können auch immer zwei Gruppen, die in Bezug auf bestimmte Merkmale einen minimalen, in Bezug auf andere einen maximalen Kontrast darstellen, in einer Fallbeschreibung vergleichend und zusammenfassend dargestellt werden. Die Methode der komparativen Analyse und ihre Bedeutung für den Erkenntnisgewinn kann damit besonders gut verdeutlicht werden (vgl. Nentwig-Gesemann 1999, S. 69 ff.).

Das Einfügen ausgewählter Textsequenzen in Form des Originaltranskripts soll die vorgenommene Rekonstruktion der zentralen Orientierungen der Gruppe sowie ihre positiven und negativen Gegenhorizonte transparent und nachvollziehbar machen. Häufig werden dafür Passagen ausgewählt, die den Charakter von Fokussierungsmetaphern haben, da sich in ihnen die für das Alltagshandeln der Gruppe konstitutiven Orientierungen in hohem Maß dokumentieren.

Auf die Diskursbeschreibung folgt schließlich die Typenbildung,[15] also die abschließende Formulierung von *Typiken*, die die generierte Gesamttypologie ergeben. Die Fallbeschreibungen dienen als Belege bzw. Exemplifizierungen einer Typik, welche Milieus – und nicht Fälle – voneinander unterscheidet. Erst wenn, wie im Rahmen der dokumentarischen Methode, jeder Fall nicht nur einem Typus zugeordnet wird bzw. die Typen nicht durch die Kondensation maximal ähnlicher und die Unterscheidung von maximal kontrastierenden Einzelfällen gebildet werden, sondern die Fälle in ihren verschiedenen Dimensionen erfasst werden und die im Anschluss konstruierten Typiken dann eine Komposition aus mehreren Einzelfällen darstellen, kann man von einer *Mehrdimensionalität der Typologie* sprechen.

4 Anwendungsbeispiel: Kommunikationskulturen im Management

Verdeutlicht werden soll die Methode der Gruppendiskussion am Beispiel einer aktuellen Studie, die sich mit der Bedeutung der betrieblichen Kultur für die Gleichstellungsbereitschaft von Unternehmen befasst (Liebig 2000; 2001; 2001a).[16] Angeknüpft wurde dabei an theoretische Entwicklungen, welche die Schwierigkeiten der Umsetzung von Gleichstellungsvorgaben in den Kontext der kulturellen Voraussetzungen der Organisationen stellen (vgl. z. B. Cockburn 1991; Harlow/Hearn 1995; s. a. Müller 1999). Grundlegenden Bestandteil dieser kulturellen Rahmenbedingungen – so die Ausgangsthese des Projekts – bilden kollektive Orientierungen zum Geschlechterverhältnis, wie sie im betrieblichen Alltag und den ihn prägenden internen und externen Anforderungen ausgebildet werden.

Untersuchungseinheiten der Studie stellten Gruppen von Vertretern des Managements führender wirtschaftlicher Unternehmen in der Schweiz dar. Die Auswahl der Firmen wurde zunächst von der Annahme geleitet, dass sich mit einem höheren Frauenanteil in leitenden Positionen auch die Aufstiegschancen von Frauen verbessern (vgl. Kanter 1993), wobei dieser Wandel primär kulturellen Faktoren zugeschrieben werden kann. So wurden Betriebe aus Branchen des Industrie- und Dienstleistungssektors ausgewählt, die über einen unterschiedlich hohen Anteil an Frauen in Belegschaft und Management verfügten. Die Diskussionsgruppen wurden von Kontaktpersonen – Mitgliedern der Personalleitung oder Gleichstellungsbeauftragten – in den Unternehmen nach vorgegebenen Kriterien zusammengestellt: Die Gruppen besaßen zwar keinen natürlichen Charakter wie Projektteams oder Arbeitsgruppen, konstituierten sich jedoch aus Beschäftigten der gleichen Firma und gehörten alle dem mittleren Management an, dem eine zentrale Rolle bei der Koordination, Kommunikation sowie Veränderung betrieblicher Kulturen zukommt (vgl. Walgenbach 1993). Bei einer Gruppengröße von fünf bis sieben Personen waren in der Regel zwei der Kader weiblichen Geschlechts; in Unternehmen mit einem vergleichsweise hohen Frauenanteil im Management nahmen auch mehr Frauen am Gespräch teil. Die geschlechtergemischte Zusammensetzung der Gruppen diente dazu, Merkmale der betrieblichen Kultur nicht nur auf der Ebene des potenziell differenten Erfahrungszusammenhangs des einen oder anderen Geschlechts zu erfassen, sondern auch die Verständigung über diese Zusammenhänge im Rahmen der diskursiven Auseinandersetzung der Geschlechter zu verfolgen.

Die insgesamt 23 Gruppendiskussionen von 1½- bis 2½-stündiger Dauer fanden zumeist im Hauptsitz der Unternehmen statt. War die Geschäftsleitung bzw. die Kontaktperson im Haus oder an der Diskussion beteiligt, so wurde die Gruppe zunächst durch sie begrüßt. Daraufhin stellte die Forscherin in aller Kürze die Fragestellung des Projekts sowie das Konzept ‹Organisationskultur› vor. Die Gruppengespräche wurden mit folgender Eingangsfrage eröffnet, die – an alle gerichtet – auf die persönliche Erfahrung der Anwesenden zielte: «Wie war das damals, als Sie das erste Mal dieses Unternehmen betraten? Wie haben Sie das erlebt, welche Erfahrungen haben Sie gemacht?» Auf diese Fragen hin begann eine oftmals sehr lebhafte und in der Regel thematisch selbst bestimmte Diskussion unter den anwesenden Kadern, die mit ihrem Einverständnis auf Tonband aufgezeichnet wurde. Die Aktivität der Untersuchungsleitung beschränkte sich zumeist auf das Fördern des Gesprächs- und Erzählflusses durch parasprachliche Äußerungen und Gesten; nur in Ausnahmefällen wurden Gesprächsimpulse durch Anschlussfragen eingebracht. Erst gegen Ende der vereinbarten Diskussionszeit fand ein Nachfragen, ein Reflektieren von Äußerungen oder selten auch der Verweis auf Inkonsistenzen statt.

Im Anschluss an die Gruppendiskussion erhielten die Teilnehmer einen kurzen Fragebogen zu einigen soziodemographischen sowie berufsbezogenen Merkmalen. Die deskriptiv-statistische Auswertung dieser Erhebung wurde im Rahmen der Gesamtauswertung ergänzend verwendet und erlaubte nochmals einen genaueren Einblick in die Zusammensetzung der Gruppen. Überdies wurden die Kontaktpersonen um die Beantwortung eines Fragebogens zu einigen strukturellen Charakteristika des jeweiligen Unternehmens gebeten. Schließlich wurde ein Postskriptum zum *setting* des Gesprächs angefertigt, das nicht nur allgemeine Beobachtungen zum Gesprächsort und zu Interaktionen vor und nach Beginn der Aufzeichnung der Diskussion, sondern auch Eindrücke über Formen der Selbstdarstellung der Befragten (Auftreten, Kleidung, Haartracht u. a.) festhielt.

Um das Potenzial von Gruppendiskussionen zu verdeutlichen, sei hier auf einen Ausschnitt der Untersuchung Bezug genommen, welcher der Frage galt, ob und wie Erfahrungen von Ungleichstellung und Diskriminierung innerbetrieblich vermittelt werden können. Die Analyse erfolgte auch hier in Anlehnung an die dokumentarische Methode, wobei – orientiert am Prinzip der Kontrastierung (vgl. Bohnsack 2000) – Gruppendiskussionen aus Unternehmen ausgewählt wurden, die entweder über einen ausgesprochen geringen Frauenanteil oder aber vergleichsweise ausgeglichene Geschlechterverteilungen in Leitungspositionen verfügten. Wie gezeigt werden soll, erlaubt die dokumentarische Methode nicht nur die Rekonstruktion kollektiver Orientierungen, sondern auch die Interpretation jener interaktiven bzw. diskursiven Prozesse, innerhalb deren die Orientierungsfiguren hervortreten. Werden, wie in diesem Fall, Gruppendiskussionen mit beiden Geschlechtern durchgeführt, so schließt die Analyse mit anderen Worten die ‹Mikropolitik› (vgl. Küpper 1992; Knapp 1995) der Geschlechter ein, indem sie die spezifische Organisation der Diskurse im Zuge der Interpretation miterfasst.

Zur Transkription gelangten die für die oben genannte Fragestellung als zentral identifizierten Gesprächspassagen. In der folgenden Sequenz aus einer Gruppendiskussion unter Kadern eines Unternehmens der pharmazeutischen Industrie, in dem Frauen in Führungspositionen eine Seltenheit sind, stellt eine junge weibliche Führungskraft ihre alltägliche Konfrontation mit der «inneren Ablehnung» der Kollegen dar:

Ef:[17] aber eine gewisse innere Ablehnung finde ich immer wieder (.) nicht per Kopf also die meisten Männer sind unheimlich offen es waren auch immer Männer die mich eingeladen haben und auch letztendlich Männer die mich eingestellt haben (.) es ist sowas (.) wie soll ich sagen nicht wie von der Ratio gesteuert sondern von der Struktur der Menschen wie sie erzogen worden sind so ganz tief drin (.) wie ich dann hier angestellt war wurde ich ins Telephonbuch eingetragen und hab dann wollte dann voller Stolz da meinen Namen lesen und da stand da *(X-Vorname und -Name)* (.) dachte ich komisch wieso steht mein Doktortitel da nicht dabei (.) dann hat sich das durchgezogen bei ̲v̲i̲e̲l̲e̲n̲ Einladungen stand dann immer Frau *(X-Name)* Doktor soundso Doktor soundso Doktor soundso und

⎜

Af: hoppla

Ef: ich beziehe es schon lang lang nicht mehr auf mich persönlich es pas-
      siert mir zu oft (.) und ich werde auch immer wieder als Herr *(X-
      Name)* angesprochen

                                                    |

Af, Bm, Dm: (lautes Lachen)
Ef: also Aug in Aug das ist nicht so dass man das per Telephon vielleicht
      durch die dunkle Stimme sondern Aug in Aug

Nicht allein der akademische Titel, sondern gar die weibliche Identität wird der Sprecherin (Ef) «Aug in Aug» in heterosozialen Interaktionen im Betrieb aberkannt.[18] Dabei finden sich in die Schil-
derungen der Betroffenen bereits Deutungsangebote für das
Fehlverhalten der Kollegen eingeflochten: Als nicht intentional
wird es entschuldigt, «nicht von der Ratio gesteuert», sondern der
«Struktur des Menschen» inhärent, «so ganz tief drin» und somit
weder der Reflexion zugänglich noch willentlich beeinflussbar.

Dennoch setzen die Ausführungen dieser Frau keine Diskussion
über die betriebliche Gleichstellungsproblematik in Gang. Vielmehr geht hier – wie in vielen anderen Gruppendiskussionen in
Unternehmen, in denen weibliche Kader in der Minderheit sind –
die Differenz der männlichen und weiblichen Alltagserfahrung mit
einem Dissens, d. h. einem Misslingen der Verständigung zwischen
den Geschlechtern einher (s. a. Liebig 2001a). Der weibliche Erleb-
niszusammenhang kann den Kollegen im Gespräch nicht vermittelt werden; statt Empathie zu wecken, rufen die Darstellungen zunächst Unglauben, dann Widerspruch hervor. Weit entfernt sind
die Männer der Gruppe davon, die geschilderten Erfahrungen als
Ausdruck einer betrieblichen Kultur zu deuten, in der den wenigen
auf Leitungsebene tätigen Frauen – allen Gleichstellungsbemühun-
gen des Unternehmens zum Trotz – eine unübersehbare Ablehnung
entgegenschlägt. So beginnt auch die gleich anschließende Stellung-
nahme eines Managers nur scheinbar («ist sowieso schlimm») mit
einer Bezugnahme auf das weibliche Votum:

Dm: ja das ist sowieso schlimm ich kenne auch so einen Fall wo man ein-
     fach jemand soweit gebracht hat weil jetzt man einer Frau mal hat
     eine Chance geben wollte und jetzt sind wir schon glaub bei dem
     Thema und ich finde da sollte man wirklich keine Unterschiede ma-

chen ich finde wenn jemand Fähigkeiten hat (.) dann klappt das be-
stens also ich habe als junger Kaufmann vor 30 Jahren habe ich eine
Chefin gehabt und das ist sehr gut gegangen aber das ist eine <u>Persön-
lichkeit</u> gewesen hingegen wenn man dann nun wegen der Quote eine
Frau jetzt nimmt und die dann dahinstellt und die gar nicht glücklich
ist dann tut sie äh in ihrem ganzen Auftreten und in der Argumentation ist sie einfach überfordert und dann gibts Überreaktionen oder
das ist klar (.) solche Fälle kenn ich also auch und dann ist der Frau
nicht gedient ihr selbst nicht und auch der Sache der Frau ist nicht
gedient

Der Kollege (Dm) nimmt, wie die Rekonstruktion des Diskurs-
inhalts erkennen lässt, die vorgängigen Darstellungen als Ausdruck
von Überforderung und Inkompetenz sowie mangelnden Selbst-
bewusstseins wahr. Wie der Vergleich mit anderen weiblichen Vorgesetzten zeigt («wenn jemand Fähigkeiten hat», «das ist eine
<u>Persönlichkeit</u> gewesen»), wird die von der Mitarbeiterin (Ef) be-
schriebene Szene als Reaktion auf ihre fehlende Führungsautorität
interpretiert. Dargelegt wird dabei auch, dass inkompetentes «Auftreten» und «Argumentieren» von Frauen in Entscheidungsfunktionen zu «Überreaktionen» der männlichen Belegschaft führen
kann.
    Dass der weibliche Versuch misslingt, alltäglich erlebte Formen
der Benachteiligung zur Sprache zu bringen, wird noch deutlicher,
als zu einem späteren Zeitpunkt des Gesprächs die Gruppe nochmals auf die Verleugnung des Doktortitels von *Ef* Bezug nimmt:

Bm: wir sind natürlich im Unterschied zu *(Unternehmens-Name)* etwa 10
       Jahre hintendran mit den verfluchten Doktortiteln
               |
Af: mhm
Bm: Gottlob ist das jetzt im Verschwinden begriffen das ist
                                               |
Af: mhm
Bm: ein Kult den wir betreiben
                   |
Af: Wahnsinn
Bm: logisch wenn wir die beiden Buchstaben hinter den Namen hängen
       würden oder definitiv fallen lassen wäre das Problem einmal gelöst

(.) es tut mir leid dass man das antut aber ich kann mir fast nicht
vorstellen dass das mit Bedacht
                                    |
Af: ja
                                    |
Dm: glaub ich auch nicht kann ich mir nicht
vorstellen
Ef: ja das ist ja das warum ich nicht (unverständlich) bin weil ich weiß
dass es unabsichtlich ist
          | |
                    |
Bm: ja   ja
                    ja im übrigen die Frau *(X-Name der Gesprächs-*
teilnehmerin Ef) die gibts auf der Welt nur einmal
wunderbar
Af: (lacht)
Bm: wir sind alle zusammen Unikate ob mit oder ohne Ausbildungstitel

Der Anspruch der weiblichen Führungskraft, dass ihr akademi-
scher Titel – wie derjenige der Kollegen auch – in internen schriftlichen Dokumenten des Unternehmens Erwähnung findet, wird
hier zunächst als ein Festhalten an längst überkommenen Konventionen («etwa 10 Jahre hintendran») kritisiert, auch wenn der
Sprecher (Bm) diese Kritik nicht persönlich, sondern an das Unternehmen gerichtet formuliert. Und wiederum wird das eingebrachte
Thema nicht in den Rahmen betrieblich-kultureller Formen der
Ausgrenzung von Frauen gestellt, sondern als individuelles Problem der offensichtlich über wenig Selbstvertrauen verfügenden
Kollegin interpretiert, wie aus vermeintlich bestätigenden Worten
wie: «die Frau *(X-Name)*, die gibts auf der Welt nur einmal, wunderbar» oder: «wir sind alle zusammen Unikate, ob mit oder ohne
Ausbildungstitel» hervorgeht. Zugleich aber handelt es sich dabei
um eine Zurechtweisung: Eine gezielte Form der Diskriminierung
ist aus männlicher Sicht nicht vorstellbar.

Wie sich zeigt, sind die Perspektivdifferenzen der Geschlechter in diesem Gruppengespräch begleitet von einem diskursiv-argumentativen Muster, das trotz erheblichen Differenzen bzw. opposi-
tionellen Stellungnahmen der männlichen und weiblichen Kader

versucht, das darin angelegte Konfliktpotenzial zu entschärfen und doch noch einen Konsens herbeizuführen. In diesem Fall treffen sich die Auffassungen der Gesprächsteilnehmer letztlich in dem Kompromiss, dass das diskriminierende Verhalten der Kollegen zwar durchaus existiert (Bm: «es tut mir leid dass man das antut»), jedoch «unabsichtlich» erfolgt (Ef: «weiß, dass es unabsichtlich ist»). Während somit der geschilderten Diskriminierung von männlicher und weiblicher Seite sehr unterschiedliche Ursachen zugeschrieben werden – nämlich ‹innere Ablehnung› oder aber Reaktion auf Inkompetenz –, wird auf der Ebene des formalen Diskurses von beiden Geschlechtern der Anschein einer Übereinstimmung gewahrt, gewissermaßen eine ‹Rhetorik des Konsenses› gepflegt. Sie überdeckt, dass es keinen kollektiv geteilten Orientierungsrahmen gibt.

Erst der Vergleich der hier rekonstruierten Orientierungsfiguren und diskursiven Muster mit solchen, wie sie empirisch in anderen Gruppendiskussionen gefunden werden, macht jedoch das Charakteristische an dem beschriebenen Fall deutlich. So sind in Diskussionen in Kadergruppen aus Dienstleistungsunternehmen, die über einen deutlich höheren Frauenanteil in Entscheidungsfunktionen verfügen, zwar nicht weniger geschlechtsspezifisch divergierende Orientierungshorizonte, jedoch eine weitaus größere Konfliktbereitschaft zu finden. Anstelle rhetorischer Strategien der Konfliktvermeidung lässt die diskursive Bezugnahme der Geschlechter hier trotz der Differenz der Alltagserfahrung eine ausgeprägt konkurrierende bzw. antithetische Diskursorganisation erkennen, in deren Rahmen die Teilnehmer der Gruppen um gegenseitige Verständigung und die Gültigkeit von Orientierungen ringen. Als Typus lässt sich diese Form der betrieblichen Kommunikation deutlich von dem zuvor beschriebenen Fall abgrenzen, der gewissermaßen für eine kommunikative Kultur der ‹Non-Konfrontation› steht. Die Analyse macht somit nicht nur auf lebensweltliche Differenzen der Geschlechter – als organisationsübergreifendes Merkmal – aufmerksam, sondern auch auf organisationsspezifische Orientierungen, die sich auf den Umgang mit Geschlechterkonflikten beziehen.

Ohne die an dieser Stelle nur ansatzweise dargelegte Erarbeitung einer Typologie von betrieblichen Kulturen auszuführen, soll darauf verwiesen werden, dass die soziogenetische Rekonstruktion der ‹existenziellen Hintergründe› für die unterschiedlichen Kommunikationskulturen im Management zur proportionalen Verteilung der Geschlechter in leitenden Funktionen zurückführt, wie sie anfangs im Sinne eines «sensitizing concept» (Strauss 1987) die Auswahl der Unternehmen und die Gegenüberstellung der Gruppendiskussionen leitete. Das heißt: Ein nur geringfügig geschlechtersegregiertes Arbeits- bzw. Managementumfeld stellt eine deutlich bessere Voraussetzung für die Thematisierung von Kontroversen und Konflikten dar, wie sie mit den unterschiedlichen Erfahrungen, Perspektiven und Interessenlagen der Geschlechter einhergehen, als ein betrieblicher Kontext, in dem Frauen allein durch ihre geringe Zahl deutlich in einer Position der Schwäche sind. Während im ersteren Fall eine lebendige Auseinandersetzung zwischen den Geschlechtern keineswegs die Zusammenarbeit zu gefährden droht und der Verwirklichung von Gleichstellung zuarbeiten kann, zeugt eine non-konfrontative kommunikative Kultur davon, dass es Männern wie Frauen bei der Diskussion über Differenz und Ungleichstellung im Betrieb in erster Linie um ‹Friedenssicherung› geht – eine Strategie, die letztlich jedoch nur der Aufrechterhaltung des Status quo dienen kann.

5 Möglichkeiten und Grenzen der Methode

Auf dem Hintergrund der hier beschriebenen theoretisch-methodischen Grundlage hält die Gruppendiskussion deutlich über andere Gruppenmethoden hinausreichende Möglichkeiten der Analyse für die Organisationsforschung bereit.[19] So beschränkt sich ihre Anwendung nicht auf die Analyse der subjektiven Wahrnehmung und Verarbeitung von Alltagssituationen durch organisationale Akteure, sondern dient als Instrument zur systematischen Rekonstruktion kollektiver Orientierungen, wie sie aus dem gemeinsamen Erleben, der gemeinsamen Geschichte und Alltagspraxis der Organisationsmitglieder resultieren und wesentlich das Handeln der Organisationen bestimmen. Mit ihrer Geschichte, spezifischen Wettbewerbsbedingungen, Märkten, Kunden, Produkten, Technologien usw. konstituieren Organisationen dabei jeweils selbst einen unverwechselbaren ‹konjunktiven Erfahrungsraum›. Nicht selten aber lassen sich innerhalb dieses gemeinsamen Rahmens unterschiedliche lebensweltliche Bezüge unter Personen verschiedener Funktionsbereiche, Hierarchiestufen, Berufsgruppen oder – wie angedeutet – Geschlechtszugehörigkeit identifizieren, welche die Mehrdimensionalität organisationaler Erfahrungswelten oder auch Gemeinsamkeiten zwischen den Organisationen bedingen.

Dabei besitzt das Verfahren zunächst großen Nutzen für all jene Bereiche der Forschung, deren Erkenntnisabsichten und Fragestellungen sich an einem Begriff von Organisation orientieren, der diese nicht als objektive Realität jenseits der Subjekte fasst, sondern – orientiert am interpretativen Paradigma der Sozial- und Organisationswissenschaften (vgl. Burrell/Morgan 1979) – auf der Ebene der subjektiven Bedeutung und Erfahrung der Organisationsmitglieder den Zugang zur Organisationswirklichkeit und ihren Facetten sucht. Darüber hinaus besitzt die hier beschriebene Methode der Gruppendiskussion dann einen besonderen Stellenwert, wenn es um das Erkennen, Verwerten sowie das Management von organisationalen Wissenspotenzialen geht, zu denen heute nicht allein Faktenwissen und Informiertheit der Mitarbeiterschaft, sondern insbesondere auch kollektive Interpretationen der Wirklichkeit gezählt werden (vgl. Pawlowsky 1998).

Im engeren Sinn können besonders Studien im Bereich der qualitativen Organisationskulturforschung, die sich mit symbolisch-kulturellen Bedeutungssystemen und kollektiven Wirklichkeitsauffassungen in Organisationen befassen (vgl. z. B. Frost u. a. 1991; Alvesson/Berg 1992), von der Methode der Gruppendiskussion profitieren. Während sich viele Studien heute auf Ausschnitte der Organisationskultur und auf ‹an der Oberfläche› liegende kulturelle Phänomene konzentrieren, gelingt es mittels der dokumentarischen Interpretation von Gruppendiskussionen, jene oftmals nicht bewussten «taken-for-granted beliefs, perceptions, thoughts, and feelings», die schon von den Klassikern der Organisationskulturanalyse als «ultimate source of values and action» (Schein 1987) bezeichnet werden, auf organisationsinterne und -externe Erfahrungszusammenhänge zurückzuleiten. Dabei gibt die soziogenetische Interpretation das Zusammenspiel der Erfahrungsdimensionen zu erkennen, wie sie auf dem Hintergrund der Eingebundenheit der Organisationsmitglieder in verschiedenste soziale Bezüge entstehen. Aber auch in Untersuchungen, die mit dem Ziel der Intervention und der Organisations- bzw. Personalentwicklung durchführt werden, kann mit Hilfe von Gruppendiskussionen das in der Alltagspraxis der Organisationen herausgebildete ‹tacit knowledge› (vgl. Nonaka/Takeuchi 1995) bzw. ‹latente› Wissen (Probst u. a. 1997) in seinem Beitrag zur Produktivität der Organisationen sowie als Ressource der Veränderung organisationaler Verhältnisse thematisiert werden. Wenn auch nicht im Sinne der Aktionsforschung, so können – bei adäquatem Feedback an die Organisationen und ihre Mitglieder – die Forschungsergebnisse doch zum Ausgangspunkt für organisationale Lernprozesse, Innovation und die Erweiterung von Handlungsspielräumen werden.

Grenzen sind dem Verfahren zunächst aufgrund der forschungstechnischen Erfordernisse gesetzt, die mit der Zusammenstellung von Untersuchungsgruppen in Organisationen einhergehen. Organisationen sind sensible Forschungsbereiche, die sich keineswegs selbstverständlich einer Betrachtung und Analyse öffnen. Grundsätzlich sehen sich qualitative Forschungsvorhaben hier vor erhebliche Anforderungen gestellt und erfordern eine sorgfältige Vorbereitung des Einstiegs ins Feld. Zu beachten ist überdies, dass oftmals zur Auswahl der Teilnehmer für die Gruppendiskussionen Kontaktpersonen herangezogen werden müssen, die ausführlich über die Auswahl von Personen zu instruieren sind; als ‹gatekeeper› können diese den Zugang zum Feld aber nicht nur eröffnen, sondern zuweilen auch erheblich erschweren (Mulder/Rottenburg 1989).[20] Hinzu kommt, dass besonders in Phasen der Reorganisation und Neuorientierung von Organisationen weder gern Interna an die (Forschungs-)Öffentlichkeit getragen noch eine größere Zahl an Mitarbeitern für wissenschaftliche Untersuchungen freigestellt werden. Dies gilt insbesondere, wenn das Management zur Zielgruppe einer Studie zählt, wobei dann oftmals ein zusätzlicher Aufwand bei der Koordination von Terminen zu leisten ist. Andererseits können gerade Krisen und Umbrüche ein besonderes Interesse an Organisationsanalysen hervorrufen, wenn vonseiten der Forschung deutlich gemacht werden kann, dass diese zur Bewältigung aktueller Fragen und Probleme der Organisationen beitragen. In gewissem Grad muss dabei auch symbolisch-sprachlich eine Anpassung erfolgen, im Sinne einer angemessenen sprachlichen Vermittlung der wissenschaftlichen Methoden und Ziele. In jedem Fall ist es der bei qualitativen Studien oftmals ausgedehnte Forschungszeitraum, der nicht dem Bedürfnis der Organisationen nach rasch verfügbaren Resultaten entspricht und in besonderer Weise legitimiert werden muss.

Schließlich stellen die hier beschriebenen Hintergründe der Gruppendiskussion und des damit verknüpften Verfahrens der dokumentarischen Methode der Interpretation vergleichsweise hohe Anforderungen an die Ausbildung der Forschenden im Bereich qualitativer Methoden, die heute noch in keiner Weise im Rahmen sozial- oder organisationswissenschaftlicher universitärer Bildungsgänge verankert ist. Letztlich garantiert aber selbst die Existenz eines solchen Angebots eine erfolgreiche Durchführung und Auswertung von Gruppendiskussionen noch nicht. Denn wie bei allen Verfahren der qualitativen Sozialforschung bedarf es dazu eines erheblichen Maßes an Forschungserfahrung, Geschick und theoretischer Kreativität, wie sie kaum durch Ausführungen in Lehrbüchern und -veranstaltungen, sondern allein durch die Forschungspraxis zu vermitteln sind.

Anmerkungen

1 Ein Kapitel zum Gruppendiskussionsverfahren gehört inzwischen zum Standard von Handbüchern zur Einführung in qualitative Forschungsmethoden (vgl. Bohnsack 2000; Flick u. a. 1991; 1995; Friebertshäuser/Prengel 1997; Lamnek 1989; s. a. Lamnek 1998).

2 Einen umfassenden Überblick über die von Lewin und seinen Schülern durchgeführten Untersuchungen gibt Marrow 1977.

3 Als «Grundreiz», dessen sorgfältige Konstruktion Pollock ausführlich erläutert (1955, S. 41 ff., 501 ff.), wurde den künstlich zusammengesetzten Gruppen die Tonbandaufnahme eines fingierten offenen Briefs eines alliierten Soldaten vorgespielt, der nach fünfjähriger Besatzungszeit seine positiven wie negativen Eindrücke über Deutschland und die Deutschen formuliert. Ausgehend von der Überzeugung, dass in Bezug auf die angesprochenen Themen bewusste oder unbewusste Widerstände der Teilnehmer vorlagen, unterschied Pollock zwischen den rationalisierenden «manifesten Aussagen» mit ihrem «oberflächlichen Inhalt» – wie sie auch in der standardisierten Meinungsforschung ermittelt werden – und dem «latenten Inhalt» (1955, S. 33), zu dem er über die Einführung dieser ‹neuen› Methode einen Zugang aufzuzeigen vermochte.

4 Eine umfassende Analyse von Problemen, die mit der Anwendung von Gruppendiskussionen zur Erforschung von Einzelpersonen verbunden sind, findet sich in Mangold 1967.

5 Die dokumentarische Methode der Interpretation eignet sich zwar in besonderer Art und Weise für die Interpretation von Gruppendiskussionen, wird aber auch zur Auswertung von biographisch-narrativen Interviews, Bild- und Videomaterial oder auch Schriftdokumenten eingesetzt. Ein Überblick über die verschiedenen Anwendungsbereiche findet sich in Bohnsack/Nentwig-Gesemann/Nohl 2001.

6 Allgemein zum Gruppendiskussionsverfahren vgl. Bohnsack 1996; 1997; 2000; Loos/Schäffer 2001. Für den Bereich der Jugendforschung vgl. Bohnsack 1989; Bohnsack u. a. 1995; Breitenbach 2000; Schäffer 1996; für die Migrationsforschung Nohl 1996; 2000; für die Organisationsforschung Liebig 2000; 2001; 2001a; Nentwig-Gesemann 1999; für die Geschlechterforschung Loos 1999; Meuser 1998; für die Medienrezeptionsforschung Michel 2001; Schäffer 1998; 2000.

7 Diese Eigenschaft ist es, der zufolge Bohnsack die Kritik an der fehlenden Reproduzierbarkeit von Gruppendiskussionen, wie sie u. a. Volmerg 1977 äußert, zurückweist, da diese Kritik am unmittelbaren Sinngehalt von Aussagen bzw. Gruppendiskussionstexten orientiert.

8 Genauere und sehr hilfreiche praktische Hinweise finden sich in Loos/Schäffer 2001.

9 Eine detaillierte Beschreibung von Prinzipien der Initiierung und Leitung von Gruppendiskussionen hat Ralf Bohnsack formuliert (2000, S. 212 ff.). Von zentraler Bedeutung ist zum einen die «demonstrative Vagheit» der Fragestellungen, mit denen die Forschenden ihre milieuspezifische Fremdheit verdeutlichen und die Erforschten als Experten ihrer Erfahrungswelt ansprechen. Zum anderen gilt, dass während des ersten Teils der Gruppendiskussion jeder «Eingriff in die Verteilung von Redebeiträgen» vermieden werden sollte, damit die Diskursorganisation nicht vom Interviewer strukturiert wird.

10 Ausführliche Auseinandersetzungen mit bzw. Darstellungen von Transkriptionssystemen finden sich noch in Deppermann 1999, S. 39 ff., 119 ff., sowie in Dittmar 2000.

11 Beispiele für formulierende Interpretationen finden sich in Bohnsack 2000; Bohnsack u. a. 2001; Loos/Schäffer 2001.

12 Eine detaillierte Darstellung der «Kategorien zur Beschreibung der Diskursorganisation» sowie der «Typen der Diskursorganisation» findet sich in Loos/Schäffer 2001, S. 66 ff.

13 Zur Bedeutung der komparativen Analyse für die dokumentarische Methode vgl. Nohl 2001a.

14 Die Zugehörigkeit zu einem Milieu wird hier nicht nur als die Einbindung in bestehende soziale Erfahrungszusammenhänge oder Kulturen verstanden. Auf der Grundlage kollektiver Erfahrungen, wie sie z. B. mit der auf alle Ebenen bezogenen Transformation der Krippen- und Kindergartenpädagogik nach der Wende verbunden waren, können Milieuzusammenhänge auch restrukturiert oder neu konstituiert werden (vgl. dazu z. B. Bohnsack 1998).

15 Zur Typenbildung der dokumentarischen Methode vgl. Bohnsack 2001 und Nentwig-Gesemann 2001.

16 Die Studie wurde mit finanzieller Unterstützung des Schweizerischen Nationalfonds im Rahmen des Schwerpunktprogramms «Zukunft Schweiz» (1997–2000) durchgeführt (www.sppzukunftschweiz.ch).

17 Die Diskussionen finden sich hier ausschließlich unter Angabe von Pausen (.), parasprachlichen Äußerungen (lacht) sowie Betonungen (positiv) verschriftet und sprachlich leicht geglättet. Die Folge, in der die Gesprächsteilnehmer das Wort ergriffen, ist mit dem Alphabet gekennzeichnet (A = erste sprechende Person); das Geschlecht der Sprechenden markieren die Buchstaben ‹m› oder ‹f› (maskulin oder feminin).

18 Dies muss umso mehr erstaunen, als die Gesprächsteilnehmerin ihre Weiblichkeit durch Kleidung, Haartracht, Make-up deutlich unterstreicht.

19 Zur «Unterforderung» des Verfahrens der Gruppendiskussion im Rahmen bisheriger Anwendungen siehe bereits Krüger 1983.

20 Eine solche Erschwernis stellte in der hier exemplarisch angeführten Studie (vgl. Liebig 2000 u. a.) etwa die vom Personalleiter eines Betriebs vorgenommene Personenauswahl für die Gruppendiskussion dar, zu der vier leitende Mitarbeiter aus dem Bereich Öffentlichkeitsarbeit und zwei ihrer Sekretärinnen zählten. Allein schon aufgrund des Statusgefälles wurde das Gespräch zur betrieblichen Gleichstellungssituation fast ausschließlich von den männlichen PR-Beauftragten geführt.

Literatur

Alvesson, Mats/Berg, Per Olof (1992): Corporate Culture and Organizational Symbolism. An Overview, Berlin/New York.

Auer, Peter (1986): Kontextualisierung, in: Studium der Linguistik, H. 19, S. 22–47.

Bohnsack, Ralf (1989): Generation, Milieu und Geschlecht, Opladen.

Bohnsack, Ralf (1996): Gruppendiskussionen: Neue Wege einer klassischen Methode, in: Zeitschrift für Sozialisationsforschung und Erziehungssoziologie, Jg. 16, S. 323–326.

Bohnsack, Ralf (1997): Gruppendiskussionsverfahren und Milieuforschung, in: Barbara Friebertshäuser/Annedore Prengel (Hrsg.), Handbuch qualitativer Forschungsmethoden in der Erziehungswissenschaft, Weinheim/München, S. 492–502.

Bohnsack, Ralf (2000): Rekonstruktive Sozialforschung. Einführung in Methodologie und Praxis qualitativer Forschung, Opladen.

Bohnsack, Ralf (2001): Typenbildung, Generalisierung und komparative Analyse, in: Ralf Bohnsack/Iris Nentwig-Gesemann/Arnd-Michael Nohl (Hrsg.), Die dokumentarische Methode und ihre Forschungspraxis, Opladen, S. 225–252.

Bohnsack, Ralf/Loos, Peter/Schäffer, Burkhard/Städtler, Klaus/Wild, Bodo (1995): Die Suche nach Gemeinsamkeit und die Gewalt der Gruppe. Hooligans, Musikgruppen und andere Jugendcliquen, Opladen.

Bohnsack, Ralf/Nentwig-Gesemann, Iris/Nohl, Arnd-Michael (Hrsg.) (2001): Die dokumentarische Methode und ihre Forschungspraxis. Grundlagen qualitativer Sozialforschung, Opladen.

Breitenbach, Eva (2000): Mädchenfreundschaften in der Adoleszenz. Eine fallrekonstruktive Untersuchung von Gleichaltrigengruppen, Opladen.

Burrell, Gibson/Morgan, Gareth (1979): Sociological Paradigms and Organisational Analysis. Elements of the Sociology of Corporate Life, London.

Cassell, Catherine/Symon, Gillian (Hrsg.) (1994): Qualitative Methods in Organizational Research. A Practical Guide, London.

Cockburn, Cynthia (1991): In the Way of Women. Men's Resistance to Sex Equality in Organizations, London.

Gumperz, John J./Cook-Gumperz, Jenny (1981): Ethnic Differences in Communicative Style, in: Charles Ferguson/Shirley B. Heath (Hrsg.), Language in the USA, Cambridge, S. 430–445.

Demmer, Ingo/Szymkowiak, Frank (1998): Die Gruppendiskussion in der Marktforschung: Grundlagen, Moderation, Auswertung: Ein Praxis-Leitfaden, Opladen.

Deppermann, Arnulf (1999): Gespräche analysieren, Opladen.

Dittmar, Norbert (2000): Transkribieren. Ein Leitfaden für Forscher und Laien, Opladen.

Flick, Uwe (1995): Qualitative Forschung: Theorie, Methoden, Anwendung in Psychologie und Sozialwissenschaften, Reinbek bei Hamburg, S.132–139.

Flick, Uwe u.a. (Hrsg.) (1991): Handbuch Qualitative Sozialforschung. Grundlagen, Konzepte, Methoden und Anwendungen, München, S.186–188.

Friebertshäuser, Barbara/Prengel, Annedore (Hrsg.) (1997): Handbuch qualitative Methoden in der Erziehungswissenschaft, Weinheim/München.

Frost, Peter/Moore, Larry/Louis, Meryl/Lundberg, Craig/Martin, Joanne (Hrsg.) (1991): Reframing Organizational Culture, Newbury Park u.a.

Garfinkel, Harold (1961): Aspects of Common-Sense Knowledge of Social Structures, in: Transactions of the Fourth World Congress of Sociology, Bd. IV, S. 51–65.

Greenbaum, Thomas (1998): The Handbook for Focus Group Research, Thousand Oaks.

Harlow, Elisabeth/Hearn, Jeff (1995): Cultural Constructions: Contrasting Theories of Organizational Culture and Gender Construction, in: Gender, Work and Organization, Jg. 2, S. 180–191.

Herndon, Sandra/Kreps, Gary (Hrsg.) (1993): Qualitative Research: Applications in Organizational Communication, Hampton.

Kanter, Rosabeth Moss (1993) [1977]: Men and Women of the Corporation, New York.

Knapp, Gudrun-Axeli (1995): Unterschiede machen: Zur Sozialpsychologie der Hierarchisierung im Geschlechterverhältnis, in: Regina Becker-Schmidt/Gudrun-Axeli Knapp (Hrsg.), Das Geschlechterverhältnis als Gegenstand der Sozialwissenschaften, Frankfurt a.M./New York, S. 163–194.

Krüger, Heidi (1983): Gruppendiskussionen. Überlegungen zur Rekonstruktion sozialer Wirklichkeit aus der Sicht der Betroffenen, in: Soziale Welt, Jg. 34, S. 90–109.

Küpper, Willi (1992): Mikropolitik. Rationalität, Macht und Spiele in Organisationen, Opladen.

Lamnek, Siegfried (1989): Qualitative Sozialforschung, Bd. 2, Methoden und Techniken, München/Weinheim, S. 121–166.

Lamnek, Siegfried (1998): Gruppendiskussion: Theorie und Praxis, Weinheim.

Lewin, Kurt (1963): Feldtheorie in den Sozialwissenschaften, Bern.

Lewin, Kurt (1975): Die Lösung sozialer Konflikte, Bad Nauheim.

Liebig, Brigitte (2000): Organisationskultur und Geschlechtergleichstellung. Eine Typologie betrieblicher Geschlechterkulturen, in: Zeitschrift für Frauenforschung & Geschlechterstudien, Jg. 18, H. 3, S. 47–66.

Liebig, Brigitte (2001): Katalysator des Wandels oder verschärfte Konkurrenz? Orientierungen zur Geschlechtergleichstellung im Kontext betrieblicher Transformationen, in: Zeitschrift für Personalforschung, Jg. 15, H. 1, S. 18–36.

Liebig, Brigitte (2001a): ‹Tacit knowledge› und Management: Ein wissenssoziologischer Beitrag zur qualitativen Organisationskulturforschung, in: Ralf Bohnsack/Iris Nentwig-Gesemann/Arnd-Michael Nohl (Hrsg.), Die dokumentarische Methode und ihre Forschungspraxis, Opladen, S. 143–161.

Loos, Peter (1999): Zwischen pragmatischer und moralischer Ordnung. Der männliche Blick auf das Geschlechterverhältnis im Milieuvergleich, Opladen.

Loos, Peter/Schäffer, Burkhard (2001): Das Gruppendiskussionsverfahren. Theoretische Grundlagen und empirische Anwendung, Opladen.

Mangold, Werner (1960): Gegenstand und Methode des Gruppendiskussionsverfahrens, Frankfurt a. M.

Mangold, Werner (1967): Gruppendiskussionen, in: René König (Hrsg.), Handbuch der empirischen Sozialforschung, Bd. I, S. 209–225.

Mangold, Werner/Bohnsack, Ralf (1988): Kollektive Orientierungen in Gruppen Jugendlicher. Bericht für die Deutsche Forschungsgemeinschaft, Erlangen.

Mannheim, Karl (1970): Wissenssoziologie. Auswahl aus dem Werk, Neuwied/Berlin.

Mannheim, Karl (1980): Strukturen des Denkens, Frankfurt a. M.

Marrow, Alfred J. (1977): Kurt Lewin – Leben und Werk, Stuttgart.

Meuser, Michael (1998): Geschlecht und Männlichkeit. Soziologische Theorie und kulturelle Deutungsmuster, Opladen.

Michel, Burkard (2001): Dimensionen der Offenheit. Kollektive Sinnbildungsprozesse bei der Rezeption von Fotografien, in: Yvonne Ehrenspeck/Burkhard Schäffer (Hrsg.), Film- und Photoanalyse in der Erziehungswissenschaft. Ein Handbuch, Opladen (im Erscheinen).

Morgan, David L. (1998): The Focus Group Guidebook, Thousand Oaks.

Mulder van der Graaf, José/Rottenburg, Richard (1989): Feldforschung in Unternehmen – Ethnographische Explorationen in der eigenen Gesellschaft, in: Rainer Aster/Hans Merkens/Michael Repp (Hrsg.), Teilnehmende Beobachtung. Werkstattberichte und methodologische Reflexionen, Frankfurt a. M./New York, S. 19–34.

Müller, Ursula (1999): Geschlecht und Organisation. Traditionsreiche Debatten – aktuelle Tendenzen, in: Hildegard Nickel/Susann Volker/Hasko Hüning (Hrsg.), Transformation, Unternehmensorganisation, Geschlechterforschung, Opladen, S. 53–75.

Nentwig-Gesemann, Iris (1999): Krippenerziehung in der DDR: Alltagspraxis und Orientierungen von Erzieherinnen im Wandel, Opladen.

Nentwig-Gesemann, Iris (2001): Die Typenbildung der dokumentarischen Methode, in: Ralf Bohnsack/Iris Nentwig-Gesemann/Arnd-Michael Nohl (Hrsg.), Die dokumentarische Methode und ihre Forschungspraxis, Opladen, S. 275–300.

Nohl, Arnd-Michael (1996): Jugend in der Migration. Türkische Banden und Cliquen in empirischer Analyse, Baltmannsweiler.

Nohl, Arnd-Michael (2001): Migration und Differenzerfahrung. Junge Einheimische und Migranten im rekonstruktiven Milieuvergleich, Opladen.

Nohl, Arnd-Michael (2001a): Komparative Analyse: Rekonstruierte Forschungspraxis und Methodologie, in: Ralf Bohnsack/Iris Nentwig-Gesemann/Arnd-Michael Nohl (Hrsg.), Die dokumentarische Methode und ihre Forschungspraxis, Opladen, S. 253–273.

Nonaka, Ikujiro/Takeuchi, Hirotaka (1995): The Knowledge Creating Company. How Japanese Companies Create the Dynamics of Innovation, Oxford.

Pawlowsky, Peter (1998): Integratives Wissensmanagement, in: ders. (Hrsg.), Wissensmanagement. Erfahrungen und Perspektiven, Frankfurt a. M., S. 9–45.

Polanyi, Michael (1966): The Tacit Dimension, London.

Pollock, Friedrich (1955): Gruppenexperiment. Ein Studienbericht, Bd. 2 der Frankfurter Beiträge zur Soziologie, Frankfurt a. M.

Probst, Gilbert/Raub, Steffen/Romhardt, Kai (1997): Wissen Managen: Wie Unternehmen ihre wertvollste Ressource optimal nutzen, Frankfurt a. M.

Schäffer, Burkhard (1996): Die Band – Stil und ästhetische Praxis im Jugendalter, Opladen.

Schäffer, Burkhard (1998): Generation, Mediennutzungskultur und (Weiter)Bildung. Zur empirischen Rekonstruktion medial vermittelter Generationenverhältnisse, in: Ralf Bohnsack/Winfried Marotzki (Hrsg.), Biographieforschung und Kulturanalyse. Transdisziplinäre Zugänge qualitativer Forschung, Opladen, S. 21–50.

Schäffer, Burkhard (2000): Das Internet: ein Medium kultureller Legitimität in Bildungskontexten?, in: Winfried Marotzki/Dorothee Meister/Uwe Sander: Zum Bildungswert des Internet, Opladen, S. 259–285.

Schein, Edgar (1987): Organizational Culture and Leadership, San Francisco/London.

Steyart, Chris/Bouwen, René (1994): Group Methods of Organizational Analysis, in: Catherine Cassel/Gillian Symon (Hrsg.), Qualitative Methods in Organizational Research. A Practical Guide, London, S. 123–146.

Strauss, Anselm (1987): Qualitative Analysis for Social Scientists, Cambridge.

Symon, Gillian/Cassell, Catherine (Hrsg.) (1998): Qualitative Methods and Analysis in Organizational Research: A Practical Guide, London.

Volmerg, Ute (1977): Kritik und Perspektiven des Gruppendiskussionsverfahrens in der Forschungspraxis, in: Thomas Leithäuser (Hrsg.), Entwurf zu einer Empirie des Alltagsbewußtseins, Frankfurt a. M., S. 184–217.

Walgenbach, Peter (1993): Mittlere Manager, in: Hans-Dieter Ganter/Gerd Schienstock (Hrsg.), Management aus soziologischer Sicht. Unternehmensführung, Industrie- und Organisationssoziologie, Wiesbaden, S. 190–215.

Brigitte Nagler
5 Rollenspiel

1 Einleitung

Das Rollenspiel hat bisher nur eine geringe Rolle im Kanon der Erhebungsmethoden der qualitativen Sozialforschung gespielt. Einerseits mag die stark psychologisch-experimentelle Forschungsperspektive Saders (1986; 1995) dazu beigetragen haben, der bisher das Thema im deutschsprachigen Raum «besetzt» hielt, dass das Rollenspiel von anderen Disziplinen nicht übernommen worden ist. Andererseits liegt die festzustellende «Abstinenz» wohl darin begründet, dass die Rollenspielmethode als aufwendig gilt; dies sowohl hinsichtlich des Zeitaufwands, der für die Gestaltung der Erhebungssituation zu veranschlagen ist, als auch hinsichtlich der Auswertung. Die genannten Aspekte haben sicherlich dazu beigetragen, dass das Rollenspiel bisher weder einen «angestammten» Platz im Methodenrepertoire der qualitativen Sozialforschung gefunden hat[1] noch im engeren Bereich der sozialwissenschaftlichen Organisationsforschung in größerem Umfang als Analyse- und Beobachtungsverfahren angewendet wird. Ein Zustand, der die Stärken der Rollenspielmethode für die Organisationsforschung vertut: Im Rollenspiel kann eine Erhebungssituation geschaffen werden, die es erlaubt, betrieblich relevante Handlungsanforderungen sowie Normen und Werte, die mit Entscheidungen, Problem- oder Konfliktlösungen verbunden sind, in Aktion zu erleben, und die der Organisationsforschung die Möglichkeit eröffnet, subjektive Erlebnisperspektiven der Akteure in einer ganzheitlichen Weise zu analysieren.[2] Wie jede andere Methode qualitativer Sozialforschung ist sie mit einem gewissen Zeitaufwand verbunden und verlangt von den Anwendern bestimmte Qualifikationen sowohl bei der Durchführung als auch bei der Auswertung.

Das Rollenspiel, wie es heute in den unterschiedlichsten Lernsituationen, in Beratung, Weiterbildung und Training oder therapeutischen Prozessen eingesetzt wird, hat in dem von Moreno im Jahr 1921 begründeten Stegreifspiel (Moreno 1923/1970) und in dessen Weiterentwicklung zum Psychodrama[3] seine grundlegende Wurzel (siehe z. B. Sader 1986 oder Saaman 1991). Das Stegreiftheater lebt von der Augenblickskunst, in der die Spieler spontan Rollen übernehmen, die sie kreativ ausgestalten. Das Rollenspiel im Psychodrama ist daran angelehnt ein spontanes Spiel, in dem der Protagonist ohne Anleitungen/Rollenvorgaben agiert (vgl. Saaman 1991, S. 33). Rollen, so die Moreno'sche Ausgangsüberlegung, werden in bestimmten Situationen gelernt sowie internalisiert und werden in späteren vergleichbaren oder ähnlichen Situationen nahezu mechanisch wiederholt. Dabei sind die Rollen, die Menschen in einer gegenwärtigen oder zukünftigen Situation zur Antwort auf das Rollenverhalten und die Rollenerwartungen anderer übernehmen, häufig unangemessen. Das Verlernen alter Rollenstereotype (Konserven) und die Herausbildung neuer situationsangepasster Rollen führen dazu, dass Menschen durch Rollenvielfalt und Perspektivenwechsel befähigt werden, «angemessener» zu reagieren, oder dass seelische Probleme geheilt werden können. Im Psychodrama geschieht alles Wesentliche im Hier und Jetzt. Die Ereignisse der Vergangenheit und die auf die Zukunft bezogenen Absichten werden im Psychodrama in die Gegenwart geholt. Im therapeutischen Psycho- oder Soziodrama geht es um eine Selbstdarstellung (Protagonistenspiel) von persönlich erlebten Situationen bzw. um die Selbstdarstellung innerhalb einer Gruppensituation.

Im Gegensatz dazu werden im Rollenspiel Eigen- und Fremdrollen in angenommenen Situationen, in *Als-ob-Situationen* dargestellt.[4] In der Rollenspielliteratur wird zwischen Psychodrama und Pädagogischem Rollenspiel unterschieden, um zwischen therapeutischen Heilungs- und pädagogisch orientierten Lernprozessen zu differenzieren, die jeweils im Vordergrund stehen. Aus meiner Sicht ist dies eine sinnvolle Vorgehensweise, um Rollenspiel und Psychodrama zumindest intentional auseinander zu halten.[5] Ein auf Lernen ausgerichtetes Rollenspiel beinhaltet natürlich auch immer Momente der Selbsterfahrung, es verzichtet aber auf den Einsatz von Techniken, die die psychischen Befindlichkeiten der Spielenden gezielt beeinflussen sollen, z. B. das Spielen von Situationen aus frühkindlichen Entwicklungsprozessen oder die Anweisung zum Doppeln.

Die in der pädagogischen Rollenspielmethodik vorgenommene Unterscheidung zwischen Protagonistenspiel, Gesamtgruppenspiel und Erzählspiel hat insofern einen praktischen Wert, als sie eine Spezifizierung der Themen und Situationen ermöglicht, die im Rollenspiel bearbeitet werden. Stehen im Protagonistenspiel individuelle Befindlichkeiten und persönlich erlebte Situationen im Vordergrund, so haben im Gesamtgruppen- oder Erzählspiel gesellschaftliche, ökonomische, ökologische oder kulturelle Themen und Situationen einen bedeutsamen Stellenwert. Im Gesamtgruppen- und Erzählspiel wird darauf abgehoben, intra- und interkulturelle[6] Situationen über Erleben zu verstehen und zu ändern.[7] Weiterhin kann zwischen solchen Rollenspielen unterschieden werden, in denen die zu bearbeitenden Themen und Situationen von den am Rollenspiel Beteiligten selbst definiert und selbständig ausgestaltet werden, und solchen Rollenspielen, in denen die thematischen Vorgaben und Spielanleitungen von der Spielleitung oder der Moderation vorgegeben werden. Spontane und angeleitete Rollenspiele bilden hier die beiden Pole einer Vielzahl von Ausprägungen und Facetten in der Rollenspielpraxis. Bei den angeleiteten Rollenspielen kann zwischen Interaktionsspielen und Plan- und Entscheidungsspielen unterschieden werden. Das Interaktionsspiel wird von Stahlke (2001, S. 66) als ein Rollenspiel bezeichnet,[8] in dem, bezogen auf eine mehr oder weniger festgelegte Thematik, Rolleninformationen vorgegeben werden. Die gegebenen Rolleninformationen begrenzen einerseits den Interpretationsspielraum des Einzelnen, andererseits ist der Spielraum im Interaktionsspiel größer als z. B. in Plan- und Entscheidungsspielen,[9] in denen in der Regel unter stark festgelegten Anweisungen agiert wird. Je nach Zielsetzung des Rollenspiels, ob es als problemdarstellend, problemlösend oder problemverarbeitend konzipiert ist, sind Fatzer (1993, S. 76) zufolge die Rollen bzw. die Situationen mehr oder weniger vorstrukturiert.

In den 1970ern erhielt das Rollenspiel insbesondere in der Schule ein breites – aber auch nicht unumstrittenes – Anwendungsfeld. Reformpädagogen waren überzeugt, mit dem Rollenspiel eine Methode zu besitzen, mit der Durchsetzungsvermögen und effektiveres Sozialverhalten benachteiligter Schülerinnen und Schüler gestärkt werden könnte. In der Diskussion um die rollentheoretischen Fundamente des Rollenspiels und der praktisch-politischen Wirksamkeit einer Rollenspielpraxis kam es vor nunmehr 25 Jahren zu einer intensiven Debatte um die emanzipatorischen oder gesellschaftsstabilisierenden Wirkungszusammenhänge von Rollenspielen. Frigga Haugs (1972) provokatorische Behauptung, das Rollenspiel sei Mittel der Erziehung und qua Rollenspielpädagogik werde die Umsetzung moderner soziologischer Rollentheorie in die pädagogische Sozialisationspraxis betrieben, wodurch die Individuen an den jeweiligen Rollensatz «angepasst» werden sollten, löste heftige Gegenreaktionen aus. «Dieser Instrumentalisierung will sich das Pädagogische Rollenspiel nicht fügen, vielmehr liegt unsere Intention ja eher darin, Rollen zu tauschen, zu variieren, zu modifizieren, zu verlassen, Rollensätze zu erweitern und zu verändern, nicht im Sinne einer besseren Anpassung an gesellschaftliche Normen, sondern im Sinne der Möglichkeit einer freieren Entfaltung der Persönlichkeit» (Lensch/Montau 1996, S. 3). In ähnlicher Weise wird diese Position von Mävers und Volk-von Bialy (1995, S. 26) beschrieben: «Die Rollenspielpädagogik, wie die Gestalttherapie in der Tradition der Humanistischen Psychologie verankert, versteht sich nicht als Trainingskonzept für die Übernahme erwünschter Rollen, sondern als Konzept, das den Rollenspielnutzern dazu verhelfen soll, jenseits der Rollenzwänge zu echterem, spontanerem, kreativerem, weitgehend selbstbestimmtem, aber auch umsichtigem und gesamtverantwortlichem Handeln zu finden». Die von der Rollenspielpädagogik zurückgewiesene Kritik richtet sie selbst jedoch an einen Teil der (Management-)Praxis. Aus unterschiedlichen Motiven heraus – aber ebenso umstritten – wird das Rollenspiel seit langem in Managementschulungen und im Verkaufstraining eingesetzt. Ziel ist es hier, im Training Verhaltensänderungen herbeizuführen.[10]

Im vorliegenden Beitrag wird davon ausgegangen, dass der Einsatz von Rollenspielen als Erhebungsmethode mit einer ethisch-moralischen Dimension verbunden ist: Die Rollenspielmethode zielt auf die Reflexion eingespielten Handelns und auf Verhaltensänderungen ab. Die Gratwanderung zwischen Persönlichkeitserweiterung und Manipulation erhält dann einen sicheren Pfad, wenn Situationen geschaffen werden, in denen die Rollenspielenden die Kontrolle über den Prozess behalten bzw., anders ausgedrückt, «process owner»[11] bleiben. Dies ist die Anforderung, die an Forschung und Beratung in der konkreten Situation gestellt wird.

Ziel der folgenden Ausführungen ist es aufzuzeigen, dass das Rollenspiel dazu geeignet ist, sowohl Aktions-[12] als auch Erhebungsmethode zu sein. Im Rahmen qualitativer Sozialforschung stellt das Rollenspiel eine Ergänzung des bestehenden Methodenrepertoires dar, die für die Organisations- und Beratungsforschung fruchtbar gemacht werden sollte. Das Rollenspiel – genutzt als Erhebungsmethode – ermöglicht es in spezifischer Weise, Konfliktlösungen und die zugrunde liegenden Werte, Normen und Haltungen der Handelnden zu erheben, und eröffnet somit nähere Einblicke in die arbeitskulturelle Beschaffenheit von Organisationen. Damit ist das Rollenspiel in besonderer Weise dazu geeignet, lebensweltliche Dimensionen der Arbeitswelt aus der Subjektperspektive zu erheben. Denn, so führen beispielsweise Volmerg/Volmerg/Leithäuser (1983, S. 369 f.) aus: «Spiele gewähren, gemessen an Gruppendiskussionen, einen besonderen Schutz. Die Regeln, die in den Spielen gelten, garantieren, daß das, was in ihnen verhandelt wird, nicht für bare Münze, für wirklich genommen werden muß – sie erlauben Unbekümmertheit des Ausdrucks, Abweichung von Normen und Normalität, einen relativ freien Umgang mit Angst machenden Vorstellungen ebenso wie mit lebensgeschichtlich verschlüsselten Hoffnungen. Im Schutze dieser gleichsam institutionalisierten Konfliktabwehr des Spiels entsteht ein Handlungsklima, das spontanes Interagieren begünstigt.»

Der Einsatz des Rollenspiels als Erhebungsmethode der Organisationsforschung ist eng mit der Bedeutung von Rollen in Organisationen verknüpft: Organisationsmitglieder übernehmen in Organisationen Rollen, sie nehmen Positionen ein, sie haben bestimmte

Funktionen auszuüben und sind mit Rollenerwartungen konfrontiert. Von den Akteuren wird Rollenhandeln in der Realität gefordert. Aus organisationspsychologischer Sicht definiert Sievers (1985, S. 53) Rolle als Schnittstelle zwischen Individuum und Organisation. Organisation und Person treffen sich in der Rolle bzw. in der Übernahme und Ausgestaltung der Rolle. Der Autor geht davon aus, dass Menschen in der Lage sind, sich selbst in ihren Rollen zu managen. Das Selbstmanagement der Rollen durch die betrieblichen Akteure wird von ihm als ein Baustein für die Organisationsentwicklung angesehen. Veränderung beginnt ihm zufolge beim Einzelnen und schließt eine Sichtweise über die Veränderung der Organisation mit ein, wobei diese Veränderungen immer auch mit Friktionen, d. h. mit Rollenkonflikten, Rollendilemmata und Rollenambiguität (Regnet 1992, S. 83) gekoppelt sind.

Diese Zusammenhänge bilden den Ausgangspunkt dafür, dass Rollenspiele einerseits häufig in betrieblichen Weiterbildungs-, Trainings- und Teamentwicklungsmaßnahmen sowie Beratungszusammenhängen eingesetzt werden, um in einer *Als-ob-Situation* Konflikte nachzuspielen, Dilemmata zu verdeutlichen und Ambiguität erfahrbar zu machen und dadurch neue Lösungsmöglichkeiten zu finden. Die im Spiel übernommenen Rollen erlauben es den Spielenden, das eigene, in der betrieblichen Realität ausgeübte Rollenhandeln aus einer Distanz heraus zu reflektieren, seine Auswirkungen sinnesspezifisch zu erleben und verändertes Verhalten zu proben. Andererseits können die skizzierten Zusammenhänge als Ausgangspunkt dafür genommen werden, das Rollenspiel als Erhebungsmethode der Organisationsforschung zu nutzen. Im vorliegenden Beitrag möchte ich aufzeigen, dass das Rollenspiel – eingebettet in aktionswissenschaftliche Forschungspraxis[13] – dazu beitragen kann, eine Verknüpfung von Reflexion, Erfahrung und Probehandeln herzustellen. Eingesetzt als Forschungsmethode, ermöglicht das Rollenspiel, Interaktionen auf betrieblicher Ebene sowie gruppendynamische und mikropolitische Prozesse zu analysieren und systematisch darzustellen.

2 Datenerhebung

Der Begriff Rollenspiel wird im vorliegenden Beitrag für all jene unterschiedlichen Spielformen verwendet, die in den jeweiligen Spielkontexten Themen/Situationen aufgreifen, die ein «lebendiges Lernen» von Gruppen in nicht-therapeutischer Absicht[14] befördern. Das Rollenspiel wird als Lernhilfe und Trainingsmöglichkeit für konkrete Problemlösungen verstanden, in denen es darum geht, erfahrene oder zukünftig erwartete «typische» Problemkonstellationen (nach) zu spielen und neue Handlungsperspektiven zu eröffnen. Das Rollenspiel fokussiert somit auf zwischenmenschliche Beziehungen und intendiert das direkte Angehen später zu behandelnder wirklicher Konflikte, indem «fiktive Konflikte durch Darstellung von vielerlei Rollen meist traditioneller, familiärer oder beruflicher Art bearbeitet werden» (Schützenberger 1976, S. 60).

Nur Rollenspiele, in denen Menschen in *Als-ob-Situationen* Rollen übernehmen, sollten den Rahmen für organisationswissenschaftliche Forschung bilden. Sader folgend (1986, S. 15 f.) ist es wichtig, dass ein Rollenspiel einen *Als-ob-Charakter* hat, es mit konkretem Handeln in einer konkreten Situation verbunden ist und die Handlungs- und Verhaltenssequenzen von den Spielenden selbst als Spiel, als eine *Als-ob-Situation* erlebt werden.[15] Auch für Broich (1999, S. 9 f.) ist dies ein wesentliches Kriterium: «Das Rollenspiel ist ein handlungsorientiertes Spielverfahren. Das Verhalten der Teilnehmer ist im Rollenspiel von Rollen geprägt, die erfahren, gewechselt und geändert werden. Diese Spielerfahrung schafft für den Rollenhandelnden die Voraussetzung einer Rollendistanz, mit deren Hilfe die Rollen in der Lebenswirklichkeit unterschiedlich gestaltbar sind. (...) Als Grundvoraussetzung aller unterschiedlichen Rollenspielverfahren gilt das spielerische Erleben in Als-ob-Situationen. (...) Die Erfahrung verschiedener Wirklichkeiten, einer veränderbaren Eigen- und Fremdwahrnehmung und die Möglichkeit zum Ausprobieren eigener Verhaltensvorstellungen bieten sich zu einer Erfahrungsübertragung in die eigene Wirklichkeit an.»

Phasen des Rollenspiels

Ist der *Als-ob-Charakter* der Situation gewährleistet, ist für die Erhebungssituation eine grundlegende Voraussetzung geschaffen. Ob die Rollenspiele spontan oder angeleitet durchgeführt werden, ob sie als Interaktions-, Plan- oder Entscheidungsspiel konzipiert werden, ist dann eine Frage des Forschungsgegenstandes und liegt in der Entscheidung der Forscher, die über grundlegende Kenntnisse in der Dramaturgie und Leitung von Rollenspielen verfügen sollten. Die Einstimmung auf das Thema und die Entwicklung der Bereitschaft, am Rollenspiel teilzunehmen, stehen zu Beginn des Rollenspiels. Nach der Planung des Spielinhalts und des Szenenaufbaus folgt die eigentliche Spielphase, die Phase der Handlung. Das Rollenspiel wird mit einer Reflexionsphase abgeschlossen, in der die Spielerfahrungen der Teilnehmer ausgetauscht und Handlungskonsequenzen für die reale Situation erörtert werden. Der Prozess der Datenerhebung erstreckt sich über alle Phasen des Rollenspiels:

Einstimmung bzw. «Erwärmung» für das Rollenspiel: Üblicherweise ist das Rollenspiel in einen (Weiter-)Bildungs-, Trainings- oder Beratungszusammenhang eingebettet. Das heißt, die Teilnehmer nehmen an einer mehrstündigen Veranstaltung(sreihe) oder einem (Mehr-)Tagesseminar teil, in denen es um die Bearbeitung eines bestimmten Themas geht. Die Seminarleitung gibt zu Beginn der Veranstaltung einen Überblick über den Ablauf des Seminars und führt in die Arbeitsweise ein. In der Regel ist das Rollenspiel eine Methodik neben anderen Arbeitsweisen wie Brainstorming oder Gruppendiskussionen im Plenum oder themenspezifischen Arbeitsgruppenphasen. Dies impliziert, dass das Rollenspiel im Allgemeinen nicht zu Beginn einer Veranstaltung oder eines Seminars steht, sondern erst eingesetzt wird, nachdem die Teilnehmenden die Möglichkeit hatten, die Seminarleitung und die anderen Teilnehmer in zuvor durchgeführten Arbeitsschritten, in denen ebenfalls mit interaktiven und dialogisch orientierten Methoden gearbeitet wurde, kennen zu lernen.[16]

Je nachdem, ob es sich um ein angeleitetes Rollenspiel oder ein spontan entwickeltes Rollenspiel handelt, sind bei der Planung der Spielinhalte und des Szenenaufbaus unterschiedliche Aspekte zu berücksichtigen.

Angeleitete Rollenspiele, Interaktionsspiele bzw. Plan- oder Entscheidungsspiele zeichnen sich dadurch aus, dass eine Situation beschrieben wird, in der unterschiedliche Rollen vorgegeben sind, die mit mehr oder weniger klaren Handlungsanweisungen verbunden sind. In der konkreten Situation geht es darum, dass die einzelnen Rollen von den Teilnehmern übernommen und entsprechend den Anweisungen oder Nicht-Anweisungen ausgefüllt werden. Angeleitete Rollenspiele können entweder für den konkreten Arbeits- bzw. Seminarzusammenhang entwickelt oder aber aus dem vorliegenden Rollenspielangebot übernommen werden. Im ersten Fall kommt es darauf an, das Fallbeispiel, das im Rollenspiel bearbeitet werden soll, umfassend zu recherchieren und so umzusetzen, dass es für die Teilnehmer nachvollziehbar und anschlussfähig ist. Die Auswahl aus vorliegenden Rollenspielszenarien hat darauf zu achten, dass die beschriebenen Situationen im jeweiligen Seminarzusammenhang «Sinn machen».

Spontane Rollenspiele werden aus einem (Forschungs-)Seminaroder Beratungszusammenhang heraus entwickelt. Dies beinhaltet, dass die Themen und die zu übernehmenden Rollen von den Teilnehmern selbst generiert werden, wobei die Moderation den Findungsprozess unterstützen kann. Dies geschieht dadurch, dass die Teilnehmer aufgefordert werden, in einem Brainstorming Situationsbeispiele zu sammeln, in denen sie z. B. «Gruppenarbeit als belastend empfanden» oder in denen sie «keinen Einfluss auf wichtige Abteilungsentscheidungen» nehmen konnten. Aus den genannten Beispielen werden diejenigen zur Bearbeitung im Rollenspiel gewählt, für die sich die meisten der Teilnehmer aussprechen, wobei unterschiedliche Ziele mit dem Rollenspiel verbunden sein können: Es kann darum gehen, die Situation in all ihren Facetten für die Teilnehmer erfahrbar zu machen, um eine gemeinsame Basis für die Weiterarbeit zu erhalten, oder aber es kann darum gehen, neue

Handlungsmuster auszuprobieren, in denen z. B. mehr Einfluss auf Entscheidungen genommen werden kann oder Gruppenarbeit weniger belastend gestaltet wird.

Die Planung der jeweiligen Inszenierung hängt davon ab, welches Design mit welchem Ziel gewählt wird. Angeleitete Rollenspiele aus Spielbüchern werden meist ohne Probe in direkter Umsetzung der Rollenanweisungen durchgeführt. Angeleitete Rollenspiele, die auf konkreten Fallanalysen beruhen, können ebenso inszeniert werden. Welche Gestaltungsmöglichkeiten in den einzelnen Rollen vorhanden sind, hängt davon ab, ob feste Rollenprofile (mit der Anweisung, davon nicht abzuweichen) und eine «richtige» Lösung vorgegeben sind oder ob offene Rollenbeschreibungen vorliegen und die Spielenden die Möglichkeit bzw. Aufgabe haben, «*ihre* richtige» Lösung zu finden. Im letzteren Fall kann es sinnvoll sein, dass sich die Spielenden vor dem eigentlichen Spiel auf eine Lösung verständigen und die dazu passende Inszenierung finden.

Techniken

Spielleitung: Auch hier ist die Variationsbreite groß. In der Rollenspielpraxis gibt es Inszenierungen, die im Sinne des Moreno'schen Stegreiftheaters ohne Spielleitung spontan von den Beteiligten durchgeführt werden, in denen die Spielenden selbst entscheiden, eine Szene zu wiederholen, sie in anderer Form auszugestalten oder in denen sie das Thema ändern. Es gibt aber auch Rollenspiele, die exakt nach einer Spielanweisung und einer vorgegebenen Dramaturgie ablaufen und in denen die Spielleitung darauf achtet, dass die Vorgaben eingehalten werden. In Protagonistenspielen ebenso wie in Gesamtgruppenspielen kann die Spielleitung «Regieanweisungen» sowohl in Bezug auf Rollenausgestaltung als auch in Bezug auf Rollentausch oder Rollenwechsel geben (siehe weiter unten). Im Gegensatz zum Psychodrama, in dem es die dezidierte Aufgabe der Regie bzw. der Psychodramaleitung ist, den Protagonisten und die Mitglieder der Gruppe in ihren Handlungen und ihren Veränderungsbemühungen aktiv zu unterstützten, interveniert die Spielleitung im Rollenspiel weniger direkt. Es geht zwar darum, Gruppen bei der Themenfindung für Rollenspiele zu unterstützen und Methodenvorschläge einzubringen, die Ausgestaltung der Rollen liegt aber in der Regie der Rollenspieler. Insbesondere tritt die Spielleitung dann in den Hintergrund, wenn es sich um angeleitete Interaktionsspiele oder Plan- und Entscheidungsspiele handelt. Die Aufgaben der Leitung beziehen sich hier im Wesentlichen darauf, den Rahmen für ein Gelingen des Rollenspiels herzustellen, das heißt, sie beantwortet Verständnisfragen, behält den zeitlichen Ablauf im Auge und/oder stellt benötigte Requisiten zur Verfügung. Die Moderation kann aber auch eine bestimmte Rolle im Spiel erhalten, indem sie z. B. über bestimmte Informationen verfügt oder entsprechend der Spielanlage zusätzliche Anweisungen in das Spiel hineinbringt.

Bühne: Die Rollenspielinszenierungen werden auf einer «Bühne» dargestellt. Diese räumliche Verortung des Spiels hat sich insofern bewährt, als die Bühne für die Spielenden den Ort ausmacht, wo sie in der *Als-ob-Situation* agieren. Die Rollen werden auf der Bühne übernommen, mit dem Verlassen der Bühne wird auch die Rolle verlassen, in der gehandelt wurde. Das Zurückkommen in die reale Welt wird dadurch erleichtert. Darüber hinaus fordert das Vorhandensein einer Bühne dazu auf, diese «einzurichten», mit in der jeweiligen Situation vorhandenen Mitteln wird also ein Bühnenbild geschaffen, das das Spiel unterstützt.

Rollenübernahme, Rollenwechsel und Rollentausch: Die Spielenden entscheiden sich für eine Rolle, die sie während des Rollenspiels in der Regel beibehalten. Es besteht die Möglichkeit, die Rollenspiele mit anderer Besetzung der Rollen zu wiederholen. Dies wird häufig dann gemacht, wenn die Teilnehmer sinnlich erfahren und erleben sollen, dass unterschiedliche Personen gleiche Rollen sehr unterschiedlich ausgestalten und somit andere Lösungen bzw. Ergebnisse produzieren. Die Übernahme von verschiedenen Rollen in einem Spiel trägt darüber hinaus dazu bei, dass für die Teilnehmer die Situationen aus unterschiedlichen Perspektiven erfahrbar werden und es ihnen dadurch ermöglicht wird, ihr Rollenspektrum zu erweitern. Der Rollenwechsel ist zu unterscheiden vom Rollentausch. Rollentausch findet immer dann statt, wenn auf Anweisung der Spielleitung während des Spiels die Rolle des Gegenübers eingenommen und in dessen Rolle weiteragiert wird.[17]

Sharing und Selbstauswertung: Rollenspiele dienen einerseits dazu, vorhandene Handlungs- und Verhaltensmuster zu verdeutlichen und zu hinterfragen, andererseits ist es Ziel, Rollenvielfalt und die Erweiterung des Handlungsrepertoires zu unterstützen oder aber bestimmte Situationen zu verdeutlichen. Dies impliziert, dass den am Rollenspiel Beteiligten die Gelegenheit eröffnet werden muss, ihre Erfahrungen aus dem Rollenspiel zu reflektieren und in Bezug auf die möglichen Anwendungssituationen zu bewerten. Mit dem Sharing liegt eine Technik der Selbstauswertung in der Gruppe vor. Sharing bedeutet, dass die Teilnhmer die im Rollenspiel dargestellten und bearbeiteten Situationen auf ihre eigenen Erfahrungen in ähnlichen realen Situationen beziehen. Das Sharing kann durch eine Rückmeldung der Spielleitung oder der Moderation und weitere Schritte der Selbstauswertung ergänzt werden. In welcher Form diese Reflexions- und Auswertungsschritte durchgeführt werden, ist abhängig von den Zielsetzungen und der Arbeitsweise im Forschungs-, Trainings- oder Beratungszusammenhang, in dem das Rollenspiel durchgeführt wurde. So kann dies in einer abschließenden Reflexionsrunde, in einer themenzentriert moderierten Gruppendiskussion, in einem gesonderten Arbeitsschritt «Handlungsalternativen» oder in einem kurzen Blitzlicht zur Frage «Was nehme ich mit nach Hause/an meinen Arbeitsplatz?» geschehen.

Bezugspunkte und Abgrenzung des Rollenspiels zu anderen qualitativen Verfahren

Das Rollenspiel steht in keiner direkten Konkurrenz zu anderen qualitativen Verfahren. Die Erhebung von Normen, Werten und Haltungen in der Arbeitswelt ebenso wie die Untersuchung von Problemlösungs- und Konfliktlösungsstrategien sowie Bewältigungsmustern von Organisationsmitgliedern kann z.B. auch mit Gruppendiskussionsverfahren, narrativen und/oder leitfadengestützten Interviews durchgeführt werden. Aus unserer Sicht ist das

Rollenspiel ein ergänzendes Verfahren, das mit der bestimmten Absicht angewendet wird, zusätzliche Informationen und Befunde für die jeweilige Forschungsfrage zu erhalten. Dieser «added value» liegt vor allem darin begründet, dass mit dem Rollenspiel eine Methode vorliegt, die eine ganzheitliche Betrachtungsweise und Analyse von Situationen zulässt. Der sprachliche Ausdruck ist mit Handlung verbunden, die Spielenden sind mit allen Sinnen an der Ausgestaltung von Situationen beteiligt. Neben der Sprache können im szenischen Spiel Körperausdruck, Gestik und Mimik erhoben und ausgewertet werden. Darüber hinaus ermöglicht das Rollenspiel als Forschungsmethode die Darstellung und Erfahrung der Dynamik und Dramatik von Konflikten in einem geschützten Raum und eröffnet den Beteiligten damit den Spielraum, in der Rolle ohne Scham- und Schuldgefühle zu agieren (vgl. hierzu Stahlke 2001, S. 205).

Im Laufe der letzten Jahre hat sich mit dem Unternehmenstheater eine weitere szenische Methode zur Bearbeitung von unternehmensrelevanten Themen und Problemen im Methodenrepertoire der Organisationsentwicklung und Beratung etabliert, die deutlich vom Rollenspiel abzugrenzen ist. Beim Unternehmenstheater bringen professionelle Theaterleute betriebliche Probleme «live» auf die Bühne. Das Unternehmenstheater beansprucht, die Problemsituation dadurch transparenter und damit besser lösbar zu machen. Eine Reihe von Theatergruppen haben sich derzeit darauf spezialisiert, mit Ausdrucksformen des darstellenden und szenischen Spiels Problemsituationen von Unternehmen für Unternehmen und Belegschaft zu verdeutlichen,[18] womit auch der Unterschied zum Rollenspiel deutlich wird, in dem die betrieblichen Akteure typische Entscheidungs-, Problem- oder Konfliktsituationen selbst auf der Basis eines eigenständig entwickelten Skripts in Szene setzen. Für Orthey, Tilemann, Rischer und Wehner (2000, S. 40) liegt die derzeitige Nachfrage nach Unternehmenstheater darin begründet, dass es den Unternehmen offenbar besser gefalle, «das Theater auf der Bühne inszenieren zu lassen (und damit zu kontrollieren) als zum unfreiwilligen Mitspieler in einem alltäglichen (und häufig schlechten) Laienstück zu werden.» Ihr Konzept der «themenorientierten Improvision» (TOI) versteht sich demgegenüber als eine Form des szenischen Spiels, die den «Möglichkeitssinn» (ebd., S. 43), d. h. die Fähigkeit, verschiedene Beobachtungsformen auf Wirklichkeitskonstruktionen einnehmen zu können, bei den Beteiligten unter anderem dadurch fördert, dass sie die betrieblichen Akteure über Feedbackschleifen immer wieder in das Schreiben der Drehbücher einbezieht.

Themenorientierte Improvisation hat damit, obwohl sie von professionellen Schauspielern durchgeführt wird, einen engeren Bezug zum (spontanen) Rollenspiel.[19]

3 Dateninterpretation und Feedback

Um das Rollenspiel in der Organisationsforschung als Erhebungsinstrument nutzen zu können, bedarf es der Einbindung des Rollenspiels in einen «kontrollierbaren» Rahmen, in ein Forschungsdesign, das das von Kommunikation, Interaktion, Dynamik und Einmaligkeit lebende Rollenspiel so in den Forschungsprozess integriert, dass eine Auswertung und Analyse der Rollenspiele möglich wird. Die Forschungsmethode Rollenspiel ist auf das Engste mit der Dokumentation und «Bewahrung» der Rollenspiele verbunden. Erst die umfassende Dokumentation der einzelnen Inszenierungen sowie deren Vor- und Nachbereitung in den jeweiligen Gruppen ermöglichen die Interpretation der Inszenierungen. Analyse und Interpretation der Inszenierungen geschehen unter Bezug auf die Fragestellungen des Forschungsvorhabens.

Dokumentation der Rollenspiele

Die wohl solideste Art, die Inszenierungen zu dokumentieren und somit einer Analyse und Auswertung zugänglich zu machen, sind Videoaufnahmen, die alle Phasen des Rollenspiels wiedergeben. Hierdurch ist gewährleistet, dass neben der wortwörtlichen Aufzeichnung der Sprache nonverbale und direkte körperliche Interaktionen bei der Interpretation berücksichtigt und Worte, Handlung und mimischer Ausdruck eindeutig auf die einzelnen Rollenspieler bezogen werden können. Werden die Rollenspiele mit der Videokamera aufgezeichnet, besteht darüber hinaus die Möglichkeit, dass die Rollenspiele während des Forschungsprozesses noch von den Teilnehmern selbst ausgewertet und von den Moderatoren kommentiert werden können, was einer zusätzlichen Feedbackschleife gleichkommt. Schon mit Tonbandaufzeichnungen können wesentliche Informationen verloren gehen, denn es ist nicht immer eindeutig gewährleistet, dass die einzelnen Gesprächsbeiträge den jeweiligen Rednern zugeordnet werden können. In einem solchen Fall ist es erforderlich, zumindest parallel protokollarische Aufzeichnungen zu führen, in denen die Rollenbesetzung dokumentiert sowie das Bühnenbild bzw. die Inszenierung des Spiels in groben Zügen festgehalten werden. Die Dokumentation von Rollenspielen allein durch Beobachtung und Mitschriften ist prinzipiell möglich, ist aber letztlich der Methode nicht angemessen und vergibt die Chancen einer tiefer gehenden Interpretation.

Analyse und Auswertung der Rollenspielinszenierungen

Wichtig ist, zwei Ebenen der Analyse und Auswertung zu unterscheiden. Einerseits geht es um die Selbstauswertung der Teilnehmer. Hier kommt es darauf an, Zeit für ein Sharing, Blitzlicht oder eine moderierte Gruppendiskussion einzuplanen und eventuell mit Hilfe von visuell unterstützten Moderationstechniken Ergebnisse zusammenzufassen. Die Selbstauswertung kann für die am Spiel Beteiligten bedeuten, dass sie z. B. neue Einsichten und Perspektiven oder aber eine Bestätigung bisheriger Sichtweisen in Bezug auf Entscheidungsfindung bzw. Konfliktsituationen erhalten haben. Andererseits stellt die im Anschluss an das Rollenspiel durchgeführte Selbstauswertung für die Forschung eine Basis für die Interpretation und Sinnerschließung der einzelnen Inszenierungen dar, auf der die im Rollenspiel gewonnenen Informationen und Daten für die forschungsleitende Fragestellung nutzbar gemacht werden können. Rollenspiele können im Forschungszusammenhang als Berichte über das eigene Erleben verstanden werden, die z. B. in Form phänomenologischer Beschreibung oder als adressatenspezifische und kontextbezogene Typologisierung von Handlungsmustern ausgewertet werden.

Zu beachten ist, dass mit der Erhebungsmethode eine zweite Realitätsebene im Forschungsprozess verankert wird. Das Agieren in der eigenen oder in einer angenommenen Rolle in der *Als-ob-Situation* beinhaltet, dass die produzierten Texte auf der Folie einer doppelten Realität ausgewertet und interpretiert werden müssen, wobei die Inszenierung im Spiel die eine Ebene der Realität darstellt, die betriebliche Praxis die andere. Konkret bedeutet dies, dass eine Interpretation der Inszenierungen darauf angewiesen ist, über weitergehende Informationen zu verfügen: Wer übernimmt welche Rolle, welches sind die beruflichen Rollen, die im Hintergrund stehen? Werden die Rollenvorgaben und/oder die Situationskontexte realitätsbezogen ausgestaltet, oder nehmen sich die Spielenden den spielerischen Freiraum, andere Intentionen mit der übernommenen Rolle zu verbinden?

Wenn das Rollenspiel als eine spezifische Form qualitativ-interpretativer Sozialforschung verstanden wird (siehe dazu Leithäuser/Volmerg 1988; Flick/v. Kardorff/Keupp/v. Rosenstiel/Wolff 1995; Flick 1999; Flick/v. Kardorff/Steinke 2000), dann gilt auch hier, dass es nicht eine einzig akzeptable Auswertungsmethodik gibt, sondern dass im jeweils konkreten Fall entschieden werden kann und muss, nach welchen Standards vorgegangen wird, wobei es in erster Linie darauf ankommt, offen zu legen, von welchen theoretischen und forschungspragmatischen Prämissen ausgegangen wird. Welche Formen der «Codierung und Kategorisierung» angewendet werden oder ob sequenzielle Analysen bevorzugt werden, liegt in der Verantwortung der Forschenden. Sader (1986) thematisiert verschiedene Möglichkeiten: Im Rahmen eines Hypothesen prüfenden Vorgehens können Kategorien gebildet werden, nach denen Rollenspielszenen inhaltlich und nach der Anzahl ihrer Häufigkeit geordnet werden; darüber hinaus geht er auf inhaltsanalytische und deskriptive Verfahren ein. Stahlke (2001, S. 179 f.) beschreibt ein tiefenhermeneutisches Interpretationsverfahren, das inhaltsanalytische Aspekte mit deskriptiven Elementen verbindet und dadurch szenisches Verstehen ermöglicht.

Generell können Rollenspiele sowohl vertikal als auch horizontal ausgewertet werden: Bei der vertikalen Betrachtung geht es um die Durchdringung des einzelnen Spiels, die horizontale Analyse ist Basis für eine vergleichende Auswertung.

Feedback von Ergebnissen und Erkenntnissen
Das Feedback der Selbstauswertungen und der wissenschaftlichen Analyse in den betrieblichen Alltag geschieht auf der einen Seite durch die einzelnen am Rollenspiel beteiligten Personen, die über ihr persönliches Engagement im Rollenspiel ein reflexives Potenzial entwickeln, das in der Realität des betrieblichen Alltags zum Tragen kommt. Die in Rollenspielen gewonnenen Einsichten und Erkenntnisse können als handlungsweisend für Handlungsoptionen im betrieblichen Kontext wirken.[20] Auf der anderen Seite kommt es darauf an, dass die Befunde der wissenschaftlichen Analyse den am Prozess beteiligten Akteuren zurückgekoppelt und einer breiteren Öffentlichkeit zur Verfügung gestellt werden. Für die direkte Rückkopplung an die Rollenspielteilnehmer bieten sich Formen der kommunikativen Validierung an wie Feedbackgespräche, in denen den am Forschungsprozess beteiligten betrieblichen Akteuren Gelegenheit gegeben wird, die Befunde zu kommentieren. Eine spezifische, adressatenbezogene Aufbereitung der Befunde dient darüber hinaus dazu, dass Erkenntnisse und Einsichten, die im Rollenspiel gewonnen wurden, den Beteiligten in einer neuen Qualität zur Verfügung stehen.[21]

4 Anwendungsbeispiel

Das hier beschriebene Anwendungsbeispiel entstammt der Arbeitskulturstudie[22], in der Forschungsseminare zur «Herausforderung Gruppenarbeit» zentraler Ort für die Erhebungen waren und den Rahmen für die Rollenspielinszenierungen darstellten. Mit einem auf das subjektive Erleben abgestellten Methodenrepertoire sollten Werker und Meister aus der Automobilindustrie mit Erfahrungen in Gruppenarbeit ihre eigenen Vorstellungen von Arbeitsqualität und «guter Arbeit» präzisieren und Möglichkeiten zu ihrer Realisierung erörtern. Im Rollenspiel konnten die betrieblich relevanten Erlebnisperspektiven der in diese Prozesse involvierten Akteursgruppen erhoben und für weitere Entscheidungsprozesse insofern nutzbar gemacht werden, als einerseits die Teilnehmer der Forschungsseminare die neu gewonnenen Erkenntnisse und Perspektiven in ihrem betrieblichen Alltag erproben konnten, andererseits die Befunde der wissenschaftlichen Analyse veröffentlicht vorliegen.

Dieses Anwendungsbeispiel steht in einem arbeitswissenschaftlichen Forschungszusammenhang. Anknüpfend an die in der Einleitung dieses Beitrags unterschiedenen Rollenspieltypen lassen sich die Rollenspiele als Interaktionsspiele beschreiben, die als Gesamtgruppenspiele durchgeführt wurden.

Zielsetzung: In der Arbeitskulturstudie wurde das Rollenspiel als Erhebungsinstrument genutzt, um betriebliche Handlungsroutinen und gewünschte Handlungsalternativen zu erfassen und der Selbstanalyse durch die Beteiligten zugänglich zu machen. Im Rollenspiel wollten wir von den betrieblichen Akteuren selbst erfahren, wie zum einen unter Bedingungen von Gruppenarbeit im Betrieb Konfliktsituationen wahrgenommen werden und wie zum anderen Konflikte ihres Erachtens richtig bearbeitet werden sollten.

Rollenspieldesign: Die Interaktionsspiele waren als angeleitete Rollenspiele konzipiert, deren Basis betriebliche Fallstudien darstellten. In der Auswertung der in der ersten Phase des Projekts geführten Experteninterviews und Gruppendiskussionen mit betrieblichen Akteuren in zwei Werken der deutschen Automobilindustrie verdichteten sich zwei Themen als konfliktträchtig: (a) Obwohl mit Einführung der Gruppenarbeit formal die Gruppenmitglieder für tägliche Arbeitseinsatzplanung zuständig waren, wurde in den Gesprächen immer wieder davon berichtet, dass nach wie vor Meister gern bestimmten, wer in andere Gruppen bzw. Montageabschnitte «verliehen» werden sollte. (b) Darüber hinaus wiesen Meister und Werker in unterschiedlichsten Zusammenhängen darauf hin, dass es schwierig sei, Konflikte innerhalb der Gruppe zu regeln. Die beiden Situationen wurden zur Vorlage von zwei Rollenspielanleitungen. In den Geschichten «Die Verleihung» und «Einer fehlt» wurden vonseiten des Forschungsteams die Situationen und die beteiligten Rollen beschrieben. Jedes Spiel war so konzipiert, dass die (jeweils fünf) Rollen von Meistern, Gruppensprechern und Werkern zu besetzen waren, und die Spielenden wurden aufgefordert, die Rollen entsprechend der geschilderten Situation auszugestalten. In einem «klärenden» Gespräch sollte eine Lösung für den Konflikt gefunden werden.

Durchführung der Rollenspiele: Die beiden Geschichten wurden in den Forschungsseminaren jeweils im Plenum vorgelesen, und es wurde vonseiten der Moderation um eine kurze Rückmeldung gebeten, ob die Situationen verständlich und realistisch geschildert worden seien.[23] Die Teilnehmer wurden dann aufgefordert, sich für ein Thema zu entscheiden. Je nach Teilnehmerzahl im Seminar gab es zwei oder drei Kleingruppen, die je ein Thema bearbeiteten, wobei die Themenwahl nach Interesse durchgeführt wurde. In allen Forschungsseminaren wurden beide Themen gewählt, wobei es sein konnte, dass die «Verleihung» nur einmal gewählt wurde und zum Thema «Einer fehlt» zwei Spiele vorbereitet wurden bzw. umgekehrt. Wichtig war die freiwillige Wahl eines Themas. Die Aufgabe der Kleingruppen bestand darin, eine Lösung der Konfliktsituation zu finden und sie in Form eines Rollenspiels den anderen Gruppen zu präsentieren. Die Mitglieder des Forschungsteams nahmen an der Vorbereitung der Gruppen beobachtend teil und übernahmen nur dann Moderationsfunktionen, wenn es darum ging, Fragen zur Spielanleitung zu beantworten, oder wenn die Gruppe den «roten Faden» verloren hatte bzw. vom zu bearbeitenden Thema abgekommen war.[24]

Die Rollenübernahme, d. h. die Entscheidung, wer welche Rolle spielen wollte, stand zu Beginn der Kleingruppenphase. In der Regel geschah die Wahl der Rollen spontan, wobei für die Teilnehmer zu entscheiden war, ob sie eine angenommene Rolle oder die eigene betriebliche Rolle übernehmen wollten. Als förderlich für die spätere Inszenierung erwies es sich, wenn in der Vorbereitungsgruppe die zu findende Lösung aus den übernommenen Rollen heraus entwickelt wurde. Die einzelnen Inszenierungen wurden im Plenum aufgeführt, und die Teilnehmer aus den anderen Gruppen hatten jeweils im Anschluss der Aufführung die Möglichkeit, in einer Gesprächsrunde die Spiele aus ihrer Sicht zu kommentieren und im Sinne eines Sharing eigene Erfahrungen mit der Thematik zu verbinden.

Dokumentation und Selbstauswertung: Sowohl die Spielfindung als auch die Inszenierungen im Plenum wurden durchgängig auf Tonband aufgezeichnet, und zum Teil wurden zusätzlich Videoaufzeichnungen gemacht. Im Anschluss an die Inszenierungen und das Sharing fand eine moderierte Gruppendiskussion statt, in der drei Fragenkomplexe erörtert wurden: Was waren die Gemeinsamkeiten/Unterschiede in den präsentierten Lösungen eines Themas? Welche Situation wurde als schwieriger empfunden? Welche Schlussfolgerungen und Handlungskonsequenzen können von den Teilnehmern gezogen werden? Durch die Selbstauswertung in der Gesamtgruppe wurde den Teilnehmern ermöglicht, das eigene Handlungsrepertoire zu reflektieren und konfliktlösende Kommunikations- und Handlungsstrategien für vergleichbare betriebliche Gruppenarbeitssituationen zu identifizieren.

Analyse und Interpretation: Die transkribierten Texte der Rollenspiele wurden unter den Gesichtspunkten Rollenhandeln der Akteure, Lösungsansatz in der Situation und Lernen bei der Rollenausgestaltung ausgewertet, wobei jeweils berücksichtigt wurde, ob die Spielenden in einer angenommenen oder in ihrer eigenen betrieblichen Rolle agierten (vgl. hierzu Nagler 1997a). Aus den so gewonnenen Kurzfassungen der Spiele in Form von dichten Beschreibungen (siehe hierzu insbesondere Geertz 2001) der Erlebnisperspektiven wurden in einem zweiten Schritt typische Handlungsmuster des Meisters, des Gruppensprechers und des Werkers für die zwei Situationen zusammengefasst. So konnten Verhaltensstrategien beschrieben sowie subjektive Handlungsziele im Kontext von Gruppenarbeit dargestellt und analysiert werden. Richtiges und gerechtes Handeln – so ein Befund der Untersuchung – ist abhängig von Interessen und Situationen. Im einen Fall erweisen sich gemeinsam definierte Verfahrensregeln, an die sich alle zu halten haben, als die Lösung. Im anderen Fall kommt es auf eine Konfliktlösung im Einzelfall an.

Feedback: Es können zwei Ebenen des Feedbacks in der betrieblichen Praxis unterschieden werden. Zum einen trugen die Teilnehmer der Forschungsseminare die im Forschungsseminar gewonnenen Erkenntnisse in ihren betrieblichen Zusammenhang zurück. Zum anderen gab die Aktionsforschung ein Feedback an die Teilnehmer der Forschungsseminare insgesamt. In einem eigens konzipierten Feedbackworkshop wurden die in den Forschungsseminaren erhobenen Befunde den Teilnehmern rückgekoppelt und zum Ausgangspunkt einer erneuten Reflexionsschleife gemacht. Das in den Rollenspielen identifizierte Spannungsverhältnis zwischen «richtig» und «gerecht» handeln wurde auf dem Feedbackworkshop vertieft.

Ertrag für die arbeitswissenschaftliche Grundlagenforschung: Die Analyse und Interpretation der Rollenspiele lieferte einen Beitrag zu Gerechtigkeitsvorstellungen in der betrieblichen Lebenswelt und zu subjektiven Bewältigungsstrategien von Beschäftigtengruppen im Zusammenhang mit neuen Arbeitsanforderungen.

5 Möglichkeiten und Grenzen der Methode

Mit dem Anwendungsbeispiel konnte exemplarisch aufgezeigt werden, wie das Rollenspiel, als angeleitetes Interaktionsspiel, als Erhebungsmethode angewendet werden kann.[25] An dieser Stelle möchte ich zusammenfassend Erfolgsbausteine beschreiben, die generell für die Anwendung des Rollenspiels als organisationswissenschaftliche Erhebungsmethode von Bedeutung sind und deren Berücksichtigung in der Rollenspielpraxis zu empfehlen ist. Die Grenzen der Rollenspielmethode sind eng mit den beschriebenen Erfolgsbausteinen verbunden, sollen aber ebenso wie die Möglichkeiten des Einsatzes der Rollenspielmethode hier gesondert thematisiert werden.

Erfolgsbausteine

Einbettung der Rollenspiele und Freiwilligkeit: Die im Anwendungsbeispiel beschriebenen Erhebungen fanden im Rahmen von zweitägigen Forschungs- bzw. Weiterbildungsseminaren statt. Neben der Schaffung einer spezifischen Lernumgebung, die für die Teilnehmer beinhaltete, dass sie berufsbezogene Themen aus einer gewissen Distanz heraus betrachten konnten, hatte das Forschungsteam den Seminarablauf so geplant, dass das Rollenspiel erst am zweiten Tag, also nachdem die Gruppe sich kennen gelernt hatte und eine vertrauensvolle Beziehung zwischen Forschungsteam und Teilnehmern aufgebaut werden konnte, zum Einsatz gelangte. Spiel und Rollenübernahme fanden auf freiwilliger Basis statt.

Rollenspiel als Teil eines Sets von Erhebungsmethoden: Das Rollenspiel war in ein Set qualitativer Erhebungsmethoden eingebunden, die den jeweiligen inhaltlichen Arbeitsschritten angepasst waren (z. B. Gruppendiskussionsverfahren, Phasen mit narrativer Schwerpunktsetzung oder symbolisch unterstützten Selbstauswertungsverfahren) (siehe hierzu insbesondere Senghaas-Knobloch/ Nagler/Dohms 1997, S. 33 ff.). Die in den Rollenspielen entwickelten Bewältigungs- und Handlungsmuster konnten so in Bezug zu Problemdefinitionen und Lösungsstrategien gesetzt werden, die in thematisch vergleichbaren Zusammenhängen in anderen Arbeitsschritten formuliert worden waren.

Passfähigkeit der Situationsbeschreibungen und Instruktionen: Die im Forschungsprozess eingesetzten Situationsbeschreibungen für die Rollenspiele basierten auf umfangreichen Recherchen und Vorerhebungen und spiegelten reale betriebliche Situationen wider. Die Situationsbeschreibungen waren somit für die Rollenspieler anschlussfähig, das heißt, diese konnten sich in die Situationen hineinversetzen, und in den Inszenierungen wurde authentisches Erleben in der *Als-ob-Situation* ausgedrückt.[26]

Wahrung der Als-ob-Situation: Die Moderation der Rollenspiele wurde von Forscherinnen übernommen, die über Erfahrung mit der Rollenspielmethodik verfügen. Die Rollenspiele waren konsequent themenzentriert angelegt und beinhalteten die Übernahme von Fremd- und Eigenrollen in angenommenen, d. h. in *Als-ob-Situationen.* Dadurch wurden die einzelnen Personen in der Szene vor eigenen oder fremden Grenzüberschreitungen geschützt. Die Erhaltung der psychischen Integrität der Rollenspieler galt als wesentlicher Grundsatz. Die Initiierung und Verstärkung psychodynamischer Prozesse im Sinne von Selbsterfahrung war nicht die primäre Zielsetzung, sondern es wurde im Gegenteil Wert und Aufmerksamkeit darauf gelegt, dass persönliche Berührtheit, die durch das Rollenhandeln ausgelöst wurde, thematisch-sachlich eingehegt bleiben konnte.

Einhaltung von Standards: Die Rollenspiele selbst wurden nach einem je vergleichbaren «Fahrplan» erarbeitet, inszeniert und von den Teilnehmern in einem Verfahren der Selbstauswertung bewertet. Die einzelnen Arbeitsschritte wurden einheitlich dokumentiert (Tonband bzw. Videoaufnahmen) und anschließend transkribiert. Die so produzierten Texte waren für das Forschungsteam Basis für die weitergehende Analyse. Die gewählte Form der wortwörtlichen (und szenischen) Dokumentation der Spiele bewahrte die jeweiligen Kontexte umfassend und schloss eine auf individuellen Wert- und Bewertungsmaßstäben beruhende Verzerrung der Primärdaten weitestgehend aus.

Offenheit für die subjektive Sicht der am Rollenspiel Beteiligten: Die Rollenspiele stellten für die Forschungsteams zwar das Erhebungsinstrument dar; die am Spiel Beteiligten konnten aber in vollem Umfang Sichtweisen, Perspektiven und Lösungsansätze selbst entwickeln und Konsequenzen für sich und ihre Arbeitssituation eigenständig erschließen. Das bedeutet, dass die Spielenden während der gesamten Zeit «process owner» waren. Die Teilnehmenden produzierten ihre eigenen Produkte und Ergebnisse, die sie während der Seminare selbst bewerteten und in der Diskussion auf ihre Tragfähigkeit im betrieblichen Raum überprüften.

Sinnerschließende Interpretation: Die weitergehende Analyse der Rollenspiele durch das Forschungsteam in Interpretationsgemeinschaften erbrachte Einsichten in typische und häufig nicht bewusst gestaltete Sozial- und Arbeitsbeziehungen bzw. in die Bewältigungsmuster der betrieblichen Akteure. Die textlich dokumentierten Rollenspiele erlaubten eine tiefere Durchdringung der gelebten Wert- und Normvorstellungen der am Forschungsprozess beteiligten betrieblichen Akteursgruppen. Es wurden Auswertungsmethoden gewählt, die eine sinnerschließende Interpretation der thematisierten Problemkonstellationen und Lösungsvorschläge ermöglichten.

Feedback: Die Rückkopplung der im Forschungszusammenhang insgesamt gewonnenen Befunde geschah auf einem Wochenendseminar, zu dem alle Teilnehmer der Forschungsseminare eingeladen waren und das der Forschung eine kommunikative Validierung ermöglichte. Die «Übersetzung» der gewonnenen Befunde in einen eigens für diesen Zweck produzierten Videofilm trug außerdem dazu bei, dass die Befunde einem größeren Personenkreis zur Verfügung gestellt und konkret im weitergehenden betrieblichen Kontext genutzt werden konnten.

Grenzen
Angewiesenheit auf Ergänzung: Das Rollenspiel ist sinnvollerweise nur im Zusammenhang mit anderen qualitativen Erhebungsmethoden wie Gruppendiskussionen, leitfadengestützten Interviews, beobachtender Teilnahme usw. anzuwenden. Das Rollenspiel ist insofern keine eigenständige Erhebungsmethode, als die Interpretation der erhobenen Daten/Texte immer auch Kenntnis des betrieblichen Kontextes voraussetzt, soll die im Rollenspiel erhobene

Möglichkeitsform von Handeln nicht nur immanent, d. h. auf der Ebene des Spiels verstanden, sondern in Bezug zur betrieblichen Realität gesetzt werden. Insofern ist ein «Methodenmix» zwingend.

Verlassen der Als-ob-Situation: Wenn der *Als-ob-Charakter* der Situation nicht mehr aufrechterhalten werden kann, wenn also real erlebte Situationen gespielt werden und ein Kontrollverlust bei Spielern durch wiederkehrende Ängste und persönliche Betroffenheit droht, ist der Punkt gekommen, an dem das Rollenspiel abgebrochen werden muss. Es ist in diesem Zusammenhang hilfreich zu wissen, dass meistens die Spielenden selbst merken, dass mit der Fortführung des Rollenspiels die Grenze der persönlichen Integrität überschritten würde, und das Spiel abbrechen.[27] Gleichsam ist es die Aufgabe der Spielleitung oder der Moderation, den Abbruch des Spiels herbeizufuhren, wenn die psychoemotionale Betroffenheit eines Spielers oder mehrerer Spieler in der Inszenierung die themenzentrierte Bearbeitung eines Problems oder Konflikts in den Hintergrund treten lässt.

Gefahr der Fehlinterpretation: Wird das Rollenspiel als Erhebungsmethode genutzt, kann es dazu beitragen, dass individuelle Unterschiede der beteiligten Rollenspieler in Bezug auf verbale und nonverbale Ausdrucksfähigkeit sowie in Bezug auf Improvisation und Spontanität des Handelns als strukturell begründete Handlungsoptionen fehlinterpretiert werden. In diesem Zusammenhang ist insbesondere darauf zu achten, wer welche Rollen im Spiel übernimmt und wo Grenzen der Ausgestaltbarkeit der Rolle in (fehlender) fachlicher Qualifikation und/oder eingeschränkten persönlichen Fähigkeiten begründet liegen.

Rollenspieler «spielen nicht mit»: Es kann vorkommen, dass die vorgegebenen Rollenspielinstruktionen von den am Rollenspiel Mitwirkenden (bewusst) nicht verstanden, nicht akzeptiert oder so uminterpretiert werden, dass die Inszenierungen nicht brauchbar sind. Kommt dies im Forschungsprozess häufiger vor, ist es ein Indiz dafür, dass die Methode dem Forschungsgegenstand nicht angemessen ist oder aber dass der Rollenspieleinsatz ungenügend vorbereitet wurde. Dass einzelne Spiele aufgrund von Ablehnung der Methode oder eigenwilliger Abwandlung der vorgegebenen Thematik nicht ausgewertet werden können, ist demgegenüber ein Risiko, mit dem z. B. auch in Befragungssituationen zu rechnen ist.

Möglichkeiten

Die Möglichkeit, die Methode im Rahmen von Organisationsforschung anzuwenden, besteht unseren Erachtens in weit größerem Umfang, als bisher gedacht und ausgeschöpft wurde. In vielen Trainings- und Weiterbildungsseminaren und in vielen Beratungsprojekten, in denen Rollenspiele durchgeführt werden, könnte das Rollenspiel auch als Erhebungsmethode unter der Voraussetzung eingesetzt werden, dass die Rollenspiele in einem «kontrollierten» Seminardesign stattfinden, das die szenische und wortwörtliche Dokumentation der Spielverläufe beinhaltet.

Mit der Ausweitung sozialwissenschaftlicher Organisationsberatungsleistungen erhöht sich die Anzahl derer, die Beratungsprozesse als Forschungsfeld begreifen und für eine analytische Betrachtungsweise öffnen. Wenn sich die von Weltz (1997) formulierte Vision, dass sozialwissenschaftliche (Organisations-)Beratung nicht ohne Forschung stattfinden sollte, durchsetzt, bestünde auch für das Rollenspiel ein breiteres Anwendungsfeld im Rahmen aktionswissenschaftlicher Feldforschung, in der durch eine unmittelbare Verbindung von Forschen und Handeln ein angemessener Gegenstandsbezug direkt realisiert werden kann, z. B. bei der Diagnose und Planung von betrieblichen Veränderungsmaßnahmen.

Beratung, die sich einem solchen Ansatz verpflichtet sieht, und Aktionsforschung bieten einen Rahmen und Gelegenheiten, in denen die betrieblich handelnden Subjekte vergangene oder aktuelle Handlungen reflektieren können. Rollenspielmethodik und sinnerschließende Auswertungsverfahren sind dazu geeignet, einen Beitrag zur sozialwissenschaftlich orientierten sozioökonomischen Grundlagenforschung zu leisten und zugleich praxis- wie handlungsrelevante Effekte für die am Forschungsprozess beteiligten

Gesprächspartner zu bewirken, indem über die Reflexionsarbeit Ergebnisse (im Sinne neuer Handlungsperspektiven) produziert werden.

Das Rollenspiel ist eine Methode aktionswissenschaftlicher Veränderungsforschung, die in ein dialogisch-kommunikativ basiertes Forschungsdesign eingebettet sein und mit anderen qualitativen Verfahren kombiniert werden sollte. Von daher kann sie viele Möglichkeitsformen annehmen.

Anmerkungen

1 Zwar ist dem Rollenspiel ein Kapitel im «Handbuch Qualitative Sozialforschung» gewidmet (siehe Sader 1995), aber selbst die Berücksichtigung in einem Methodenhandbuch hat nicht wesentlich dazu beigetragen, dass das Rollenspiel als Erhebungsmethode der empirischen Feldforschung breiten Zulauf erhalten hätte. Mit der Arbeit von Stahlke (2001) hat das Thema neue Aktualität erfahren.

2 Ich beziehe mich dabei auf die Anwendung des Rollenspiels als Erhebungsmethode in der arbeitswissenschaftlichen Feldforschung (siehe hierzu Nagler 1997a; 1997b).

3 Einen tieferen Einblick in das Psychodrama bieten die Publikationen von Moreno 1997; 1989; 1970; Leveton 2000; Petzold 1993; Leutz 1974.

4 Nach wie vor findet sich in der Literatur keine eindeutige Grenzziehung zwischen Rollenspiel und Psychodrama, und es wird mit unterschiedlichen Begrifflichkeiten auf unterschiedlichen Ebenen operiert.

5 Dennoch bringt auch die z. B. von Mävers/Volk-von Bialy (1995, S. 11) unternommene Differenzierung zwischen Protagonistenspiel als Psychodrama und Gruppen- und Erzählspiel als pädagogischem Rollenspiel keine eindeutige Klärung des Problems. Da im Rollenspiel Eigen- und Fremdrollen in angenommenen Situationen dargestellt werden, ist es möglich, dass das Rollenspiel als *Protagonistenspiel* konzipiert werden kann. Somit hat ein als Protagonistenspiel konzipiertes Rollenspiel ohne Frage starke Bezüge zum Psychodrama.

6 Wobei im Rahmen von Organisationsforschung darunter insbesondere organisations- und arbeitskulturelle Aspekte zu verstehen sind.

7 Auch hier sind die Übergänge fließend, was im Soziodrama deutlich wird, wo im Spiel auch intra- und interpersonelle Situationen der Gruppenmitglieder selbst bearbeitet werden können.

8 Stahlke (2001) bezieht sich hier auf die Arbeit von Volmerg/Volmerg/Leithäuser 1983.

9 Plan- und Entscheidungsspiele sind zumeist in Weiterbildungs- und Trainingsmaßnahmen eingebettet, in denen es darum geht, die Kooperationsbeziehungen und die Qualität der Zusammenarbeit der Teilnehmer bzw. unterschiedlicher Interessengruppen zu analysieren oder sie zu befähigen, bestimmte zuvor erlernte Verhaltens- und Wissensaspekte im Spiel umzusetzen. Entscheidungsspiele werden aber z. B. auch im Assessment Center eingesetzt, um qualifikatorische wie soziale Kompetenzen der Be-

werber zu beurteilen. In dieser Art von Rollenspielen werden reale bzw. antizipierte Situationen aus Organisationen oder aus dem Politikbereich in einer Spielanweisung thematisch abgebildet. Den Spielanweisungen kommt insofern eine besondere Bedeutung zu, als in ihnen der Rahmen für Handlung spezifiziert wird. So werden Entscheidungskompetenzen genau definiert, oder es werden sachliche Informationen, die für eine Entscheidung wichtig sind, nur bestimmten Rollen oder Gruppen bekannt gegeben, was für das Agieren in der Rolle unterschiedliche Konsequenzen hat.

10 Die instrumentelle Verwendung des Rollenspiels hat im Managementtraining eine weite Verbreitung gefunden. Typisch in diesem Kontext ist die Position von Birkenbihl (1996, S. 15): «Der einzig legitime Zweck eines sogenannten Management-Training ist es, das Verhalten der Seminarteilnehmer zu verändern. Das heißt, wenn sie das Seminar verlassen, sollen die Teilnehmer ihre Mitarbeiter besser führen und motivieren können als vorher. Da aber kaum ein Mensch sein Verhalten aufgrund intellektueller Einsicht ändert, muß man den Teilnehmern die Gelegenheit geben, dieses neue, im Verhältnis zu früher bessere Führungsverhalten *einzuüben*. Wichtigstes Mittel dazu ist das Rollenspiel.» Eine andere Auffassung vertreten Brenner u.a. 1996. In ihrem Konzept der Bearbeitung betrieblicher Konflikte im Rollenspiel geht es in erster Linie um Reflexion und persönliche Perspektiv- und Handlungserweiterung.

11 Vgl. hierzu das Konzept der Prozessberatung von Edgar Schein (1999; 2000).

12 Wenn ich von Aktionsmethode spreche, beziehe ich mich auf Schützenberger 1976.

13 French/Bell (1994, S. 110) verstehen Aktionsforschung als eine fortlaufende Reihe von Handlungen und Ereignissen und bezeichnen sie als das Modell, das der Organisationsentwicklung zugrunde liegt: «Aktionsforschung ist ein Prozeß der systematischen Sammlung empirischer Daten über ein System in bezug auf dessen Ziele und Bedürfnisse; aus dem Feedback dieser Daten an das System und aufgrund zusätzlicher Hypothesen werden Aktionen zur Veränderung einzelner Systemvariablen entwickelt; durch erneute Datensammlung werden die Ereignisse dieser Aktion überprüft und ausgewertet.» Die Autoren bezeichnen Aktionsforschung als ein Problemlöse- und Lernmodell, oder als ein «Modell für geplante Veränderung» (ebd., S. 113), das auf der Kooperation zwischen «den Personen im System, den Klienten und den Personen, den Beratern bzw. den Forschern» (ebd., S. 117) basiert.

14 Es ist natürlich nicht auszuschließen, dass einzelne Personen in der von ihnen gespielten Rolle zu tieferen Einsichten über ihr Verhalten kommen, die therapeutische Wirkung haben. Weiterhin ist es sinnvoll, bei der Beschreibung der Rollenspielmethode das Psychodrama einzubeziehen, da eine Reihe von Techniken in Rollenspielen angewendet werden, die im Psychodrama ihren systematischen Ursprung haben (siehe weiter unten).

15 Sader wendet sich insbesondere gegen vermeintliche Rollenspielexperimente in der psychologischen Forschung, in denen «Versuchsteilnehmer» das Spiel für Ernst halten, da sie durch die «Versuchsanordnung» getäuscht wurden/werden. Damit grenzt er das Rollenspiel vom Rollenvorstellungsexperiment ab.

16 Wenn Rollenspiele fest im Programm eingeplant sind, sollte darauf hingewiesen werden, dass die Möglichkeit besteht, Fallbeispiele dann in Rollenspielen zu bearbeiten, wenn sich dies in den Seminarablauf einfügt. Inzwischen haben viele Teilnehmer Rollenspielerfahrungen aus den unterschiedlichsten Arbeitszusammenhängen, und es zeigt sich immer wieder, dass sowohl Begeisterung als auch Skepsis hinsichtlich dieser Methode geäußert wird. Skepsis sollte ernst genommen werden, gleichzeitig sollte

aber eine Atmosphäre geschaffen werden, in der es für die Teilnehmer möglich wird, sich freiwillig auf neue Lernsituationen einzulassen.

17 Mit dieser Technik sollen dem Protagonisten über Einsichten in die Perspektiv- und Erlebniswelt des Antagonisten tiefere Einblicke in die eigenen Handlungsweisen ermöglicht werden. Im psychodramatischen Rollenspiel werden z. B. Rollentausch, Doppeln, Spiegeln und Standbilderstellung usw. als Techniken eingesetzt.

18 Zum Unternehmenstheater siehe z. B. Schreyögg 1998, das Heft 3/2000 der Zeitschrift Organisationsentwicklung sowie Boal 1999.

19 Von daher wären Unternehmenstheater, TOI oder andere Formen des szenischen Spiels prinzipiell auch als Erhebungsmethode im Rahmen von Organisationsforschung geeignet. Entsprechende Überlegungen werden aber noch nicht systematisch diskutiert.

20 Hier ist insbesondere auf die Dimension des «Probehandelns» hinzuweisen. Erfahrungsberichte belegen, dass im Rollenspiel erprobte Alternativen und Lösungen dem Rollenspieler mehr Sicherheit in Bezug auf Argumentation und emotionale Reaktionen in der Realität geben. Darüber hinaus ist es möglich, in der Rollenspielsituation ohne negative Sanktionen zu handeln und zu experimentieren.

21 Stahlke (2001) berichtet, dass in dem von ihr beschriebenen Forschungszusammenhang ein Handbuch für Fahrer eines öffentlichen Nahverkehrsunternehmen erstellt worden ist, in dem im Rollenspiel erprobte Strategien zur Deeskalation von Konflikten zwischen Fahrer und Fahrgästen bzw. zwischen Fahrgästen dokumentiert wurden.

22 Detailliertere Ausführungen zum Forschungsdesign sind in Senghaas-Knobloch/Nagler/Dohms 1997, S. 33 ff. zu finden.

23 Dies wurde in allen Fällen bestätigt.

24 In zwei von zwölf Rollenspielvorbereitungen war dies der Fall.

25 Stahlke 2001 beschreibt im Detail, wie spontane Rollenspiele als Erhebungsmethode im Forschungsprozess Anwendung finden können.

26 Bei spontanen Rollenspielen sind es die Beteiligten selbst, die die Spielsituation beschreiben, von daher ist die Anschlussfähigkeit gewährleistet.

27 Dieser Selbstschutz der Person muss im Forschungsprozess akzeptiert werden und darf nicht mit «Widerstand» gegen die Rollenspielmethode verwechselt werden.

Literatur

Beck, Ulrich/Bonß, Wolfgang (1995): Verwendungsforschung. Umsetzung wissenschaftlichen Wissens, in: Uwe Flick/Ernst v. Kardorff/Heiner Keupp/Lutz v. Rosenstiel/Stephan Wolff (Hrsg.), Handbuch Qualitative Sozialforschung, 2. Auflage, Weinheim, S. 416–423.

Belgrad, Jürgen/Görlich, Bernhard/König, Hans-Dieter/Schmid-Noerr, Gunzelim (Hrsg.) (1987): Zur Idee einer psychoanalytischen Sozialforschung. Dimensionen szenischen Verstehens, Frankfurt a. M.

Birkenbihl, Michael (1996): Rollenspiele schnell trainiert. So optimieren Sie Ihre Trainings, Landsberg a. L.

Boal, Augusto (1999): Der Regenbogen der Wünsche. Methoden aus Theater und Therapie, Seelze.

Brenner, Inge/Clausing, Hanno/Kura, Monika/Schulz, Bernd/Weber, Hermann (1996): Das pädagogische Rollenspiel in der betrieblichen Praxis. Konflikte bearbeiten, Hamburg.

Breuer, Franz (Hrsg.) (1996): Qualitative Psychologie. Grundlagen, Methoden und Anwendungen eines Forschungsstils, Opladen.

Broich, Josef (1999): Rollenspiel-Praxis. Vom Interaktions- und Sprachtraining bis zur fertigen Spielvorlage, Köln.

Eberling, Wolfgang/Wiese, Michael (1981): Sozialwissenschaftliche Forschungsprogramme. Zur Notwendigkeit von Gesellschaftstheorie für eine kritische sozialwissenschaftliche Untersuchungspraxis, Frankfurt a. M.

Fatzer, Gerhard (1993): Ganzheitliches Lernen. Humanistische Pädagogik und Organisationsentwicklung. Ein Handbuch für Lehrer, Pädagogen, Erwachsenenbildner und Organisationsberater, Paderborn.

Flick, Uwe (1999): Qualitative Forschung. Theorie, Methoden, Anwendung in Psychologie und Sozialwissenschaften, 4. Auflage, Reinbek bei Hamburg.

Flick, Uwe/Kardorff, Ernst v./Keupp, Heiner/Rosenstiel, Lutz v./Wolff, Stephan (Hrsg.) (1995): Handbuch Qualitative Sozialforschung, 2. Auflage, Weinheim.

Flick, Uwe/Kardorff, Ernst v./Steinke, Iris (Hrsg.) (2000): Qualitative Forschung. Ein Handbuch, Reinbek bei Hamburg.

French, Wendell L./Bell, Cecil H. jr. (1994): Organisationsentwicklung, 4. Auflage, Bern/Stuttgart/Wien.

Geertz, Clifford (2001): Dichte Beschreibung. Beiträge zum Verstehen kultureller Systeme, 7. Auflage, Frankfurt a. M.

Giddens, Anthony (1984): Interpretative Soziologie. Eine kritische Einführung, Frankfurt a. M.

Haug, Frigga (1972): Kritik der Rollentheorie, Frankfurt a. M.

Heinze, Thomas (1995): Qualitative Sozialforschung. Erfahrungen, Probleme und Perspektiven, 3. Auflage, Opladen.

Hirschfeld, Karin/Preissler, Harald/Hoffmann, Christian (2000): Was soll das Theater? Erfahrungen mit Spiel und Theater in der Organisationsentwicklung, in: Organisationsentwicklung, Jg. 19, H. 3, S. 30–39.

Hochreiter, Karoline (1996): Kompendium der Psychodrama-Therapie, Köln.

Hopf, Christel/Weingarten, Elmar (1993): Qualitative Sozialforschung, 3. Auflage, Stuttgart.

Hurrelmann, Klaus/Ulich, Dieter (1991): Neues Handbuch der Sozialisationsforschung, 4. Auflage, Weinheim.

Joas, Hans (1991): Rollen- und Interaktionstheorien in der Sozialforschung, in: Klaus Hurrelmann/Dieter Ulich (Hrsg.), Neues Handbuch der Sozialisationsforschung, 4. Auflage, Weinheim, S. 137–152.

Jüttemann, Gerd (Hrsg.) (1984): Aspekte klinisch-psychologischer Diagnostik, Göttingen.

Kebeck, Günther (1983): Rollenspiel als Rekonstruktionsmethode, in: Gruppendynamik, Jg. 14, S. 255–267.

Keim, Helmut/Buddensieck, Wilfried (1992): Planspiel, Rollenspiel, Fallstudie: Zur Praxis und Theorie lernaktiver Methoden, Reihe Wirtschaftspädagogik, Köln.

Korittko, Alexander (1978): Rollenspiel und Psychodrama. Abgrenzung und Ergänzung, in: Arbeitskreis Pädagogisches Rollenspiel e. V. (APR) (Hrsg.), Spielen und Anwenden. Rollenspiel Arbeitsbuch Nr. 1, Textsammlung aus den «Materialien zur Praxis des Rollenspiels» Nr. 1–4, 2. Auflage 1989, Hannover, S. 49–55.

Leithäuser, Thomas (1995): Psychoanalytische Methoden in der Sozialforschung, in: Uwe Flick/Ernst v. Kardorff/Heiner Keupp/Lutz v. Rosenstiel/Stephan Wolff (Hrsg.), Handbuch Qualitative Sozialforschung, 2. Auflage, Weinheim, S. 278–281.

Leithäuser, Thomas/Volmerg, Birgit (1988): Psychoanalyse in der Sozialforschung. Eine Einführung am Beispiel einer Sozialpsychologie der Arbeit, Opladen.

Lensch, Martin/Montau, Robert (1996): Wie beweglich sind Rollen? Soziologische Rollentheorie und Pädagogisches Rollenspiel, in: Deutsche Gesellschaft für Rollenspielpädagogik und Szenische Gruppenverfahren e. V. (DGRS) (Hrsg.), Pädagogisches Rollenspiel. Materialien zur Theorie und Praxis, Jg. 19, Nr. 31, S. 3–17.

Leutz, Grete A. (1974): Psychodrama, Theorie und Praxis. Bd. I: Das klassische Psychodrama nach J. L. Moreno, Berlin/Heidelberg.

Leveton, Eva (2000): Mut zum Psychodrama, 4. Auflage, Salzhemmen.

Mävers, Wolfram/Volk-von Bialy, Helmut (1995): Rollenspielpädagogik. Entwicklungsperspektiven für ein erlebnisbegründetes Lehr-Lern-Verfahren, in: Deutsche Gesellschaft für Rollenspielpädagogik und Szenische Gruppenverfahren e. V. (DGRS) (Hrsg.), Pädagogisches Rollenspiel. Materialien zur Theorie und Praxis, Jg. 18, Nr. 29/30, S. 5–106.

Moreno, Jakob L. (1970): Das Stegreiftheater, 2. Auflage, New York (zuerst erschienen 1923 in Potsdam).

Moreno, Jakob L. (1989): Psychodrama und Soziometrie, Köln.

Moreno, Jakob L. (1997): Gruppenpsychotherapie und Psychodrama. Einleitung in die Theorie und Praxis, 5. Auflage, Stuttgart.

Nagler, Brigitte (1997a): Richtig und gerecht handeln. Konfliktbearbeitung im Lernprozess, in: Eva Senghaas-Knobloch/Brigitte Nagler/Annette Dohms: Zukunft der industriellen Arbeitskultur. Persönliche Sinnansprüche und Gruppenarbeit, 2. Auflage, Münster, S. 163–188.

Nagler, Brigitte (1997b): Analyse als Intervention. Überlegungen zum arbeitswissenschaftlichen Methodenrepertoire, in: Hellmuth Lange/Eva Senghaas-Knobloch (Hrsg.), Konstruktive Sozialwissenschaft. Herausforderung Arbeit, Technik, Organisation, Münster, S. 153–167.

Neuberger, Oswald (1990): Führen und geführt werden, Stuttgart.

Opdenhoff, Hanns-Eckart (1978): Rollenspiel – Grundlagen, Ziele und Methode, in: Arbeitskreis Pädagogisches Rollenspiel e. V. (APR) (Hrsg.) (1989), Spielen und Anwenden – Rollenspiel Arbeitsbuch Nr. 1, Textsammlung aus den «Materialien zur Praxis des Rollenspiels» Nr. 1–4, 2. Auflage, S. 9–32.

Orthey, Frank Michael/Tilemann, Friedericke/Ritscher, Jörg/Wehner, Reinold (2000): Themenorientierte Improvisation (TOI). Theater bei laufendem Betrieb, in: Organisationsentwicklung, Jg. 19, H. 3, S. 40–51.

Petzold, Hilarion G. (1993): Angewandtes Psychodrama in Therapie, Pädagogik und Theater, 4. Auflage, Paderborn.

Regnet, Erika (1992): Konflikte in Organisationen. Beiträge zur Organisationspsychologie, Bd. 12, Göttingen.

Saaman, Wolfgang (1991): Auf dem Weg zur Organisation von morgen, 2. Auflage, Stuttgart.

Sader, Manfred (1984): Rollenspiel als diagnostische Methode, in: Gerd Jüttemann (Hrsg.), Aspekte klinisch-psychologischer Diagnostik, Göttingen, S. 124–147.

Sader, Manfred (1986): Rollenspiel als Forschungsmethode, Opladen.

Sader, Manfred (1995): Rollenspiel, in: Uwe Flick/Ernst v. Kardorff/Heiner Keupp/Lutz

v. Rosenstiel/Stephan Wolff (Hrsg.), Handbuch Qualitative Sozialforschung, 2. Auflage, Weinheim, S. 193–198.

Schein, Edgar H. (1999): Process Consultation Revisted. Building the Helping Relationship, Reading Mass.

Schein, Edgar H. (2000): Prozessberatung für die Organisation der Zukunft. Der Aufbau einer helfenden Beziehung, Köln.

Scheller, Ingo (1998): Szenisches Spiel. Handbuch für die pädagogische Praxis, Berlin.

Schreyögg, Georg (1998): Unternehmenstheater als Intervention, in: Organisationsentwicklung, Jg. 17, Nr. 1, S. 52–59.

Schützenberger, Anne (1976): Einführung in das Rollenspiel: Anwendungen in Sozialarbeit, Wirtschaft, Erziehung und Psychotherapie, Stuttgart.

Senghaas-Knobloch, Eva / Nagler, Brigitte / Dohms, Annette (1997): Zukunft der industriellen Arbeitskultur. Persönliche Sinnansprüche und Gruppenarbeit, 2. Auflage, Münster.

Sievers, Burkhard (1985): Rolle und Beratung in Organisationen, in: Akademie für Jugendfragen Münster (Hrsg.) (1992), Supervision, H. 7, Juni 1985, Frankfurt a. M.

Stahlke, Iris (2001): Das Rollenspiel als Methode qualitativer Sozialforschung. Möglichkeiten und Grenzen, Internationale Hochschulschriften, Bd. 332, Münster.

Steinweg, Reiner (1995): Lehrstück und episches Theater. Brechts Theorie und die theaterpädagogische Praxis, Frankfurt a. M.

Strauss, Anselm (1991): Grundlagen qualitativer Forschung. Datenanalyse und Theoriebildung in der empirischen soziologischen Forschung, München.

Volmerg, Birgit/Volmerg, Ute/Leithäuser, Thomas (1983): Kriegsängste und Sicherheitsbedürfnis. Zur Sozialpsychologie des Ost-West-Konflikts im Alltag, Frankfurt a. M.

Volmerg, Ute (1990): Die alternative Herausforderung: Institutionen im Konflikt mit sozialen Bewegungen, Frankfurt a. M.

Weltz, Friedrich (1997): Beobachtende Teilnahme – ein Weg aus der Marginalisierung der Industriesoziologie, in: Hellmuth Lange/Eva Senghaas-Knobloch (Hrsg.), Konstruktive Sozialwissenschaft – Herausforderung Arbeit, Technik, Organisation, Münster, S. 35–47.

Matthias Freitag

6 Open Space

1 Einleitung

Harrison Owen, der Begründer der «Open Space Technology» (kurz OST), entwickelte diese Großgruppenmethode in den USA als Reaktion auf eine Umfrage unter Teilnehmern einer Konferenz

im Jahr 1983 (Owen 1997b, S. 1), für deren Planung und Strukturierung Owen mehr als ein Jahr benötigte. Die Ergebnisse der
Befragung zeigten, dass nicht die Vorträge der Redner als das
Wichtigste bewertet wurden, sondern die Pausengespräche der
Teilnehmer untereinander. Diese informellen Begegnungen boten
für alle Beteiligten die Möglichkeit der offenen, «selbst organisierten» Kommunikation, durch die neue Kontakte und Netzwerke
geknüpft werden konnten.

Die Idee von Owen war nun, die informellen Elemente einer
«guten Kaffeepause» mit den substanziellen Aktivitäten und Er-
gebnischarakteristika einer «guten Konferenz» zu verknüpfen
(1997b, S. 3).

Als Basis der Kommunikation im Open Space dient das Prinzip
des Kreises, welches eine offene und direkte Kommunikation fördert, so Owen. Diese beiden Erfahrungen, die Energie der Selbstorganisation in Kaffeepausen und die Bedeutung des Kreises, sind
wichtige Grundelemente der Open-Space-Methode, welche Owen
1985 zum ersten Mal anwandte.

Owen selbst betont, dass die Methode nicht das Ergebnis eines
theoretisch fundierten Designs war, sondern «einfach entstand»
(Owen/Stadler 1999, S. 241). Retrospektiv benennt er als theoretische Fundierung der Wirksamkeit von Open Space Selbstorganisa-
tionstheorien, Forschungen zu komplexen adaptiven Systemen und
dissipativen Strukturen (Owen/Stadler 1999, S. 242) sowie die Natur und Funktion von Mythen, Ritualen und Kultur (ebd., S. 243).

2 Datenerhebung

OST ist zunächst, so Owen und Stadler (1999, S. 235), eine schnelle, billige und einfache Art, um bessere und produktivere Groß-
gruppenkonferenzen zu organisieren. Auf einer tieferen Betrach-
tungsebene ermöglicht Open Space die Erfahrung einer neuen
Qualität von Organisation mit autonomen Arbeitsgruppen, geteilten (Führungs-)Erfahrungen, Empowerment und der Erfahrung
von Diversität als Vorteil einer Gruppe (ebd.).

Die Open-Space-Methode wurde bereits in Gruppen von fünf bis 1000 Personen in verschiedenen Kulturkreisen und organisationalen Kontexten erfolgreich angewandt, die Teilnehmerobergrenze ist praktisch offen (Owen 1997b, S. 22). Anwendungsfelder dieser Gestaltungsmethode sind Situationen mit hoher Komplexität, hoher Diversität (die Beteiligten betreffend: z. B. Fähigkeiten, Kenntnisse, Herkunft, Sichtweisen), die Anwesenheit von potenziellen oder aktuellen Konflikten und die Notwendigkeit einer schnellen Entscheidungsfindung (Owen/Stadler 1999, S. 236). Abhängig von der Dauer des Open Space (Owen nennt ein bis drei Tage – Owen/Stadler 1999, S. 236; die Regel ist drei Tage – Petri 1999, S. 148: «sollte nicht weniger als einen Tag dauern [...] und nicht länger als 3½, da sonst das Energieniveau drastisch zu sinken beginnt») wird Folgendes garantiert: Jede Fragestellung kann angesprochen werden, die Fragestellungen können so lange diskutiert werden, wie es die Beteiligten wünschen, zu Ende des Open Space werden die Ergebnisse in einer Dokumentation für alle Beteiligten zur Verfügung gestellt. Diese zeigen die Prioritäten auf, verwandte Fragestellungen und erste Handlungsschritte.

Die Grundsätze, mit denen Open Space große Gruppen zu gemeinsamer Anliegenbearbeitung und Problembewältigung bewegt, sind nach Owen Leidenschaft und die Übernahme von Verantwortung für ein Anliegen – «passion and responsibility» (Owen/Stadler 1999, S. 236). «Begeisterung und Verantwortung für ein Thema sind Kern der Open Space Technologie» (Petri 1999, S. 149). Leidenschaft führt dazu, dass die Teilnehmer sich für eine Sache einsetzen, Verantwortung dazu, dass die Aufgaben ergebnisorientiert bearbeitet werden.

Ablauf

Obwohl Open Space grundsätzlich selbst organisiert verläuft, gibt es Prinzipien, welche es allen Beteiligten ermöglichen, anhand eines «roten Fadens» ihre Anliegen zu bearbeiten. Diese Prinzipien wurden in vielen Publikationen beschrieben und gehen auf Owens «Brief User's Guide to Open Space Technology» zurück (zu finden unter http://www.mindspring.com/~owenhh), später als «Open Space

Technology – A User's Guide» (Owen 1997b; dt. 2001a) publiziert. In deutscher Sprache existieren davon abgeleitete Anleitungen im Internet (z. B. von Pannwitz 2000, http://www.michaelmpannwitz.de) oder als Printpublikationen (z. B. Maleh 2000a; Möller/Pannwitz 1998).

Grundlage der OST-Konferenz ist ein gemeinsames Thema, zu dem eingeladen wird. Die Teilnehmer, die sich von der Problemstellung angesprochen fühlen, treffen in einem großen Raum zusammen. Eine entscheidende Tatsache, so Owen (1997b), ist, dass «die, die da sind, genau die Richtigen sind». Aufgabe der Teilnehmer ist es, «ganz dabei», voll gegenwärtig und offen für die Prozesse zu sein sowie für die Umsetzung der Ergebnisse Verantwortung zu übernehmen.

	Vorher	Während	Nach
Auftrag-geber	• drückt die Not-wendigkeit der Ver-anstaltung aus • verzichtet auf steuerndes Eingrei-fen während der Veranstaltung • stellt die Ressour-cen zur Verfügung • benennt einzula-dende Teilnehmer	• ist voll gegenwärtig	• unterstützt die Ergebnisse • ist offen dafür, wo das Experiment die Organisation hinführt
Begleiter	• unterstützt den Auf-traggeber, indem er das Thema umreißt • vermittelt dem Auf-traggeber, dass es, nachdem der Pro-zess angelaufen ist, «kein Zurück» gibt	• stellt einen sicheren Arbeits-rahmen zur Verfügung	• unterstützt die Auf-traggeber, offen für die Konsequenzen der Veranstaltung zu bleiben – diese können manchmal ungewöhnlich und unbequem sein
Teil-nehmer		• sind voll gegenwärtig	• unterstützen weiter die Sache • tragen die vier Prin-zipien und das eine Gesetz weiter

Tabelle 1: Rolle von Auftraggeber, Begleiter und Teilnehmern (Owen/Stadler 1999, S. 239)

Alle Teilnehmer nehmen zunächst in einem Stuhlkreis Platz und werden von einem Begleiter kurz in die Besonderheiten der Open-Space-Technologie eingeführt. Die Rolle des Begleiters ist es, den sicheren Raum zu organisieren, in dem die Teilnehmer arbeiten können.

Dazu umreißt er in maximal 20 Minuten kurz das allgemeine Thema und lädt die Teilnehmer ein, ihre besonderen Anliegen zu benennen. In dieser Zeit geht es in erster Linie um «die Schaffung einer Kultur von Sicherheit und Vertrauen in Raum und Zeit» (Petri 1999, S. 150). Mit dem Abschluss dieser Aufgabe «tut er nichts mehr» (Owen/Stadler 1999, S. 239), außer in besonders schweren Fällen der Störung zu intervenieren. «Er hält sich im Hintergrund und doch in Bereitschaft» (Owen 1997b). Gleichwohl benennt Owen den Fokus, die Präsenz und den Abstand des Begleiters als wesentliche Erfolgsvariable einer Open-Space-Konferenz (Owen 1997b, S. 155).

Jeder Teilnehmer, der an einem Anliegen arbeiten will, tritt in die Mitte des Stuhlkreises, stellt sich und sein Anliegen kurz vor und heftet einen Zettel (Name, Anliegen) an eine zuvor vorbereitete Anliegenwand mit den Zeitfenstern (selbst auf die Angaben von Zeiten wird in vielen Fällen verzichtet). Damit bestimmen die Teilnehmer den Inhalt der Veranstaltung. Für die Benennung des Anliegens liegt in der Mitte des Kreises Moderationsmaterial (Stifte, Plakate z. B. in DIN-A3-Größe).

Zeit/Raum	Raum 1	Raum 2	Raum 3
10:30	mein Anliegen Einberufer: Ich mache mit:	mein Anliegen Einberufer: Ich mache mit:	mein Anliegen Einberufer: Ich mache mit:
11:30	mein Anliegen Einberufer: Ich mache mit:	mein Anliegen Einberufer: Ich mache mit:	mein Anliegen Einberufer: Ich mache mit:
Mittagspause			
13:30	mein Anliegen Einberufer: Ich mache mit:	mein Anliegen Einberufer: Ich mache mit:	mein Anliegen Einberufer: Ich mache mit:

Tabelle 2: Beispiel für eine Anliegenwand

Neben dem Anliegenbrett findet man ein «Bulletin Bord» (Anschlagbrett), ein Nachrichtenbrett für aktuelle Informationen. Die Dokumentationen bereits abgeschlossener Gruppensitzungen werden an einer so genannten Dokuwand ausgehängt.

Sind alle Anliegen formuliert, ist der so genannte Marktplatz eröffnet. Das bedeutet, dass jeder Teilnehmer sich bei den für ihn wichtigen Anliegen namentlich einträgt. Die Aufgaben des Begleiters sind hier nochmals zusammengefasst:

Ablauf von Open Space für Begleiter

Willkommen

- Begrüßung durch den Veranstalter. Kurz, konzentriert. Keine Ansprache. Das Wesentliche ist bereits durch die Einladung bekannt. Die Open-Space-Begleiter ansagen.

Die Gruppe wahrnehmen
- Begleiter begrüßt die Gruppe: Willkommen im Open Space!
- Den Innenkreis abschreiten, alle Teilnehmer wahrnehmen und jeden einladen, sich umzuschauen. Wer ist alles da? Wen kenne ich? Mit diesen

Menschen werde ich zusammen sein, arbeiten, Ideen entwickeln, Pläne aushecken. Zeit, sich zu sammeln.

Das Thema ansagen
- In die Mitte des Kreises treten.
- Herausfordernd, einladend, aber kurz und klar den Grund nennen, warum wir hier sind und was wir vorhaben.
- Knapp benennen, was als Ergebnis des Open Space erwartet wird, wie es sein soll und wofür es verwendet werden wird.

Das Verfahren beschreiben
- Ganz kurz etwas zur Entwicklungsgeschichte von Open Space sagen.
- Ansagen, was nach der Vorstellung des Verfahrens geschehen wird: Alle, die im Rahmen des Themas ein Anliegen haben, das ihnen unter den Nägeln brennt und für das sie was tun wollen, haben die Gelegenheit, dies zu benennen. Wenn jemand ein Anliegen hat: in die Mitte des Kreises treten, Anliegen und Namen auf ein Blatt schreiben, sich vor die Gruppe stellen, Namen und Anliegen nennen. Danach wird das Blatt zur Anliegenwand gebracht und dort angeheftet.
- Die vier Grundsätze, das Gesetz der Füße, die zwei Erscheinungen (Hummeln, Schmetterlinge) und die Ermahnung (Augen auf, mit Überraschungen ist zu rechnen) vorstellen.
- Räume, Zeiten, Essensphasen usw. ansagen.
- Arbeitsweise in den Gruppen vorstellen: selbst organisiert, Anliegenträger leitet ein und sorgt für Dokumentation, die zusammen mit den Berichten aus allen anderen Gruppen laufend an der Dokuwand ausgehängt werden. Auf Arbeitsmaterial hinweisen.
- Dokumentationshinweise geben: Ergebnisse, Empfehlungen und Vereinbarungen aus den Arbeitsgruppen werden entweder handschriftlich auf vorgefertigten Ergebnisbögen oder per Computer in bereits angelegte Masken geschrieben. Redaktionsschluss ansagen.

Die Anliegenwand erstellen
- Alles ist vorgestellt, jetzt aufrufen, die Anliegen zu benennen.
- Etwas, wofür ich mich einsetze, was mir auf den Nägeln brennt, woran ich mit Leib und Seele hänge und wofür ich Verantwortung übernehme, aufschreiben, der Gruppe mitteilen und an der Anliegenwand anbringen.
- Kein Anliegen? Keine Panik! Ruhe bewahren! Abwarten! Es kommt!

Den Markt eröffnen
- Alle auffordern aufzustehen, zur Anliegenwand zu gehen und sich dort einzutragen, wo man mitmachen will.
- Bei Zeitkonflikten: mit Einberufer verhandeln, Prioritäten setzen (nicht vergessen, es kann gehummelt werden).
- Ähnliche Themen nicht gleich zusammenlegen: je mehr Gruppen, umso mehr Vielfalt.
- Jetzt verabschiedet sich der Begleiter bis zur angekündigten nächsten gemeinsamen Runde (Zwischentreffen oder Abendnachrichten).

Nach Harrison «Owen Open Space Technology – A User's Guide»
(aus dem Amerikanischen übertragen von Pannwitz 2000)

In der Regel wird der Workshop von dem Teilnehmer moderiert, der das Anliegen zur Sprache gebracht hat (Einberufer). Dies geschieht jedoch auf freiwilliger Basis. Er hat aber auf jeden Fall Verantwortung für das Anliegen, er muss also gewährleisten, dass eine Dokumentation der Ergebnisse erfolgt, was auch durch Delegation möglich ist.

In dieser Phase können Probleme auftreten, wenn Teilnehmer bei Anliegenrunden dabei sein wollen, die zeitgleich stattfinden. Es obliegt der Organisation der Teilnehmer, die Anliegen entsprechend zeitlich und räumlich zu organisieren.

Haben sich die Teilnehmer für eine oder mehrere Arbeitsgruppen entschieden, wird mit der Anliegenbearbeitung begonnen. Für die folgende Arbeit ist das «Gesetz der Füße» oder auch «Gesetz der persönlichen Initiative» von wesentlicher Bedeutung, denn jeder Teilnehmer soll eine Arbeitsgruppe verlassen, wann immer er feststellt, nichts mehr beitragen und selbst nichts mehr lernen zu können.

Das heißt für die Teilnehmer: «Ich ehre die Gruppe mit meiner Abwesenheit, wenn ich weder etwas lernen noch etwas beitragen kann. Ich gehe dorthin, wo es für mich und andere fruchtbar ist. Ich bestimme, wo und wie lange ich mich beteilige. Diese Haltung ist hier gesetzlich vorgeschrieben, also mehr als nur erlaubt, auch wenn sie mich, andere, den Vorgesetzten oder den Leiter völlig aus der Fassung bringt. Für Vielredner, aber auch für Alleswisser und Bestimmer kann es ernüchternd und vielleicht auch heilsam sein, wenn andere in der Gruppe das Gesetz befolgen und einer nach dem anderen geht.» (Pannwitz 2000)

Durch das Nutzen des Gesetzes der Füße und den Wechsel zwischen mehreren Arbeitsgruppen können die Teilnehmer die gewonnenen Erfahrungen von Workshop zu Workshop weitertragen. Weil sie sich einerseits in ein Anliegen vertiefen, andererseits durch ihr Weiterfliegen andere Teilnehmer mit ihrem Wissen anregen, nennt Owen sie *Hummeln.*

Durch Pausengespräche auf den Fluren oder in den Aufenthaltsräumen verbreiten sie Anregungen und Ideen. Sie sind «durch die Teilnahme an vielen verschiedenen Gruppen Träger von Informationen des Gesamtprozesses» (Petri 1999, S. 151). *Schmetterlinge* sind Teilnehmer, die in keine Gruppen gehen und sich scheinbar nicht beteiligen. Sie sind systemisch gesehen Orte der Inaktivität. Darin liegt ihre Bedeutung: Wo sie sind, ist nichts vorgesehen. Deswegen ist dort viel «Raum», in dem viel Neues und Unerwartetes geschehen kann.

Für die Workshops sind seitens des Veranstalters genügend Räumlichkeiten mit der entsprechenden Ausstattung bereitzustellen. Es empfiehlt sich insbesondere, in den Räumen Moderationsmaterial (Karten, Stifte, Pinnwände) bereitzustellen, um eine visualisierte Diskussionsführung zu unterstützen (vgl. dazu den Beitrag über visualisierte Diskussionsführung in diesem Band).

Für die Arbeit gelten einige Grundvoraussetzungen, die die Offenheit und Diskussionsbereitschaft der Teilnehmer garantieren («vier Grundsätze»):

1. **Die da sind, sind genau die Richtigen.**
   - Ich spreche, arbeite, verhandle, spinne, verabrede mich mit denen, die da sind.
   - Ich konzentriere mich auf die Anwesenden.
   - Über die Abwesenden zu grübeln lenkt nur von den Anwesenden ab.

Wenn es zur Gruppenbildung gekommen ist, kann es vorkommen, dass nur ich selbst zu meinem Anliegen erschienen bin. Da kann sich mir die Frage stellen, wie das nun ist, mit den «Richtigen». Es gibt verschiedene Möglichkeiten:

- Dies Anliegen interessiert niemanden außer mir.
- Das Anliegen ist zur falschen Zeit/am falschen Ort angeschlagen.
- Andere Anliegen sind wichtiger.
- Das Anliegen ist goldrichtig und muss auch dringend behandelt werden, und nur ich bin kompetent dafür. In diesem Fall kann ich allein daran arbeiten. Vorteil: Die Arbeit daran ist auch ziemlich schnell erledigt, und ich kann eine längere Pause machen, oder ich kann mal Hummel sein.

2. **Was auch immer geschieht: Es ist das Einzige, was geschehen konnte.**
- Ich konzentriere mich auf das, was jetzt ansteht, was jetzt geschieht.
- Ich nehme die Möglichkeiten wahr, die sich auftun, anbieten, jetzt deutlich werden.
- Alles, was nicht vorgekommen ist, was nicht geschah, was zur Sprache hätte kommen sollen oder hätte geschehen können, ist bedeutungslos und ohne Folgen.

3. **Es fängt an, wenn die Zeit reif ist.**
- Der kreative Schub, die tolle Idee, der bahnbrechende Einfall, die Inspiration oder der Heilige Geist kommen nicht zu einem bestimmten Termin, oder weil unsere Sitzung um 10:30 anfängt.
- Ich begebe mich in den Rhythmus der Menschen um mich herum ... höre zu ... atme gemeinsam ... gehe ein Stück mit den anderen ... arbeite, wenn es so weit ist ... spiele, wenn das dran ist.
- Ich erharre den richtigen Zeitpunkt gelassen.

4. **Vorbei ist vorbei und nicht vorbei ist nicht vorbei.**
- Ich wende mich anderen Dingen zu, wenn eine Aufgabe erledigt ist.
- Ich haushalte mit meiner Zeit und mit meiner Energie.
- Wenn etwas schneller erledigt ist als erwartet, dann geh ich weiter, arbeite an einem anderen Projekt, geh spielen, besuche eine andere Gruppe, pack was Neues an.

Nicht vorbei ist nicht vorbei.
- Wenn die vereinbarte Zeit vorbei ist und wir gerade dann erst anfangen, wirklich ins Thema zu kommen, dann ist es nicht vorbei.
- Wir verabreden eine neue Zeit, planen ein neues Treffen.

Aus: Pannwitz 2000

Diese vier Grundsätze bilden den «roten Faden» durch die gesamte Open-Space-Veranstaltung. Jeder Teilnehmer arbeitet an den Anliegen mit, die für ihn wichtig sind bzw. zu denen er etwas beitragen will. Jede Mitarbeit und Teilnahme ist freiwillig. Für den erfolgreichen Abschluss einer Open-Space-Konferenz ist die darauf folgende Dokumentation der Ergebnisse von wesentlicher Bedeutung, die jede Arbeitsgruppe in einem Protokoll zusammenfasst, wofür z. B. Computer bereitzustellen sind (Owen 1997b, S. 41). Dazu werden Formulare vorgegeben (Titel der Veranstaltung – Anliegen – Ergebnisse, Empfehlungen, Vereinbarungen – Einberufer – Teilnehmer), oder es wird eine spezielle Software benutzt (siehe Maleh 2000a, S. 153). Am Ende des Open Space werden diese Protokolle zu einer Dokumentation zusammengestellt und den Teilnehmern überreicht (veröffentlichtes, aber redaktionell überarbeitetes Beispiel: Nationale Unterstützungsstelle der Bundesanstalt für Arbeit ADAPT 1999; Beispiele für Originaldokumentationen: Globalchicago 2000a; 2000b; zahlreiche Dokumentationen finden sich auf der Homepage von M. Pannwitz: www.michaelmpannwitz.de).

Eine Open-Space-Veranstaltung kann sich über bis zu drei Tage erstrecken, obwohl kürzere Veranstaltungen mit ein bis zwei Tagen eher die Regel sind. Nach der Ankunft und der Begrüßung führt der Begleiter kurz ein, danach steht offener Raum für die Workshops zur Verfügung (vgl. zur Bonsen 1998, S. 22; Maleh 2000a, S. 56), die Essenspausen werden meist variabel angeboten, der Tag wird mit einer Runde und «Abendnachrichten» abgeschlossen (Owen 1997b, S. 110). Der zweite Tag beginnt mit den «Morgennachrichten» in der Runde, es schließt sich wieder ein offener Raum an bis zu den «Abendnachrichten». Dem dritten Tag kommt besondere Bedeutung zu (zur Bonsen 2000): Die Dokumentation ist verfügbar und wird gelesen, es werden Prioritäten gesetzt und Maßnahmen mit hoher Priorität identifiziert (dazu siehe Abschnitt 3 über Datenfeedback). Eine OST-Konferenz wird in der Gesamtgruppe mit einem Reflexionsprozess abgeschlossen (Petri 1999), wobei sich jeder Teilnehmer zur inhaltlichen Gestaltung, zum Prozess und zur persönlichen Wirkung äußern kann. Owen schlägt dazu die «Talking-Stick Ceremony» vor (1997b, S. 134), ein Ritual, das er aus der nordamerikanischen Indianerkultur übernommen hat: Ein Stock wandert in der Runde, und der momentane Besitzer des Stocks spricht, alle anderen hören zu. Bei größeren Gruppen kann ein Mikrophon als symbolischer Stock dienen.

Open Space Methode
als Forschungsgegenstand und -instrument

Open Space ist entstanden als Großgruppeninterventionsmethode. Die Wirksamkeit und Wirkungsmechanismen werden einerseits von einer wachsenden Zahl von Anwendern zum Teil euphorisch beschrieben (beispielhaft Owen 1995), andererseits finden sich systematische wissenschaftliche Evaluationen bisher in der Literatur selten (Norris 2000, S. 2), allenfalls wenig systematisierte Fallstudien (beispielsweise Owen 1995, aber auch in zahlreichen Ressourcen im Internet, die am Ende des Beitrags angeführt sind) oder Vorschläge für mögliche Untersuchungsthemen (Owen 1997b, S. 155). Zusammenfassend kann gesagt werden, dass die systematischen empirischen Belege zu OST als *Forschungsgegenstand* rar sind.

Zur Verwendung als *Forschungsinstrument* in der qualitativen Organisationsforschung gibt es nur vereinzelte Belege. Auf dem jährlich stattfindenden internationalen Treffen von OST-Anwendern «Open Space on Open Space» fand dazu 2000 in Berlin ein Workshop statt (20.–23. 9. 2000). Ein Konsens über OST als Forschungsinstrument konnte nach Aussage von Doersam (2000) dort nicht erreicht werden. Diskussionspunkte waren Erwägungen der Forschungsethik (Vertraulichkeit, Informed Consent), Fragen der Datenerhebung (Nutzung der fixierten Ergebnisse oder Aufzeichnung des Prozesses), die Rolle des Forschers (Beobachter, Teilnehmer oder teilnehmender Beobachter) und das Problem der Fokussierung auf das Forschungssubjekt. Kritik wurde naturgemäß vor allem von Vertretern quantitativer Verfahren geübt. Doersam (2000) selbst berichtet, dass ihre Organisation OST als Forschungswerkzeug im Rahmen von Aktionsforschung zur Datenerhebung einsetzt und es sich dabei nach ihrer Einschätzung als eine valide Methode erwiesen hat.

In der Diskussionsliste OSLIST@listserv.boisestate.edu wurde das Thema zur Diskussion gestellt. Auch hier war die Bewertung von OST als Forschungsinstrument diskrepant, wenngleich insgesamt positiv. Betont wurde vor allem die Nützlichkeit in Kombination mit anderen Verfahren wie herkömmlicher Aktionsforschung. Als notwendig wurde herausgestellt, dass es eine Gruppe von Stakeholdern zur jeweiligen Forschungsfrage geben muss, die an einem Austausch im Open Space zu einem Thema vitales Interesse hat.

Owen (2000) selbst bewertet in dieser Diskussion die Brauchbarkeit von OST als Aktionsforschungsinstrument positiv und hält sogar eine Quantifizierung der Ergebnisse für möglich. Als besonderen Vorteil der Methode sieht er, dass vorher implizite, verborgene Strukturen sichtbar werden; dies weniger in einem theoretischen Rahmen als im «Aktionsmodus». Norris (2000, S. 56) schlägt die Methode vor, um die «Stärken und Schwächen der Organisationskultur einer Organisation» zu untersuchen. OST erlaube, in «Echtzeit» authentische Daten über Stärken und Schwächen der Organisationskultur zu erheben, und unterstütze die gemeinsame Reflexion organisatorischer Fragestellungen.

OST biete sich vor allem in Kombination mit anderen, auch quantitativen Instrumenten an. Ein Forschungsdesign mit einer Kombination von quantitativen und qualitativen Daten ist ein übliches und anerkanntes Vorgehen (Miles/Huberman 1994, S. 40). Ein wesentlicher Vorteil dürfte sein, dass OST den Akteuren wesentliche Freiheitsgrade einräumt und so Sichtweisen eröffnet werden können, die in einem eher zentrierten Forschungsansatz nicht hervortreten würden.

OST weist im Kontext der *Datenerhebung* Bezüge zu zahlreichen klassischen Verfahren auf: Gruppenverfahren (Gruppeninterviews und -diskussionen, gemeinsames Erzählen, visualisierte Gesprächsführung), Erzählungen als Zugang (z. B. narratives Interview) und Beobachtungsverfahren (Beobachtung, teilnehmende Beobachtung).

Im Vergleich zu den Gruppenverfahren der qualitativen Forschung wie Gruppeninterview oder Gruppendiskussion (vgl. Flick 1996, S. 143) weist OST zahlreiche Gemeinsamkeiten auf (ebd.,

S. 146): die Strukturierung des Verfahrens durch eine Dynamik, die sich in der Gruppe entwickelt, Durchführungsprobleme wegen des kaum planbaren Verlaufs, Probleme der Vergleichbarkeit und Schwierigkeiten durch den Verzicht auf (Fremd-)Steuerung. Die Möglichkeit der (Fremd-)Steuerung und Kontrolle ist jedoch bei OST wesentlich stärker als bei anderen Verfahren radikal und methodenimmanent ausgeschlossen.

Im Vergleich zu Beobachtungsverfahren (ebd., S. 152) stößt man bei OST bei der Datenerhebung auf logistische Probleme: Die Beobachtung der Kommunikationsprozesse in den einzelnen Workshops ist nur möglich, wenn eine genügend große Zahl von Beobachtern zur Verfügung steht oder wenn mit großem technischen Aufwand Video- oder Audioprotokolle angefertigt werden. Beide Vorgehensweisen bewirken eine erhebliche Veränderung des Untersuchungsgegenstandes selbst, und es ist zu vermuten, dass reaktive Effekte zu erwarten sind (Bortz/Döring 1995, S. 472).

Bezüglich der *Datendokumentation und -auswertung* können die herkömmlichen Verfahren und Instrumente auf OST angewandt werden (Flick 1996, S. 186), beispielsweise Codieren, qualitative Inhaltsanalyse, narrative Analyse usw.

Open-Space-Methode und ausgewählte Großgruppenverfahren

Neben OST werden in den letzten Jahren weitere Großgruppenmethoden diskutiert (Holman/Devane 1999; Bunker/Alban 1997). Um sie in ihrem Anwendungsfeld, ihrer Vorgehensweise und ihren Ergebnissen voneinander abzugrenzen, werden die Methoden OST, «Future Search» (Weisbord 1992; Weisbord/Janoff 1995), «Real Time Strategic Change» (Dannemiller/Jacobs 1992; Jacobs 1994) und «Appreciative Inquiry Summit» (Maleh 2000b; zur Bonsen/ Maleh 2001) im Folgenden vergleichend gegenübergestellt (vgl. Leith 1996; zu einer ausführlichen synoptischen Darstellung von 21 verschiedenen Verfahren vgl. Holman/Devane 1999: Part IV: Comparative Matrix).

Die gegenwärtig am häufigsten eingesetzte Methode von den genannten Methoden ist OST.

Methode	OPEN-SPACE-TECHNOLOGIE	FUTURE SEARCH («Zukunftssuche»)	REAL TIME STRATEGIC CHANGE (Strategiekonferenz)	APPRECIATIVE INQUIRY SUMMIT (wertschätzende Erkundung und Entwicklung)
Beschreibung der Methode	Open Space ist eine von Harrison Owen entwickelte Methode, um große Gruppen durch Selbstorganisation und Förderung der Aktivität jedes Teilnehmers zur Problemlösung in einem Unternehmen, einer Organisation oder Kommune zu mobilisieren. Den Beteiligten wird ein «offener, freier Raum» gewährt, in dem alle Ideen und Anregungen zu einem Leitthema vorgebracht werden. Durch die selbstständige und selbst organisierte Arbeit in kleinen Workshops können neue Kontakte zwischen den Hierarchieebenen und Funktionsbereichen eines Unternehmens entstehen, wodurch neue Sichtweisen einer Problematik hervortreten können.	Future Search ist eine von Marvin Weisbord entwickelte Großgruppenmethode, die in der Lage ist, die Zukunft eines Unternehmens, einer Organisation oder eines zu bearbeitenden Themas gemeinsam mit allen Mitarbeitern zu planen bzw. Veränderungen einzuleiten. Die Teilnehmer werden durch einen vorgegebenen Ablauf, beginnen mit einem Rückblick in die Vergangenheit bis zur späteren Maßnahmenplanung, geführt. Durch diesen Prozess kann es gelingen, die verschiedenen Hierarchieebenen und Funktionsbereiche gemeinsam zu mobilisieren, wodurch auch bei der Maßnahmenumsetzung Bereitschaft zur Mitarbeit gesichert wird.	Real Time Strategic Change wurde von Kathleen Dannemiller entwickelt und lehnt sich in den Grundprinzipien an Future Search an. Ziel dieser Großgruppenmethode ist es, die Unternehmensstrategie zu überprüfen, um in einer Organisation Veränderungen in allen Ebenen und Bereichen durchsetzen zu können.	AI ist ein in Deutschland noch relativ unbekannter, in den 80er Jahren von David Cooperrider und Suresh Srivasta an der Case University Ohio erarbeiteter Organisationsentwicklungsprozess mit der Intention der wechselseitigen Wertschätzung zwischen den Akteuren. Die Methode entwickelt aus den positiven Erfahrungen und Erfolgserlebnissen der Mitarbeiter eine Unternehmensphilosophie, die Basis für das zukünftige Handeln ist.

Methode	OPEN-SPACE-TECHNOLOGIE	FUTURE SEARCH («Zukunftssuche»)	REAL TIME STRATEGIC CHANGE (Strategiekonferenz)	APPRECIATIVE INQUIRY SUMMIT (wertschätzende Erkundung und Entwicklung)
Ziel	• schnelle Erarbeitung von Lösungen • Entwicklung von Veränderungsaspekten zu einem komplexen Leitthema • Beteiligung aller Hierarchieebenen • gemeinsame und kreative Zielfindung und Planung sowie Gestaltung von Lösungen	• durch die Mobilisierung vieler Mitarbeiter bei der Erarbeitung einer Zielentwicklung erhofft man sich eine hohe Beteiligung bei der Umsetzung der Ziele • Verbindung vieler Hierarchieebenen und Funktionsbereiche • Planung der gemeinsamen Zukunft bzw. einer von allen getragenen Vision sowie Erarbeitung von Maßnahmeplänen zu deren Umsetzung • Entwicklung von Gemeinschaftsgeist durch die Planung gemeinsamer Zukunftsbilder	• Entwicklung einer breit angelegten Strategie • Überprüfung der von der Geschäftsleitung vorgegebenen Unternehmensziele und -werte • Veränderung des strategischen oder kulturellen Wandels • Konfrontation der Mitarbeiter mit der Realität • Mobilisierung großer Gruppen • Begeisterung der Mitarbeiter für neue Visionen oder Herausforderungen	Die Technik wurde konzipiert, um Organisationen einen positiven Ansatz zur Konzeption und Umsetzung neuer Aufgaben in die Hand zu geben. Man wollte nicht aus den Fehlern lernen, sondern anhand positiver Erfahrungen Motivation für weitere Arbeit schaffen. Kernaussage der Methode ist: «Die Beschäftigung mit dem Positiven führt auch dorthin.»
Grundprinzipien	• Vertrauen untereinander • Selbstorganisation der Teilnehmer • vier Grundsätze u. ein Gesetz als Grundprinzipien	• das ganze, offene System in einen Raum holen • Blick auf die Zukunft anstatt auf die Probleme richten	• die Mitarbeiter an der Basis müssen selbst Teil des Leitbildprozesses sein	Der Vier-Phasen-Prozess des AI: 1. Discovery (Entdeckung), wobei der Ausgangspunkt die persönliche Erfolgs-

Methode	OPEN-SPACE-TECHNOLOGIE	FUTURE SEARCH («Zukunftssuche»)	REAL TIME STRATEGIC CHANGE (Strategiekonferenz)	APPRECIATIVE INQUIRY SUMMIT (wertschätzende Erkundung und Entwicklung)
		• Finden von Gemeinsamkeiten statt von Konflikten		erlebnisse der Teilnehmer in Bezug auf das gewählte Thema sind. Diese werden durch «wertschätzende Interviews» ausgetauscht. 2. Dream (Vision): Ausgehend von einzelnen Erfolgserlebnissen wird ein Projekt für die Zukunft geplant und werden gemeinsame Ziele formuliert. 3. Design (Gestaltung), wobei eine Detaillierung des Zukunftsbildes erfolgt, indem die wichtigsten Schritte bestimmt werden 4. Delivery (Verwirklichung): Hierbei wird durch eine gemeinsame Schrittfestlegung das Vorgenommene umgesetzt.

Methode	OPEN-SPACE-TECHNOLOGIE	FUTURE SEARCH («Zukunftssuche»)	REAL TIME STRATEGIC CHANGE (Strategiekonferenz)	APPRECIATIVE INQUIRY SUMMIT (wertschätzende Erkundung und Entwicklung)
Einsatzgebiet	• Entwicklung von Visionen, Konzepten oder Ideen • bei komplexen Fragestellungen • Schaffung von Transparenz bei wichtigen Problemen • alternative Form einer Besprechung oder Konferenz • Beginn für einen Veränderungsprozess	• zur Entwicklung gemeinsamer Zukunftsbilder und Maßnahmen	• Mobilisierung der Teilnehmer für Ziele und Visionen, die bisher nur die Geschäftsleitung verfolgt hatte	• Zusammenschluss von Firmen • Entwicklung einer neuen Strategieplanung • Einleitung von Veränderungsprozessen • Stabilisierung der Unternehmenskultur • Erhöhung der Kundenzufriedenheit • Stärkung der Teamarbeit
Zielgruppe	• Mitarbeiter aller Hierarchieebenen, um eine große Bandbreite an Ergebnissen erzielen zu können • zwischen 5 und 1000 Personen	• zwischen 30 und maximal 72 Personen • stark heterogene Zusammensetzung der Teilnehmer	• erst ab 50 Personen einsatzfähig • nicht für Unternehmen geeignet, die nur wenig Wissen über prozessorientierte Vorgehensweisen haben und weder Personal- noch Organisationsentwicklung kennen	• 50 bis 2000 Personen von innerhalb und außerhalb des Unternehmens

Methode	OPEN-SPACE-TECHNOLOGIE	FUTURE SEARCH («Zukunftssuche»)	REAL TIME STRATEGIC CHANGE (Strategiekonferenz)	APPRECIATIVE INQUIRY SUMMIT (wertschätzende Erkundung und Entwicklung)
Struktur der Methode	• eine festgelegte Struktur gibt es nicht, die Teilnehmer können frei agieren und bestimmen ihre Arbeits- und Pausenzeiten selbst • diese Methode gilt als die Großgruppenmethode mit der geringsten Strukturvorgabe • bewusster Verzicht auf Struktur zugunsten von Selbstorganisation • vier Grundsätze und ein Gesetz bilden einen gewissen Rahmen	• die Teilnehmer werden durch bestimmte Arbeitsschritte geführt, der Freiraum für die Mitarbeiter in Bezug auf Selbstorganisation ist beschränkt	• gewährt von allen hier vorgestellten Methoden der Geschäftsleitung die größten Einflussmöglichkeiten	vorgelegt durch einen Vier-Phasen-Prozess: 1. Entdeckung 2. Visionen 3. Gestaltung 4. Verwirklichung
Inhalt	• zu Beginn wird ein Leitthema vorgegeben • konkrete Inhalte werden von den Teilnehmern selbst bestimmt	die Konferenz ist in fünf Abschnitte gegliedert: 1. Rückblick in die Vergangenheit 2. Analyse von Umfeldentwicklung 3. Untersuchung der heutigen Realität 4. Entwurf der Visionen und Ziele	• es herrscht eine starke inhaltliche Vorgabe vor • die Mitarbeiter sollen zunächst «aufgerüttelt» werden, sich mit dem Ziel für die Zukunft identifizieren und später Maßnahmen planen	• Beschäftigung mit dem Positiven, indem die Mitarbeiter sich gegenseitig anhand eines Fragenkatalogs interviewen • der Vier-Phasen-Zyklus wird hierbei eingehalten • von der Zukunftskonferenz wurde die Arbeit mit persönlichen,

Methode	OPEN-SPACE-TECHNOLOGIE	FUTURE SEARCH («Zukunftssuche»)	REAL TIME STRATEGIC CHANGE (Strategiekonferenz)	APPRECIATIVE INQUIRY SUMMIT (wertschätzende Erkundung und Entwicklung)
		5. Planung der Maßnahmen		organisationsbezogenen und globalen Leitlinien übernommen • von RTSC ist die Kombination von teilautonomer Klein- und Großgruppe eingegangen
Vorgehensweise	• ausschließlich die Teilnehmer bestimmen den Veranstaltungsablauf	• die Betroffenen werden durch festgelegte Arbeitsschritte geführt	• die Betroffenen werden durch festgelegte Arbeitsschritte geführt	• Führung der Betroffenen anhand positiver Fragestellungen durch die vier Phasen des Prozesses
Verantwortung für den Prozess	• indem die Teilnehmer die Veranstaltung selbst organisieren, tragen sie für den Prozess Verantwortung	• die Teilnehmer tragen nur für ihre Beiträge, nicht aber für den Ablauf der Veranstaltung Verantwortung	• die Führung des Unternehmens hat großen Einfluss auf den gesamten Prozess • sie muss die Mitarbeiter von ihrer Vision überzeugen können	• Unternehmensleitung und Mitarbeiter tragen gemeinsam die Verantwortung für den Prozess
Dauer	• 1 bis 3 Tage	• 18 Stunden verteilt auf drei Tage für die Durchführung der Konferenz • nach ca. sechs Monaten ein Tag «Follow-up»	• ca. 3 Tage	• 2 bis 4 Tage

Methode	OPEN-SPACE-TECHNOLOGIE	FUTURE SEARCH («Zukunftssuche»)	REAL TIME STRATEGIC CHANGE (Strategiekonferenz)	APPRECIATIVE INQUIRY SUMMIT (wertschätzende Erkundung und Entwicklung)
Vorbereitung	• schnelle Vorbereitung in ca. zwei Monaten	• bis zu sechs Monate	• bis zu sechs Monate	• gemeinsam mit der Workshopleitung muss von der Unternehmensleitung ein Fragenkatalog für das Interview erstellt werden • der Aufwand hierfür ist eher gering, da grundlegende Fragen bereits vorhanden sind
Nutzen/ Vorteile	• stark integrierender Aspekt, alle Mitarbeiter werden einbezogen • beruht vollständig auf Selbstorganisation, was den Widerstand auf ein Minimum reduziert • hohe Intensität der Kommunikation durch wechselnde Gruppen • effektives Instrument zur Veränderung von Organisationen • durch die Partizipation hohe Wahrscheinlichkeit	• schnelle Entwicklung von Visionen und Maßnahmen, auch bei großen Gruppen • hohe Akzeptanz, da alle Mitarbeiter beteiligt waren • Mobilisierung und Aktivierung der ganzen Organisation für eine Zielstellung • Möglichkeit zur Überbrückung von gegensätzlichen Interessen • die Teilnehmer lernen voneinander	• Entstehung enormer Transparenz • hohe Steuerungs- bzw. Einflussmöglichkeiten der Unternehmensleitung • gilt für den Auftraggeber als «sicherste Form» der Großgruppenmethoden, da das Ergebnis steuerbar ist • gut geeignet für Veränderungen in allen Ebenen und Bereichen • sehr viele Personen einbeziehbar • die Vision wird von einem	• der Blick wird auf das Positive im Unternehmen gerichtet, die Mitarbeiter erkennen eigene und fremde Potenziale, aus gemeinsamen positiven Erfahrungen wird die Zielstellung entwickelt • geringer Widerstand bei der Umsetzung, da von Beginn an nur Positives weiterentwickelt wurde • vereinbar mit anderen Methoden (Open Space, RTSC oder Future Search)

Methode	OPEN-SPACE-TECHNOLOGIE	FUTURE SEARCH («Zukunftssuche»)	REAL TIME STRATEGIC CHANGE (Strategiekonferenz)	APPRECIATIVE INQUIRY SUMMIT (wertschätzende Erkundung und Entwicklung)
	für die Durchführung angestoßener Maßnahmen	• Erzielung konkreter Maßnahmen und Ergebnisse • Entwicklung einer für alle verbindlichen Maßnahme	Großteil der Mitarbeiter getragen und ist sofort umsetzbar	• für viele Personen einsetzbar; eignet sich für Einzelpersonen, kleine Gruppen und Großgruppen bis zu 2000 Personen
Nachteile	• da keine Führung vorherrscht, kann bei den Teilnehmern zunächst Unsicherheit und Konfusion entstehen • lässt der Arbeitgeber keinen Freiraum für die Umsetzung der Ergebnisse, scheitert das gesamte Konzept • es ist zu Beginn offen, welche Inhalte und Maßnahmen erarbeitet werden	• nur in eher «kleinen» Gruppen, also nur bis 72 Personen einsetzbar • somit können nicht alle Betroffenen einbezogen werden • der erste Schritt ist sehr bedeutend, gelingt er nicht, kann die Konferenz scheitern	• Erfolg steht und fällt mit der Überzeugungskraft der Führung	• Realität (d. h. Grenzen, die dem Unternehmen auferlegt sind) kann leicht übersehen werden • Euphorie in der Bearbeitung kann zur Enttäuschung führen, wenn keine Umsetzung ermöglicht wird • die Umsetzbarkeit muss nicht zwangsläufig gewährleistet sein

Quellen: Holman/Devane 1999; Herzog 1999a; 1999b; Maleh 2000a; 2000b

3 Dateninterpretation und Feedback

Der Einsatz der Open-Space-Methode als Forschungsinstrument impliziert, wie oben dargelegt wurde, stets die Anwendung einer Open-Space-Konferenz mit Teilnehmern, die Anliegen haben und die freiwillig teilnehmen (sich also nicht «nur» zu Forschungszwecken auf Wunsch des Forschers treffen).

Die in einer OST-Konferenz anfallenden «Daten» werden den Teilnehmern als Sammlung der schriftlichen Dokumentationen rückgemeldet, welche im Laufe der Konferenz von den einzelnen Workshops selbst organisiert und ohne weiteres Zutun eines Forschers formuliert wurden (vgl. dazu das klassische Konzept des Survey Feedback und Gruppenfeedback bei Heller 1969). OST enthält also als wichtiges Element bereits die Rückmeldung und Reflexion der gemeinsam gewonnenen Ergebnisse an die Teilnehmer, allerdings als «Rohmaterial» noch ohne Bearbeitung (Verdichtung oder Interpretation) durch den Forscher.

Die Rückmeldung mittels der Dokumentation und der darauf aufbauenden Ergebnisse kann im Anschluss an die OST-Konferenz in einer zweiten Rückkopplungsschleife auch an die Organisation erfolgen (z. B. an die Geschäftsführung oder an Mitarbeiter, die nicht teilgenommen haben).

Der Rückmeldung und Reflexion der Ergebnisse kommt schon allein deswegen große Bedeutung zu, weil die Konsequenzen, die eine Open-Space-Veranstaltung haben soll, in hohem Maß davon abhängen. Wie zahlreiche Elemente in Open Space ist auch die Rückmeldung ritualisiert: Die Berichte (über Nacht kopiert und geheftet) liegen in der Mitte des Stuhlkreises im Open Space. Sie werden schließlich «entdeckt» und von den Teilnehmern in eigener Regie verteilt (zur Bonsen 2000). Es schließt sich eine Lesephase an. Der Begleiter bittet die Teilnehmer, sich aus ihrer Sicht wesentliche Ergebnisse zu markieren. Im Anschluss werden die Ergebnisse nach ihrer Wichtigkeit «gepunktet» (vgl. Thema «Gewichtungsfragen» im Beitrag über visualisierte Diskussionsführung in diesem Band). Dies ist technisch bei kleineren Gruppen kein Problem, bei Gruppen von 1000 Teilnehmern mit jeweils fünf

Punkten kann die Auswertung jedoch sehr aufwendig sein, weshalb Owen auch eine einfache Software dazu vorschlägt: Die Präferenzen werden als Zahl in PCs oder Notebooks eingetippt und sind dann schnell in ein Balkendiagramm umzusetzen (Owen/Bartels/Möller 1998).

Anschließend werden die ausgewählten z. B. zehn Anliegen auf Flipcharts weiterbearbeitet. Die Titel werden auf Flipchartpapier notiert, darunter zwei Spalten: «verwandte Anliegen» und «zusätzliche Maßnahmen». Von den Teilnehmern werden in diese Spalten die Nummern der verwandten Anliegen aus dem Bericht und zusätzliche, noch nicht benannte Maßnahmen eingetragen.

Zu diesem Vorgehen gibt es verschiedene Varianten (vgl. als Übersicht Maleh 2000a, S. 71; Leith 2000). Zur Bonsen (2000) schlägt vor, in einer weiteren Open-Space-Runde die zehn Anliegen erneut in parallelen Workshops zu diskutieren. Somit kann als weitere Möglichkeit ein gleicher Ablauf wie die OS-Veranstaltung erfolgen, indem die wichtigsten Anliegen ausgewählt, diese in eine Agenda eingetragen und zu deren Bearbeitung kleine Workshops gebildet und erste Schritte in die Zukunft geplant werden (zum Follow-up nach einer OST-Konferenz vgl. zur Bonsen 2001).

Ziel ist es nun festzulegen, wie und wann weitergemacht wird. Schließlich werden konkrete Verabredungen getroffen, wie das weitere Vorgehen gestaltet werden soll. Abschließend werden die Gruppen fotografiert.

Die Fixierung der gemeinschaftlich entwickelten Ergebnisse und Entscheidungen ist, wie wohl auch die Fotografie, in ihrer Verbindlichkeit und Wirksamkeit mit dem Verfahren der Gruppenentscheidung zu erklären, das Kurt Lewin zur Gewinnung und Sicherung der Gewohnheitsänderungen entwickelt hat und das bis heute in der angewandten Sozialpsychologie einen prominenten Rang einnimmt (Lewin 1951: Lewin verwendet Zettel, die von den Teilnehmern nach der Gruppenentscheidung individuell mit einer Verpflichtung versehen und eingesteckt werden).

OST impliziert, wie dargestellt, gleich mehrfache Feedbackschleifen: Die Dokumentation gibt den Teilnehmern ein Feedback und dient als Basis für Gewichtung und Ableitung von Maßnahmen; die ursprüngliche Dokumentation und die schriftlich fixierten Maßnahmen dienen für externe Akteure (Geschäftsführung, sofern sie nicht teilgenommen hat, nicht teilnehmende Mitarbeiter) als Feedback.

Die beschriebene Methode der Rückmeldung mittels der Dokumentationen ist sehr effizient, jedoch gehen bei der ausschließlichen Verwendung der Ergebnisprotokolle Informationen über die Prozesse verloren. Die Komplexität der Workshops und der Diskussionsinhalte wird in den jeweils ein bis zwei Seiten Dokumentation nicht wiedergegeben. Dieser Nachteil wird zumindest teilweise durch die weiteren sich anschließenden Diskussionen in den Arbeitsgruppen der zehn ausgewählten Anliegen kompensiert.

Bemerkenswert ist, dass in allen Phasen der OST die Aufgaben Datensammlung, -interpretation, -dokumentation, -feedback, -reflexion und Ableitung von Verpflichtungen weitgehend selbst organisiert von den Teilnehmern ohne das Zutun eines Forschers übernommen werden.

Eine über diese Praxis hinausreichende Datensammlung (z. B. mittels Video-, Audioaufzeichnung oder teilnehmender Beobachtung) ist bei der großen Anzahl der verschiedenen möglichen Arbeitsgruppen und der Bedeutung der informellen Prozesse außerhalb der Arbeitsgruppen (Kaffeepausen!) praktisch sehr schwierig und darüber hinaus mit erheblichen methodischen Problemen verbunden (vor allem Reaktivität z. B. bei Verwendung von Aufzeichnungsgeräten). Die bereits in Abschnitt 2 beschriebene Kombination mit anderen qualitativen und quantitativen Methoden (z. B. eine sich anschließende Teilnehmerbefragung) ist machbar, aber bisher nicht konzeptuell und methodisch ausreichend diskutiert und beschrieben.

Neben der inhaltlichen Interpretation der Ergebnisberichte ist für Forschungszwecke auch interessant, welche Anliegen angesprochen wurden (was bewegt die Mitarbeiter in einer Organisation?), wie viele Teilnehmer an den Workshops teilgenommen haben (worauf konzentriert sich das Interesse?) und wie sich der Teilnehmerkreis zusammensetzt (z. B. über Hierarchien hinweg, über Abteilungsgrenzen usw.).

4 Anwendungsbeispiel

Während es zahlreiche Beispiele für die Anwendung der Open-Space-Methode in unterschiedlichen Kontexten und Kulturkreisen gibt (z. B. Owen 1997a; dt. 2001b) – in einzelnen Abteilungen oder Projektteams, in einzelnen oder mehreren (verbundenen) Unternehmen, staatlichen Organisationen und NGOs, in Grassroot-Initiativen, im Gesundheitswesen, in Gewerkschaften (vgl. IG Metall 1997), im Kontext von Restrukturierungen/Massenentlassungen (vgl. Frommann 2000), im Kontext transnationaler europäischer Projektarbeit (Nationale Unterstützungsstelle der Bundesanstalt für Arbeit ADAPT 1999) usw. –, findet man nur spärlich Fälle zum Einsatz von OST in der empirischen Sozialforschung. Das unten kurz skizzierte Beispiel steht in der Tradition von Aktionsforschung.

Im Rahmen eines Projekts zur Kooperationsentwicklung zwischen kleinen und mittleren Unternehmen wurde die Methode in einzelnen mehrstündigen Beratungen eingesetzt. Die Durchführung als «klassische» Drei-Tage-Variante war aufgrund von fehlenden zeitlichen Ressourcen in Unternehmen nicht realisierbar.

Thematischer Hintergrund waren Probleme der interorganisationalen Kooperation: Eine Gruppe von kleinen und mittleren Unternehmen, vertreten durch die Geschäftsführer, fand sich zu einem vertikalen Unternehmensnetzwerk (d. h. ergänzende Gewerke entlang der Wertschöpfungskette) zusammen mit dem Ziel, gemeinsam Leistungen auf dem Bausektor anzubieten. Dem Kunden wurde ein gesteigerter Kundennutzen durch geringere kundenseitige Koordinationserfordernisse («Alles aus einer Hand») und verbesserte Qualität (durch eingespielte Zusammenarbeit und zentrale Koordination der Leistungen) in Aussicht gestellt. Die genaue Strategie (z. B. Marktsegment) des Netzwerks war regelmäßig Thema ausführlicher Beratungen und wechselte mehrfach, auch aufgrund der schwierigen konjunkturellen Umfeldbedingungen. Die Mitarbeiter waren, so die Geschäftsführer, über die Kooperation informiert. Es zeigte sich bald, dass die Kooperation zwar von der Leitung gewollt, aber auf der Baustelle wenig gelebt wurde. In dieser Situation wurde in Beratungen die Open-Space-Methode mehrfach eingesetzt, um zu den Themen «Kooperation – wohin wollen wir» und «Kooperation – wie gestalten wir sie» auch unter Beteiligung der Mitarbeiter aus den Unternehmen gemeinsam unternehmensübergreifend zu arbeiten. Der Projektmitarbeiter, der als externer Berater die Kooperationsentwicklung unterstützte, nahm als «Beteiligter» am Open Space teil, die meisten Geschäftsführer und Mitarbeiter je nach Interesse (die Konferenzen fanden zum Teil außerhalb der regulären Arbeitszeit statt), daneben Projektmitarbeiter als teilnehmende Beobachter. Der Umgang mit der Methode war anfangs ungewohnt: Man brachte sich vor allem seitens der Mitarbeiter nur zögerlich ein und wartete eher ab. Dann zeigte sich jedoch, dass Anliegen angesprochen wurden, die bisher nicht thematisiert worden waren (z. B. bei der Koordination der Gewerke auf der Baustelle), und es gab kreative Lösungsvorschläge für bekannte Probleme (z. B. gemeinsames Marketing).

Als besonders positiv wurde bewertet, endlich einmal die Probleme auch unternehmensübergreifend diskutieren zu können, anstatt Schuldzuweisungen auf der Baustelle auszutauschen. Für die Projektbetreuung bot der Open Space die Möglichkeit, ein Feedback zu ihrem Vorgehen und konkret angewandten Methoden der Kooperationsentwicklung zu bekommen bzw. durch die Identifikation von bisherigen «blinden Flecken» die Fortentwicklung zu diskutieren. Dazu berief der Projektbetreuer einen Workshop mit dem Anliegen der Bewertung seiner Unterstützungsleistungen ein. Die gewonnenen Erkenntnisse und Vorschläge aus den Workshops wurden zum Abschluss der Veranstaltungen gewichtet. Die nicht anwesenden Mitarbeiter und Geschäftsführer wurden über die Ergebnisse mittels der Dokumentation informiert, und es fand auch informell ein reger Austausch dazu statt.

Für die Projektleitung boten das Dokumentationsmaterial und

die Ergebnisgewichtung die Gelegenheit, die bisherige Strategie zu reflektieren, zu evaluieren und neue Herangehensweisen zu planen, z. B. überbetriebliche Qualitätszirkel. Zu Problemfeldern aus der OST-Konferenz, die von besonderem Interesse waren, wurden in den Wochen nach der OST-Konferenz halbstrukturierte Einzelinterviews durchgeführt. Befragt wurden auch Mitarbeiter, die nicht teilgenommen hatten.

5 Möglichkeiten und Grenzen der Methode

Ein entscheidendes Merkmal, durch das sich die Open-Space-Methode von anderen Großgruppeninterventionsverfahren unterscheidet, ist der hohe Grad an Selbstorganisation durch die Teilnehmer einer solchen Veranstaltung bis hin zum Datenfeedback, der Reflexion der Ergebnisse und der Ableitung von Schlussfolgerungen in Form von Verpflichtungen. Die Teilnehmer haben große Freiheitsgrade: Die Teilnahme an sich, das Einbringen von Anliegen und die Teilnahme an den Workshops sind freiwillig. Für den Forscher bietet das die Möglichkeit, Themen zu identifizieren, welche für die Beteiligten relevant sind (in der OST-Terminologie «Anliegen»). Natürlich sind soziale Erwünschtheit, Gruppendruck und Konformitätsprozesse auch bei OST nicht völlig auszuschließen, aber zumindest unwahrscheinlicher als bei anderen qualitativen Verfahren.

Die Anlehnung an die «Wohlfühl-Kommunikation» in den Kaffeepausen hilft, das Commitment der Teilnehmer zu erschließen. Die Methode selbst ist so für die Teilnehmer positiv besetzt: Man bewegt sich nicht in einem fremdbestimmten Setting (z. B. in einer Interviewsituation), sondern in einer individuell selbst gestaltbaren Situation.

Der «offene, freie Raum», so die zahlreichen Verfechter, schafft eine Plattform, auf der alle Teilnehmer gleichberechtigt agieren können und jeder zum Gelingen der Konferenz beitragen kann bzw. die Verantwortung für die Ergebnisse mitträgt. Der Anspruch des Verfahrens ist somit, die Hierarchien zeitweise aufzuheben, vergleichbar mit der Metaplan-Methode (vgl. abermals den Beitrag über visualisierte Diskussionsführung in diesem Band), und eine gleichberechtigte Kommunikation zu ermöglichen. Teilnehmer der verschiedenen Hierarchieebenen haben formal die gleichen Rechte. Die Führungskraft muss «Teil des Ganzen sein, um seinen Mitarbeitern durch Zurückhaltung so viel Raum wie möglich zur eigenen Entfaltung zu geben» (Petri 1999). Das Gesetz der Füße erlaubt es dem Unterstellten, sich bei einer für ihn unangenehmen (hierarchischen) Situation zumindest aus dem Feld zu bewegen (zu «fliehen»), ohne dafür innerhalb des Regelwerks von OST Sanktionen befürchten zu müssen, im Gegenteil: Ein Wechseln zwischen den Workshops wird vom Verfahren OST ausdrücklich wertgeschätzt. Wie im Open Space informell die hierarchischen Muster abgebildet werden und wie damit umgegangen wird bzw. wie die Situation nach der Open-Space-Konferenz aussieht, wurde bisher nicht systematisch untersucht. Owen berichtet (Owen/Bartels/Möller 1998), dass vielfach bei Kombination von OST mit sich anschließenden anderen Konferenzmodellen (Podiumsdiskussion oder Vorträgen) nach dem Open Space ein Fortfahren im nun wieder fremdorganisierten Modus wegen der Teilnehmerwiderstände nicht möglich war. Widerstand ist bei der Anwendung der OST-Methode umso geringer, je weniger vorgegeben wird. «Es gibt einen einzigen Weg, der den Misserfolg eines Open-Space-Ereignisses garantiert, und das ist der Versuch, die Kontrolle zu behalten» (Owen 1997). Ob und wie OST sich nun auf den betrieblichen hierarchischen und fremdbestimmten Alltag «danach» auswirkt, bleibt eine offene Forschungsfrage (vgl. zur Bonsen 2001).

Die Art der Ergebnisdokumentation, das Feedback und die abschließende Ableitung von Maßnahmen belässt es nicht bei der «Wohlfühl-Kommunikation», sondern erhöht die Wahrscheinlichkeit für die tatsächliche Umsetzung der Maßnahmen. Dazu bedient man sich sozialpsychologischer Mechanismen wie etwa dem der Gruppenentscheidung (Lewin 1951). Auch die ritualisierten Elemente von OST (Kreis, Talking-Stick-Zeremonie) tragen, indem sie die «tieferen» Schichten der Teilnehmer ansprechen, ebenso wie der gesamte Rahmen, der bei einem guten Begleiter durch das Klima der gegenseitigen Wertschätzung gekennzeichnet ist, zu einer hohen Identifikation und einem hohen Commitment bei (zu den im Rahmen von OST erlebten Werten vgl. die empirische Untersuchung von Norris 2000).

Der Vorteil des Verfahrens, die Selbstorganisation, impliziert andererseits eine geringe (Fremd-)Steuer- und Kontrollierbarkeit und ist nicht nur für manche Auftraggeber beängstigend, sondern auch für den Einsatz als zielgerichtetes Forschungsinstrument problematisch, zumindest wenn man die Gütekriterien der quantitativen sozialwissenschaftlichen Forschung anlegt. Wie viele andere qualitative Methoden genügt diese Methode nicht den klassischen Gütekriterien Objektivität, Reliabilität und Validität. Die Frage nach der Erfüllung der Kriterien für qualitative Ansätze – Flick (1996, S. 14) nennt die Begründung der Erkenntnisse im empirischen Material, die Angemessenheit der Auswahl und der Anwendung gegenüber dem Forschungsgegenstand, die Relevanz und die Reflexivität des Vorgehens – ist erheblich schwieriger zu beantworten: OST zeigte sich in Forschungsarbeiten des Autors als eine einfache, effiziente und angemessene Methode, um vor allem als heuristisches Instrument im Rahmen von Aktionsforschung Daten als Ergebnis von Gruppendiskussionen in Form von Workshopdokumentationen zu erheben, rückzumelden und gemeinsam zu reflektieren sowie Maßnahmen abzuleiten. Die Teilnahme an der OST-Konferenz wie an einzelnen Workshops ist freiwillig, sodass der Forscher keinen Einfluss auf die Gruppenzusammensetzung hat. Inwieweit die Anliegen und Ergebnisse für die Forschungsfragestellung und die aktuellen Prozesse in einer Organisation repräsentativ und relevant sind, hängt in hohem Maß von den Teilnehmern ab (Zusammensetzung, Anzahl). Teilnehmende Beobachter können, wie im genannten Fallbeispiel, für die Forschungsfragestellung relevante Anliegen als Themen für Workshops benennen, sind aber auch hier auf die freiwillige Teilnahme der Akteure angewiesen. Auf eine systematische Prozessdokumentation wurde im genannten Beispiel verzichtet. Diese ist nur sehr aufwendig möglich, in den meisten Fällen wird auf Video- oder Audioprotokolle verzichtet. Es bleibt in vielen Fällen den meist wenigen teilnehmenden Beobachtern überlassen, welchen der parallelen Workshops sie jeweils besuchen: Eine völlige Dokumentation ist also auch so nicht möglich. In eigenen Forschungsarbeiten wurde das Verfahren mit anderen Verfahren (halbstrukturierte Interviews, Fragebögen zur Evaluation) kombiniert eingesetzt. Diese boten sich an, um einzelne Diskussionsstränge zur reflektieren und zu vertiefen. Das Verfahren wurde in einem Umfeld, das anderen sozialwissenschaftlichen Verfahren meist nur wenig Akzeptanz entgegenbringt, von den Teilnehmern positiv aufgenommen, vor allem wegen der Freiwilligkeit, der Freiheitsgrade der Teilnehmer und der positiv bewerteten Relevanz der (selber erzeugten) Ergebnisse. Als förderlich aus Sicht der Forscher erwies sich auch die im Verfahren selbst vorgesehene Rückmeldung und Gewichtung.

Hinsichtlich der Zentrierung der Diskussionsthemen («Anliegen») auf das Forschungsthema kann der Forscher zum einen versuchen, das allgemeine Thema entsprechend zu wählen und zu formulieren, zum anderen als teilnehmender Beobachter selbst spezifische Anliegen zur Diskussion zu stellen.

Während, wie die Literatur zeigt, das Verfahren in der Praxis längst ein «Renner» ist, bleiben trotz erster positiver Erfahrungen jedoch hinsichtlich der Verwendung als Forschungsinstrument noch genug Fragen, die offenen Raum für zukünftige Experimente bieten.

Literatur

Bonsen, Matthias zur (1998): Mit der Konferenzmethode Open Space zu neuen Ideen, in: Harvard Business Manager, H. 3, S. 19–26.
Bonsen, Matthias zur (2000): Der dritte Tag in Open Space. http://www.zurbonsen.de/lit/ost/ost02.htm.
Bonsen, Matthias zur (2001): Und was passiert jetzt? Follow-up von Open Space, in: managerSeminare, H. 49, S. 82–89.
Bonsen, Matthias zur/Lau-Villinger, Doris (1999): Die Methode Open Space, in: Handbuch Personalentwicklung, Kapitel Nr. 6.16, S. 1–26.
Bonsen, Matthias zur/Maleh, Carole (2001): Appreciative Inquiry. Der Weg zu Spitzenleistungen, Weinheim.

Bortz, Jürgen/Döring, Nicola (1995): Forschungsmethoden und Evaluation für Sozialwissenschaftler, Berlin.

Bunker, Barbara Benedict/Alban, Billie T. (1997): Large Group Interventions, San Francisco.

Dannemiller, Kathy/Jacobs, Robert W. (1992): Changing the Way Organizations Change: A Revolutionary in Common Sense, in: Journal of Applied Behavioral Science, Jg. 28, S. 480–498.

Doersam, Laurel (2000): E-Mail-Mitteilung an den Autor vom 1. Dezember 2000.

Flick, Uwe (1996): Qualitative Forschung. Theorien. Methoden, Anwendung in Psychologie und Sozialwissenschaften, Reinbek bei Hamburg.

Freitag, Matthias/Bleicher, André/Schöne, Roland (1998): Personal- und Organisationsentwicklung in kooperativen KMU-Netzwerken, in: QUEM-Bulletin, H. 5/98, S. 8–10.

Frommann, Reinhard (2000): Dismissed employees of the Red Cross decide to do an Open Space, in: OSLIST: http://groups.yahoo.com/group/oslist/message/192.

Globalchicago (2000a): Open Space Technology: The Evolving Model for Training in Transformation, Leadership and Learning, Chaos and Creativity, Spirit at Work. http://www.globalchicago.net/mha/workshops/ost98proceeds.html.

Globalchicago (2000b): Open Space Technology: The Evolving Model for Organization Learning and Transformation Experience-Based Training and Development, Intentional Evolution in Organization, Leadership and Learning Chaos and Creativity. http://www.globalchicago.net/mha/workshops/ost99proceeds.html.

Heller, Frank (1969): Group Feedback Analysis: A Method of Action Research, in: Psychological Bulletin, Jg. 72, S. 108–117.

Herzog, Isis (1999a): Menschen für Visionen gewinnen. RTSC-Konferenz, in: managerSeminare, H. 34, S. 108–115.

Herzog, Isis (1999b): Marktplatz der Ideen. Open Space-Konferenz, in: managerSeminare, H. 35, S. 92–100.

Höflinger, Ralf (1997): Open Space Event. Großflächige Veränderung initiieren, in: Agogik 4, S. 31–39.

Holman, Peggy/Devane Tom (1999): The Change Handbook. Group Methods for Shaping the Future, San Francisco.

IG Metall (1997): Innovieren statt Entlassen. Bericht von einem Workshop mit der Methode Open Space, Frankfurt a. M.

Isaacs, William (1993): Dialogue. The Power of Collective Thinking, in: The System's Thinker, vol. 4, no. 3, www.pegasuscom.com/stindex.html.

Jacobs, Robert W. (1994): Real Time Strategic Change, San Francisco.

Leith, Martin (1996): The CLGI Guide to Creating Fast Change. How to use large group intervention methods and sabre interventions to create change that is fast, acceptable, strategic, transformational, in: Special Edition published in association with MaggPannwitzWalter, Amsterdam.

Leith, Martin (2000): Maintaining momentum following an Open Space Technology meeting. http://www.martinleith.com/openspace

Lewin, Kurt (1951): Feldtheorie in den Sozialwissenschaften. Ausgewählte theoretische Schriften, Bern.

Maleh, Carole (2000a): Open Space. Arbeiten mit großen Gruppen. Ein Handbuch für Anwender, Entscheider und Berater, Weinheim.

Maleh, Carole (2000b): Appreciative Inquiry, in: managerSeminare, H. 44, S. 90–95.

Miles, Matthew B./Huberman, A. Michael (1994): Qualitative Data Analysis, Thousand Oaks.

Möller, Fred/Pannwitz, Michael M. (1998): Open Space. Arbeitsmaterial für Begleitteams, Berlin.

Nationale Unterstützungsstelle der Bundesanstalt für Arbeit ADAPT (1999): ADAPT im Open Space II, Transfer-Forum, Hannover 1.–3. Februar 1999, Bonn.

Norris, Richard D. (2000): A Grounded Theory Study on the Value Associated with Using Open Space Technology. HRDV Report 6000 Webster University, Merrit Island, FL.

Owen, Harrison (1995): Tales from Open Space, Potomac.

Owen, Harrison (1997a): Expanding our Now. The Story of Open Space, San Francisco.

Owen, Harrison (1997b): Open Space Technology. A User's Guide, San Francisco.

Owen, Harrison (2000): E-Mail-Mitteilung an die Liste OSLIST@listserv.boisestate.edu vom 1. Dezember 2000.

Owen, Harrison (2001a): Open Space Technology. Ein Leitfaden für die Praxis, Stuttgart.

Owen, Harrison (2001b): Erweiterung des Möglichen. Die Entdeckung von Open Space, Stuttgart.

Owen, Harrison/Bartels, Johanna/Möller, Fred (1998): Opening Space – Expanding Now. Open Space Training Berlin, Berlin.

Owen, Harrison/Stadler, Anne (1999): Open Space Technology, in: Peggy Holman/Tom Devane (Hrsg.), The Change Handbook. Group Methods for Shaping the Future, San Francisco, S. 233–244.

Pannwitz, Michael M. (2000): Einführung in Open Space. http://www.michaelmpannwitz.de.

Petersen, Hans-Christian (2000): Open Space in Aktion. Kommunikation ohne Grenzen, Paderborn.

Petri, Katrina (1996): Let's meet in Open Space! Die Story von Kaffeepausen, chaotischen Attraktoren und Organisations-Transformation, in: Organisationsentwicklung, H. 2, S. 56–65.

Petri, Katrina (1999): Open Space Technologie, in: Roswita Königswieser/Marion Keil (Hrsg.), Das Feuer großer Gruppen. Konzepte, Designs, Praxisbeispiele für Großveranstaltungen, Stuttgart, S. 146–164.

Seibold, Brigitte/Ebeling, Ingrid (1997): Open Space Technology. Fragen und erste Antworten, in: Agogik, H. 4, S. 19–29.

Stadler, Anne (1997): Open Space – A Simple Way of Being, in: At Work, Jg. 6, H. 2, S. 1–4.

Weisbord, Marvin R. (1992): Discovering Common Ground, San Francisco.

Weisbord, Marvin R./Janoff, Sandra (1995): Future Search, San Francisco.

Witthaus, Udo/Wittwer, Wolfgang (2000): Open Space – eine Methode zur Selbststeuerung von Lernprozessen in Großgruppen, Bielefeld.

Internet-Ressourcen

http://www.michaelmpannwitz.de

http://www.mindspring.com/~owenhh

http://www.openspacetechnology.com

http://www.openspaceworld.org

http://www.zurbonsen.de

http://www.appreciative-inquiry.de
http://www.openspaceworld.com
Bulletin Board: http://www.openspaceworld.org
Liste OSLIST@listserv.boisestate.edu (zu abonnieren unter: http://listserv.boisestate.edu/archives/oslist.html)
Liste OSLIST@yahoogroups.com (zu abonnieren unter: http://groups.yahoo.com/group/oslist)

Visualisierungsmethoden

Visualisierungsmethode

Stefan Kühl
7 Visualisierte Diskussionsführung

1 Einleitung

Die Methode der visualisierten Diskussionsführung wird unter den Markennamen Metaplan-Moderationsmethode, Pinnwand-Technik, Neuland-Moderation oder ModerationsMethode bei der Strukturierung von Gruppengesprächen in Unternehmen, Verwaltungen und Verbänden eingesetzt.[1] Die Methode basiert auf der Stimulierung von Gruppendiskussionen durch interaktionsauslösende Fragen und der Mitvisualisierung der Diskussionen auf Karten, die anschließend an Pinnwänden geordnet werden.

Die Entstehung der Methode der visualisierten Diskussionsführung in den späten 1960er, frühen 1970er Jahren ist nur vor dem Hintergrund der damaligen gesellschaftlichen Umbrüche zu verstehen (vgl. Klebert/Schrader/Straub 1996, S. 5; Neuland 1999, S. 56–58; Dauscher 1996, S. 7). Erstens gewannen durch die politischen Umbrüche am Ende der 1960er Jahre (Stichworte: Studentenbewegung, Auseinandersetzung mit der NS-Vergangenheit und Proteste gegen den Vietnamkrieg) offene Gesprächssituationen an Bedeutung. Teilnehmer an einer Diskussion waren nicht mehr bereit, einem Vorsitzenden die Entscheidungsgewalt darüber zu überlassen, wer auf einer Sitzung sprechen darf und wer nicht. Zweitens kam es durch ein wachsendes Interesse an der Gruppendynamik verstärkt zu Forderungen, Gesprächsmethoden zu entwickeln, die nicht hierarchisch geprägt sind und den Diskussionsteilnehmern größere Entfaltungsfreiheiten bieten. Drittens standen während der Planungseuphorie Anfang der 1970er Jahre keine adäquaten Methoden zur Organisation von umfassenden Planungsprozessen unter der Beteiligung der Betroffenen zur Verfügung. In Planungsprozessen wurden häufig nur Gutachten erstellt, die dann nach einer zentral gefällten Entscheidung umgesetzt wurden.

In diesem gesellschaftlichen Umfeld entwickelte ab Mitte der 1960er Jahre eine Gruppe um die Brüder Eberhard und Wolfgang Schnelle unter dem Namen Metaplan-Moderationsmethode die Grundzüge der Methode der visualisierten Diskussionsführung. Bei der Entwicklung der Methode griff die Gruppe auf Elemente aus der Soziologie, der Organisationslehre, der humanistischen Psychologie, der Gruppendynamik und Gruppentechnik sowie der Planungs- und Visualisierungstechnik zurück (vgl. E. Schnelle 1966; 1973; 1978).

Nachdem die Methode Anfang der 1970er Jahre in Seminaren und Workshops mit den Schwerpunkten Problemsondierung und Lösungsfindung erprobt worden war, fand sie im Laufe der letzten 30 Jahre in immer neuen Feldern der Organisation ihre Anwendung: als interaktionell ausgerichtetes Instrument der Fort- und Weiterbildung (vgl. W. Schnelle 1978), in der Form des Informationsmarktes oder der Großkonferenz als Mittel zur Strukturierung der Diskussion von mehreren hundert oder tausend Mitarbeitern (E. Schnelle 1981), als qualitatives Marketinginstrument, als interaktives Element auf Messeständen, als methodischer Kernbestandteil von Qualitätszirkeln, Lernstätten und Werkstattzirkeln (vgl. Mauch 1981), als didaktisches Instrument in Schulen und Universitäten (Nissen/Nissen 1995), als Mittel zur Unterstützung der Planung von Entwicklungshilfeprojekten (vgl. GTZ 1987) oder als Instrument zur Strukturierung von Bürgerversammlungen.

Bisher gibt es jedoch nur wenige systematische Überlegungen, wie die Methode der visualisierten Diskussionsführung zur (wissenschaftlichen) Analyse von Organisationsstrukturen eingesetzt werden kann.[2] Von Betriebswirten, Soziologen und Psychologen wird die Methode nur selten in der empirischen Sozialforschung eingesetzt. Auch in der Organisationspraxis werden zwar Workshops häufig mit Unterstützung dieser Methode durchgeführt, zu Erkundungen im Vorfeld und zur Analyse der Organisationsstrukturen und Machtverhältnisse wird aber eher auf klassische Instrumente wie das Expertengespräch oder das Gruppeninterview zurückgegriffen. Einsichten in die Funktionsweise von Organisationen fallen so eher zufällig als das Nebenprodukt von visualisierten Workshops oder Seminaren an.

Diese weitgehende Ausblendung des Fokus auf die Organisationsanalyse hängt damit zusammen, dass ein zentraler Kontext bei der Weiterentwicklung der visualisierten Diskussionsführung die Gruppendynamik war. Durch die Anreicherung mit Elementen der Themenzentrierten Interaktion, des Psychodramas und der Transaktionsanalyse rückte die Sorge um das Wohlbefinden der Gruppe auf den Seminaren stärker in den Mittelpunkt. Die Rückbindung an die organisationstheoretischen Wurzeln dieser Methode wurde eher vernachlässigt.

2 Datenerhebung

Mit der Methode der visualisierten Diskussionsführung wird bezweckt, eine Form der Diskussionsführung zu finden, bei der jeder Gesprächspartner sich einmischen kann und bei der auch halbreife Gedanken geäußert werden können. Ziel ist es, dass jede Äußerung – unabhängig von der Bedeutung eines Sprechers und der eingesetzten Rhetorik – dasselbe Gewicht zugewiesen bekommt. Dabei soll die Interaktion zwischen den Teilnehmern so stimuliert werden, dass diese durch Einlassungen und Widersprüche anderer neue Einsichten gewinnen.

Die Methode der visualisierten Diskussionsführung ruht auf vier Pfeilern: erstens einer Visualisierung des Diskussionsverlaufs, zweitens einer ausgefeilten Frage-Antwort-Technik, drittens einer Methode, mit der eine Dramaturgie (eine durchstrukturierte und vorgedachte Folge von Frage- und Sageelementen) entwickelt wird, und viertens auf Verhaltensmustern des Moderators als Diskussionsführer.

Erster Pfeiler:
Visualisierung der Diskussion
Ein zentraler Pfeiler der Methode ist das Visualisieren, d. h. das
bildhafte Darstellen und Entwickeln von Beiträgen. Dabei geht es
nicht allein um die optische Präsentation von Ergebnissen, wie sie
beim Einsatz von Folien oder Flipcharts im Mittelpunkt steht. Vielmehr soll der gesamte Gesprächsverlauf optisch entwickelt werden,
indem jeder Diskussionsteilnehmer auch Visualisierer seiner eigenen Beiträge wird. Die Methode erlaubt es dabei der Gruppe, Auge
und Ohr gleichzeitig für den Informationsaustausch zu nutzen
(Schnelle-Cölln 1988, S. 12).

Das äußere Kennzeichen der visualisierten Diskussionsführung
ist die Verwendung von großen Packpapierbögen, von gelben, grünen, orangen und weißen Kärtchen in der Form von Rechtecken,
Ovalen und Kreisen, von Klebepunkten und von Filzstiften. Mit
Hilfe dieses Handwerkszeugs werden die Äußerungen in der Diskussion an Pinnwänden für alle Diskussionsteilnehmer sichtbar gemacht.

Zweiter Pfeiler:
Fragen und Behauptungen – die «Erhebungstechniken»
Einen zweiten Pfeiler stellen Fragen oder Behauptungen dar, mit
denen die Diskussionsteilnehmer aktiviert werden, eigene Ansichten einzubringen. Durch Fragen oder Behauptungen werden bei
den Teilnehmern simultane Äußerungen ausgelöst. Es wird bei den
Teilnehmern eine Spannung und Neugierde geweckt, ob die eigenen Antworten durch andere Beiträge bestätigt werden oder ob
andere Antworten zu den eigenen im Widerspruch stehen. Durch
die Auslösung von simultanen Äußerungen soll das Verlangen bei
den Teilnehmern ausgelöst werden, Widersprüchlichkeiten zu klären, unterschiedliche Perspektiven herauszuarbeiten und Konfliktlinien aufzudecken.

Um eine solche Interaktionsdynamik in einer Gruppe auszulö-
sen, muss die Frage offen formuliert sein, ohne dabei zu allgemein
oder zu vage zu werden. Solche offenen Fragen beginnen in der
Regel mit Fragewörtern wie «Weshalb», «Warum», «Wann» oder

«Wie» und schließen Ja/Nein-Antworten aus. Die Fragen sollen die Teilnehmer herausfordern und betroffen machen, ohne dabei den Diskussionsteilnehmern gegen den Strich zu gehen. Fragen, die peinlich berühren, führen in der Regel zu einer Blockierung der Diskussion. Die Fragen sollen auf ein Ziel hinführen, dürfen aber nicht (zu) suggestiv gestellt sein. Rhetorische Fragen werden schnell als solche entlarvt und führen nicht zu einer Auslösung von Interaktion. Interaktionsauslösende Fragen sollen nicht Wissen erfragen. Fragen, zu denen die Antworten richtig oder falsch sein können, brauchen in der Regel nicht in einer Gruppe ausführlich behandelt zu werden (vgl. Metaplan Ewige Werte 1998, S. 201; E. Schnelle 1982, S. 30).

Ziel ist es, mit den Fragen Antworten zu generieren, die dann in der Gruppe diskutiert werden können. Mit «Blitzen» können die Diskussionsteilnehmer Antworten markieren, mit denen sie nicht einverstanden sind oder die sie gern vertiefen wollen. Durch den Moderator werden die Kontroversen auf ovalen weißen Karten mitprotokolliert und so die Facetten der Auseinandersetzung visuell ausgebreitet. Die interaktionsauslösenden Impulse werden dabei vorrangig mit Hilfe von vier Instrumenten gesetzt: der Kartenfrage, der Zuruffrage, der Gewichtungsfrage und der These.

Beim ersten Instrument, der Zuruffrage, lässt sich der Moderator die Antworten auf seine Frage zurufen und notiert diese selbst auf Karten, die er an die Pinnwand heftet. Die Zuruffrage wird eingesetzt, wenn kein allzu langes Nachdenken erforderlich ist und bekannte Aspekte schnell zusammengetragen werden sollen. Sie eignet sich besonders in Situationen, in denen nur wenige Antworten möglich sind und nicht alle Teilnehmer zur Diskussion beitragen können. Bei der Zuruffrage beeinflussen sich die Teilnehmer gegenseitig, und eine Anonymität der Beiträge ist nicht gegeben.

Bei der Moderation einer Zuruffrage leitet der Moderator die an die Tafel geschriebene Frage mit wenigen Worten ein und liest sie deutlich vor. Dann bittet er um Antworten der Diskussionsteilnehmer. Er wiederholt bei jedem Beitrag eines Diskussionsteilnehmers den Kern der Aussage. Dadurch stellt er einerseits Klarheit in der Diskussionsgruppe her und diktiert andererseits einem Helfer (falls dieser verfügbar ist) den Text, den dieser auf eine rechteckige Karte schreibt. Diese rechteckigen Karten werden dann vom Moderator für alle sichtbar mit Stecknadeln an der Tafel befestigt. Bei Einwänden markiert der Moderator mit einem roten Filzstift einen Blitz auf der rechteckigen Karte und lässt die Einwände vom Helfer auf ovale Karten notieren. Diese hängt er dann neben die rechteckigen Karten. Bei einer intensiven Diskussion einer Antwort kann so eine ganze Kette von ovalen Karten entstehen. Wenn acht bis zehn Argumente gesammelt sind, liest der Moderator nochmals alle Karten vor, ordnet sie dabei nach und rahmt die entstandenen Cluster ein (vgl. Metaplan Ewige Werte 2000, S. 311).

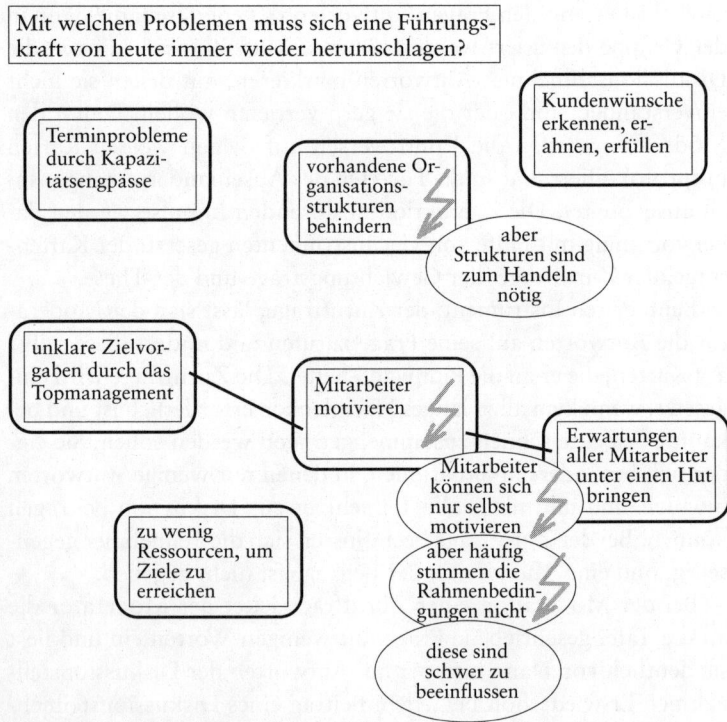

Beispiel für eine Zuruffrage zum Thema
«Anforderungen an Führungskräfte»

Das zweite Instrument, die Kartenfrage, stellt die wirkliche Neuerung gegenüber unstrukturierten Diskussionen dar. Dabei lässt sich der Moderator die Antworten von den Teilnehmern schriftlich auf Karten geben und breitet diese dann an der Tafel aus. Ziel ist es, Gedanken, Meinungen und Standpunkte aller Gruppenmitglieder zu sammeln und so ein möglichst breites Antwortspektrum entstehen zu lassen. Bei der Kartenfrage soll jeder zum Nachdenken gebracht werden und erst einmal unbeeinflusst von anderen seine Gedanken entwickeln können.

Bei der Moderation einer Kartenfrage liest der Moderator die auf einen weißen Streifen geschriebene und an eine Pinnwand geheftete Frage mit wenigen Worten vor. Dann lässt er sich von den Teilnehmern eine erste Antwort zurufen, an der er dann eine Musterantwort formuliert. Die Karte mit dieser Musterantwort heftet er an die Pinnwand. Dann verteilt er Karten an die Teilnehmer und bittet diese, ihre Antworten auf Karten zu schreiben. Dabei werden die Teilnehmer darum gebeten, nur jeweils eine Antwort auf eine Karte zu schreiben. Wenn alle Teilnehmer ihre Antworten auf Karten formuliert haben, sammelt der Moderator die Karten ein und liest sie vor. Dabei ordnet er die Karten an den Tafeln sogleich nach Sinnzusammenhängen. Bei Einwänden bringt er einen Blitz auf der Karte an.

Wenn er alle Karten an der Tafel ausgebreitet hat, liest er die Karten nochmals vor und ordnet sie nach.

Dabei bildet er Cluster, die er mit einem dicken Filzstift einrahmt. Zu den Clustern lässt er sich von den Teilnehmern Oberbegriffe vorschlagen, die von einem Helfer auf weißen Kreisen aufgeschrieben werden. Zu den Blitzen erfragt der Moderator die Argumente. Diese Diskussionsbeiträge werden von einem Helfer auf ovalen Karten mitgeschrieben und vom Moderator an der Pinnwand befestigt.

Das dritte Instrument, die Gewichtungsfragen, dient der quantitativen Priorisierung von Antworten. Gewichtungsfragen wie «Welche Fragen sollen wir vertiefen?» oder «Was ist aus Ihrer Sicht vordringlich?» dienen dazu, die Teilnehmer die bisherige Diskussion noch einmal reflektieren zu lassen und herauszuarbeiten, wo die Gruppe Schwerpunkte setzen will. Über die Gewichtungsfrage kann man den Teilnehmern die Möglichkeit zum Mitsteuern in der Diskussion einräumen und die Gruppe für die weitere Diskussion ausrichten.

Bei der Moderation der Gewichtungsfrage schreibt der Moderator diese auf einen weißen Streifen, hängt diesen auf die untere Hälfte eines Posters, auf dem er vorher mit einer Kartenfrage bereits Antworten gesammelt hat, und bittet jeden Diskussionsteilnehmer, drei, vier bzw. fünf Cluster auszuwählen. Wenn bei der Kartenfrage weniger als zwölf Cluster entstanden sind, empfehlen sich drei Punkte, bei zwölf bis 20 Clustern vier Punkte und bei über 20 Clustern fünf Punkte. Dann liest er die Oberbegriffe oder Einzelkarten vor und nummeriert diese dabei durch. Er bittet die Teilnehmer, ihre Auswahl auf einen Spickzettel zu schreiben. Wer sich von den Teilnehmern auf seine Auswahl festgelegt hat, bekommt Klebepunkte, und auf ein Zeichen hin kleben alle gemeinsam ihre Punkte. Der Moderator zählt mit Hilfe der Teilnehmer die Punkte durch und hebt die hoch gewichteten Cluster optisch hervor (Metaplan Ewige Werte 2000, S. 331).

Das vierte Instrument, die These, ist eine Behauptung mit einem Ausrufezeichen, das um ein Vier-Felder-Schema von + + bis – – ergänzt ist. Eine These wird in der Regel dazu eingesetzt, zu Beginn eines Diskussionsblocks eine erste Interaktion zu stimulieren. Sie kann nur sehr begrenzt zur Vertiefung einer Diskussion eingesetzt werden. Eine gut formulierte These deckt gestreute Meinungen auf, lässt sich durch eine eher unscharfe Formulierung von den Diskussionsteilnehmern ausdeuten und soll auf die Meinung der anderen neugierig machen. Sie sollte positiv formuliert sein, weil doppelte Verneinungen in der Form «Der These ‹Diese Moderation war nicht gelungen› stimme ich nicht zu» verwirren (Metaplan Ewige Werte 1998, S. 401).

Bei der Moderation der These leitet der Moderator die auf einen Streifen geschriebene und an eine Pinnwand geheftete These mit wenigen Worten ein und liest sie vor. Dann erklärt er die Abstufung auf der Skala von + + bis – – und fordert die Diskussionsteilnehmer auf, gleichzeitig ihre Punkte auf die Skala zu kleben. Nachdem alle Punke geklebt sind, erfragt er zuerst die Argumente der Minderheit und lässt sie von einem Helfer notieren. Nach der dritten oder vierten Karte wechselt er zur Gegenposition über. Gegebenenfalls erfragt er Argumente für die mittlere Position. Wenn insgesamt sechs bis acht Argumente gesammelt sind, liest er alle Karten nochmals vor und ordnet sie nach.

Neben diesen vier Hauptinstrumenten – Zuruffrage, Kartenfrage, Gewichtungsfrage, These – wurden noch andere Instrumente entwickelt. So lässt sich das Instrument der These beispielsweise durch gleitende Skalen oder numerische Skalen variieren. Die gleitende Skala funktioniert wie eine These, nur dass keine genauen Abstufungen zwischen den Polen vorgenommen werden. Bei der numerischen Skala wird anstatt des Vier-Felder-Schemas von + + bis – – ähnlich wie bei quantitativ ausgerichteten Fragebögen ein Schema à la «+3, +2, +1, 0, –1, –2, –3» verwendet.

Schließlich ist der Themenspeicher eine stark strukturierte Kombination von Zuruffrage und Gewichtungsfrage. Es wird eine Tabelle auf eine Tafel gemalt, in der Probleme oder Vorschläge gesammelt werden. Die Teilnehmer können dann mit Klebepunkten gewichten, welche Probleme oder Vorschläge sie gern vertiefen möchten.

Dritter Pfeiler: Dramaturgie

Der dritte Pfeiler der visualisierten Diskussionsführung ist die Dramaturgie. Dabei handelt es sich um eine vorgedachte Folge von Sage- und Frageelementen, die dazu dienen, die Gruppenkommunikation zu strukturieren. Die Entwicklung einer Kombination aus Zuruffragen, Kartenfragen, Gewichtungsfragen und Thesen mit Elementen von Präsentation und Kleingruppenarbeit stellt quasi das Drehbuch für die Gruppendiskussion dar und ist vergleichbar mit einem Interviewleitfaden oder einem Beobachtungsraster. Zur Vorbereitung der Dramaturgie werden Interviews oder kleine Gruppengespräche geführt, in denen herausgearbeitet wird, welche «Knackpunkte» in der Organisation existieren und welche Fallgruben man vermeiden sollte (Klebert/Schrader/Straub 1996, S. 78).

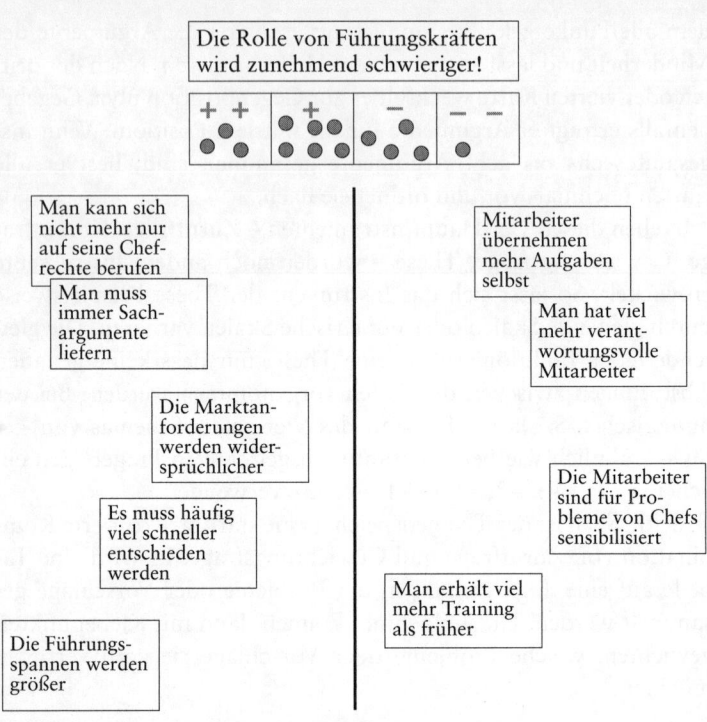

Die Rolle von Führungskräften
wird zunehmend schwieriger!

Man kann sich
nicht mehr nur
auf seine Chef-
rechte berufen

Man muss
immer Sach-
argumente
liefern

Die Marktan-
forderungen
werden wider-
sprüchlicher

Es muss häufig
viel schneller
entschieden
werden

Die Führungs-
spannen werden
größer

Mitarbeiter
übernehmen
mehr Aufgaben
selbst

Man hat viel
mehr verant-
wortungsvolle
Mitarbeiter

Die Mitarbeiter
sind für Pro-
bleme von Chefs
sensibilisiert

Man erhält viel
mehr Training
als früher

Beispiel für eine These zum Thema
«Anforderungen an Führungskräfte»

Es lassen sich zwei Arten von Dramaturgien unterscheiden. In einer geschlossenen Dramaturgie werden alle Sage- und Frageele-
mente vor Beginn der Veranstaltung ausformuliert. Es wird genau
festgelegt, an welcher Stelle Zuruf-, Karten-, Gewichtungsfrage
oder These eingesetzt werden. Es existiert also ein genaues Text-
und Drehbuch der Diskussion. Die für die Diskussion benötigte
Zeit lässt sich so genau vorausberechnen.

Bei einer offenen Dramaturgie werden lediglich die Eröffnungs-
sequenz und die Sequenz der Problemaushebung vorher formuliert
und die Instrumente dafür bestimmt. Für den weiteren Verlauf hält
man Regeln bereit, um die Dramaturgie am Prozess zu entwickeln.

Dabei sollte der Moderator darauf achten, immer einen Schritt weiter zu denken, als er die Gruppe führen muss. Eine offene Dramaturgie eignet sich für die Exploration von Problemfeldern. Sie kann auch eingesetzt werden, wenn es keine ausreichende Zeit für Vorgespräche gegeben hat, um eine geschlossene Dramaturgie zu entwickeln.

Eine einfache Dramaturgie von 1½ bis 3½ Stunden Dauer besteht aus einem Trailer in Form einer These oder einer Zuruffrage, durch die die Teilnehmer an das Thema herangeführt werden sollen. Dann folgt zur Vertiefung in der Regel eine Kartenfrage. Dabei soll die Problemstellung möglichst umfassend ausgebreitet und diskutiert werden. Dann werden mit einer Gewichtungsfrage Kernpunkte herausgehoben. Diese Kernpunkte werden entweder durch eine zweite Kartenfrage oder durch Kleingruppenarbeit mit anschließender Präsentation der Kleingruppenergebnisse vertieft. Den Abschluss bildet eine Zuruffrage, ein Themenspeicher oder eine These (vgl. Metaplan Ewige Werte 1991, S. 701).

Zu Beginn der Erarbeitung einer Dramaturgie sollte klargestellt werden, wie das Thema genau lautet und was durch die Moderation erreicht werden soll. Für die Entwicklung der Dramaturgie wird eine ähnliche Vorgehensweise wie bei der Abfassung eines Artikels empfohlen. Man beginnt mit der Vertiefung. Dabei wird erarbeitet, worum es in der Vertiefung genau gehen soll, wie die Frageformulierungen lauten und in welcher Reihenfolge sie bearbeitet werden sollen. Danach überlegt man, was ein geeigneter Abschluss der Dramaturgie sein könnte. Erst am Schluss entwickelt man den Trailer für den Diskussionsblock.

Vierter Pfeiler:
Rolle des Moderators

Einen vierten Pfeiler der visualisierten Diskussionsführung stellen die Verhaltensmuster des Moderators dar. Die Aufgaben des Moderators bestehen darin, den Diskussionsverlauf vorzuplanen und dabei die Thematik, die Interessen und Widerstände vorzudenken. Er ist dafür verantwortlich, dass die Gedankengänge für alle sichtbar gemacht werden und der sachliche Teil der Argumentation geschärft wird. Er trägt letztlich die Verantwortung dafür, dass die Diskussion ohne Gängelung und in der vorgesehenen Zeit vorankommt.

Die ursprüngliche Auffassung besagte, dass der Moderator als «Dienstleister der Gruppe» den Meinungs- und Willensbildungsprozess der Gruppe unterstützen solle (Neuland 1999, S. 59). Es wurde proklamiert, dass der Moderator inhaltlich nicht eingreifen und eigene Meinungen, Ziele und Wertungen zurückstellen solle. Es wurde jedoch bei der Entwicklung der Moderationsmethode deutlich, dass bestimmte in der Organisation tabuisierte Themen nicht allein durch Fragen und Thesen – quasi aus der Gruppe selbst heraus – auf die Tagesordnung kommen. Deshalb wird inzwischen zunehmend ein inhaltlich intervenierendes Rollenverständnis des Moderators propagiert. Dabei soll dieser durch paradoxe Interventionen, Aufzeigen von Widersprüchlichkeiten und Ansprechen von Tabus selbst inhaltlich in die Diskussion eingreifen.

Beim Einsatz der visualisierten Diskussionsführung in der empirischen Sozialforschung hängt die Antwort auf die Frage, ob der Moderator inhaltlich intervenieren soll oder nicht, davon ab, was der Forscher erreichen will. Wenn es um die Erhebung einer möglichst unbeeinflussten Selbstbeschreibung der Organisation geht, empfiehlt sich eine eher zurückhaltende Rolle des Moderators. Wenn die Methode eher als Instrument zur Informationsgenerierung für den forschenden Moderator genutzt werden soll, mit dem er selbst Beobachtungen, Hypothesen und Eindrücke testen möchte, können auch stärkere inhaltliche Interventionen des Moderators sinnvoll sein.

Visualisierte Diskussionsführung in Abgrenzung zu anderen Methoden der Visualisierung wie Brainwriting, Mind-Mapping und Participatory Appraisal

Parallel zur visualisierten Diskussionsführung wurden verschiedene andere Methoden entwickelt, die auf der Visualisierung von Ideen, Meinungen, Überlegungen und Argumenten basieren: Brainwriting, Mind-Mapping und Participatory (Rural) Appraisal.

Beim Brainwriting handelt es sich um eine Variation des Brainstorming, bei der die Teilnehmer dazu angehalten werden, ihren Gedanken freien Lauf zu lassen. Dies wird durch ein Regelwerk erreicht, das bewirken soll, dass die Teilnehmer die Beiträge anderer nicht in Frage stellen. Beim Brainwriting werden die Beiträge und Ideen entweder von den Teilnehmern selbst auf ein Poster geschrieben oder von einem Diskussionsleiter an einem Flipchart mitprotokolliert. Der zentrale Unterschied zwischen visualisierter Diskussionsführung und Brainwriting liegt darin, dass zwar auch bei der visualisierten Diskussionsführung viel Wert auf eine Überwindung der in Gruppen vorzufindenden Zensurmechanismen («Das geht ja sowieso nicht», «Das haben wir doch schon einmal versucht») gelegt wird, dass die Äußerungen in einer zweiten Phase dann aber intensiv diskutiert und kritisiert werden können.

Beim Mind-Mapping handelt es sich um eine von Tony Buzan entwickelte Methode, die dazu dient, bestimmte Gedanken aufzuschreiben, ohne sich dabei an eine bestimmte Reihenfolge halten zu müssen (siehe den Beitrag zu Organisationskarten in diesem Band). Dadurch soll die Kreativität bei der Ideenentwicklung unterstützt werden. Beim Mind-Mapping wird die zentrale Themenstellung in den Mittelpunkt einer Fläche geschrieben. Von der Mitte zweigen dann Äste ab, an denen Gedanken zu dem zentralen Thema notiert werden. Von diesen Hauptästen zweigen wiederum Unteräste ab, an denen weitere Überlegungen notiert werden können. Beim Einsatz in Gruppen funktioniert das Mind-Mapping quasi wie eine Zuruffrage bei der visualisierten Diskussionsführung – nur dass die Beiträge in einer Netzform geordnet werden und Konflikte und Widersprüche nicht in der gleichen Weise erfasst werden können.

Die Methode des Participatory Appraisal (auch Diagnostic Rapid, Marp oder Participatory Rural Appraisal) entstand Anfang der 1980er Jahre in der Entwicklungszusammenarbeit, um sehr schnell Informationen über ein System zu erheben. Die Entwicklung der Methode war eine Reaktion auf die Probleme, die beim Einsatz konventioneller Methoden der empirischen Sozialforschung in der Entwicklungshilfe zu beobachten waren: Bestimmte Personengruppen (beispielsweise Arme) wurden systematisch übersehen; die erhobenen Informationen konnten nur von den Forschern analysiert und benutzt werden.

Die Methode des Participatory Appraisal basiert auf dem Prinzip des «Visual Sharing». Alle Gesprächsteilnehmer arbeiten an visualisierten Karten, Modellen und Diagrammen mit. Auf Transsekten (Visualisierung der Raumstruktur eines Dorfs oder einer Organisation), Kalendern (Visualisierung der Veränderung der Arbeits- und Lebensschwerpunkte über einen Zeitraum) und Karten zur Sozialstruktur (Plan der Sozialbeziehungen) werden wichtige Informationen über das soziale System dargestellt. Anhand dieser Modelle können die Teilnehmer dann Problemfelder aufzeigen und Änderungsvorschläge einbringen.

Im Gegensatz zur Methode der visualisierten Diskussionsführung basiert die Methode des Participatory Appraisal stark auf der Verbildlichung von Informationen. Die Ergebnisse werden nicht vorrangig in Schriftform festgehalten, sondern durch Zeichnungen und Symbole dargestellt. Dadurch wird zwar die Reichweite der visualisierten Gesprächsführung auf die Gruppe der Analphabeten ausgedehnt, es bestehen aber nicht die gleichen Möglichkeiten einer strukturierten, verbal vermittelten Dramaturgieentwicklung wie bei der weitgehend auf Verschriftlichung basierenden Methode der visualisierten Diskussionsführung.

Kombinationsmöglichkeiten der visualisierten Diskussionsführung

Es ist möglich, die Methode der visualisierten Diskussionsführung in «Reinform» einzusetzen. Dabei wird die erste Informationserhebung bereits in Kleingruppengesprächen durchgeführt, die Diskussionsprozesse werden mit Frage- und Sageelementen vorstrukturiert und die Ergebnisse entsprechend mitvisualisiert. Aufgrund der Diskussion in den Kleingruppen kann dann eine Dramaturgie für einen Workshop mit größeren Gruppen entstehen. Aus dem Workshop heraus können wiederum Fragesequenzen für Gespräche mit Einzelpersonen und Kleingruppen entwickelt werden. Diese Gespräche werden dann wiederum entsprechend mitvisualisiert und dienen als Ausgangspunkt für einen nächsten Workshop mit größeren Gruppen. Auf diese Weise können mehrere Schleifen aneinander gereiht werden, bis der Moderator den Eindruck hat, das Innenleben der Organisation weitgehend verstanden zu haben.

Wahrscheinlicher ist jedoch der Einsatz der Methode der visualisierten Diskussionsführung als Ergänzung zu anderen Methoden der empirischen Sozialforschung. Dabei wird ein Erstzugang zu der Themenstellung über unstrukturierte und nicht visualisierte Einzelinterviews und Kleingruppengespräche hergestellt. Auf der Grundlage der Information aus diesen Gesprächen wird dann eine Dramaturgie für einen Workshop entwickelt, mit der bestimmte Einsichten aus den Einzelinterviews und Kleingruppengesprächen überprüft oder neue Konfliktfelder herausgearbeitet werden.

3 Dateninterpretation und Feedback

Bei der Diskussion über Möglichkeiten eines reflexiven Methodeneinsatzes in der Organisationsforschung stehen zwei Fragen im Mittelpunkt: Wie können Informationen so gewonnen werden, dass sie nicht nur von den Forschern benutzt werden können, sondern auch den Beforschten als Material zur Verfügung stehen? Wie lassen sich die Informationen und Interpretationen so zu den Beforschten zurückspielen, dass erstens die Forscher ihre Interpretationen durch die Beforschten kritisch begutachten lassen können und zweitens durch die Diskussion ihrer Ergebnisse einen zusätzlichen Erkenntnisgewinn haben?

Die Methode der visualisierten Diskussionsführung allein kann die Herausforderung einer Institutionalisierung von Feedbackschleifen natürlich nicht abschließend lösen, erleichtert aber an einigen Stellen das Zurückspielen von Informationen zu den Beforschten.

Datensicherung und Interpretation

Zur Datensicherung dienen in der Regel die während des Diskussionsprozesses produzierten Poster. Die Protokolle der moderierten Gruppengespräche zielen dabei darauf ab, den visualisierten Eindruck der gemeinsam erarbeiteten Poster möglichst genau wiederzugeben. Zur Erstellung der Protokolle gibt es drei Methoden: Die erste Methode besteht darin, die Plakate hand- oder maschinenschriftlich auf DIN-A4-Blätter zu übertragen. Bei der zweiten Methode werden die Poster mit einer Kamera abfotografiert. Dabei kann man entweder eine Kleinbildkamera (die Negative werden auf DIN A4 vergrößert), eine Polaroidkamera (in der Regel eine gute Wiedergabe) oder eine Digitalkamera (ermöglicht eine Weiterbearbeitung der Fotoprotokolle) verwenden. Die dritte Methode besteht im Einsatz einer speziellen Fotografiermaschine, mit der die Poster direkt auf Faxpapierrollen übertragen werden.

Da das Protokoll des Diskussionsprozesses nicht nachträglich von einem Protokollführer, einem Moderator oder einem Forscher erstellt wird, sondern gemeinsam an den Postern entwickelt wird, wird diese Form der Datensicherung auch als Simultanprotokollierung bezeichnet. Da in den Simultanprotokollen nur die Punkte auftauchen, die auf den Plakaten visualisiert wurden, ist es von besonderer Wichtigkeit, die Komplexität des Gesprächsverlaufs auf den Plakaten festzuhalten. Gerade die sich an Blitzen entspinnenden Diskussionen sollten dabei genau mitprotokolliert werden, um an dieser Stelle die Konfliktlinien in den Gesprächsgruppen aufzeigen zu können.

Der Vorteil dieser Form der Datensicherung ist, dass sie erstens sehr zeitsparend ist, weil keine zusätzliche Transkribierarbeit notwendig ist, und dass man zweitens mit den auf den Postern basierenden Protokollen ein von der Gesamtgruppe akzeptiertes Verlaufsprotokoll der Diskussion hat. Der größte Nachteil dieser Form der Datensicherung ist, dass durch die Simultanprotokolle wichtige Informationen verloren gehen. Erstens wird durch die Reformulierung der Antworten durch den Moderator die Aussage in ihrer Komplexität reduziert. Zwar wird der Inhalt der Aussage bei der Reformulierung durch den Moderator nicht verfälscht, aber die

Aussage hat nicht mehr die gleiche Authentizität wie das wortwörtliche Erfassen eines Beitrags. Zweitens kann selbst beim genauen Mitprotokollieren der Diskussion die Dynamik des Gesprächs nicht umfassend auf den Karten erfasst werden. Zustimmendes Nicken oder ablehnendes Murmeln geht verloren. Drittens können die Antworten beim Einsatz von Zuruffragen später nur sehr schwer und bei Kartenfragen überhaupt nicht auf einen Teilnehmer zugerechnet werden. Auch bei Gewichtungsfragen kann nachträglich nicht rekonstruiert werden, wer welche Position eingenommen hat. Dadurch gehen wichtige Informationen für eine Interpretation der Ergebnisse verloren. Die Zitierbarkeit der Aussagen ist eingeschränkt.

Aufgrund dieser Problematik bietet es sich beim Einsatz der visualisierten Diskussionsführung in der empirischen Sozialforschung an, parallel zur Erstellung des Protokolls an den Postern das Gespräch auf Tonband aufzuzeichnen. Dieses kann dann wie bei einem Gruppeninterview ausgewertet werden. Durch den Einsatz des Tonbandes bleibt jedoch das Problem der Zurechnung von Beiträgen bei Kartenfragen und Gewichtungsfragen bestehen. Die Teilanonymisierung bei diesen beiden Instrumenten, die dazu dient, die Teilnehmer zu einer möglichst freien Meinungsäußerung zu bewegen, wirkt sich bei einer nachträglichen Interpretation eindeutig negativ aus. Der geäußerte Sachverhalt ist zwar erfasst, aber er kann nicht mehr auf einen Autor zugerechnet werden.

Feedback
Bei der Rückmeldung von Ergebnissen an die Beforschten wird bei den meisten Methoden nicht direkt auf das erhobene Datenmaterial zurückgegriffen: Das Vorspielen von aufgezeichneten Interviewsequenzen und das Abspielen von beobachteten und mit Videokameras gefilmten Handlungssequenzen verbietet sich meistens wegen der zugesagten Anonymität. Daher werden bei Feedbackrunden häufig nur die Interpretationen der Forscher vorgestellt, und es wird nur indirekt auf das erhobene Material Bezug genommen.

Mit der Methode der visualisierten Diskussionsführung wird

dieses Problem wenigstens ansatzweise überwunden. Dadurch, dass die Poster ein von der Diskussionsgruppe erstelltes und akzeptiertes Gesamtergebnis darstellen, in dem die Beiträge einzelner Personen nicht mehr zurechenbar sind, hat der Moderator in der Regel keine Schwierigkeiten, von der Gruppe ein Okay zu erhalten, das Simultanprotokoll auch organisationsintern weiterzugeben. Er kann in Feedbackrunden ein Poster aus einem vorherigen Workshop entweder im Ganzen einsetzen, um seine Interpretation an einer Diskussionssequenz zu illustrieren, oder er kann Teile aus einem Poster herausschneiden und diese Teile dann in seine eigene visualisierte Präsentation integrieren.

Auf diese Weise können mehrere Schleifen aus Dateninterpretation, Präsentation von Ergebnissen und Kommentierungen ineinander verflochten werden. So kann der Moderator bei einer Feedbackrunde beispielsweise seine Interpretationsergebnisse auf mehreren Postern ausbreiten und dabei zur Illustration Teile aus Simultanprotokollen der vorher geführten Gruppengespräche integrieren. Die eigenen Poster lässt er dann von den Teilnehmern der Feedbackrunde kommentieren und kritisieren. Dabei lässt er die Kommentare entweder von den Teilnehmern selbst auf Karten notieren und an den Postern befestigen, oder er schreibt die verbal geäußerten Kommentare der Teilnehmer selbst auf Karten, die er dann an den Postern befestigt. Die Ergebnisse dieser ersten Feedbackrunde kann er in einer zweiten Feedbackrunde mit anderen Teilnehmern vorstellen. Diese zweite Gruppe hat dann die Möglichkeit, sowohl auf die Interpretationen des Moderators als auch auf die Kommentare der ersten Gruppe zu reagieren.

Es sind aber auch Feedbackmechanismen vorstellbar, in denen sich der Forscher mit seinen Interpretationen stärker zurücknimmt. Dafür werden die Simultanprotokolle einer Gruppe direkt als Impuls in einem Diskussionsprozess mit einer zweiten, anders zusammengesetzten Gruppe eingesetzt. Bei diesem Vorgehen werden die Poster der ersten Gruppe von der zweiten Gruppe auf rechteckigen oder ovalen Karten kommentiert und ergänzt. Diese Kommentare können dann wieder in die erste Gruppe zurückgespielt werden. Dadurch ist es beispielsweise möglich, dass Mitarbeiter aus Montage und Fertigung im Gruppengespräch eine eigene Einschätzung einer Situation erarbeiten, die dann in einem anschließenden Gruppengespräch von Führungskräften kommentiert wird. Diese durch die Verschriftlichung auf Karten anonymisierten Kommentare können wiederum an die Mitarbeiter in der Montage und Fertigung zurückgespielt und von diesen kritisiert und ergänzt werden.

Der Einsatz der Methode der visualisierten Diskussionsführung allein stellt noch nicht sicher, dass es zu vielfältigen Feedbackschleifen im Rahmen eines Forschungs- oder auch Beratungsprojektes kommt. Durch die Halbanonymisierung der Beiträge, die Visualisierung auf Postern und die problemlose und zeitsparende Datensicherung wird jedoch das Aneinanderreihen von Feedbackprozessen in einer Organisation stark erleichtert.

Kombination von qualitativen und quantitativen Ansätzen bei der visualisierten Diskussionsführung

Die visualisierte Diskussionsführung ist vorrangig eine qualitative Methode der empirischen Sozialforschung. Die Stärken liegen in der Erhebung von nicht-quantifizierten Informationen über soziale Systeme. Dies bedeutet aber nicht, dass die Methode nicht auch durch einen quantifizierenden Methodeneinsatz ergänzt und erweitert werden kann. Sowohl das Instrument der These als auch das Instrument der Gewichtungsfrage erheben quantifizierbare Informationen, die von den Forschern verwendet werden können.

Durch den hohen Formalisierungsgrad der Interaktionssequenzen bei geschlossenen Dramaturgien ist es möglich, die gleiche Moderation in verschiedenen Gruppen durchzuführen. So können beispielsweise beim Einsatz von Thesen quantifizierbare Unterschiede zwischen den einzelnen Gruppen (z. B. in Abhängigkeit von Hierarchieebenen oder Abteilungszugehörigkeiten) herausgearbeitet werden. Diese quantifizierbaren Informationen können dann vom Forscher weiterverwendet werden.

Bisher gibt es kaum Erfahrungen mit dem systematischen Einsatz der Methode der visualisierten Diskussionsführung in der quantitativ ausgerichteten empirischen Sozialforschung (vgl. aber Kühl/Kullmann 1999, S. 108 ff.). Es gibt berechtigte Zweifel, ob die Methode beispielsweise quantitative Fragebögen punktuell ersetzen kann. So ist etwa die Anonymität beim Kleben von Punkten zu Thesen oder Gewichtungsfragen nicht gegeben. Auch ist mit einer gewissen Ermüdung von Workshop-Teilnehmern zu rechnen, wenn quantitative Informationen über diese Methode erhoben werden.

Was möglich erscheint, ist jedoch, gezielt in mehreren Gruppen über eine Anzahl von Thesen oder Skalen eine quantifizierbare Positionierung zu erheben und die quantifizierten Ergebnisse als Impuls in ein Gruppengespräch zurückzuspielen. Ziel wäre es dann nicht, vorrangig für die eigene Forschungsanalyse quantifizierbare Ergebnisse zu haben, sondern vielmehr die Zahlen als Impuls für die Erhebung qualitativer Aussagen in weiteren Gruppengesprächen zu nutzen. Die Quantifizierung von Ergebnissen wäre dann letztlich ein effektives Mittel zum Zweck der Erhebung qualitativer Informationen.

4 Anwendungsbeispiel

Im Folgenden soll der Einsatz der visualisierten Diskussionsführung in einem Projekt über Dezentralisierungsmaßnahmen in mittelständischen Unternehmen dargestellt werden. Ziel dieses Projekts war es, neben den Mechanismen der Dezentralisierung in den wertschöpfenden Bereichen und in der strategischen Ausrichtung der Geschäftsfelder auch die Vernetzung dieser Mittelständler mit anderen Unternehmen zu untersuchen. Eine Untersuchung beschäftigte sich dabei mit einem norddeutschen Handelsunternehmen mit knapp 200 Mitarbeitern, das versuchte, seine Internationalisierung über ein Franchise-System voranzutreiben. Dazu wurden selbständige Franchise-Partner in verschiedenen Ländern Europas angeworben.[3]

Bei den leitfadengestützten Einzelinterviews wurde deutlich, dass bei den Mitarbeitern große Zurückhaltung bei Aussagen zu dem Franchise-System herrschte: Das System war noch nicht lange etabliert, und die Mitarbeiter zeigten Widerwillen, sich über die

Funktionsweise des Systems zu äußern. Außerdem galt das Franchise-System als Lieblingskind des dominanten Unternehmenschefs, und man fürchtete, sich mit allzu kritischen Äußerungen in dessen Schusslinie zu begeben. Aufgrund dieser schwierigen Situation wurde versucht, diesen Komplex zusätzlich zu den in Einzelinterviews und Gruppeninterviews erhobenen Informationen mit der Methode der visualisierten Diskussionsführung zu analysieren.

Dramaturgieentwicklung

In den zu Beginn der Untersuchung geführten Experteninterviews und Kleingruppengesprächen wurden zusätzlich zu Informationen über die Dezentralisierungs- und Vernetzungsstrategien des Unternehmens zwei weitere Themen angesprochen. Erstens wurde erfragt, welche Punkte in Bezug auf das Franchise-System als besonders diskussionswürdig erschienen. Zweitens wurden die Gesprächspartner gefragt, ob sie bereit wären, an einem Workshop teilzunehmen, in dem interessante Punkte zum Franchise-Thema vertieft werden sollten. Anhand der Informationen aus den Experteninterviews und Kleingruppengesprächen und der Hinweise der Gesprächspartner wurde für den Workshop «Stärken und Schwächen des Franchise-Systems» eine geschlossene Dramaturgie entwickelt. Zu dem Workshop wurden sieben Personen aus den Abteilungen Franchising, Informations- und Kommunikationstechnologien, Personal, Marketing, Lager und Finanzen eingeladen. Weil befürchtet wurde, dass die Anwesenheit des Chefs die Gesprächsbereitschaft der anderen Teilnehmer beeinträchtigen würde, wurde auf dessen Einbeziehung in den Workshop verzichtet. So waren lediglich Personen aus zwei unterschiedlichen Hierarchieebenen an dem Workshop beteiligt.

Der Einstieg in den Workshop erfolgte über die These «Durch das Franchise-System ist die Arbeit bei uns leichter geworden!». Mit dieser These sollten gleich zu Beginn das Interesse der Teilnehmer am Workshop geweckt und die verschiedenen Facetten des Themas aufgezeigt werden. Die anschließend eingesetzte Zuruffrage «Wodurch unterscheidet sich das Franchise-System von der

Auftragsbearbeitung durch eigene Abteilungen?» diente dazu, die Hauptunterschiede zwischen dem Franchise-System und der vorher favorisierten Bearbeitung von Auslandsaufträgen durch ein eigenes internes Callcenter herauszuarbeiten.

Wodurch unterscheidet sich das Franchise-System von
der Auftragsbearbeitung durch eigene Abteilungen?

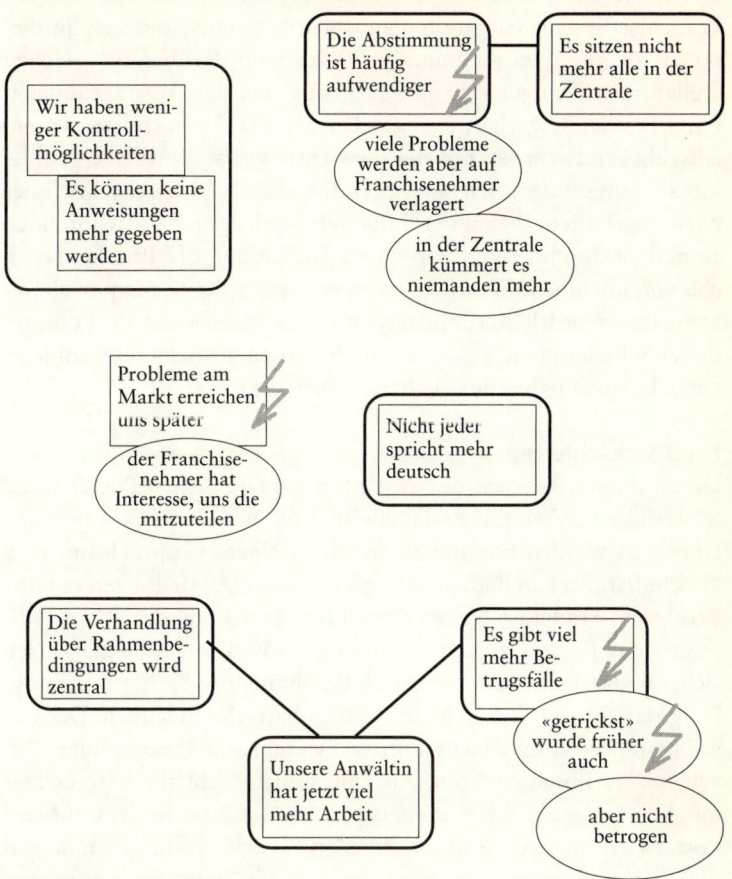

Die Abstimmung ist häufig aufwendiger

Es sitzen nicht mehr alle in der Zentrale

Wir haben weniger Kontrollmöglichkeiten

Es können keine Anweisungen mehr gegeben werden

viele Probleme werden aber auf Franchisenehmer verlagert

in der Zentrale kümmert es niemanden mehr

Probleme am Markt erreichen uns später

der Franchisenehmer hat Interesse, uns die mitzuteilen

Nicht jeder spricht mehr deutsch

Die Verhandlung über Rahmenbedingungen wird zentral

Es gibt viel mehr Betrugsfälle

«getrickst» wurde früher auch

Unsere Anwältin hat jetzt viel mehr Arbeit

aber nicht betrogen

Zuruffrage in der Diskussion
über das Franchise-System

Mit der Kartenfrage «Welche Problemen stellen sich für das Unternehmen durch das Franchise-System?» sollte eine möglichst komplette Bestandsaufnahme der Konfliktpunkte in Bezug auf das Franchise-System vorgenommen werden. Es entspann sich an dieser Stelle eine über 45-minütige Diskussion darüber, an welchen Stellen neue Probleme beim Marketing, bei der Auftragsabwicklung, bei der Lagerhaltung und bei der EDV aufgetreten waren. Anschließend wurden mit der Gewichtungsfrage «Welche Probleme sind besonders schwerwiegend?» die Diskussionsteilnehmer dazu angehalten, die an der Tafel mitvisualisierte Diskussion noch einmal zu durchdenken und eine Priorisierung der Problembereiche vorzunehmen. Wenn Zeit gewesen wäre, hätte man an dieser Stelle mit einer Kleingruppenarbeit zu der Frage «Was steckt hinter dieser Schwierigkeit?» die drei am höchsten gewichteten Problembereiche noch näher ausleuchten lassen können.

Feedbackschleifen

Durch die im Rahmen des Workshops entstandenen Poster stand Material zur Verfügung, das als Impuls in weiteren Gesprächen eingesetzt werden konnte. So wurde in einem Gespräch mit dem Geschäftsführer, in dem dieser sich in seinen Darstellungen auf den Erfolg des Franchise-Systems beschränken wollte, durch das Aufzeigen des Posters zu der Kartenfrage «Welche Probleme stellen sich für das Unternehmen durch das Franchise-System?» ermöglicht, das Gespräch gezielt auf Problembereiche zu lenken. Der Geschäftsführer konnte dazu motiviert werden, die Poster seiner Mitarbeiter zu kommentieren. Als eine weitere Schleife wäre es hier möglich gewesen, die Kommentare des Geschäftsführers auf den Postern zu notieren und anschließend die Workshop-Runde mit diesen Kommentaren zu konfrontieren. So hätte ein komplexes Bild der Funktionsweise des Franchise-Systems erzeugt werden können.

Die Ergebnisse des Workshops konnten auch bei der Abschlusspräsentation vor den Mitarbeitern eingesetzt werden. Dabei wurden im Vorfeld die zehn maßgeblichen Interpretationspunkte der Forscher auf knapp 40 Karten visualisiert. Die auf zwei Poster geklebten Karten wurden dann bei der Abschlusspräsentation den Mitarbeitern vorgelesen. Bei den beiden Interpretationspunkten zum Franchise-System konnte zur Illustration auf ein Poster aus dem Franchise-Workshop verwiesen werden. Die Abschlusspräsentation wurde von den anwesenden Mitarbeitern auf ovalen Karten kommentiert, die neben die zehn Interpretations-Cluster geheftet wurden. Den Abschluss bildete eine offene Diskussion über die Interpretationen der Forscher und die Kommentare der Mitarbeiter.

5 Möglichkeiten und Grenzen der Methode

Die Stärken der Methode der visuellen Diskussionsführung sind am besten vor dem Hintergrund der Schwächen und Probleme anderer Methoden der empirischen Sozialforschung, besonders von Einzelinterviews und Gruppeninterviews, zu verstehen. Im Laufe der Methodendiskussion in der empirischen Sozialforschung sind bestimmte strukturelle Probleme von leitfadengestützten Einzelinterviews herausgearbeitet worden (siehe auch den Beitrag zu Experteninterviews in diesem Band): Es gibt Widerstände der Interviewten. Der Interviewpartner geht nur begrenzt auf die Fragen ein, weicht aus und gibt Allgemeinheiten von sich. Nicht selten wird der Interviewer mit Antworten bedacht, die der Interviewte gern in der Organisation verbreitet sehen möchte. Den strategischen Charakter der Beiträge wird der Interviewer häufig nicht sofort durchschauen, weil er in der Interviewsituation keine anderen Mitglieder der Organisation zur Verfügung hat, die den strategischen Charakter offensichtlich machen könnten. Konflikte werden in den Einzelinterviews in der Regel nur dann offen gelegt, wenn es dem Interviewer gelingt, ein Vertrauensverhältnis zu seinem Gesprächspartner aufzubauen, und wenn die Zusicherung der Anonymität glaubhaft vermittelt werden kann. Ferner gibt es das Problem, dass der Frager leicht in eine dominante Rolle hineingerät und der Interviewer nur schwer einen unabhängigen Erzählfluss beim Interviewten auslösen kann (nach Workshop «Möglichkeiten visualisierter Gesprächsführung als Instrument zur Organisationsanalyse» 1998).

Zur Abfederung dieser strukturellen Probleme von Einzelinterviews wird in der empirischen Sozialforschung das Einzelinterview durch Gruppeninterviews ergänzt und teilweise sogar ganz ersetzt. Die Hoffnung besteht darin, durch das Zusammenziehen mehrerer Gesprächspartner mit unterschiedlichen Auffassungen die Konfliktlinien besser sichtbar zu machen und einen eigenständigen Diskussionsprozess zwischen den Gesprächsteilnehmern auslösen zu können. Bei offenen, nicht visualisierten Gruppengesprächen entstehen jedoch häufig Probleme: Erstens erfordern überwiegend mündlich geführte Diskussionen eine hohe Konzentration aller Beteiligten. Beiträge müssen über einen längeren Zeitraum im Gedächtnis bleiben, weil man sich nicht immer sofort äußern kann. Als negative Effekte davon stellen sich Missverständnisse, Ermüdungen und die Notwendigkeit häufiger Wiederholungen ein. Zweitens ist es schwierig, in einer nur mündlich geführten Diskussion den roten Faden zu behalten. Es gibt eine Tendenz von Gruppen, sich an Kleinigkeiten festzubeißen und dabei die Gesamtstruktur des Diskussionsverlaufs außer Acht zu lassen. Drittens sind mündliche Diskussionen nicht sehr ökonomisch, weil sich dabei immer nur ein einziger Teilnehmer äußern kann. Die Anzahl der Wortergreifungen pro Stunde – die so genannte Interaktionsdichte – liegt bei unstrukturierten, vorrangig mündlich geführten Diskussionen bei 50 bis 60. Bei schwierigen und angespannten Situationen reduziert sich die Interaktionsdichte häufig auf weniger als 20 bis 30 Wortergreifungen pro Stunde. Viertens schließlich ist es in der klassischen Form der Diskussion sehr schwierig, Außenstehende in das Gespräch zu integrieren. Nur sporadisch anwesenden Teilnehmern fällt es schwer, an die Diskussion anzuknüpfen. Personen, die von der Diskussion betroffen sind, aber an der Diskussion selbst nicht teilgenommen haben, lassen sich nur schwer in den Stand der Diskussion einführen (vgl. Schnelle-Cölln 1983, S. 12; Dauscher 1996, S. 8).

Vorteile der Visualisierung

Die Methode der visualisierten Diskussionsführung setzt – wie andere Methoden der Visualisierung auch – an diesen strukturellen Problemen von Gruppeninterviews an. Durch die Visualisierung werden mehrere Effekte angestrebt. Erstens soll durch die Visualisierung das zeitraubende Nacheinander verbaler Beiträge punktuell aufgelöst werden. Durch den Zugang der Teilnehmer zu Schreibmaterialien und -flächen besteht kein Zwang zur Einhaltung einer bestimmten Rednerfolge, sondern mehrere Beiträge können gleichzeitig festgehalten werden. Durch das gleichzeitige Abfassen von Beiträgen kann die Interaktionsdichte bei einer 20-köpfigen Personengruppe auf 300 bis 600 Wortergreifungen pro Stunde erhöht werden. Zweitens wird die Spontanität der Äußerungen weniger gehemmt. Jedes Gruppenmitglied kann an einer vom Moderator festgelegten Stelle ohne Hast und unbeeinflusst von der Diskussion eigene Gedanken formulieren. Auch eher zurückhaltenden Personen wird damit die Möglichkeit zur Äußerung gegeben. Drittens soll durch die Visualisierung die Beibehaltung des roten Fadens erleichtert werden. Da die beschriebenen Plakate für alle sichtbar sind, bleiben die bereits erbrachten Diskussionsbeiträge präsent. Die Gruppe hat die Struktur der Diskussion immer im Blickfeld. Viertens soll durch die visualisierte Diskussionsführung die Dokumentation des Gesprächs erleichtert werden. Durch die Visualisierung entsteht ein simultan erzeugtes Ablaufprotokoll der Sitzung, das durch das Abfotografieren der Plakate jedem Teilnehmer am Ende der Sitzung zur Verfügung gestellt werden kann.

Versachlichung der Diskussion
durch die Methode der visualisierten Diskussionsführung

Die Methode trägt erheblich zu einer Versachlichung von Diskussionen bei, indem die freie Entfaltung der Emotionalität der Diskussionsteilnehmer und Auseinandersetzungen über persönliche Sympathien und Antipathien in der Gruppe eher gehemmt werden. Durch den Kanon von Methoden und Spielregeln – von der Fragetechnik bis hin zur Visualisierung – wird ein standardisierter Kontext hergestellt, in dem nicht auf die Sache bezogene Aspekte sich nur schwer als Gesprächsthema durchsetzen können. Auch die Sitzordnung wird so gewählt, dass die Kommunikation nicht in einem Stuhlkreis «face to face» verläuft, sondern dass durch einen Halbkreis die Aufmerksamkeit auf den inhaltlichen roten Faden an den Pinnwänden gerichtet wird (Freimuth 1996, S. 38).

Wegen der Tendenz zur Versachlichung der Diskussion eignet sich die Methode nicht, um gruppendynamische Prozesse in Gruppen zu untersuchen. Je systematischer die Methode angewendet wird, desto geringer ist die Wahrscheinlichkeit, dass persönliche Antipathien und Sympathien der Teilnehmer zur Sprache kommen. Deshalb ist für vorrangig psychologisch orientierte Ansätze der Organisationsforschung diese Methode wohl nur begrenzt geeignet. Durch die Unterstützung bei der Versachlichung von Diskussionen kann die Methode jedoch sehr hilfreich sein, wenn es um die Analyse von Organisationsstrukturen geht.

Halbanonymität und zeitweise Herauslösung der Diskussion aus einem hierarchischen Kontext: die visualisierte Diskussionsführung im vorhierarchischen Raum

In der empirischen Organisationsforschung ist häufig thematisiert worden, dass die Anwesenheit von Personen aus mehreren hierarchischen Ebenen bei einem Diskussionsprozess zu starken Zensurmechanismen führen kann. Ein Vorteil des Experteninterviews ist daher sicherlich, dass dieser Zensurmechanismus sich in einem Einzelgespräch nur indirekt (in der Angst vor der Rückmeldung der Äußerungen an einen Vorgesetzten) ausdrückt. In Gruppeninterviews wird dieses Problem häufig dadurch umgangen, dass nur Personen einer Hierarchieebene gleichzeitig interviewt werden. Es werden dabei jedoch die Einsichtsmöglichkeiten vergeben, die durch eine offene Auseinandersetzung zwischen Personen unterschiedlicher Hierarchiestufen gewonnen werden können.

Ein Ziel der Methode der visualisierten Diskussionsführung ist es, dass ein «vorhierarchischer Raum» entsteht, in dem für eine begrenzte Zeit eine Reihe von hierarchischen Regelungen außer Kraft gesetzt wird (vgl. E. Schnelle 1982; Metaplan 1991a). So wird in dem Prozess der visualisierten Diskussionsführung dem Hierarchen weitgehend das Recht genommen, Beiträge zu zensieren, Wortmeldungen zu verteilen und über das Ende einer Diskussion zu entscheiden.

Diese Einschränkung der Rechte des Hierarchen im Diskussionsprozess entsteht als Effekt aus verschiedenen Regeln und Instrumenten der Diskussionsführung. Erstens werden diskussionshemmende Monologe des Hierarchen dadurch verhindert, dass durch die Mitvisualisierung seiner Beiträge sein Redefluss automatisch unterbrochen wird. Zweitens werden durch die Anonymisierung der Beiträge bei Kartenfragen die Argumente erst einmal vom jeweiligen Sprecher gelöst. Der Bedeutungs-Bias, mit dem der Beitrag eines ranghohen Diskussionsteilnehmers normalerweise ausgestattet ist, kann sich so nicht entfalten. Drittens werden durch das halb anonyme Schreiben von Karten die Diskussionsteilnehmer ermutigt, ihre Gedanken in einem durch die Diskussionsregeln und den Moderator geschützten Raum zu äußern. Der direkte Zensurmechanismus durch einen Hierarchen wird dadurch verhindert.

Sicherlich darf die Bedeutung des «vorhierarchischen Raums» bei der visualisierten Diskussionsführung nicht überschätzt werden. Die Anonymität bei der Kartenfrage ist lediglich eine zerbrechliche Halbanonymität. Häufig entsteht durch den Kontext der Antwort, durch die Handschrift auf der Karte oder durch spätere mündlich geäußerte Diskussionsbeiträge bei den Diskussionsteilnehmern eine Ahnung, von wem eine bestimmte Äußerung stammt. Auch können die Sanktionsmechanismen für kritische Äußerungen sehr wohl erst nach einer Diskussionsrunde einsetzen, in einem Moment also, in dem der Diskutant nicht mehr durch Spielregeln und durch den Moderator geschützt ist. Wegen des Wissens aller Teilnehmer über die Möglichkeit zeitverzögerter Sanktionsmechanismen kann daher auch im «vorhierarchischen Raum» ein Zensurmechanismus wirksam werden.

Ansatzpunkt einer Organisationsanalyse:
Herausarbeiten von Konfliktlinien und Interventionen
des Moderators und Forschers

Die Stärke der Methode in der Herausarbeitung von Konfliktlinien wird im konkreten Einsatz der Methode häufig verschenkt. Die Methode wird nur zum Einsammeln von Meinungen durch die Teilnehmer genutzt, die sich anschließenden Kontroversen werden aber nicht mehr sauber visualisiert und dokumentiert. Dieses Versäumnis hängt meines Erachtens mit dem Umstand zusammen, dass bisher im Beratungsverständnis von Moderatoren die visualisierte Diskussionsführung als effektives Instrument galt, um Übereinstimmung und Konsens in einer Gruppe zu erzeugen. Durch diese Konsensfixierung wurde die saubere Dokumentation von Kontroversen eher vernachlässigt.

Bei einem Einsatz der Methode in der empirischen Sozialforschung (aber vermutlich auch in einer sozialwissenschaftlich orientierten Beratung) kommt es dagegen gerade darauf an, die Konflikte in Organisationen sichtbar zu machen. Ziel von empirischen Forschungsprojekten (und von Beratungsprojekten) ist es nicht vorrangig, Konsens oder Übereinstimmung in einer Gruppe herzustellen, sondern vielmehr Interessengegensätze, Perspektivunterschiede und Widersprüche sichtbar zu machen. Aus dieser Perspektive interessiert sich der Forscher und Moderator dann vorrangig für die «Blitze» in der Diskussion, weil an dieser Stelle unterschiedliche Auffassungen, Konfliktlinien und Widersprüchlichkeiten deutlich werden. Durch die Mitprotokollierung der sich an Blitzen entspinnenden Diskussionen kann er die Komplexität einer Auseinandersetzung sich entfalten lassen.

Mit dieser Orientierung auf Konfliktlinien, Widersprüchlichkeiten und Perspektivunterschiede hin verändert sich auch die Rolle des Moderators. Das ursprüngliche Verständnis der Rolle eines Moderators war, dass dieser sich aus der Diskussion inhaltlich herauszuhalten und die Gruppe schließlich zu einem Konsens zu führen habe (vgl. Dauscher 1996, S. 1). Durch diese inhaltliche Zurückhaltung kann er jedoch in der Regel nicht an die Problembereiche herankommen, die durch die Gruppe bewusst tabuisiert werden oder die sich als kollektive blinde Flecken im Alltagsgeschäft ausgebildet haben. Der Einsatz der Frage- und Visualisierungstechniken allein reicht nicht aus, um in den «verdeckten Bereich» einer Organisation vorzudringen.

Aufgrund der Einsicht in dieses Problem wird zunehmend ein intervenierendes Verständnis der Rolle des Moderators propagiert. Durch bewusst eingesetzte inhaltliche Interventionen des Moderators soll die Gruppe an blinde Flecken herangeführt und sollen inhaltliche Tabus angesprochen werden. Dabei kann man zwischen kontrollierten und spontanen Interventionen des Moderators unterscheiden. Bei kontrollierten inhaltlichen Interventionen überlegt sich der Moderator vor dem Gruppengespräch, mit welchem inhaltlichen Impuls er in das Gruppengespräch eingreifen will. Er bereitet beispielsweise ein Poster mit seinen inhaltlichen Argumenten vor und erhebt dann etwa mit einem Interaktionsimpuls wie «Die Botschaft hör' ich wohl, allein mir fehlt ...» die Meinung der Teilnehmer zu diesen Argumenten. Bei spontanen inhaltlichen Interventionen bringt der Moderator seinen Diskussionsbeitrag verbal in die Gruppe ein. Er macht durch einen Positionswechsel (beispielsweise von den Postern weg zur Seite des Raums) oder durch einen Rollenwechsel (beispielsweise Rollentausch zwischen Moderator und Helfer) deutlich, dass er jetzt ein inhaltliches Argument bringt, und stellt dieses dann in den Raum.

Ob ein Forscher bei der Moderation eine eher intervenierende Rolle einnimmt oder sich inhaltlich eher zurücknimmt, hängt von den methodischen Vorüberlegungen, der konkreten Situation im Gruppengespräch und dem organisatorischen Kontext ab. Es kann aber auf alle Fälle hilfreich sein, beide Verhaltensmuster zur Verfügung zu haben und sich der Möglichkeiten und Gefahren der jeweiligen Verhaltensmuster bewusst zu sein.

Anmerkungen

1 Der Begriff der visualisierten Diskussionsführung wird hier benutzt, weil er präziser als der Begriff der Moderationsmethode ist. Die anderen Bezeichnungen für die Methode wie Metaplan-Moderationsmethode, Neuland-Moderation, ModerationsMethode oder Pinnwand-Technik sind alle markenrechtlich geschützt und eignen sich so nur begrenzt als generische Bezeichnung für die Methode.

2 Erste Ansätze dazu gibt es unter dem Begriff der Sondierungsgespräche bei verschiedenen Beratungsfirmen. Dabei wird die visualisierte Diskussionsführung bereits im Vorfeld von Workshops und Seminaren als Instrument zur Analyse von Strukturen eingesetzt.

3 Aufgrund der zugesagten Anonymisierung gegenüber den Mitarbeitern und dem Unternehmen werden an dieser Stelle Informationen über das Unternehmen und das Projekt, die für die Darstellung an dieser Stelle nicht relevant sind, weggelassen oder verändert.

Literatur

Alsleben, Kurd (1996): Die ästhetische Dimension der Moderation, in: Joachim Freimuth/Fritz Straub (Hrsg.), Demokratisierung von Organisationen. Philosophie, Ursprünge und Perspektiven der Metaplan-Idee, Wiesbaden, S. 81–92.

Bataillard, Victor (1985): Die Pinnwand-Technik, Zürich.

Böning, Uwe (1991): Moderieren mit System, Wiesbaden.

Dauscher, Ulrich (1996): Moderationsmethode und Zukunftswerkstatt, Neuwied/Berlin.

Edmüller, Andreas/Wilhelm, Thomas (1999): Moderation, Planegg.

Freimuth, Joachim (1996): Wirtschaftliche Demokratie und moderatorische Beteiligungskultur – Ausgangspunkte in den sozialen und ökonomischen Bedingungen der 60er Jahre, in: Joachim Freimuth/Fritz Straub (Hrsg.), Demokratisierung von Organisationen. Philosophie, Ursprünge und Perspektiven der Metaplan-Idee, Wiesbaden, S. 19–40.

Fromm, Martin (1990): Zur Verbindung quantitativer und qualitativer Methoden, in: Pädagogische Rundschau, Jg. 44, S. 469–481.

GTZ (1987): ZOPP. Zielorientiertes Planen von Projekten und Programmen der technischen Zusammenarbeit, Eschborn.

Herzog, Britta (1995): Das Training der Moderationsmethode unter dem Aspekt des «ganzheitlichen» Lernens als Teil des «ganzheitlichen» Managements, Fulda (Diplomarbeit).

Hülsmann, Bernhard (1997): Die Visualisierungsfalle oder: Die Realität der virtuellen Konstrukte, in: Georg Ahrweiler (Hrsg.), Soziologische Ausflüge, Opladen, S. 104–119.

Klebert, Karin/Schrader, Einhard/Straub, Walter (1994a): Workbook. Ein Methoden-Angebot als Anleitung zum aktiven Gestalten von Lern- und Arbeitsprozessen in Gruppen, Hamburg.

Klebert, Karin/Schrader, Einhard/Straub, Walter (1994b): KurzModeration. Anwendung der ModerationsMethode in Betrieb, Schule, Kirche, Politik, Sozialbereich und Familie, bei Besprechungen und Präsentationen. Mit 20 Beispielabläufen, Hamburg.

Klebert, Karin/Schrader, Einhard/Straub, Walter (1996): Moderationsmethode. Gestaltung der Meinungs- und Willensbildung in Gruppen, die miteinander lernen und leben, arbeiten und spielen, 7. Aufl., Hamburg.

Koch, Gerd (1989): Die erfolgreiche Moderation, Landsberg a. L.

König, Anne (1995): Moderation von Gruppen, Stuttgart.

Krapf, Bruno (1992): Moderation und Macht. Überlegungen zur Bedeutung der Macht in der Beratung, in: Gruppendynamik, Jg. 23, S. 237–253.

Kühl, Stefan/Kullmann, Gerhard (1999): Gruppenarbeit, München.

Lamnek, Siegfried (1998): Gruppendiskussion. Theorie und Praxis, Weinheim.

Luz, Hans-Peter (1996): Die Moderations-Methode, in: Gablers Magazin, Heft 10/1996, S. 32–34.

Mauch, Hansjörg (1981): Werkstattzirkel – Wie Arbeiter und Meister an der Lösung betrieblicher Probleme beteiligt werden, Quickborn.

Metaplan (1988): Fibel zur Metaplantechnik, Quickborn.

Metaplan (1991): Entwickeln von Dramaturgien. «Wie man Dramaturgien für Metaplan-Veranstaltungen entwirft und wie man sie inszeniert», Quickborn.

Metaplan Ewige Werte (1990; 1998; 2000): Dabei handelt es sich um Poster, die immer wieder in Seminaren und Trainings eingesetzt werden. Die Nummer hinter der Jahreszahl kennzeichnet das entsprechende Poster.

Namokel, Herbert (1994): Die moderierte Besprechung, Offenbach.

Neuland, Michèle (1999): Neuland-Moderation, 3. Aufl., Künzell.

Nissen, Iden/Nissen, Peter (1995): Kurskorrektur Schule. Ein Handbuch zur Einführung der ModerationsMethode im System Schule, Hamburg.

Schnelle, Eberhard (1966): Entscheidung im Management, Quickborn.

Schnelle, Eberhard (1968): Evolution im Management, Quickborn.

Schnelle, Eberhard (1973): Metaplanung – Zielsuche … Lernprozeß der Beteiligten und Betroffenen, Quickborn.

Schnelle, Eberhard (1978): Neue Wege der Kommunikation – Spielregeln, Arbeitstechniken und Anwendungsfälle der Metaplan-Methode, Königstein.

Schnelle, Eberhard (1981): Der Informationsmarkt – eine Metaplan-Methode, Metaplan-Reihe Heft 8, Quickborn.

Schnelle, Eberhard (1982): Metaplan-Gesprächstechnik. Kommunikations-Werkzeug für planende und lernende Gruppen, Quickborn.

Schnelle, Wolfgang (1988): Interaktionelles Lernen – Wandel in der Fortbildung, Quickborn.

Schnelle, Wolfgang/Stolz, Inga (1978): Interaktionelles Lernen. Leitfaden für die Moderation lernender Gruppen, Quickborn.

Schnelle-Cölln, Telse (1983): Visualisierung – die optische Sprache für problemlösende und lernende Gruppen, Quickborn.

Schnelle-Cölln, Telse (1988): Optische Rhetorik für Vortrag und Präsentation. Ein Leitfaden, Quickborn.

Schönhuth, Michael/Kievelitz, Uwe (1993): Partizipative Erhebungs- und Planungsmethoden in der Entwicklungszusammenarbeit. Rapid Rural Appraisal – Participatory Appraisal, Eschborn.

Seifert, Joseph W. (1994): Visualisieren, Präsentieren, Moderieren, 6. erw. und aktual. Aufl., Bremen.

Tosch, Michael (1994): Brevier der Neuland-Moderation, Eichenzell.

Wierwille, Astrid (1996): Frischer Wind in der Schule, in: Joachim Freimuth/Fritz Straub (Hrsg.), Demokratisierung von Organisationen. Philosophie, Ursprünge und Perspektiven der Metaplan-Idee, Wiesbaden, S. 251–256.

Workshop «Metaplan Moderatorentraining IV» (1991): Wie man Dramaturgie für Gruppenkommunikation entwirft, Quickborn, 18.2.–20.2.1991.

Workshop «Möglichkeiten visueller Gesprächsführung als Instrument zur Organisationsanalyse» (1998): Seminar der Otto-von-Guericke-Universität Magdeburg und Metaplan Consulting, Quickborn, 26.3.–28.3.1998.

Sonja Barth und Holger Pfaff

8 Organisationskarten

1 Einleitung

Beim *Anlegen von Organisationskarten* handelt es sich um ein Gruppendiskussionsverfahren, bei dem als zentrales Visualisierungsinstrument das *Mind-Mapping*[1] eingesetzt wird. Demzufolge lassen sich in einer Kurzformel Organisationskarten als spezifische, auf Organisationen bezogene Mind-Maps bezeichnen. Während jedoch Mind-Maps in ihrer ursprünglichen Form auf die Optimierung und Unterstützung von Lern- und Problemlösungsprozessen zielen, steht bei Organisationskarten die Erfassung der intersubjektiv geteilten und vorwiegend impliziten Grundannahmen der Organisationsmitglieder (vgl. Sackmann 1997) im Vordergrund.

Organisationskarten stellen folglich keine offiziellen Abbildungen wie Organigramme dar. Zudem sind sie von den von Argyris und Schön so bezeichneten *organizational maps* (Argyris/Schön 1978, S. 17 f.) zu unterscheiden, da sie sowohl die tatsächlich handlungsrelevanten Theorien als auch die sie bestimmenden darunter liegenden impliziten Phänomene und latenten Sinngehalte (vgl. Sackmann 1991) zu erheben suchen.

Im Folgenden wird aufgezeigt, wie man sich diesem organisationalen ‹Bedeutungsgewebe› (vgl. Geertz 1994, S. 9) mittels Organisationskarten nähern kann. Hierzu ist es notwendig, ausführlich das Mind-Mapping vorzustellen, da es die Grundstruktur der Organisationskarten darstellt.

Von Mind-Maps zu Organisationskarten

Ziel von Mind-Maps ist es, komplexe Sachverhalte durch die Aufgliederung in ihre Einzelaspekte umfassend zu strukturieren und sie damit u. a. Problemlösungsprozessen zugänglich zu machen.

Als *Landkarte des Gedächtnisses, des Geistes und der Assoziationen* – so oder ähnlich schwerfällig lässt sich der Begriff ‹Mind-Map› übersetzen (Malorny/Schwarz/Backerra 1997, S. 70). Und wenn auch die deutsche Formulierung nicht so griffig wie das Original klingt, so kommt doch zum Ausdruck, worum es hier geht: Ideen, Gedanken und Assoziationen werden bezogen auf ein ausgewähltes Thema gesammelt, ihre Bezüge zueinander werden herausgearbeitet, und das hieraus entstehende thematische Geflecht wird graphisch abgebildet.

Als Hilfsmittel beim Memorieren, Planen und Analysieren für den individuellen Bedarf, als Instrument zur Wissensvermittlung und -aneignung z. B. in der Aus- und Weiterbildung (vgl. Mento/Martinelli/Jones 1999; Michelini 2000; Steps 1997; Lewis 1997) und schließlich als so genanntes Kreativwerkzeug (Malorny/Schwarz/Backerra 1997, S. 44 f.) in der Organisationsberatung und -entwicklung werden Mind-Maps eingesetzt, um auf unterschiedlichen Organisationsebenen vor allem Prozesse der Planung und Qualitätsverbesserung zu unterstützen.

Entwickelt wurde das Instrument *Mind-Map* bereits in den 1970er Jahren von dem Engländer Tony Buzan. Sein Anliegen war es, Prozesse des Lernens, Denkens und der Problemanalyse mit Hilfe einer geeigneten Methode zu erleichtern und zu optimieren. Den Erkenntnissen der Gehirnforschung zufolge unterstützen herkömmliche Arten der Dokumentation von Daten und Gedanken nur suboptimal die Denkvorgänge im Gehirn. Vielmehr wirkt sich die in unserem Kulturkreis dominierende *lineare* Form der Verschriftlichung von Wissen kontraproduktiv auf die Kreativität und die Konzentrationsfähigkeit aus. Denn die sich vorwiegend an einer linearen, chronologischen oder hierarchischen Ordnung orientierende und aus aneinander gereihten, ausformulierten Sätzen bestehende Wissensdokumentation behindert den freien, kreativen Gedankenfluss und beeinträchtigt somit die Denkleistung von Menschen (Buzan 1989, S. 106–109; Buzan/Buzan 1999, S. 45–52).

Forschungserkenntnissen zufolge erreicht das menschliche Gehirn erst dann seine Höchstleistung, wenn seine beiden unterschiedlich geprägten Modi der Informationsverarbeitung miteinander interagieren. Der eher der linken Gehirnhälfte zugeordnete Modus logisch-analytischer Überlegungen verarbeitet Informationen in Teilschritten und nacheinander. Der stärker mit der rechten Gehirnhälfte verbundene Modus ist für Visuelles, Räumliches und simultanes Verarbeiten, Körpersprache, Emotionen und die Synthese von unterschiedlichen Eindrücken und Informationen zuständig (Malorny/Schwarz/Backerra 1997, S. 9–11; Kirckhoff 1998, S. 104; vgl. Kommer/Reinke 2001, S. 175). Bei einem Großteil unserer Entscheidungen werden zwar beide Denkweisen aktiv (Kirckhoff 1998, S. 108), die Betonung und stärkere Inanspruchnahme liegt jedoch in unserem Kulturkreis bei dem analytischen, für Sprache, Mathematik und Planung verantwortlichen Verarbeitungsmodus. Demzufolge sind Fähigkeiten wie das spontane Entwickeln von Ideen, Intuition und die Zusammenführung von Erkenntnissen zumeist weniger stark gefragt und ausgeprägt.

Will man nun sein geistiges Potenzial möglichst optimal ausschöpfen, dann kommt es darauf an, weitgehend gleichgewichtig beide Denkweisen simultan in Anspruch zu nehmen, d. h. seine Begabungen nicht nur einseitig zu fördern, sondern Rationalität und Kreativität stärker miteinander zu verbinden. Mit Tony Buzans Methode der Mind-Maps wird gleichzeitig sowohl der analytische, lineare als auch der eher bildhaft verarbeitende Denkmodus in Anspruch genommen. Die Dominanz der für das analytische Denken zuständigen Hirnareale wird so aufgebrochen zugunsten des stärkeren Einsatzes der visuellen, simultanen Denkweise.

Außer für die unterschiedlichen Verarbeitungsmodi von Information im Gehirn interessierte sich Buzan zudem noch dafür, in welcher Form Information gespeichert wird. Er setzte die Erkenntnis, dass das Gedächtnis nicht mit vollständigen Sätzen, sondern mit Stichwörtern und Assoziationen arbeitet, ebenfalls bei der Entwicklung seiner Mind-Maps ein.

Jede im Gehirn abgelegte Information ist jeweils mit anderen Gedanken und Informationen verknüpft, und die bestehende Vielzahl an potenziellen Verknüpfungen wird erst ermöglicht durch die Form, in der Information abgespeichert wird: Die Bausteine unseres Wissen bestehen nicht aus umfassenden Formulierungen, sondern aus Stichwörtern. Erst Stichwörter bzw. Schlüsselwörter eröffnen die Möglichkeit unzähliger Verbindungen zwischen den verschiedenen Informationen, da sie einerseits mit einer gewissen Anzahl an bestimmten Bildern und Bedeutungen unterlegt sind, andererseits offener sind als in vollständig formulierten Sätzen eingebettete Informationen (Buzan 1989, S. 97–101).

Als grundlegend für Mind-Maps lassen sich also folgende Punkte zusammenfassen:

Die Form der Dokumentation von Gedanken, Erinnerungen und Wissen sollte möglichst der Funktionsweise des Gehirns entsprechen, um die geistigen Kapazitäten optimal zum Einsatz zu bringen. Das bedeutet zum einen, dass bei Problemlösungs-, Lern- und Erinnerungsprozessen sowohl das analytische als auch das intuitiv-kreative Denken simultan in Anspruch genommen werden sollte. Zum anderen empfiehlt sich die Dokumentation in Stichwörtern bzw. Schlüsselwörtern, da diese die Möglichkeit zu Assoziationen offen lassen und somit eher die Dynamik von Denkprozessen unterstützen.

Beide Kriterien werden von der Mind-Map-Methode und davon abgeleitet auch von den Organisationskarten erfüllt, wie sich im Folgenden bei der Betrachtung ihrer Struktur zeigen lässt.

Erstellen von Mind-Maps und Organisationskarten

Die Struktur eines Mind-Maps gleicht dem Bild eines Baums, der von oben betrachtet wird, wobei sich Zweige und Verästelungen strahlenförmig nach außen erstrecken.

Im Zentrum steht die Fragestellung bzw. Thematik, die bearbeitet werden soll. Einzelaspekte des zentralen Themas werden nun mit Hilfe von Verbindungslinien um dieses Zentrum herum angeordnet. Diesen Einzelaspekten werden dann mit weiteren Linien wiederum Teilaspekte zugeordnet (Malorny/Schwarz/Backerra 1997, S. 73). So wird ein Denkprozess in Gang gesetzt und graphisch dokumentiert, der von einer allgemeinen Fragestellung hin zu immer detaillierteren Unterthemen und Kategorien verläuft (Krüger 1999, S. 24f.).

Ein anschaulicher Gegenstand, an dem die Logik von Mind-Maps zunächst verdeutlicht werden kann, ist etwa das Thema ‹Transportmittel›. Hier lassen sich z. B. die Kategorien ‹Flugzeug›, ‹Eisenbahn›, ‹Fahrzeuge› ableiten und kreisförmig anhand von Ästen um den zentralen Begriff herum anordnen. Verfolgt man nun z. B. den Zweig ‹Fahrzeuge›, dann kann man wiederum zu einer nächsten Untergliederung ‹Kraftfahrzeuge› kommen. Von hier aus kann man dann ‹PKW›, ‹LKW› u. Ä. ergänzen. Führt man nun die Verzweigung vom Punkt ‹PKW› aus fort, könnte man z. B. unterschiedliche PKW-Typen anführen usw. (Kirckhoff 1998, S. 7).

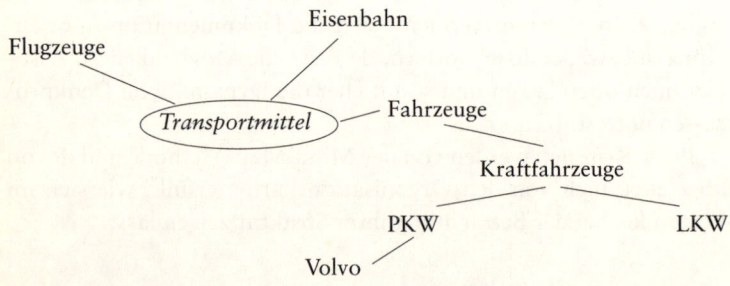

Abb. 1: Beispiel für ein Mind-Map: Thema ‹Transportmittel›. In graphisch modifizierter Form übernommen von Kirckhoff 1998, S. 7.

Ein anderes Beispiel, an dem gezeigt werden kann, wie man sich mit Hilfe von Mind-Maps einem Themenkomplex nähern kann, liefert das Stichwort ‹Projekt›. Hier lassen sich z. B. vier Kategorien vorschlagen: ‹Definition›, ‹Planung›, ‹Realisierung›, ‹Abschluss›. Widmet man sich zunächst der ‹Definition›, dann lassen sich die Teilaspekte ‹Problemanalyse›, ‹Ziele abklären›, ‹Projektinhalte definieren› usw. formulieren. Der Komplex ‹Planung› lässt sich in ‹Verantwortlichkeiten festlegen›, ‹Projektteam bilden› usw. aufschlüsseln (vgl. Kommer/Reinke 2001, S. 171).

An den hier ausgeführten Beispielen wird deutlich, dass es darum geht, die unterschiedlichen Bereiche, Aspekte und Teilaspekte einer Thematik in ihrer Struktur darzustellen. Man gelangt so von allgemeineren zu immer spezifischeren Teilaspekten. Mittels eines erstellten Mind-Maps kann dann selbst ein umfangreicher Sachverhalt in übersichtlicher Weise dargestellt werden, da man sich von der Kernthematik aus entlang den Verzweigungen orientiert. Ein Mind-Map zwingt durch seine Struktur dazu, unterschiedliche Unterthemen und Unter-Unterthemen zu trennen, und verschafft somit einen gut erschließbaren Zugang zur Analyse eines Komplexes. Die radiale Anordnung in Ästen und Zweigen regt zudem dazu an, Ergänzungen vorzunehmen, gedanklich zwischen den Zweigen zu springen und Querverbindungen herzustellen, d. h. eher vernetzend an der Entwicklung des Mind-Maps zu arbeiten, als es bei der Analyse der gewohnten linear geprägten Dokumentationsweise der Fall ist.

Mind-Maps sind also zum einen dadurch gekennzeichnet, dass ein Thema in seine Themenbereiche aufgegliedert wird (Äste), zum anderen dadurch, dass man sich zunächst von abstrakteren Ebenen zu immer spezielleren und spezifischeren Aspekten vorarbeitet (Zweige).

So unterstützt die Vorgehensweise bei der Erstellung von Mind-Maps die systematische, gedankliche Analyse von Problem- und Fragestellungen. Denn Beziehungen, Verknüpfungen und Hierarchieebenen werden optisch erkennbar dargestellt und können somit leicht erfasst werden.

Zur zusätzlichen Anregung kreativer Denkprozesse kann die

Gestaltung von Mind-Maps bzw. Organisationskarten außerdem vielfältig um Symbole und Bilder graphisch bereichert werden. So können Ursache-Wirkungs-Zusammenhänge mit Pfeilen verdeutlicht werden, Ausrufe- und Fragezeichen, Sternchen, lachende/ weinende Gesichter, Haken, Klammern, Minus- und Pluszeichen, geometrische Figuren usw. (Buzan 1989, S. 124 f.) können unterschiedliche Betonungen, Bewertungen oder Zusatzinformationen zu den Schlüsselwörtern je nach Bedarf und festgelegten Bedeutungen der Zeichen liefern. Weiterhin kann die farbliche Gestaltung Zusammenhänge, Unterschiede u. a. optisch unterstreichen. Diese Verstärkung durch visuelle Elemente erleichtert die Konzentration und fördert den kreativen Gedankenfluss.

Zusammenfassend lassen sich folgende Elemente von ‹Gedankenkarten› bzw. Organisationskarten benennen:

• die Verbindung von analytisch-semantischem und bildhaft-kreativem Denken;

• eine Vorgehensweise, die sich von abstrakteren hin zu konkreteren Ebenen einer Thematik wendet;

• das Prinzip der Offenheit des Denkprozesses: Verknüpfungen von Stichwörtern können jederzeit verändert, ergänzt oder gelöscht werden. Die kreisförmige Anordnung der Schlüsselwörter regt optisch dazu an, nicht nur eine (Denk-)Richtung zu verfolgen, sondern zwischen unterschiedlichen Zweigen zu springen, sie zu ergänzen und gegebenenfalls zu verschieben.

Charakteristisch für Mind-Maps und Organisationskarten sind demnach:

• die zentrale Thematik steht in der Mitte;

• Zweige und Äste strahlen vom Zentrum in die Peripherie;

• Schlüsselwörter bilden die Verzweigungspunkte von Zweigen und Ästen;

• Symbole, Bilder, Zeichen, Figuren und Farben heben inhaltliche Aspekte und Bezüge der Schlüsselwörter optisch hervor.

2 Datenerhebung

Wie bereits ausgeführt, stellen Mind-Maps ein Instrument zur Unterstützung von individuellen Denkprozessen dar. Ihr Ziel ist es, Informationen umfassend zu strukturieren und sie somit optimal in Bezug auf ein breites Spektrum an Lern- und Problemlösungsprozessen anwenden zu können.

Bei Organisationskarten sind die Akzente etwas anders gesetzt: Sie sind ausschließlich auf Aspekte von Organisationen bezogene Mind-Maps. Sie werden von den Organisationsmitgliedern in Gruppensitzungen erstellt. Primäres Ziel ist es, über die Klärung der Bedeutungshorizonte der einzelnen Bausteine der Organisationskarten zu ihren intersubjektiv geteilten und den Organisationsmitgliedern nur teilweise bewussten Sinngehalten zu gelangen (vgl. Sackmann 1997, S. 136–137).

Als Ergebnis von Organisationskarten-Meetings liegen neben den organisationsbezogenen Mind-Maps die Transkripte des Diskussionsverlaufs vor. Beide Datenquellen werden dann in der Auswertungsphase aufeinander bezogen. Zunächst soll jedoch das konkrete Vorgehen bei der Erhebung beschrieben werden.

Verfahrensregeln

Die materielle Grundausstattung für ein Organisationskarten-Meeting entspricht weitgehend derjenigen vergleichbarer Teamsitzungen (vgl. die Beiträge über visualisierte Diskussionsführung und Gruppendiskussion in diesem Band): Stell- bzw. Pinnwände werden mit Packpapier bespannt. Für die Darstellung von Verbindungslinien zwischen den Stichwörtern empfiehlt es sich, diese vorher aus bunter Pappe entsprechend anzufertigen, damit sie dann variabel mit Nadeln an den Wänden befestigt und wieder verschoben werden können. Ganz nach Bedarf werden hierfür verschiedenfarbige dickere und dünnere ‹Balken› oder auch Pfeile aus Pappe ausgeschnitten. Den Teilnehmern werden dicke Stifte und bunte Karten zur Verfügung gestellt, auf die im Verlauf der Sitzung die Schlüsselwörter notiert werden. Nach Abschluß des Meetings werden die an den Tafeln entstandenen Organisationskarten fotografisch dokumentiert.

Die Gruppendiskussion wird außerdem zum einen protokolliert, damit Aspekte wie die Sitzordnung oder Störungen während der Diskussion usw. festgehalten werden können. Zum anderen wird sie, nach Zusicherung des Datenschutzes und dem Einverständnis der Beteiligten, auf Tonband aufgezeichnet. Dieses wird im Anschluss nach vorher festzulegenden Regeln transkribiert. Die Erfahrung aus unserem Projekt zeigte, dass es hilfreich ist, wenn die Person, die während der Gruppensitzungen die Protokollführung und die Kontrolle der Tonbandgeräte übernimmt, später auch die Transkripte erstellt. Dies erleichtert den Nachvollzug des Diskussionsverlaufs und die Zuordnung der Redebeiträge zu den beteiligten Personen erheblich.

Bei der Auswahl der zu Befragenden ist zu empfehlen, die Teilnahme freiwillig erfolgen zu lassen und den Einzelnen im Vorfeld die Möglichkeit zu bieten, anonym ihre Bereitschaft bzw. eine Absage zu formulieren. Dies schützt die Mitglieder einer Organisation vor eventuellen negativen Reaktionen von Kollegen oder Vorgesetzten.

Weiterhin gibt das jeweilige Forschungsinteresse die Zusammensetzung der betreffenden Gruppe vor: Soll z.B. erhoben werden, inwiefern bestimmte Vorstellungen abteilungsspezifisch variieren, dann wird man bevorzugt abteilungshomogene bzw. -heterogene Konstellationen bilden. Bei Fragestellungen, die auf unterschiedliche Statusgruppen abzielen, wird es dementsprechend sinnvoll sein, auf die Besetzung entlang der Führungs- und Mitarbeiterebenen zu achten usw.

Da die Erkenntnisabsicht der Organisationskarten auf der Erhebung der ‹Innenansichten› einer Organisation liegt, sollten die Moderatoren inhaltlich neutral bleiben (vgl. Seifert 2000, S. 78–80). Das heißt: Die Aufgabe von Moderation ist es, durch gezielte Nachfragen Bedeutungshorizonte von Begriffen und Widersprüche in den Argumentationen zu klären. Formulierungen wie «Was ist damit gemeint?», «Besteht in Bezug auf dieses Argument Konsens?» usw. bieten sich hier an.

Es ist zu empfehlen, die Moderation einer solchen Diskussion möglichst zu zweit durchzuführen. So können die Aufgaben (a) der

Diskussionsleitung und (b) des Einsammelns der beschrifteten Karten und das Anbringen an den Pinnwänden geteilt werden. Diese Arbeitsteilung vermittelt den Teilnehmern mehr Ruhe und fördert die Konzentrationsfähigkeit. Zudem können so Interaktionen und Wortbeiträge umfassender wahrgenommen werden, und das Moderationsteam kann sich beim Nachhaken und Nachfragen ergänzen (Seifert 2000, S. 79 f.).

Das konkrete Vorgehen beim Anlegen von Organisationskarten

In die Mitte einer Pinnwand wird gut lesbar in stichwortartiger Formulierung die zu diskutierende Thematik platziert. Die Teilnehmer werden nun aufgefordert, in einem Brainstorming wichtige Aspekte dieser Thematik auf eine der zuvor ausgeteilten Karten zu notieren (vgl. Seifert 2000, S. 106 f.). Hierfür wird im Idealfall so viel Zeit gelassen, bis jede Person im Raum mindestens ein ihr wichtig erscheinendes Stichwort auf eine Karte notiert hat (pro Aspekt eine Karte). Es ist dann darauf zu achten, dass die von den Teilnehmern beschrifteten Karten vor dem Anbringen an den Pinnwänden gemischt werden, um so ein gewisses Maß an Anonymität zu sichern. Nach dem Einsammeln und Mischen der Karten werden diese kreisförmig um das Zentrum angeordnet und mit Linien bzw. den vorbereiteten ‹Balken› oder Pfeilen verbunden.

Der Moderator fragt nun bei jeder Stichwortkarte, was darunter zu verstehen ist, um abzuklären, mit welchen Interpretationen die genannten Begriffe unterlegt sind. Aus der sich hierbei entwickelnden Diskussion können weitere anzubringende Schlüsselwörter oder Umbenennungen resultieren, und auch Stichwörter, die von den Befragten mit gleichen Bedeutungen belegt sind (doppelte Nennungen), werden identifiziert.

Jeder Anwesende sollte sich zudem zu jeder Karte äußern *können*, jedoch sollte niemand sich zu der von ihm beschrifteten Karte äußern *müssen*. Dieses Prinzip fördert eine möglichst ungehemmte Teilnahme der Gruppenmitglieder an der Diskussion und vermeidet eventuell entstehenden Druck zur ‹Rechtfertigung› der jeweils eigenen Karte.

Erst wenn allen Anwesenden alle Begriffe mit ihren unterlegten Bedeutungen klar sind und jede Karte *im Konsens* auf der Tafel ihren Platz gefunden hat, werden in einer zweiten Stufe die jeweiligen Zweige, die von den Ästen abgehen, mit Stichwörtern bestückt. Wahlweise kann wieder mit der Kartenfrage oder aber, da nun das Eis bei den Teilnehmern gebrochen ist, mit der Zuruffrage gearbeitet werden (Seifert 2000, S. 108 f.; vgl. auch den Beitrag über visualisierte Diskussionsführung in diesem Band). Einer der Moderatoren notiert dann die zugerufenen Stichwörter und ordnet sie an der Tafel nach Anweisung der Gruppe an. Die Zuruffrage hat den Vorteil, dass die Nennungen spontaner und mit größerer Dichte erfolgen. Sie sollte allerdings nicht sofort zu Beginn eingesetzt werden, da die gleichberechtigte Äußerung aller Teilnehmenden mit der Kartenfrage zunächst sichergestellt werden kann: Die Eröffnung mit der Kartenfrage erleichtert den Einstieg in die Diskussion eher, da sie zunächst jedem Gruppenmitglied Zeit lässt, sich in die Thematik einzuklinken, ohne beeinflusst oder ‹überstimmt› zu werden.

Bei der weiteren Konstruktion des organisationsbezogenen Mind-Maps wird analog zur Diskussion der Äste vorgegangen, das heißt, jeder genannte Begriff wird in seinem Bedeutungshorizont und auch in der Verknüpfung mit anderen Stichwörtern so lange diskutiert, bis die Gruppe zu einem Konsens gekommen ist. Die an der Pinnwand entstehende Organisationskarte enthält also ausschließlich Stichwörter und Vernetzungen, die in Übereinstimmung aller Teammitglieder verabschiedet wurden. Die Organisationskarte ist im Idealfall dann abgeschlossen, wenn die Teilnehmer keine neuen Aspekte mehr hinzufügen wollen.

3 Dateninterpretation und Feedback

Mit der hier vorgeschlagenen Methode der Organisationskarten werden auf zwei Ebenen Daten erhoben:

Zum einen liegen die an den Pinnwänden entstandenen *Organisationskarten* vor. Hierbei handelt es sich um die von den Befragten erarbeiteten und aus den beschrifteten Karten bestehenden organisationsbezogenen Mind-Maps. Ihre fotografische Dokumentation wird in einem nächsten Schritt in ein entsprechendes PC-Graphikprogramm (z. B. MindManager oder auch PowerPoint) übertragen, um so eine weitere Stufe der Anonymisierung zu erreichen: Bei der späteren Rückspiegelung der Organisationskarten können dann keine Rückschlüsse mehr auf bestimmte Personen, z. B. anhand von unterschiedlichen Handschriften, gezogen werden.

Die zweite Datenquelle sind die *auf Tonband mitgeschnittenen Diskussionen*, die der Entstehung der Organisationskarten zugrunde liegen.[2]

Entsprechend den beiden Datenquellen ist auch die Rückspiegelung der Forschungsergebnisse auf zweifache Weise möglich:

Zum einen stellen die Organisationskarten selbst diskursiv validierte Ergebnisse des Forschungsprozesses dar. Sie können den Organisationsmitgliedern Einblick geben in divergierende Sichtweisen unterschiedlicher Gruppen in der Organisation. Zusätzliche Informationen, Widersprüche oder die Entdeckung z. B. gruppenspezifischer Schwerpunktsetzungen oder möglicher ‹blinder Flecken› können den Anstoß bilden für eventuelle Veränderungen in der Organisation. Hierbei kann auf die Interpretation des Forscherteams verzichtet werden. Zurückgemeldet wird lediglich das jeweils von den Befragten im Konsens verabschiedete Ergebnis. Hieran könnte sich eine nächste Forschungsphase anschließen, die sich der Diskussion der unterschiedlichen Organisationskarten in der Organisation widmet.

Bei der zweiten Variante werden sowohl die Organisationskarten als auch die Interpretation der Forscher zurückgemeldet. Letztlich entscheidet die jeweilige Forschungsstrategie über das zu wählende Vorgehen.

Bei der Interpretation des empirischen Materials werden die beiden Datenquellen *Organisationskarte* und *Transkript* mittels der qualitativen Inhaltsanalyse (vgl. Mayring 1999, S. 91–98; Mayring 1997) aufeinander bezogen.

Zunächst erfolgt auf der Ebene der ‹Bausteine› der Organisationskarten eine erste Analyse: Vorläufige Kategorien, die entweder anhand der theoretischen Auseinandersetzung oder anhand einer vorangegangenen empirischen Forschungsphase (z. B. Interview-erhebung) bereits gebildet wurden, werden an die Organisa-tionskarten herangetragen. Ziel hierbei ist es, die Kategorien in einem ersten Schritt zu spezifizieren bzw. zu verwerfen und neue, sich aus dem Material ergebende Kategorien zu konstruieren.

Zur weiteren Konkretisierung der Kategorien werden dann die ‹Bedeutungshorizonte› der Stichwortkarten einbezogen: Anhand der Passagen des Transkripts, die die Diskussion der Einzelkompo-nenten der Organisationskarten zum Gegenstand haben, wird das Kategoriensystem weiter überarbeitet.

Abschließend werden die Passagen des Transkripts ausgewertet, die nicht direkt in die Organisationskarten Eingang gefunden ha-ben. Hier handelt es sich vorwiegend um Dissenspunkte, an denen sich jedoch die handlungsleitenden Grundüberzeugungen häufig auf besonders deutliche Weise herauskristallisieren.

4 Anwendungsbeispiel

In unserer Studie «Risikomanagement im Krankenhaus»[3] wurde die Methode der Organisationskarten erstmalig von uns eingesetzt. Untersucht wurde die Frage, wie die Akteure im Krankenhaus be-handlungsbedingte Risiken für Patienten wahrnehmen. Im Zen-trum standen hierbei die Sichtweisen von Ärzten und Pflegekräften in Bezug auf Risiken in der medikamentösen Therapie.

In zwei bundesdeutschen Krankenhäusern der Grundversor-gung wurden im qualitativen Studienteil zunächst leitfadengestütz-te Interviews mit insgesamt 57 Ärzten, Pflegekräften sowie Verwal-tungs- und Apothekenangestellten durchgeführt. Geleitet von unserer Vorannahme, dass die Krankenhauskultur insbesondere durch eine starke Berufsgruppen-Orientierung geprägt wird (vgl. Sackmann 1997, S. 141; Pfaff 1997; Badura/Feuerstein/Schott 1993), führten wir insgesamt sieben *nach Berufsgruppen getrennte* Organisationskarten-Meetings durch.

Eingeladen wurden die Organisationsmitglieder, die wir, ausgewählt durch ein Zufallsverfahren, bereits in einer ersten Befragungsphase interviewt hatten.[4] So ergaben sich Gruppengrößen von drei bis sieben Personen.

Die Moderation der Meetings teilten sich entweder die beiden Projektmitarbeiter, die auch gemeinsam die Interviews durchgeführt hatten, oder ein Mitarbeiter und ein Projektleiter.

Das Protokoll und die Kontrolle des Tonbandgeräts wurden von einer dritten Person übernommen. Diese Aufgabenverteilung erwies sich als sehr vorteilhaft, da die Vertrautheit mit dem Projektteam die Bereitschaft zur Teilnahme an den Gruppendiskussionen wie auch zur Dokumentation auf Tonband positiv beeinflusste. Zudem war es bei der Erstellung des Tonbandtranskripts hilfreich, dass den Projektmitarbeitern die demographischen Angaben ebenso wie die Stimmen der Befragten bekannt waren, sodass eine Zuordnung der Redebeiträge auch im Nachhinein gut erfolgen konnte.

Die Arbeit im Team erleichterte die Moderation. Da durch das Einsammeln und Anbringen der beschrifteten Karten stets Bewegung im Raum ist, ist die Aufmerksamkeit der Befragten besser gewährleistet, wenn ein Moderator die Hauptmoderation an der Pinnwand übernimmt, während der andere vor allem Hilfstätigkeiten ausführt, gegebenenfalls ‹Nebenschauplätze› verfolgt bzw. ergänzend die Moderation begleitet.

Die separate Protokollerstellung erleichtert dem Co-Moderator die aufmerksame inhaltliche Unterstützung bei der Diskussionsleitung, gegebenenfalls kann das Protokoll jedoch auch von einem der Moderatoren gleich im Anschluss an die Diskussion erstellt werden.

Die für die Organisationskarten zu bearbeitende Thematik *«Probleme in der Antibiotika-Therapie»* wurde von uns vorgegeben und sollte die beiden Kriterien erfüllen: (a) relevanter medikamentöser Risikobereich in den beiden Organisationen, (b) alle beteiligten Berufsgruppen weisen konkrete Bezüge zum Thema auf.

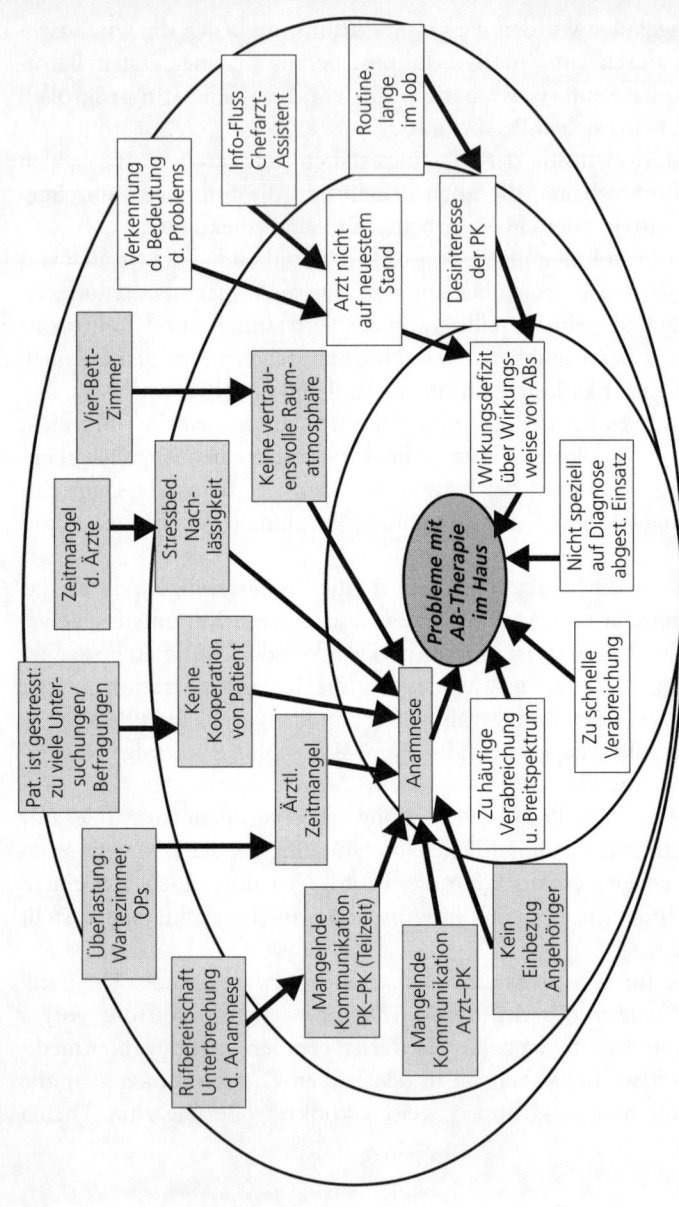

Abb. 2: Organisationskarte ‹Antibiotika› (AB), erstellt von Pflegekräften (PK). Ellipsen trennen in der Darstellung jeweils Ursachen ersten, zweiten und dritten Grades.

Ziel der Organisationskarten-Meetings war es, Ursachenmodelle für die genannte Kernthematik zu erstellen. Dementsprechend lautete die Leitfrage «*Warum* gibt es Probleme in der Antibiotika-Therapie?». Die Stichwörter zur Beantwortung dieser Frage wurden von den Teilnehmern auf Karten notiert und entsprechend der oben beschriebenen Vorgehensweise zunächst um die zentrale Frage gruppiert. Ihre jeweiligen Bedeutungshorizonte wurden diskutiert, und die Karten wurden umgruppiert, d. h. Äste (Ursachen ersten Grades) wurden z. B. zu Zweigen (Ursachen zweiten Grades) verschoben. Die Verbindungen von Kernthematik und Stichwörtern wurden mit Pfeilen, die zur Mitte hinweisen, dargestellt. Daraufhin arbeiteten wir mit der Zuruffrage. Geklärt werden sollte für jede genannte Ursache wiederum deren zugrunde liegende Ursache (Ursachen zweiten Grades) usw. Die Ablösung der Kartenfrage durch die Zuruffrage bot sich hier an, da bereits bei den Ursachen ersten Grades Diskussionen in Gang kamen, die zur Nennung weiterer Ursachen für schon genannte Aspekte führten. Der Redefluss wurde also bereits über die Begriffsklärung initiiert und sollte dann nicht unterbrochen werden.

Durch die gestalterische Form der radialen Baum-Ast-Zweig-Struktur von Organisationskarten haben die Gruppenteilnehmer den Eindruck, weniger ein ‹Dokument› als vielmehr ein bildhaftes Erklärungsmodell zu erstellen, dessen Elemente jederzeit an einer anderen Stelle mit anderen Verknüpfungsmöglichkeiten angebracht werden können, wann immer sich neue Einsichten ergeben.

Die konsensuell verabschiedeten berufsgruppenspezifischen Organisationskarten wurden abschließend in berufsgruppenübergreifenden Sitzungen in die beiden Krankenhäuser zurückgespiegelt.

5 Möglichkeiten und Grenzen der Methode

Organisationskarten stellen ein sich noch in der Entwicklung befindendes neues Verfahren der Datenerhebung dar. Die Vor- und Nachteile der Methode ebenso wie ihr gegebenenfalls zu modifizierender Einsatz lassen sich deshalb zunächst nur in einer vorläufigen Version skizzieren.

Für eine erste prägnante Zusammenfassung der Stärken und Schwächen von Organisationskarten ist es hilfreich, diese Methode von der Gruppendiskussion einerseits, der visualisierten Diskussionsführung andererseits abzugrenzen. Vielmehr lässt sich hier von einer ‹visualisierten Gruppendiskussion› sprechen.

Die Erhebung von über kurz andauernde Situationen hinaus bestehenden, übergreifend existierenden Gruppenmeinungen (vgl. Mangold 1960) mittels der Methode der Organisationskarten erfolgt in einer inhaltlich stark vorstrukturierten und formal visualisierten Weise. Die radiale Offenheit in der Gestaltung sowie die parallele Visualisierung der Diskussion wirken sich dabei vorteilhaft auf die umfassende Beteiligung der Befragten an der Diskussion aus.

Durch die konkrete Auseinandersetzung mit einer Kernthematik, die im Verlauf der Diskussion in ihre Einzelkomponenten aufgegliedert wird, gelingt es in komprimierter, kleinschrittiger Weise, die teilweise implizierten Überzeugungen der Befragten zu erfassen. Die Vorgabe, dass organisationsbezogene Mind-Maps ausschließlich konsensuell verabschiedete Teilaspekte beinhalten sollen, führt die Diskussion ausgehend von den Stichwortkarten zu den Bedeutungshorizonten der Begriffe.

Gleichwohl sind auch einige Schwächen der Methode zu nennen: Im Vergleich zur Gruppendiskussion ist zu betonen, dass ein natürlicher Gesprächsverlauf nur eingeschränkt ermöglicht wird. Die ‹visualisierte Gruppendiskussion› ist gekennzeichnet durch eine dominierende Zielorientierung in Richtung auf die Erstellung der Organisationskarten. So geben die von den Befragten beschrifteten Stichwortkarten letztlich die Struktur vor, und eine umfassendere Artikulation von widersprüchlichen Auffassungen kann deshalb nur begrenzt stattfinden. Zudem erfordert diese Art der ‹visualisierten Gruppendiskussion› einen relativ hohen organisatorischen Aufwand, sodass abzuwägen ist, für welche Fragestellungen die Methode angemessen erscheint.

Unsere ersten Erfahrungen weisen darauf hin, dass sich der aufwendige Einsatz von Organisationskarten insbesondere für solche Themengebiete eignet, die in den betreffenden Organisationen erwartbar schwer zu thematisierende Bereiche darstellen (z. B. sog. Tabuthemen). Denn über die sequenzielle Erarbeitung von Organisationskarten kann man zunächst an konkreten Teilelementen ansetzen. Damit wird die Thematik heruntergebrochen und so leichter einer Diskussion zugänglich gemacht.

Anmerkungen

1 *Mind-Mapping* bezeichnet hier den Prozess des Erstellens eines Mind-Maps (vgl. Kirckhoff 1998). Bei ‹Mind-Map› handelt es sich um ein eingetragenes Warenzeichen der Buzan Organization Ltd. Hierauf wird an dieser Stelle ausdrücklich hingewiesen. Im Folgenden wird auf die wiederholte Kennzeichnung verzichtet.
2 Ergänzende Informationen für die Transkripterstellung und Interpretation liefert schließlich das Protokoll.
3 Es handelt sich hierbei um das im Nordrhein-Westfälischen Forschungsverbund Public Health angesiedelte Projekt «Wissenschaftliche Grundlagen für ein erweitertes Risikomanagement im Krankenhaus: Analyse berufsgruppenspezifischer Muster der Risikowahrnehmung und -bewältigung». Die Förderung erfolgte durch das BMBF; Projektleiter: Bernhard Badura, Holger Pfaff; Durchführung: Jürgen Klein, Sonja Barth.
4 Insgesamt wurden pro Krankenhaus zwölf Ärzte, zwölf Pflegekräfte und vier bzw. fünf Verwaltungs- und Apothekenangestellte in Einzelinterviews befragt.

Literatur

Anderson, Joseph V. (1993): Mind Mapping: A Tool for Creative Thinking, in: Business Horizons, Jg. 36, H. 1, S. 41–46.
Argyris, Chris/Schön, Donald A. (1978): Organizational Learning. A Theory of Action Perspective, Reading/Mass.
Badura, Bernhard/Feuerstein, Günther/Schott, Thomas (Hrsg.) (1993): System Krankenhaus. Arbeit, Technik und Patientenorientierung, Weinheim/München.
Beyer, Maria (1993): BrainLand. Mind Mapping in Aktion, Paderborn.
Buzan, Tony (1989): Kopftraining. Anleitung zum kreativen Denken. Tests und Übungen, München.
Buzan, Tony (1991): Nichts vergessen!, München.
Buzan, Tony/Buzan, Barry (1999): Das Mind-map-Buch. Die beste Methode zur Steigerung Ihres geistigen Potentials, Landsberg a. L.
Dauscher, Ulrich (1996): Moderationsmethode und Zukunftswerkstatt, Neuwied/Kriftel/Berlin.

Geertz, Clifford (1994): Dichte Beschreibung. Beiträge zum Verstehen kultureller Systeme, Frankfurt a. M.

Hartmann, Martin/Funk, Rüdiger/Arnold, Christian (2000): Gekonnt moderieren. Teamsitzung, Besprechung und Meeting: zielgerichtet und ergebnisorientiert, Weinheim/Basel.

Imai, Masaaki (1994): KAIZEN. Der Schlüssel zum Erfolg der Japaner im Wettbewerb, Berlin/Frankfurt a. M.

Kirckhoff, Mogens (1998): Mind Mapping. Einführung in eine kreative Arbeitsmethode, Offenbach.

Kommer, Isolde/Reinke, Helmut (2001): Mind Mapping am PC für Präsentationen, Vorträge, Selbstmanagement mit MindManager 4.0, München/Wien.

Krüger, Frank (1999): Mind Mapping. Kreativ und erfolgreich im Beruf, München.

Lewis, Clive (1997): Mind Mapping. Its Benefits for Trainers, in: Training Officer, Jg. 33, S. 278–279.

Malorny, Christian/Langner, Marc Alexander (1997): Moderationstechniken: Werkzeuge für die Teamarbeit, München/Wien.

Malorny, Christian/Schwarz, Wolfgang/Backerra, Hendrik (1997): Die sieben Kreativitätswerkzeuge K7. Kreative Prozesse anstoßen, Innovationen fördern, München/Wien.

Mangold, Werner (1960): Gegenstand und Methode des Gruppendiskussionsverfahrens, Frankfurt a. M.

Mann, Steve (1997): Focusing circles and Mind Mapping, in: IATEFL newsletter (International Association of Teachers of English as a Foreign Language), Ausgabe April/Mai, S. 18–19.

Mayring, Philipp (1997): Qualitative Inhaltsanalyse. Grundlagen und Techniken, Weinheim/Basel.

Mayring, Philipp (1999): Einführung in die qualitative Sozialforschung. Eine Anleitung zu qualitativem Denken, München.

Mento, Anthony J./Martinelli, Patrick/Jones, Raymond M. (1999): Mind Mapping in Executive Education. Applications and Outcomes, in: Journal of Management Development, Jg. 18, S. 390–407.

Michelini, Claire A. (2000): Mind Map: A New Way to Teach Patients and Staff, in: Home Healthcare Nurse, Jg. 18, S. 318–322.

Osterloh, Margit (1988): Methodische Probleme einer empirischen Erforschung von Organisationskulturen, in: Eberhard Dülfer (Hrsg.), Organisationskultur. Phänomen – Philosophie – Technologie, Stuttgart, S. 139–151.

Neuberger, Oswald/Kompa, Ain (1987): Wir, die Firma: Der Kult um die Unternehmenskultur, Weinheim/Basel.

Pfaff, Holger (1997): Das lernende Krankenhaus, in: Zeitschrift für Gesundheitswissenschaften, Jg. 5, S. 323–342.

Pfaff, Holger (1999): Organisationsdiagnose im Rahmen des betrieblichen Gesundheitsmanagements, in: Bernhard Badura/Wolfgang Ritter/Michael Scherf (1999): Betriebliches Gesundheitsmanagement. Ein Leitfaden für die Praxis, Berlin, S. 135–139.

Sackmann, Sonja A. (1991): Cultural Knowledge in Organizations. Exploring the Collective Mind, Newbury Park.

Sackmann, Sonja A. (1997): Fragen der Organisationsentwicklung: Ist Krankenhauskultur gestaltbar?, in: Ricarda Klein/Gabriele M. Borsi (Hrsg.), Pflegemanagement als Gestaltungsauftrag, Frankfurt a. M. u. a., S. 135–156.

Schaude, Götz (1995): Kreativitäts-, Problemlösungs- und Präsentationstechniken, Eschborn.

Schnelle, Eberhard (Hrsg.) (1978): Neue Wege der Kommunikation. Spielregeln, Arbeitstechniken und Anwendungsfälle der Metaplan-Methode, Königstein/Ts.

Scholz, Christian/Hofbauer, Wolfgang (1990): Organisationskultur. Die vier Erfolgsprinzipien, Wiesbaden.

Seifert, Josef W. (2000): Visualisieren – Präsentieren – Moderieren, Offenbach.

Steps, Manfred (1997): Mind Mapping im Unterricht, in: Praxis Schule 5–10, Jg. 8, S. 25–29.

Manfred Moldaschl

9 Lebenslinien

1 Einleitung

In diesem Beitrag wird ein wenig gebräuchlicher Typus von Erhebungsmethodik für die Arbeits- und Organisationsforschung vorgestellt. Diese Methodik wird so selten angewendet und hat so wenige unterscheidbare Methoden, dass sie meines Wissens gar keinen eigenen Namen hat.[1] Ich schlage daher vor, sie *bildgebende assoziative Erhebungsmethoden* zu nennen, und beschreibe hier ausführlicher eine dieser Methoden: die der Lebenslinien. Weitere bildgebende Methoden werden in Abschnitt 5 kurz skizziert. Ausgangspunkt der Darstellung sollen Anforderungen sein, denen Erhebungsmethoden im genannten Forschungsfeld heute dringend genügen sollten. Einige dieser Anforderungen fasse ich nachfolgend unter drei Begriffen zusammen: Visualisierung, Subjektivierung und Dynamisierung. Zumindest die im Beitrag vorgestellte Methode der Lebenslinien kommt diesen Anforderungen entgegen, durch ihr Prinzip der Bilderzeugung im Erhebungsprozess sowie durch ihre Subjekt- und Prozessorientierung.

Visualisierung

Sie liegen an der Küste der Verschriftlichung vor Anker: die Sozial-wissenschaften. Ihr Material ist der Text, und ihr wichtigstes Werk-zeug auch. Man muss den interpretativen Logozentrismus nicht völlig in Frage stellen, um seine Ergänzung zu fordern und nach Stützen der Wahrnehmung in den sinnlich-bildlichen Sahelzonen der Texte zu suchen. In vielen Lebensbereichen, selbst in den gene-rell zur Negation von Sinnlichkeit tendierenden Wissenschaften, gewinnt die Verbildlichung als Orientierungsmittel erheblich an Be-deutung. Man denke nur an die Revolution des Vortragswesens, die durch die Overhead-Folie zumindest mit ermöglicht wurde[2]; oder an die bildgebenden Verfahren der Medizin, die graphischen Simulationstechniken der Chemie; oder an die «Ikonisierung» der Mensch-Maschine-Kommunikation, wie sie die Xerox-Labors, die Apple-Rechner und schließlich unser aller Windows auf den Weg gebracht haben.

Auch in aktuellen Konzepten zur Modernisierung von Wirt-schafts- und Verwaltungsorganisationen, die auf Empowerment und (partielle) Selbstorganisation setzen, spielt die Visualisierung eine besondere Rolle, etwa bei der Leistungssteuerung mittels Ziel-vereinbarungen. Visualisierung dient hier der Veranschaulichung relativ komplexer, teils konfligierender Zielstellungen, der Rück-meldung von Handlungsergebnissen, Zielerreichungsgraden und Lernfortschritten. Weil die Wirklichkeit komplexer wird und man sich schneller in ihr orientieren muss, wird Visualisierung in ande-rer als Textform zu einem immer wichtigeren Orientierungsmittel.

Während die Visualisierung als Mittel der *Darstellung* aus der Organisationspraxis mittlerweile ebenso wenig wegzudenken ist wie aus der Organisationsforschung, spielt sie in der *Erhebung* praktisch keine Rolle. Der Forscher bemüht sich, seine komplizier-ten Einsichten mittels vereinfachender Graphiken zu veranschau-lichen (oder natürlich auch deren Trivialität mit allerlei Gimmicks zu überspielen), aber seinen Interviewpartnern und sich selbst bie-tet er dergleichen im Forschungsprozess meist nicht. Stattdessen drohen Logorrhö und das Risiko wörtlicher Betäubung. Die in der Visualisierung liegenden Möglichkeiten der Strukturierung und

Assoziationsförderung in Interviewsituationen werden damit verschenkt.

Subjektivierung

Die Vorgehensweise, die hier beispielhaft vorgestellt werden soll, lässt sich ferner als *subjektzentrierte Erhebungsmethode* charakterisieren. Dass deren Bedeutung im Rahmen der Organisationsforschung noch erheblich zunehmen wird, ergibt sich aus einer Diagnose, oder sagen wir: einer Hypothese zum Organisationswandel, die wir an anderer Stelle ausführen: *die These der Subjektivierung* (vgl. Moldaschl/Schultz-Wild 1994; Moldaschl/Voß 2002). Die Autoren diagnostizieren eine «paradigmatische» Tendenz weg vom Rationalisierungspfad der Objektivierung hin zu einem der Subjektivierung.

Kennzeichnend für den Pfad der Objektivierung ist ein mit «Rationalismus» zutreffend bezeichnetes Deutungsmuster, d. h. der Glaube an die Berechenbarkeit und Steuerbarkeit sozialer (und anderer) Systeme durch wissenschaftliches Wissen. Dieses Leitbild der Entscheider in der Praxis hatte und hat seine Entsprechung in den Verhaltens-, Sozial- und Betriebswissenschaften. In der Organisationsforschung z. B. finden wir diese Entsprechung auf theoretischer Ebene idealtypisch im Kontingenzansatz, methodologisch in den typischen Subjekt-Objekt-Designs der Sozialforschung, in denen der Forscher als erkennendes Subjekt seinem «Gegenstand» (anderen Subjekten und ihren Beziehungen) gegenübertritt: quantifizierend, analysierend und auf sonstige Weise objektivierend. Wenn nun aber das Referenzfeld der Organisationsforschung, also die betriebliche Praxis, von diesem Paradigma ein Stück weit abrückt, den Subjekten tatsächlich mehr Gestaltungsraum zugesteht und zumutet, wird es auch für die Forscher selbst wichtiger, den Einfluss der Subjekte auf die Verhältnisse und die Deutung der Verhältnisse durch die Subjekte zu erfassen; und sei es auch nur, indem sie den Gründen für Einverständnis und Konformität nachgehen. Man könnte auch sagen: Die methodologische *Subjektorientierung* bzw. der «subjektorientierte Ansatz» in Organisationsforschung und Industriesoziologie, der in den 1970er und 1980er Jahren die

Hegemonie der objektivistischen Ansätze vergeblich angriff, erhält durch neue organisationale Praktiken Auftrieb und neue Legitimation. Seine Standardmethoden sind qualitative Interviews und deren hermeneutische Interpretation.

Dynamisierung

Die Forderung nach einer *Prozessorientierung* von Methoden und Forschungsdesigns ist in der Arbeits- und Organisationsforschung nichts Neues. Arbeit, Rationalisierung und industrielle Beziehungen existieren nur als Prozesse, und auch «die Organisation» wird zunehmend (besonders seit Karl Weick) als «Prozess des Organisierens» verstanden. Gleichwohl sind Fallstudien in Organisationen, z. B. industriesoziologische, häufig vom Typ der «Einmal-Empirie»: Die Forscher gehen für einen bis mehrere Tage, seltener für ein bis zwei Wochen in Betriebe hinein und verarbeiten im Anschluss ihre Ergebnisse. Echte Längsschnittstudien sind selten. Am wahrscheinlichsten sind sie anzutreffen in der so genannten Begleitforschung, in der wissenschaftliche Institute – finanziert durch öffentliche Fördermittel – einen betrieblichen Reorganisationsprozess während eines längeren Zeitraums begleiten. Neben forschungsökonomischen Gründen spielen dabei vermutlich auch tiefer liegende Verständnisse von Organisationen bzw. Betrieben als relativ stabilen Gebilden eine Rolle. Endres und Wehner (1995, S. 5) etwa weisen darauf hin, dass «in nahezu allen Kooperationskonzepten» der Sozial- und Wirtschaftswissenschaften «Organisations- und Entscheidungsstrukturen im Mittelpunkt stehen» und die prozessuale Seite weitgehend vernachlässigt wird.

Angesichts der Tatsache, dass z. B. Reorganisationsmaßnahmen wie die Einführung von Gruppenarbeit in einem Unternehmen in der Regel Jahre dauern (es gibt kaum einen Betrieb, der damit «fertig» wäre), erscheint das sehr problematisch. Es kommt hinzu, dass sich der Puls des Wirtschaftslebens, der Stoff- und Güterströme, und auch der Umschlag der Managementmoden und -methoden erheblich beschleunigt hat. Ein modernes Unternehmen ist heute ständig im Umbruch, sodass der Forscher nie wirklich wissen kann, in welchem zeitlichen und genealogischen Kontext er seine «Zeitstichprobe» zu interpretieren hat. Und schließlich «reagieren» Unternehmen nicht einfach auf beschleunigte Umweltveränderungen, sondern sie konstruieren sie mit, verstärken diese Tendenzen rekursiv, wenn sie sich selbst reorganisationsfähiger und -bereiter machen.

Wenn sich also im Zuge realer Dezentralisierung und Subjektivierung die Bedeutung einer *formalen* Vorstrukturierung des Handelns in Organisationen abschwächt, wenn also die subjektiven Deutungs- und Strukturierungsleistungen der Organisationsmitglieder wichtiger werden, dann nimmt auch dadurch die Dynamik, Unvorhersehbarkeit und Diversität der Reorganisationsverläufe weiter zu. Die Konsequenz ist paradox: Man kann nicht einfach sagen, die Bedeutung des Handelns, der Subjektivität, nehme gegenüber jener der Situation bzw. der *realen* Kontextbedingungen zu; vielmehr wird beides wichtiger, das heißt, der Handlungszusammenhang wird *kontingenter*. In einer von uns durchgeführten Gruppenarbeitsstudie beispielsweise (Moldaschl 2002) waren die Gruppen in Struktur und Entwicklungsstand innerhalb *eines* Unternehmens sehr heterogen, obwohl das Gruppenkonzept selbst einheitlich war und auch für alle Geltung haben sollte. Dass aus einem Genotyp die verschiedensten Phänotypen entstanden, hing mit der «Subjektivität» dieser Prozesse zusammen, mehr aber noch mit den jeweiligen Kontextbedingungen (Vorgesetzte, technische Bedingungen, logistische Einbindung, Gruppenzusammensetzung usw.). Die Dynamik, die Diskontinuität und die Krisen solcher Entstehungsprozesse wahrzunehmen und sie «nachzuzeichnen» – möglichst nicht nur verbal, darum geht es.

Was heißt das nun für die Auswahl oder Konstruktion von Erhebungsmethoden? Unter anderem eben, dass sie erstens subjektzentrierter, zweitens aber auch kontextsensibler werden müssen – man kann dem nicht in der Form des üblichen Entweder-oder gerecht werden. Drittens bedeutet es, dass diskontinuierliche und dynamische Entwicklungsverläufe von Reorganisation besser zu erfassen und anschaulich wiederzugeben sind. Viertens schließlich sollten die Methoden trotz eines dynamisierten Forschungsverständnisses auch *forschungsökonomischen* Anforderungen gerecht werden, etwa indem sie die Zahl der Erhebungszeitpunkte durch rekonstruktive Verfahrensanteile reduzieren.

Die Methode der Lebenslinien kommt den genannten Anforderungen entgegen. Sie besteht darin, Interviewpartner aufzufordern, ihre Erfahrungen im Verlauf ihrer Organisationsmitgliedschaft oder bestimmter Abschnitte darin (z. B. Erfahrungen im Rahmen organisationaler Veränderungsprojekte) summarisch in Form einer Verlaufskurve darzustellen, eben einer «Lebenslinie». Sinnvolle Einsatzmöglichkeiten der Methode ergeben sich besonders in den folgenden vier Funktionen:

- in der Forschung als Mittel der *Erhebung* und der *Darstellung*,
- in der Praxis bzw. in der anwendungsbezogenen Forschung als Mittel der *Diagnose* und der *Intervention*.

Im Kontext des vorliegenden Buches möchte ich mich auf zwei Funktionen konzentrieren: auf die Funktion der Erhebungsmethode in der Organisationsforschung (Abschnitt 2) sowie auf die Funktion der Ergebnisrückmeldung als eines Elements von Intervention (Abschnitt 3). Die folgende Beschreibung von Vorgehensweisen bei der Erhebung und Interpretation kann schon aufgrund der geringen Verbreitung dieser Methode (und ähnlicher bildgebender Methoden) keinen «Kanon» von Anwendungsregeln formulieren. Sie soll vielmehr den Leser dazu anregen, sie zu erproben, eigenen Erfordernissen anzupassen oder sie insgesamt kreativ abzuwandeln.

2 Datenerhebung

Von der objektivistischen Semantik, die der Begriff «Datenerhebung» transportiert, sollte man sich hier lösen und die «Daten» – das Gegebene – als etwas bilateral Gemachtes begreifen: als doppelte Re-Konstruktionen relativ ganzheitlicher subjektiver Situationseinschätzungen durch Befragte und Forscher. Hiervon ausgehend lassen sich die mit der Methode geschaffenen Möglichkeiten der Rekonstruktion subjektiver organisationaler Realitäten wie folgt zusammenfassen:

- Es handelt sich um eine *subjektzentrierte Erhebungsmethode*, die auf Wahrnehmungen und Bewertungen von Akteuren in einem organisationalen Umfeld zielt.
- Sie zeichnet sich durch ihre *Verlaufsorientierung* aus, das heißt, sie soll Bewegung und Dynamik im Untersuchungsfeld deutlich machen; sie entspricht dem dynamischen (selbstverändernden) Charakter von Gruppenarbeit.
- Die Subjekt-Subjekt-Interaktion (Forscher – Befragte) im Erhebungsprozess wird unterstützt, indem *gemeinsame Vergegenständlichungen* produziert werden.
- Die Methode ist in der Interaktion mit Individuen und Gruppen anwendbar.
- Erhoben wird ein aggregiertes Befindensmaß.
- Dennoch sind verschiedenste kriterienbezogene Differenzierungen möglich.
- Die Methode kann zur Erhebung und Darstellung von Erwartungen und Erfahrungen (gegebenenfalls auch beidem zugleich) verwendet werden.
- Sie gestattet es auch, Fremdwahrnehmung zu erfassen.
- Sie ist *kontextsensitiv*, erlaubt z. B. die direkte Relationierung von kritischen Ereignissen, relativ ganzheitlicher Situationseinschätzung und Selbstwahrnehmung in einem Bild.

Die Methode ist ‹*assoziativ*› in zweierlei Hinsicht: erstens, indem sie vorschlägt, individuelle oder kollektive Arbeitserfahrungen mit dem Bild der Lebenslinien zu assoziieren. Und zweitens, indem sie dazu anregt, unterschiedliche betriebliche Erfahrungsbereiche (Kooperation, informelle Beziehungen, Führung, betriebliche Lage usw.) ohne detaillierte Vorgaben darauf zu beziehen. Die Anwendung der Methode wird nachfolgend erläutert.

Anwendung und methodische Einbindung

Wo die hier vorgestellte Methode bislang angewendet wurde (Schattenhofer 1992; Moldaschl/Schmierl 1994; Endres/Wehner 1995; 1996; Moldaschl 2000; 2002), ist sie konzipiert als Werkzeug im Rahmen breiter angelegter Forschungsdesigns, also in Kombination mit qualitativen Interviews, Gruppendiskussionen, leitfadengestützten Expertengesprächen oder auch standardisierten schriftlichen Befragungen. Sie erhält ihren Sinn in der Ergänzung dieser Methoden, insbesondere durch ihre summarischen Bewertungen und ihre Verlaufsrekonstruktion, und eignet sich speziell für Fallstudien, die nicht der «Monomethodenkultur» der Organisationsforschung (Martin 1990) folgen.

Lebenslinien sollen uns hier nur als «bildgebende» Methoden interessieren, also nicht als solche, in denen den Befragten vorgefertigte Bilder zur Kommentierung vorgelegt werden, oder gar als bloße bildliche Darstellungen empirischer Befunde. In der Arbeit von Karl Schattenhofer (1992) werden vor allem Selbsthilfegruppen mit selbst gesetzten Zielen im informellen Sektor beschrieben (also keine «Organisationen» im üblichen Verständnis). Schattenhofer hat die in Abbildung 1 wiedergegebenen Lebenslinien nach Zeichnungen der Befragten angefertigt und auffällige Wendepunkte textlich kommentiert. Weitere Angaben zur Methode und ihrer Anwendung finden sich in seinem Buch nicht, ebenso wenig wie bei Egon Endres und Theo Wehner (1995, S. 27 f.; 1996, S. 100 f.). Diese beiden Autoren greifen den Begriff der Lebenslinien von Schattenhofer auf, um die prozessuale Seite der Kooperation (hier der zwischenbetrieblichen) hervorzuheben. Bei den Interviewpartnern handelt es sich um diejenigen Mitglieder verschiedener Organisationen, welche die zwischenbetriebliche Kooperation abwickeln, also beispielsweise Einkäufer, Vertriebsleute und verstärkt auch Vertreter von Produktions- und Montageabteilungen (Akteure des externen Grenzstellenmanagements). Hier wird die Lebenslinienmethode eingebettet in den Kontext von «Störfallanalysen». Störfälle bzw. «Grenzstellenprobleme» oder Kooperationskrisen äußern sich im Auf und Ab der Lebenslinien, die in Abbildung 2 das Ausmaß der Störungen und die Qualität der Lieferbeziehung darstellen. Allerdings erläutern Endres und Wehner in ihren Texten nicht, ob sie die Linien selbst erstellt haben und sie demnach nur als *Darstellungsform* benutzen oder ob sie sie wiedergeben, d. h. sie als *Erhebungstechnik* benutzen, die den Befragten die Initiative überlässt. Dezidiert zur Erhebung wende ich die Methode an (vgl. Moldaschl 2000; 2001).

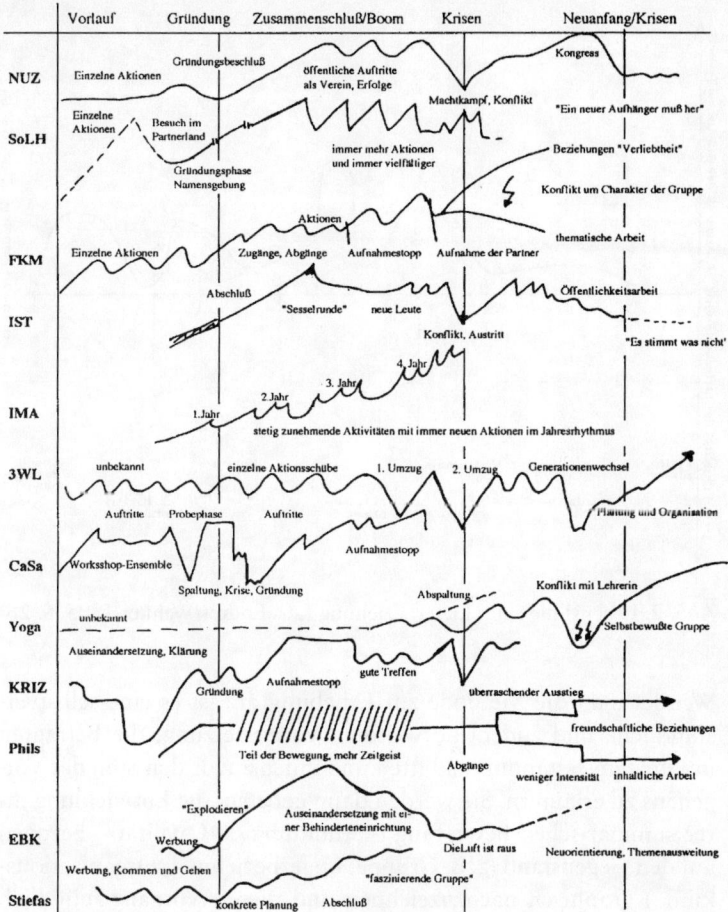

Abb. 1: Lebenslinien von Selbsthilfegruppen
(aus Schattenhofer 1992, S. 103)

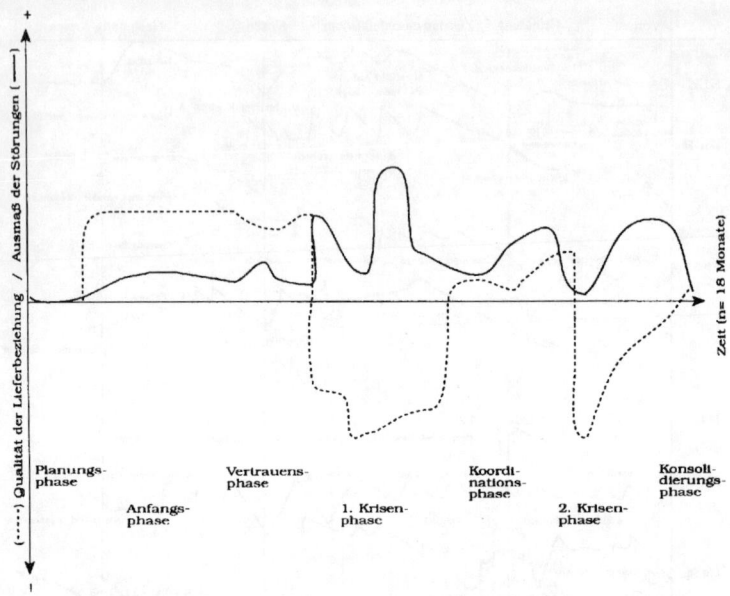

Abb. 2: Lebenslinie einer Lieferbeziehung (aus Endres/Wehner 1995, S. 28)

Wendet man die Methode zur Erhebung an, ist es eine selbstverständliche und zudem notwendige Voraussetzung, die Befragten um ihr Einverständnis zu bitten und ihnen zuvor den Sinn des Vorgehens zu erläutern. Sie werden dann gebeten, die Entwicklung ihrer summarischen Bewertung («Stimmung», «Qualität») bezogen auf den Gegenstand (z. B. Gruppe, Lieferbeziehung, Organisationsklima) graphisch nachzuzeichnen und diesen Vorgang mündlich sowie gegebenenfalls durch schriftliche Kommentare in der Graphik zu erläutern. Die einzige Vorgabe bei einer summarischen Bewertung besteht darin, von einer gedachten Null-Linie der Bewertung auszugehen. Befragte, die von sich aus notwendige Differenzierungen ansprechen, sollten ermutigt werden, selbst die geeigneten Kriterien zu nennen.

Die *Vorlage* kann dabei aus einem leeren Blatt oder besser aus einem Blanko-Diagramm bestehen, das lediglich die skalierten

Achsen der Darstellung enthält (entweder nur mit einer gleichabständigen Teilung auf der X-Achse oder – wenn der zu rekonstruierende Zeitraum feststeht – mit entsprechender Jahres- und Monatseinteilung). Die Gesprächspartner tragen ihre bei der mündlichen Erläuterung gegebenen Kommentare entweder selbst in die Vorlagen ein, oder der Forscher tut dies, was sich bei erstmaliger Anwendung als die bessere Lösung erwies. In diesem Fall tut er das sinnvollerweise in Anführungszeichen, sofern es sich um wörtliche Zitate handelt, und ohne Anführungszeichen, wenn aus Platzgründen eine vollständige Wiedergabe der Kommentare nicht möglich ist.

Die wichtigste Intervention bei dieser interaktiven Erhebungsmethode besteht darin, ähnlich wie bei der «critical incident»-Methode (Flanagan 1954), nach *kritischen Ereignissen* zu fragen, die auffällige Figurationen in der Lebenslinie erklären. Zu diesen sind auch auffällige Geraden zu zählen, denn Stadien der Entwicklungslosigkeit bzw. der Stagnation werden in einer auf «transitorische Kooperation» gerichteten Perspektive ja ebenfalls als kritische oder zumindest erklärungsbedürftige Situationen angesehen. Die Wurzeln hierfür können ebenso gut in den Umfeldbedingungen liegen wie in den Interaktionsverhältnissen. Die Kommentare der Befragten geben Anlässe, hierzu weiterzufragen.

Das Rekonstruktionsproblem

Wie ist nun zu verfahren, wenn man die Anforderung ernst nimmt, dem transitorischen Charakter von Kooperationen im Sinne des Kriteriums *Dynamisierung* mittels Längsschnitterhebung nachzugehen? Man muss bei Methoden, welche die Untersuchungspartner («Forschungobjekte») zur Rekonstruktion ihrer Lagebeurteilung und Entwicklungserfahrung auffordern, davon ausgehen, dass sich diese Deutungen bzw. deren Relevanzkriterien im Zeitverlauf und in Abhängigkeit von Kontexten ändern. Dieser Hypothese folgend hatten wir in eigenen Fallstudien, die mehrere Erhebungszeitpunkte umfassten, den Befragten *nicht* ihre beim letzten Erhebungszeitpunkt gezeichneten Lebenslinien zur Fortsetzung vorgelegt, sondern ein neues Blanko-Formular. Umso überraschender war es, dass sich die Lebenslinien nur marginal unterschieden – wobei diese Unterschiede eher zeichnerischen Zufälligkeiten geschuldet zu sein schienen als veränderter Bewertung. Man konnte in diesem Fall annehmen, dass der Abstand zwischen den Erhebungszeitpunkten von gut einem Jahr zu gering war oder dass zwischen den Erhebungen keine grundlegenden Änderungen im betrieblichen Kontext eingetreten waren. Daraus wäre zweierlei zu folgern:

- In Längsschnittstudien, in denen diese beiden Bedingungen gegeben sind, kann man durchaus die früher gezeichneten Lebenslinien im Interesse der Zeitersparnis zur Fortsetzung vorlegen.
- In Situationen, in denen größere Zeiträume und/oder größere Veränderungen zwischen den Erhebungen liegen, sollte man um eine neue Rekonstruktion bitten – zumindest solange sich nicht herausgestellt hat, dass solches keinen systematischen Einfluss auf die Bewertungen hat.

3 Dateninterpretation und Feedback

Aus dem begrenzten und summarischen Informationsgehalt, der mit der Lebenslinien-Methode generiert werden kann, ergibt sich die oben skizzierte Praxis, sie eingebettet in komplexere methodische Vorgehensweisen zu nutzen. Es ergibt sich daraus auch ihr unterstützender Charakter bei der verlaufsorientierten Interpretation organisationaler Realität und bei der Validierung des mit anderen Methoden generierten empirischen Materials. Daraus ergeben sich erweiterte Möglichkeiten, Deutungen zueinander und zur Bedingungsebene in Beziehung zu setzen.

Ein nicht zu unterschätzender Vorteil der Methode ist, dass Interviewerin und Interviewter mit dem erstellten Bild gewissermaßen über eine *gemeinsame Vergegenständlichung* verfügen, während schriftliche oder elektromagnetische Aufzeichnungen meist nur der Interviewerin zur Verfügung stehen. Diese erzeugte Bildreferenz kann als Fixpunkt im Interviewverlauf dienen, soweit dieser nicht durch eine sklavische Abarbeitung eventuell benutzter strukturierter Leitfäden eingeengt ist. Erfahrungsgemäß ist es für einen Interviewer ohne eine solche Vergegenständlichung schwierig, bei der Rekonstruktion einer Erfahrungsgeschichte, sei sie individuell oder kollektiv, ein geistiges Verlaufsbild («cognitive map») zu entwickeln, das ihm erlaubt, objektive und subjektive Ereignisse zeitlich adäquat zu verorten. Ebenso kann der Befragte darauf wiederholt Bezug nehmen und das Bild damit weiter kommentieren und verdichten oder auch reflexiv aufbrechen (vgl. dazu Abschnitt 4). Was man in qualitativen Forschungsansätzen als *kommunikative Validierung* bezeichnet (z. B. Scheele 1995), also den Prozess des Aufeinander-Beziehens von Innen- und Außenperspektive, kann hier über einen zusätzlichen Sinneskanal verfügen. Wechselseitige Prüfung meint hier: Die Befragte kann ergründen, ob sie die Forscherin richtig verstanden hat und von ihr richtig verstanden worden ist, und die Forscherin prüft kommunikativ, inwieweit ihre Deutung der zeichnerischen Darstellung mit deren gemeintem Sinn übereinstimmt. Dass Validierung hierbei nicht heißen kann, die «Richtigkeit» oder «Angemessenheit» der Situationsdeutungen einzelner Befragter oder Gruppen zu beurteilen, darf als selbstverständlich gelten; denn als Faktum sind sie wirksam, und ebendiese Wirksamkeit soll untersucht werden.

Auch wenn bisher der erhebungsmethodische Aspekt der Methode im Vordergrund stand, so lassen sich die Ergebnisse der Erhebung doch unmittelbar zur summarischen Darstellung von «Reorganisationsgeschichten» und Kooperationserfahrungen aus der Sicht verschiedener betrieblicher Akteursgruppen verwenden. Denn bei «bildgebenden» Verfahren sind – zumindest auf der individuellen und der Gruppenebene – Ergebnis und Darstellung identisch. Leider beschreiben weder Schattenhofer noch Endres und Wehner ihre Nutzung der erstellten Lebenslinien im Prozess der Ergebnisrückmeldung bzw. ihre Rolle als Forscher im Feld generell.

Unsere Erfahrung speziell bei der *Rückkopplung* von Untersuchungs- und Befragungsergebnissen an die betrieblichen Akteure in Workshops und Betriebsversammlungen war, dass gerade die der Lebenslinien starke Zustimmung erfuhren, unter anderem deshalb, weil der in ihnen veranschaulichte Euphorie-Frustrations-Verlauf einen hohen Wiedererkennungswert hatte. Freilich: Den Effekt der Legitimation wissenschaftlicher Aussagen durch Präsentation von Zahlen (etwa aus standardisierten Befragungen) wird die Forscherin, die sich davon einen konkreten Einfluss ihrer Befunde auf organisationale Problemwahrnehmungen und Entscheidungen erhofft, nur dann erzielen können, wenn sich in einer größeren Zahl von Lebenslinien wiederkehrende Muster nachweisen lassen. Auf alle Fälle aber ist es – wie sich zeigte – für die betrieblichen Akteure leichter, die bildhaften Interviewergebnisse und die darin verzeichneten «kritischen Ereignisse» als Diskussionsanlass zu nutzen als die sprachlich verdichteten Befunde und Folgerungen von Forschern.

Was die Möglichkeit inhaltlicher Nutzung der Ergebnisse in Feedback-Situationen angeht, sind generalisierende Aussagen nicht angebracht. Bezogen auf die in Abschnitt 4 skizzierten Anwendungen mögen zwei Beispiele genügen. Erstens wurde versucht, die Aufmerksamkeit der betrieblichen Akteure auf die Eigendynamik der Gruppenprozesse zu lenken, auf die Rolle kritischer Ereignisse und deren gruppenspezifische Verarbeitung, um die Divergenz zwischen den Gruppen nicht nur als Defizienz gegenüber der Planung erscheinen zu lassen. Zum anderen wurde die Bedeutung einer permanenten Evaluierung hervorgehoben, insbesondere mit Verweis auf die in fast allen Fällen beobachtbare Abschwungphase. In dieser Phase sind Maßnahmen, die auf erweiterte Verantwortung, Selbststeuerung und Kooperation setzen, außerordentlich gefährdet, ganz zu scheitern und in frühere Muster zurückzufallen.

4 Anwendungsbeispiel

Gruppenarbeit wird in rationalen Managementkonzepten als *Form* der Organisation von Arbeit verstanden, quasi als kleinste Einheit einer modernen Aufbauorganisation. Dahinter steht die statische Vorstellung einer gut geplanten *Struktur*, die mit geeigneten Personen zu besetzen ist. Lediglich die Einführung oder «Implementation» der Struktur wird als dynamische Phase verstanden, in der sich die Stelleninhaber an die neue Struktur gewöhnen und sie nach und nach «ausfüllen». Diese Vorstellung ist ebenso realitätsfremd wie das «funktionalistische» Verständnis von Organisation insgesamt. Empirische Erfahrungen begründen – ebenso wie die Vorstellung von Organisation als einem unentwegt «gemachten», wechselseitigen Entwicklungszusammenhang zwischen Gruppe und Organisation – eine andere Sichtweise. Man muss Gruppenarbeit als einen lebendigen, *transitorischen Prozess* der Kooperation betrachten, in dem sich sowohl die Individuen als auch der Charakter der jeweiligen Gruppe permanent verändern.

In der auf Lewin zurückgehenden Tradition der Gruppendynamik (z. B. König 1995) hat man das zwar erkannt und sich intensiv mit der Psychodynamik gruppeninterner Prozesse der wechselseitigen Wahrnehmung, der Interaktion und Entwicklung befasst, dabei aber oft und großzügig über die (institutionellen) Kontextbedingungen der internen Prozesse hinweggesehen. Was, umgekehrt, in den genannten Managementkonzepten und der Gestaltungsphilosophie vieler arbeitswissenschaftlicher Ansätze praktisch als Normalfall unterstellt wird, gerät in der transitorischen Perspektive zum *worst case*: die eingefrorene Kooperation, in der sich nichts mehr ändert. Aus der auf «Expansion» gerichteten Sichtweise ergeben sich nicht nur einige Konsequenzen für die Gestaltung von Gruppenarbeit (vgl. Moldaschl 1996), sondern auch für die Methodik der Untersuchung. Bestimmte Bewertungen der Gruppenarbeit durch die Mitglieder zu einem oder zwei beliebigen Zeitpunkten zu erheben (z. B. die Arbeitszufriedenheit), würde leicht zu falschen Schlussfolgerungen führen, wenn diese Bewertungen im Zeitverlauf stark schwanken.

Die empirische Erhebung muss daher versuchen, die Entwicklung der Gruppenarbeit – oder vielmehr der Arbeitsgruppen – mit geeigneten Methoden nachzuzeichnen. Hierfür gibt es zwei prinzipielle Möglichkeiten: die erwähnte *Begleitforschung* mit mehreren Erhebungszeitpunkten sowie die *Rekonstruktion*. In der Regel müssen beide Zugänge kombiniert werden, da eine permanente Begleitung, die alle kritischen Ereignisse zeitnah festhalten kann, forschungsökonomisch selten möglich ist. Ferner gilt es, im Hinblick auf die Defizite der zweiten, gruppendynamischen Perspektive, eben solche kritischen Ereignisse auch als Kontextbedingungen zu erfassen. Die Methode der *Lebenslinien* ist ein geeignetes Werkzeug zur Rekonstruktion von Gruppengeschichte(n).

Einen Ausgangspunkt für unsere eigene Arbeit mit der Methode, die hier selbst als Erfahrungsprozess rekonstruiert wird, bildeten die Ergebnisse einer Untersuchung zu Fertigungsinseln und Gruppenarbeit im Maschinenbau, die wir in den Jahren 1992 und 1993 durchführten (vgl. Moldaschl/Schultz-Wild 1994). Eine verblüffende Erfahrung in diesem Projekt war, dass trotz sehr unterschiedlicher Typen und «Qualitäten» der Gruppenarbeit wie auch der Einführungsprozesse sich die Erfahrungen der Arbeitskräfte doch in einem Punkt seltsam glichen: Einer Phase der Skepsis folgte eine mehr oder weniger ausgeprägte Phase der Euphorie, gefolgt von einem Einbruch, bis hin zu einem «Absturz» des Organisationsklimas, an dessen Tiefpunkt sich entschied, wie es mit der angestrebten Struktur- und Kulturveränderung weiterging bzw. ob sie überhaupt überlebte (siehe Abbildung 3).[3]

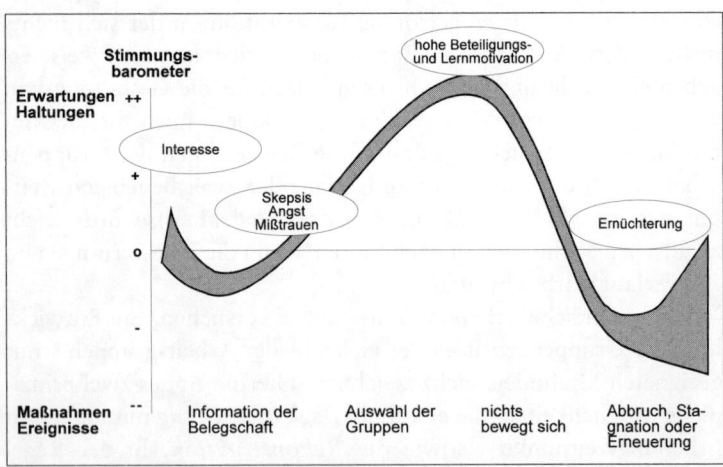

Abb. 3: Verlaufsmuster des Organisationsklimas bei Gruppenprojekten im Produktionsbereich (Moldaschl/Schultz-Wild 1994, S. 91)

Für Fallstudien in der chemischen Industrie war zunächst nur geplant, den Arbeitskräften diese Graphik als Beispiel vorzulegen, um sie zu fragen, ob ihre eigenen Erfahrungen ähnlich waren, und sie andernfalls zu bitten, den Verlauf aus ihrer Sicht zu modifizieren. Zwar zeigte sich wieder die verblüffende Übereinstimmung im generellen Verlauf, doch im individuellen Verlauf waren charakteristische *Gestalten* erkennbar, die viel zusätzliche Information enthielten. Das Zeichnen der Kurve erwies sich selbst als unerwartet produktiver Prozess: zum einen, weil die Aufforderung, auf diese Weise Bilanz zu ziehen, offenbar Reflexionsprozesse anstößt, die mit Fragen weniger leicht anzuregen sind. Zum anderen gab die graphisch «objektivierte» Aussage der Interviewsituation einen zusätzlichen Anker, auf den Interviewer und Befragte jederzeit rekurrieren konnten. So konnten etwa kritische Ereignisse in der Gruppe oder im Unternehmen direkt als Kommentar in die Graphik eingetragen werden, wenn und soweit sie Einfluss auf die Gesamtbewertung des Klimas und das eigene Befinden hatten. Oder der Interviewer konnte nach Gründen für auffällige Richtungsänderungen fragen.

Eine weitere Differenzierung des Verfahrens ergab sich aus Antworten besonders der «reflexiveren» Befragten, die stärker zur Beobachtung der Organisation und der eigenen Person neigten und die in einer einzigen Gesamtbewertung ihre Sicht der Veränderungen nicht angemessen darstellen zu können glaubten. Während ich die Befragten nur gebeten hatte, ihre Bilanz summarisch zu ziehen, betonten sie, der Verlauf sähe z. B. für das Organisationsklima insgesamt anders aus als für ihr eigenes Befinden. Die entsprechende Variation der Methode, verschiedene subjektive Bewertungskriterien und Sichtweisen *einer* Person auch auf dem Papier sichtbar zu machen, wurde also von einigen Befragten gewissermaßen selbst «eingeführt» bzw. nahe gelegt. Später forderte ich dann die Gesprächspartner dazu auf, bei Bedarf so zu verfahren. Eine entsprechende Bilanzierung nach den Kriterien Gruppenklima, eigene Motivation und Entlohnung zeigt die folgende Graphik (Abbildung 4).

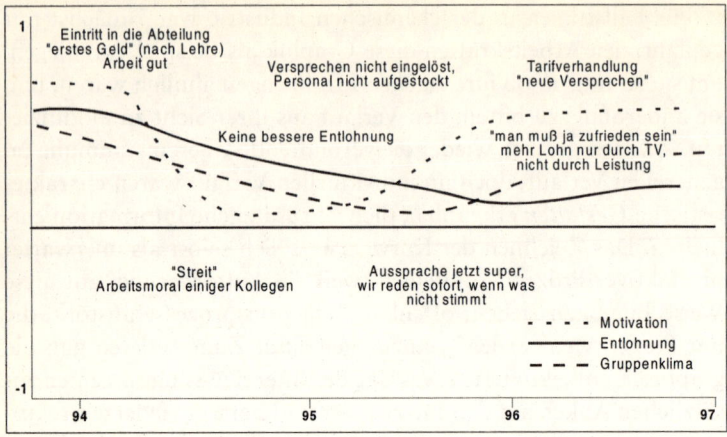

Abb. 4: Kriterienbilanzen eines Anlagenfahrers

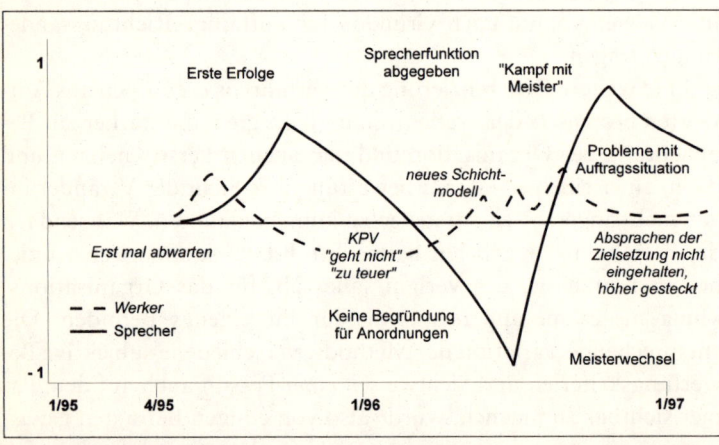

Abb. 5: Unterschiedliche Bewertungen in Abhängigkeit von der Funktion in der Gruppe

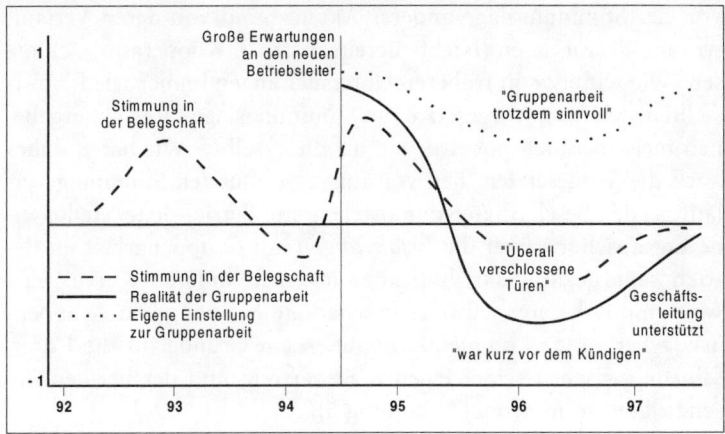

Abb. 6: »Bilanzen« einer Führungskraft

Wenn man Gruppenarbeit als Spezialfall der Kooperation betrachtet und Kooperation nicht a priori als konsensuelles Zusammenhandeln versteht, liegt es nahe, die Machtverhältnisse bzw. unterschiedliche Statuspositionen und Wahrnehmungen innerhalb der Gruppe ebenfalls über solche aggregierten subjektiven Befindensmaße darzustellen. Subjektive Differenzen lassen sich auf zwei Weisen erheben. Zum einen, indem man die Lebenslinien aus jeweils individueller Sicht zeichnen lässt. Dabei zeigen sich z. B. zwischen Gruppensprecher und Gruppenmitglied(ern) teils sehr unterschiedliche Bewertungen, die wertvolle Hinweise auf die jeweilige Gruppendynamik bergen (Abbildung 4). Zum anderen kann man z. B. im Rahmen einer Gruppendiskussion eine «gruppenoffizielle» Linie kollektiv erstellen lassen. Das hat den Vorteil, dass beim Vorgang des Zeichnens gegebenenfalls unterschiedliche Wertungen zum Ausdruck und zur Diskussion gelangen, die wiederum vom Interviewer aufgegriffen werden können (Abbildung 5).

Wie sich im Verlauf der Arbeiten zeigte, eignen sich die Lebenslinien zur Visualisierung weiterer inter- und intraindividueller Divergenzen. Einige Befragte hatten z. B. bestimmte Vorstellungen von der Stimmungslage anderer Akteure und von deren Verlauf, woraus sie auf deren (Nicht-)Bereitschaft zur Kooperation schlossen. Wie wir etwa in früheren Untersuchungen immer wieder feststellten, schätzen Vorgesetzte die Stimmungslage ihrer Untergebenen meist deutlich positiver ein als diese selbst. Wir baten daher auch die Vorgesetzten, den von ihnen vermuteten Stimmungsverlauf bei den Beschäftigten darzustellen. Ein Betriebsleiter stellte seine Enttäuschung über die *Erfahrungen* mit Gruppenarbeit im Betrieb sehr negativ dar, hob aber in einer anderen Kurve seine weiterhin hohe, nur teilweise beschädigte Meinung von Gruppenarbeit hervor. Er kommentierte außerdem Gründe für die Unterschiede zwischen seiner eigenen Bewertung und der bei den Beschäftigten vermuteten (Abbildung 6).

Auf eine weitere Nutzungsmöglichkeit, die für jede Rekonstruktionsmethodik von großer Bedeutung ist, wurde bereits eingegangen (vgl. Abschnitt 2): Man kann die Lebenslinien bei jeder Erhebung neu zeichnen lassen, um zu überprüfen, inwieweit frühere Erfahrungen im Kontext neuer Erfahrungen neu gewichtet werden. Form und Lage der Kurven würden sich in diesem Fall unterscheiden.

5 Möglichkeiten und Grenzen der Methode

Die Literatur zu bildgebenden Verfahren in der Arbeits- und Organisationsforschung ist äußerst schlank. Daher sollen, bevor wir zur Einschätzung ihrer Möglichkeiten und Grenzen kommen, wenigstens kurz noch drei weitere Verfahren skizziert werden.

Andere bildgebende assoziative Erhebungsmethoden
Schon eine gewisse Tradition hat die Verwendung bildnerischer Mittel bei der Bremer Arbeitsgruppe um Eva Senghaas-Knobloch und Birgit Volmerg, die ihre Befragten zur freien zeichnerischen Darstellung von Situationen und Beziehungen in der Arbeit auffordern: ein wesentlich offeneres, für vielfältigere subjektive Expres-

sionen offenes Verfahren (z. B. Volmerg u. a. 1986; Senghaas-Knobloch u. a. 1996; Senghaas-Knobloch 1997). Hier ist eine gewisse Nähe zu entsprechenden Methoden der klinischen Psychologie und der gruppendynamischen Praxis erkennbar, die ganz gezielt am Einzelfall und an individuellen Deutungen ansetzen. Den Autorinnen geht es nicht um generalisierte Trendaussagen, sondern darum, Arbeitserfahrungen in ihrem Sinnzusammenhang und ihrer biographischen Bedeutung für die Beschäftigten zu rekonstruieren. Hierfür entwickelten sie u. a. eine bildgebende Methode, die sie «*Lebensbaum*» nennen (Senghaas-Knobloch u. a. 1996, S. 44 ff.). Angewandt in einer Untersuchung ebenfalls zur Gruppenarbeit, werden die Gruppenmitglieder anhand einiger Leitfragen (z. B. «Wie kam ich zu meiner jetzigen beruflichen Tätigkeit?») aufgefordert, ihre Assoziationen dazu symbolisch in ein Baumschema einzutragen. Das Ergebnis wird wiederum zum Gegenstand einer moderierten Gruppendiskussion gemacht, womit die Methode erst ihren interaktiv-interpretativen Charakter erhält. Dem zeichnerischen Vorgehen wird aber noch eine weitere Funktion zugeschrieben. Die narrativen Interviews schneiden subjektiv sehr bedeutsame, identitätsrelevante Fragen an, deren emotionale Stimulation moderiert werden soll: «Um diese Gefühlslagen nicht übermächtig werden zu lassen, haben wir ein gewissermaßen spielerisches Format gewählt, in dem sich die einzelnen Erzählungen zu einem ‹Gruppenlebensbaum› fügten» (ebd., S. 36).

Erwähnt sei hier noch eine andere Assoziationsfolie, die die Autorinnen einführen: das *Menschenbild*. Indem die «Befragten» einen menschlichen Körper zeichnen bzw. ein vorliegendes Körperumriss-Schema zeichnerisch ausfüllen, können sie in und mit dieser Körpersymbolik ihre Befindlichkeit, ihre Selbstwahrnehmung und ihre Arbeitserfahrungen auch bildlich so «verkörpern», wie sie in der Realität verkörperlicht und eben nicht auf die kognitive Ebene beschränkt sind. Die Autorinnen betonen, das Instrument werde nicht nur als assoziative Erhebungsmethode eingesetzt, sondern mehr noch als Dokumentationsmethode, die etwa bei Partizipations-Workshops der Beschäftigten zu bildhafteren und symbolreicheren Ergebnissen führt als rein textgestützte Verfahren visualisierter Diskussionsführung (vgl. zu Letzteren den betreffenden Beitrag in diesem Band).

Eine weitere bildgebende qualitative Methode, die hier nicht mehr erläutert werden kann, ist die der *Soziogramme*. Zumindest kann man die – in der sozialpsychologischen Tradition von Moreno – meist nur zu quantitativen Beziehungs- und Netzwerkanalysen benutzten Soziogramme (vgl. zuletzt Jansen 1999) zu einem qualitativen Erhebungsinstrument umfunktionieren, das sich insbesondere zur Ermittlung und Darstellung konfliktueller Beziehungsstrukturen in Organisationen eignet, etwa bei Spannungsverhältnissen zwischen formellen und informellen Regeln bzw. Beziehungsstrukturen in Organisationen (vgl. Moldaschl 1996).

Einbetten, relationieren, nicht überfordern

Die Methode der Lebenslinien ist, in der hier vorgestellten Form, den *qualitativen* Methoden zuzurechnen und bietet sich daher für entsprechende qualitative Studien an. Natürlich könnte man sie mit entsprechender Parametrisierung auch für größerzahlige Untersuchungen quantifizierbar machen. Ferner könnte man sie zur Kompensation des «Momentaufnahme-Effekts» quantitativer Befragungen mit nur einem oder zwei Erhebungszeitpunkten nutzen. Sie würde dann helfen, die großen *interpretativen Unsicherheiten* zu reduzieren, die mit einem *quantifizierenden Methodengerüst* in der Regel verbunden sind. Denn um interpretative Anteile kommen ja auch objektivierende Studien nicht herum, was diejenigen ihrer Vertreter, die ihnen als einzigen Wissenschaftlichkeit zubilligen wollen, gern übersehen. Sie verlagern die interpretativen Prozesse nur auf einen Zeitpunkt der Studie, wo in der Regel keine Überprüfung der Interpretation in Auseinandersetzung mit dem Untersuchungsfeld mehr möglich ist, z. B. als kommunikative Validierung im Gespräch mit den «Probanden». In einem klassischen Subjekt-Objekt-Verständnis von Sozialforschung wird das natürlich auch gar nicht intendiert.

Mit ihrer Orientierung an summarischen Bewertungen und ganzheitlichen Figurationen könnte man die Methode der Lebenslinien auch als eine im Geiste der späteren Gestaltpsychologie verstehen, wie sie von Groeben u. a. (1988) noch einmal als heuristisch anregender Theorieansatz zur Rezeption empfohlen sei (in einem Buch allerdings, das ungeachtet seiner anregenden Beiträge nicht nur durch Bildarmut auffällt, sondern auch durch einen Typ von Verbildlichung, der aus der Verfahrens- oder Programmiertechnik stammen könnte). So läge es nahe, etwa Kurt Lewins einprägsame Darstellungen von Handlungs- und Konfliktfeldern zur bildgebenden Erhebungsmethode umzuwandeln. Von einer Psychologie freilich, die sich im Kampf um die Anerkennung als Wissenschaft weitgehend einem (überholten) naturwissenschaftlichen Weltbild unterworfen hat, wird man solche Methodenentwürfe kaum erwarten können. Der Ashram der quantitativen Sozialforschung, die Séancen der Inferenzstatistik werden dem Zweifel entzogen, indem sie den kühlen Anstrich subjektivitätsfreier Labortechniken erhalten.

Dass die Ergebnisse eines bildgebenden Verfahrens noch stärker als gesprochener Text der doppelten Interpretation bedürfen, ist zwar möglich, wie bei den in Abschnitt 5 genannten Verfahren, aber nicht zwingend; zumal sich gerade in der Kombination mit anderen Erhebungsmethoden neue Möglichkeiten wechselseitiger Präzisierung (Triangulation, z. B. Martin 1990) ergeben. Die Anwendung «bildgebender Verfahren» im Rahmen qualitativer Interviews fördert gegenüber rein sprachgestützten Verfahren zusätzliche, oft auch qualitativ *andersartige* Mitteilungen und Gesprächsverläufe. Die Kombination von Bild- und Textproduktion wiederum ist schon aufgrund des begrenzten Informationsgehalts erforderlich, der über ein Bild erhoben bzw. in ein Bild gepackt werden kann.

Schließlich gilt, wie für jede reflexive Methodenanwendung, auch für die der hier beschriebenen Methode, dass ihre Anwendungsvoraussetzungen jeweils geprüft werden müssen. Mit Lebenslinien beispielsweise in einem organisationalen Umfeld zu arbeiten, in dem sich während der vergangenen Jahre wenig geändert hat, ergibt wenig Sinn. Außer man verwendet sie speziell zur Analyse veränderter Deutungen, z. B. als Persönlichkeits- oder Gruppendiagnostik, um zu sehen, wie sich die Bewertung der Verhältnisse durch die Person oder Gruppe aufgrund von deren eigener Veränderungen verändert; oder um zu prüfen, ob und gegebenenfalls welchen Einfluss organisationsexterne Veränderungen haben, etwa eine verschlechterte Arbeitsmarktlage. Diese Beispiele sollen lediglich zum Nachdenken über kreative Methodenverwendung, -abwandlung und -produktion anregen. Die Methode der Lebenslinien ist kein genormtes und mit Trademark versehenes Fertigprodukt für das Methodenregal.

Anmerkungen

1   Man findet Methoden dieser Art auch nicht in den einschlägigen Lehrbüchern qualitativer Forschungsmethoden (z. B. Jüttemann 1989; Heinze 1995; Bungard u. a. 1996; Flick u. a. 1995; 2000). Hingegen findet man aparte Paradoxien wie den vollständig bildlosen Beitrag über Bildanalyse von Englisch (1991).

2   Keineswegs natürlich immer zum Guten: Trivialisierung, Blendung, die tachistoskopische Darbietung oder die Nacherzählung von Textfolien usw. gehören zu den aktuellen Folterwerkzeugen der Vortragsreisenden. Mancher Vortrag und mancher Referent scheint die unterschiedlichsten Themenbereiche mit einer flexiblen – gezielten oder aleatorischen – Rekombination seines Foliensatzes abzudecken.

3   Diesen Verlauf kann man sogar in makroskopischer bzw. in historischer Perspektive wiederfinden – in den Konjunkturen der Gruppenarbeitsdebatte, die in den 1950er, 70er und 90er Jahren ihre Kulminationspunkte hatte und ihren Niedergang jeweils den enttäuschenden Erfahrungen in der Praxis verdankte, zumindest in den beiden früheren Phasen (Human Relations und HdA; vgl. Moldaschl/Weber 1998).

Literatur

Argyris, Chris/Putnam, Robert/Smith, Diana M. (1985): Action Science. Concepts, Methods, and Skills for Research and Intervention, San Francisco u. a.

Bungard, Walter/Holling, Heinz/Schulz-Gambard, Jürgen (1996): Methoden der Arbeits- und Organisationspsychologie, Weinheim.

Endres, Egon/Wehner, Theo (1995): Störungen zwischenbetrieblicher Kooperation, in: Georg Schreyögg/Jörg Sydow (Hrsg.), Managementforschung 5, Berlin/New York, S. 1–45.

Endres, Egon/Wehner, Theo (1996): Zwischenbetriebliche Kooperation aus prozessualer Perspektive, in: Dieter Sauer/Hartmut Hirsch-Kreinsen (Hrsg.), Zwischenbetriebliche Arbeitsteilung und Kooperation, Frankfurt a. M./New York, S. 81–120.

Englisch, Felicitas (1991): Bildanalyse in strukturalhermeneutischer Einstellung, in: Detlef Garz/Klaus Kraimer (Hrsg.), Qualitativ-empirische Sozialforschung. Konzepte, Methoden, Analysen, Opladen, S. 133–176.

Flanagan, James C. (1954): The Critical Incidents Technique, in: Psychological Bulletin, Jg. 51, S. 327–358.

Flick, Uwe/Kardorff, Ernst v./Keupp, Heiner/Rosenstiel, Lutz v./Wolff, Stephan (Hrsg.) (1995): Handbuch qualitative Sozialforschung, 2. Aufl., München.

Flick, Uwe/Kardorff, Ernst v./Steinke, Ines (Hrsg.) (2000): Qualitative Sozialforschung. Ein Handbuch, Reinbek bei Hamburg.

Groeben, Norbert/Keil, Walter/Piontkowski, Ursula (Hrsg.) (1988): Zukunfts-Gestalt-Wunsch-Psychologie. Zur Gestalt psychologischer Forschung nach Manfred Sader, Münster.

Heinze, Thomas (1995): Qualitative Sozialforschung – Erfahrungen, Probleme und Perspektiven, 3. Aufl., Opladen.

Jansen, Dorothea (1999): Einführung in die Netzwerkanalyse, Opladen.

Joas, Hans (1992): Kreativität des Handelns, Frankfurt a. M.

Jüttemann, Gerd (Hrsg.) (1989): Qualitative Forschung in der Psychologie, Heidelberg.

Koenig, Oliver (Hrsg.) (1995): Gruppendynamik. Geschichte, Theorien, Methoden, Anwendungen, Ausbildung, München/Wien.

Lewin, Kurt (1963): Feldtheorie in den Sozialwissenschaften, Bern.

Martin, Joanne (1990): Breaking Up the Mono-Method Monopolies in Organizational Analysis, in: John Hassard/Denis Pym (Hrsg.), The Theory and Philosophy of Organizations, London, S. 30–43.

Moldaschl, Manfred (1996): Kooperative Netzwerke – Komplement und Alternative zur Gruppenarbeit, in: Paul Schönsleben/Eric Scherer/Eberhard Ulich (Hrsg.), Werkstattmanagement, Zürich, S. 131–156.

Moldaschl, Manfred (2000): Bildgebende assoziative Erhebungsmethoden in der Organisationsforschung. Working Papers No. 6 des Lehrstuhls für Soziologie, TU München.

Moldaschl, Manfred (2002): Die Produktion der Organisation. Reorganisation und Ressourcenkonflikte am Beispiel Gruppenarbeit, München/Mering.

Moldaschl, Manfred/Schmierl, Klaus (1994): Fertigungsinseln und Gruppenarbeit, in: Manfred Moldaschl/Rainer Schultz-Wild (Hrsg.), Arbeitsorientierte Rationalisierung, Frankfurt a. M./New York, S. 51–103.

Moldaschl, Manfred/Schultz-Wild, Rainer (Hrsg.) (1994): Arbeitsorientierte Rationalisierung, Frankfurt a. M./New York.

Moldaschl, Manfred/Voß, G. Günter (Hrsg.) (2002): Subjektivierung von Arbeit, München/Mering.

Moldaschl, Manfred/Weber, Wolfgang G. (1998): The «Three Waves» of Industrial Group Work – Historical Reflections on Current Research on Group Work, in: Human Relations, Jg. 51, S. 347–388.

Schattenhofer, Karl (1992): Selbstorganisation und Gruppe. Entwicklungs- und Steuerungsprozesse in Gruppen, Opladen.

Scheele, Brigitte (1995): Dialogische Hermeneutik, in: Uwe Flick u. a. (Hrsg.), Handbuch qualitative Sozialforschung, 2. Aufl., München, S. 274–278.

Schön, Donald (1983): The Reflective Practitioner. How Professionals Think in Action, New York.

Senghaas-Knobloch, Eva (1997): Die analytische und die kommunikative Aufgabe der arbeitsbezogenen Sozialwissenschaft, in: Hellmut Lange / Eva Senghaas-Knobloch (Hrsg.), Konstruktive Sozialwissenschaft, Münster, S. 81–111.

Senghaas-Knobloch, Eva/Nagler, Brigitte/Dohms, Annette (1996): Die Zukunft der industriellen Arbeitskultur. Persönliche Sinnansprüche und Gruppenarbeit, Münster.

Volmerg, Birgit/Leithäuser, Thomas/Senghaas-Knobloch, Eva (1986): Betriebliche Lebenswelt – Eine Sozialpsychologie industrieller Arbeitsverhältnisse, Opladen.

Beobachtungsverfahren

Götz Bachmann
10 Teilnehmende Beobachtung

1 Einleitung

Die Idee ist denkbar einfach: Will man etwas über andere Menschen herausfinden, geht man einfach zu ihnen hin, bleibt eine Weile, macht das mit, was diese Menschen dort normalerweise treiben, und lernt sie so durch eigene Erfahrung besser kennen. Bewusst in den Dienst der Wissenschaft gestellt wurde diese Idee zuerst von Ethnologen. Lewis Henry Morgan und etwas später auch Franz Boas begannen im späten 19. Jahrhundert mit systematischer und stationärer Feldforschung (Morgan 1870; Boas 1994 – seine Tagebücher aus den 1880er Jahren; zu Boas auch Knötsch 1992). Dazu kam, dass sie sich gegen «Survey Research» und für «Intense Research» entschieden (W. H. R. Rivers, zit. nach Kuper 1983). Durch die intensive Teilnahme am sozialen Leben der Irokesen (Morgan) und der Inuit (Boas) gingen sie bei ihren Forschungsobjekten in die Lehre und erforschten sie so zu deren eigenen Bedingungen. Ausführlich beschrieben wurde diese Praxis, als Bronislaw Malinowski im Jahr 1922 in der Einleitung der «Argonauts of the Western Pacific» ein neues Programm für eine empirische Wissenschaft entwickelte. Für ihn war das Ziel der Ethnographie, ein holistisches Gesamtbild einer fremden Kultur zu liefern. Die teilnehmende Beobachtung war ein Teil der damit verbundenen Methodik, denn um die hoch gesteckten Ziele der Ethnographie im Sinne von Malinowski zu erreichen, muss neben die Erhebung statistischer Daten und die Sammlung schriftlicher und oraler Texte auch die Beobachtung der «*imponderabilia of actual life and of typical behaviour*» treten, die es erfordern kann, «to put aside the camera, notebook and pencil and to join (...) in what is going on» (Malinowski 1922, S. 20–21).

Anfang der 1930er Jahre – und damit in einer Zeit, als die teilnehmende Beobachtung bereits in einer ganzen Reihe von Untersuchungen über Körperschaften nicht-westlicher Gesellschaften eingesetzt worden war – stieß W. Lloyd Warner, ein Schüler des britischen Sozialanthropologen A. R. Radcliffe-Brown, zum Forschungsteam der «Hawthorne-Studies», die seit 1927 unter der Leitung von Elton Mayo an einem Standort der Western Electric Company in Boston durchgeführt wurden (vgl. zur ethnologischen Organisationsforschung auch Gamst/Helmers 1991; Götz/Moosmüller 1992; Schwartzman 1993; Wright 1994; Wischmann 1999; Diehl-Khalil/Götz 1999). In den «Hawthorne Studies» wurden Arbeiterinnen in unterschiedlichen, teilweise künstlich hergestellten Arbeitsbedingungen untersucht. Die Frage nach der Teilnahme der Wissenschaftler wurde nicht gestellt. Der von den Autoren beschriebene «Hawthorne-Effekt» (die Steigerung der Arbeitsleistung durch die Anwesenheit der Forscher) ist aus methodischer Perspektive gesehen allerdings nichts anderes als die nachträgliche Berücksichtigung der Teilnahmedimension der Beobachtung in der Interpretation der Daten – auch wenn die damit einhergehende inhaltliche Interpretation heute umstritten ist.[1] Kurz nach den «Hawthorne Studies» begann die Feldforschungsphase der «Yankee City Studies», in denen wiederum W. Lloyd Warner eine zentrale Rolle spielte. Die Palette der zwischen 1930 und 1935 eingesetzten Methoden reichte von umfangreichen quantitativen Befragungen bis hin zur teilnehmenden Beobachtung. Ein Teil der umfangreichen Forschungen der «Yankee City Studies» mündete 1947 in den Band «The Social System of the Modern Factory», in dem W. Lloyd Warner und J. O. Low einen Streik analysieren, der 1933 während ihrer Feldforschung in einer Schuhfabrik stattgefunden hatte. Methodisch setzte das Team der «Yankee City Studies» während des Streiks eine Form der Beobachtung ein, die sie als «inactive» und «on the outside» beschreiben (das Methodenkapitel dazu findet sich im ersten Band der «Yankee City Series»: Warner/Lunt 1941, hier S. 53).

Im interdisziplinären Klima im Harvard der 1930er Jahre gab ein weiterer zeitweiliger Mitarbeiter der «Yankee City Studies», der Ethnologe Conrad Ahrensberg, zusammen mit dem Ethnologen Eliot Chapple seine methodischen Erfahrungen an William Foote Whyte weiter, der wiederum die Methode in seiner Feldforschung für das bahnbrechende Werk «Street Corner Society» einsetzte (Whyte 1981, zuerst 1943). Auch wenn «Street Corner Society» keine Organisationsforschung im engeren Sinn darstellt, findet sich darin doch eine Anzahl erstaunlich moderner Beschreibungen von Organisationen (einer Wahlkampforganisation und eines Settlement) – ganz zu schweigen von den berühmten Beschreibungen informeller Formen der Organisiertheit in der Clique von Whytes wichtigstem Informanten Doc –, die auf einer dichten und engen Teilnahme beruhen (vgl. dazu den in den 1960er Jahren hinzugefügten Anhang: Whyte 1981, S. 279–358). Nach seiner Feldforschung ging William Foote Whyte an die University of Chicago, wo sich in der Person von Everett Hughes aus der Chicago School bereits eine eigene Tradition der qualitativen Organisationsforschung entwickelt hatte (vgl. Hughes 1937). Whyte wurde Mentor für eine Reihe junger Wissenschaftler, die in den 1940er Jahren begonnen hatten, lang andauernde teilnehmende Beobachtungen in der Industrie durchzuführen: Donald Roy arbeitete als «operator on the drill line», Melville Dalton war «incentive applier or checker in one departement of a steel mill», Orvis Collins war Produktionsarbeiter – und alle schrieben sie Tagebücher (Collins/Dalton/Roy 1946; Dalton 1947; 1948; Roy 1952; zusammenfassend dazu: Whyte 1955).

Am anderen Ende der Welt, im «Copperbelt» im heutigen Sambia, begann zur gleichen Zeit eine Reihe von britischen Sozialanthropologen damit, über Arbeiter in der dortigen Industrieregion zu forschen (vgl. dazu Burawoy 2000). Der marxistisch inspirierte Ethnologe Max Gluckman entwickelte dabei seine «extended case method» (1958; später weiterentwickelt von Burawoy 1979; 1991), einen Gegenentwurf zum strukturfunktionalistischen und holistischen Paradigma, das bis zu diesem Zeitpunkt noch eng mit der Ethnographie und damit auch mit der teilnehmenden Beobachtung verbunden war (auch wenn es sich empirisch in den Arbeiten von Warner[2], Whyte, Collins, Dalton und Roy bereits teilweise aufgelöst hatte). Gluckman leitete in den 1950er Jahren das Manchester Departement for Social Anthropology und prägte eine verschworene Gemeinschaft von Wissenschaftlern, die versuchten, die britische Sozialanthropologie zu erneuern. In dieser Atmosphäre schlug George C. Homans, der 1953/54 als Visiting Professor in Manchester zu Gast war, vor, die Fragen der Hawthorne-Studien wieder aufzunehmen (Emmett/Morgan 1982, S. 140). Unter Gluckmans Einfluss wurde daraus aber etwas Neues: Sheila Cunningham, Tom Lupton und C. Shirley Wilson setzten in den «Manchester Shop-Floor Ethnographies» die Methode der teilnehmenden Beobachtung dezidiert konflikttheoretisch ein, fragten sich, welche sozialen Prozesse zum Erhalt des Bestehenden und welche zu Veränderungen führen, und interpretierten die gewonnenen Daten in einem größeren, gesellschaftlichen Rahmen (Lupton 1963; Lupton/Cunnison 1964; Cunnison 1966; 1982). Die teilnehmende Beobachtung hatte in der Organisationsforschung eine klare und auch heute noch zeitgemäße Kontur gewonnen – im Folgenden wird Thema sein, was sich innerhalb dieser Konturen abspielt.

2 Datenerhebung

Für eine teilnehmend beobachtende Feldforschung gilt wahrscheinlich noch weitaus mehr als für alle anderen qualitativen Methoden der Organisationsforschung, dass die Forschungspraxis in hohem Maß von der *Persönlichkeit des Forschers*, von der *Beschaffenheit des Feldes* und von dem mehr oder weniger zufälligen Ausgang der *Interaktion des Forschers mit dem Feld* abhängt. All diese Elemente kann der Forscher nur sehr begrenzt kontrollieren, und entsprechend wenig lässt sich die Forschungspraxis im Voraus planen. Oft wird betont, dass genau dieser ungewisse Ausgang – oftmals überhöht zum Heldenmythos der Ethnographie als des letzten großen

Abenteuers der Sozialwissenschaft – den Reiz der Methode ausmache (Evans Pritchard 1973, zit. nach Graaf/Rottenburg 1989). In gewissem Sinn ist die teilnehmende Beobachtung daher «methodenfeindlich»: Kaum ein Feldforscher glaubt, dass es einen optimalen Weg in der teilnehmenden Beobachtung gibt. Eine Feldforschung ist so komplex und so wenig kontrollierbar, dass man geradezu jeden Tag Fehler machen muss. Zur falschen Zeit am falschen Ort zu sein; einen wichtigen Informanten durch Kontakt zu einem anderen Informanten zu verprellen; die Hälfte eines wichtigen informellen Interviews zu vergessen, weil dabei viel Alkohol geflossen ist; oder bereits beim Kennenlernen derartig verkrampft zu versuchen, alles richtig zu machen, dass das Gegenüber im Forscher nur noch einen verwirrten Idioten zu erkennen vermag: All diesen Problemen, die das tägliche Brot des Feldforschers darstellen, ist mit methodischen Ratschlägen kaum beizukommen.

Zur methodischen Literatur

Trotz der «Methodenfeindlichkeit», die der Methode der teilnehmenden Beobachtung innewohnt, empfiehlt sich vor Beginn einer Feldforschung ein Blick in die verschriftlichten Erfahrungen anderer Wissenschaftler. Die allgemeine ethnologische Methodenliteratur bietet eine große Anzahl von *persönlichen Forschungsberichten*, die wahrscheinlich die beste Einführung bieten (sehr empfehlenswert Smith-Bowen 1984, zuerst 1964 – ein Bericht, den Laura Bohannan unter Pseudonym veröffentlicht hat; ähnlich gut Dumont 1978; darüber hinaus die Reader Fischer 1985; Shaffir/Stebbins 1991; DeVita 1992). Allerdings finden sich in der Organisationsforschung andere Bedingungen als in dem Mainstream der ethnologischen Forschung. Die Untersuchungsfelder sind zumeist partielle Lebenswelten (Gefängnisse und Krankenhäuser einmal ausgenommen). Auch das mit einem radikalen Ortswechsel verbundene radikale Gefühl der Fremdheit oder der zeitweise Abbruch aller privaten und fachlichen Beziehungen treten aus nahe liegenden Gründen in der Organisationsforschung eher selten auf (es spricht jedoch einiges dafür, einen Ortswechsel auch in einer Organisationsforschung in Betracht zu ziehen, denn die mit dem

Ortswechsel verbundene teilweise Isolation des Wissenschaftlers kann ein wichtiger Grundstein für das Eintauchen in einen anderen Lebenszusammenhang sein). Hilfreich können auch die Methodenaufsätze sein, die im weiteren Sinn der Volkskunde im deutschen Sprachraum zuzurechnen sind (Jeggle 1984; Lindner 1981). Einschlägig sind die Forschungsberichte in den Methodenkapiteln in diversen Monographien der Organisationsforschung (aktuellere deutschsprachige Monographien sind: Nowak 1994; Heinz u. a. 1997; Wittel 1997; Götz 1997; Szabo 1998; Wieschiolek 1999; einen Überblick bietet Götz/Wittel 2000; Erlebnisberichte finden sich auch in Shaffir/Stebbins 1991; Hertz/Imber 1995). Vereinzelt finden sich auch Aufsätze zur teilnehmenden Beobachtung in der Organisationsforschung (Becker/Greer 1957; Becker 1958; 1970; 1983; Bogdan 1972a; 1972b; Graaf/Rottenburg 1989; Buroway 1991; Nowak 1993). Darüber hinaus gibt es in der Ethnologie und Soziologie eine Reihe recht guter *Methodenlehrbücher*, die mit einer großen Anzahl von «How to»-Tipps aufwarten können (Klassiker sind Junker 1960; Bruyn 1966; Spradley 1980; Whyte 1984; aktuellen Überblick bieten Bernard 1994; Berg 2001; gut geschrieben ist Agar 1996; grundlegende Einführungen bieten auch Burgess 1989; Denzin/Lincoln 1994; eine originelle Polemik liefert Fine 1993).

Der Anfang der Forschung

In den seltensten Fällen wird eine Organisation einem unbekannten Wissenschaftler, der mit einem Empfehlungsschreiben von der Universität kommt, eine Feldforschung «einfach so» durchführen lassen. Misstrauen sowie die Unklarheit, «was das bringen soll», sprechen dagegen. Feldforschungen in Organisationen benötigen fast immer einen so genannten *Türöffner*. Klassischerweise ist dies ein Bekannter oder Verwandter ersten oder zweiten Grades, der eine ausreichend wichtige Position in einer Organisation innehat. Auch universitäre Kontakte zu Wissenschaftlern, die in den Organisationen ein höheres Prestige als die Sozialwissenschaften haben, können hilfreich sein – ein guter Kontakt zum Fachbereich für Wirtschaftswissenschaften kann daher nicht schaden. Manchmal werden ethnographische Forschungen auch in Organisationen durchgeführt, in denen oder für die der Forscher schon vor Beginn der Feldforschung gearbeitet hat – sei es, um das Studium zu finanzieren, oder sei es als Organisationsberater. Mit der Person des Türöffners ist meist die Entscheidung getroffen, ob der *Einstieg von oben oder von unten* stattfinden wird. Da Türöffner die Eigenschaften besitzen sollten, die Türen auch wirklich öffnen zu können, erzeugen sie meistens einen Einstieg von oben. Dies wiederum kann weitreichende Konsequenzen haben, denn in Organisationen, die ja nicht nur von Macht, sondern oftmals auch durch von oberen Stellen initiierte Veränderungsprozesse geprägt sind, kann dies ein erhebliches Maß an Misstrauen erzeugen. Ist dies der Fall, hat man im Prinzip zwei Möglichkeiten: Man kann entweder versuchen, auf persönlicher Basis ein Vertrauensverhältnis herzustellen, das den anfänglichen Einstieg vergessen lässt (das kann dauern und gelingt durchaus nicht immer), oder man grenzt sich aktiv von seinem Türöffner ab. Bei Letzterem ist aber Vorsicht geboten, denn Abgrenzungsrhetorik erzeugt schnell einen unguten Eindruck.

Damit sind wir beim nächsten Problem: der *Selbstpräsentation* des Wissenschaftlers in der Organisation. Dieser Problemkomplex beginnt mit dem ersten Tag, doch hört damit nicht auf: Immer wieder wird man neue Leute kennen lernen, und immer wieder werden einzelne Erforschte den Wissenschaftler «austesten». Der erste Tag ist aber insofern etwas Besonderes, als man hier oft eine Unzahl von Begegnungen in schneller Abfolge zu absolvieren hat, verbunden mit den eigenen ersten Eindrücken und rein logistischen Problemen wie der Notwendigkeit, sich möglichst viele Namen merken zu müssen. Dabei steht man erst einmal vor der Frage, wie man seine eigene Persönlichkeit präsentiert. Kleidung (für gewöhnlich sollte diese eher sauber, ordentlich und einfach sein, aber das kann natürlich nach den Regeln des Feldes differieren), Haarschnitt oder Begrüßungsform (ein Handschlag für jeden ist oft kein Fehler) ... all dies entscheidet mit über den ersten Eindruck. Für gewöhnlich versucht man, sich möglichst neutral zu präsentieren, um möglichst wenig Risiken einzugehen. Bei der Erzeugung von «Neutralität» gilt es aber auch zu berücksichtigen, dass die eigene

Selbstpräsentation dem spezifischen Kontext entsprechend interpretiert wird. Auch eine einfache Anpassung an die Regeln des Kontextes muss nicht unbedingt das Richtige sein: Kleidet man sich als Mann in einem Frauenbetrieb, in dem die Männer Vorgesetzte sind, so, wie sich dort all die anderen Männer kleiden, sendet man damit eventuell Signale, die die Forschung unter Umständen nicht unerheblich behindern können. Dazu kommt, dass es wichtig ist, sich nicht vollkommen zu verstellen. Nicht nur werden die Erforschten das mit hoher Wahrscheinlichkeit recht bald merken; sondern die Reaktion auf ein als unpassend empfundenes Verhalten kann durchaus auch interessant sein. Wenn sich die versammelte Abteilung dazu durchringt, den männlichen Wissenschaftler zum Friseur zu schicken, kann dies der Beginn eines netten Verhältnisses sein.

Zweitens wird man oft gleich zu Anfang im Feld vor die Frage der *Präsentation des Forschungsvorhabens* gestellt: Wie stellt man sich als Wissenschaftler vor (Was ist ein Soziologe oder ein Ethnologe? Zu was soll das gut sein? Warum hat man das überhaupt studiert?), und wie stellt man das Thema des eigenen Forschungsvorhabens dar? Auch hier ist es mit einer einfachen Entgegensetzung von *offenem* (also das Forschungsvorhaben thematisierendem) und *verdecktem* (also die Feldforschung verheimlichendem) Vorgehen nicht getan. Zwar werden vollkommen verdeckte Forschungen selten durchgeführt, weil sie schwer zu organisieren sind und viele Wissenschaftler darüber hinaus ein solches Vorgehen für ethisch fragwürdig halten (vgl. dazu Bulmer 1982; Punch 1986)[3], doch gänzlich offen sind die wenigsten Wissenschaftler. Dazu kommt, dass viele Feldforscher keine klare Vorstellung von dem haben, was sie eigentlich herausfinden wollen, bevor sie ihre Feldforschung beendet haben. Hier ist es unter Umständen empfehlenswert, dennoch eine klare Fragestellung zu formulieren, da schwammige und offene Formulierungen möglicherweise als Ausweichen verbucht werden. Die Darstellung der Fragestellung kann aber auch verfälschend wirken oder dazu führen, dass man sich durch die Formulierung der Fragestellung viel von dem, was man erforschen will, verbaut. Lügen ist auch schlecht ... Es gibt also auch hier keine Patentlösung, sondern nur ein situatives Sich-Durchwursteln mittels unterschiedlicher Grade der Offenheit, ohne sich dabei in allzu große Widersprüche zu verwickeln.

Das dritte Problem, das man oft relativ bald klären muss, ist die Frage der *Diskretion*. Für gewöhnlich geht man davon aus, dass Feldforschung in Organisationen die Vertrauensfrage in besonders starkem Maß stellt, da das Wissen des Feldforschers für die Erforschten gefährlich werden kann. Um die Entstehung von Vertrauen zu erleichtern, erwähnt man mit der Präsentation des Forschungsvorhabens, dass es üblich ist, den Betrieb und die Personen zu anonymisieren (dabei handelt es sich, wenn man es genau nimmt, wieder um eine Halbwahrheit; denn in den meisten Organisationsforschungen ist die Anonymisierung nur bis zu einem gewissen Grad möglich, und ein böswilliger Leser aus dem Feld könnte oftmals durchaus nachvollziehen, wer hinter den beschriebenen Figuren steckt). Man kann darüber hinaus wichtigen Gewährspersonen anbieten, vor der Publikation aus den ethnographischen Passagen das herauszustreichen, was ihnen problematisch erscheint. Zudem kann man aktiv alle darauf hinweisen, dass sie einen selbst ausschließen sollen, wenn die eigene Anwesenheit stört. Anfängliche Ankündigungen wie diese sollte man allerdings auch nicht überschätzen. In gewissen Fällen kann ein allzu eifriges Erörtern solcher Sicherheitsfragen das Misstrauen erst begründen bzw. verstärken. Eine aktive Auseinandersetzung wird erfahrungsgemäß eher selten stattfinden. Wahrscheinlicher sind Reaktionen wie: «Da kann ruhig jeder zuhören – ich habe nichts zu verbergen.» Ob sich hinter solchen Sätzen tatsächlich ein offenes Einverständnis verbirgt, ist mehr als fraglich. Ebenso gut kann dahinter ein derartig großer Mangel an Vertrauen stecken, dass sogar der Mangel an Vertrauen nicht thematisiert werden kann, und zunächst steckt dahinter wahrscheinlich nur die Abwehr der impliziten Unterstellung, man habe etwas zu verbergen oder sei nicht bereit, zu dem zu stehen, was man sagt. Darüber hinaus könnte eine solche Bemerkung ein Hinweis sein, dass sich der Forscher selbst nicht allzu wichtig nehmen sollte: Wenn man fragt, ob man stört, lenkt man unter Umständen ja auch die Aufmerksamkeit in einem übertriebenen Maß auf sich. Schließlich kann sich der implizite Hinweis, dass es durchaus auch andere Gründe geben könnte, warum einen die Anwesenheit des Forschers stören könnte – vielleicht ist er einem einfach nicht besonders sympathisch –, hinter einer solchen Antwort verbergen.

Summiert man die gerade dargelegten Überlegungen, wird deutlich, dass für die meisten Erforschten mehr dagegen als dafür spricht, *den Forscher zu akzeptieren*: Der Forscher könnte ein Spion sein, könnte etwas an obere Stellen oder konkurrierende Abteilungen weiterleiten, könnte in der wissenschaftlichen Publikation falsche Bilder zeichnen (und in einem gewissen Grad wird er das zwangsläufig auch tun), steht dauernd im Weg herum, stellt blöde Fragen, bringt Unruhe in den Arbeitsalltag, und überhaupt, was macht das Ganze eigentlich für einen Sinn? Das wichtigste Motiv für die Erforschten, den Forscher zu akzeptieren, ist daher tatsächlich, dass sie ihn nett finden (und zugleich ist die sicherste Garantie dafür, dass der Forscher etwas Angenehmes über die Erforschten schreibt, dass dieser die Erforschten nett findet). Daneben können andere Motive treten: Der Forscher hilft ein wenig bei der Arbeit (meist stört er aber), man kann ihn vielleicht instrumentell benutzen (aber so richtig klappt das ja nicht), und irgendwie ist es ja schmeichelhaft, dass da einer kommt und etwas über einen herausfinden will, und dann schreibt der das vielleicht auch noch in ein Buch. Oft ist der Feldforscher aber einfach nicht wichtig genug, um sich die Mühe zu machen, ihn hinauszuschmeißen oder hinauszuekeln. Insofern gilt für den Feldforscher – so merkwürdig dies nach all diesen Negativszenarien auch klingen mag – am Anfang der Feldforschung vor allem eines: cool bleiben. Wenn es schief geht, kann man es ja in einem anderen Betrieb ein zweites Mal versuchen.

Rollenzuweisungen

Teils schon mit dem Beginn des Feldeinstiegs, teils im Verlauf des gegenseitigen Kennenlernens wird dem Wissenschaftler seine Rolle im Feld zugewiesen. Besser gesagt: seine «Rollen». Zu der Rolle des Wissenschaftlers kommt zunächst die formale *organisations-*

interne Rolle. Am üblichsten ist hier die eines Praktikanten, denn diese ermöglicht es, nichts zu können, viel zu fragen und viel herumzukommen. «Praktikant» kann allerdings je nach Kontext Unterschiedliches bedeuten: Wenn die im Feld üblichen Praktikanten im Rahmen einer ABM-Maßnahme in die Organisation gelangen, führt dies zu einer anderen Ausformung der Praktikantenrolle und damit unter Umständen auch zu einer anderen Sicht der Erforschten auf den Wissenschaftler, als wenn BWL studierende Praktikanten sich im Feld auf eine spätere Führungstätigkeit vorbereiten. Neben der Rolle des Praktikanten bieten sich andere lernende Rollen wie die des Auszubildenden, des Lehrlings oder des Trainees an: Sie sind aber allesamt aufwendiger und mit weit weniger Bewegungsfreiheit für den Feldforscher verbunden. Dies gilt auch für die Übernahme eines Jobs (zum Beispiel einer einfachen Hilfstätigkeit), da man dort sein Arbeitspensum abzuliefern hat, um den Kollegen nicht durch Untätigkeit zu schaden. Am anderen Ende der Skala steht der Unternehmensberater: Dies ist eine Rolle mit viel Bewegungsfreiheit, kann aber zu Recht einiges Misstrauen aufseiten der Erforschten erwecken.

Rollenzuweisungen geschehen auch *ungewollt* und manchmal unbemerkt: So können beispielsweise Arbeiter in der industriellen Produktion ihr Wissen zum Umgang mit Refa-Beauftragten auf den Umgang mit dem Wissenschaftler übertragen. Unterschiedliche oder gleiche Sozialmilieus, regionale, ethnische oder nationale Herkunft, Alter, Bildungsgrad, sexuelle Orientierung und vieles mehr können das Verhältnis der Erforschten zum Wissenschaftler und des Wissenschaftlers zu den Erforschten prägen. Eindeutig spürbar sind in der Feldforschung oft die Rollenzuweisungen anhand des Geschlechts. Sie können insbesondere dann, wenn Frauen Männer oder wenn Männer Frauen erforschen, zu Schwierigkeiten führen. Negative Folgen der männlichen und weiblichen Rollenzuweisung können Anmache, sexistisches Absprechen von Kompetenz oder der Ausschluss aus wichtigen Bereichen der Lebenswelt sein. Untertöne des Flirts und der Bemutterung bzw. Bevaterung können aber den Kontakt für beide Seiten auch zu etwas machen, das Spaß macht. In manchen Fällen ermöglicht eine Feldforschung über die

Geschlechtergrenzen hinweg, geschlechtsspezifischen Konkurrenz-
und Kontrollmechanismen zu entkommen (zum Thema Erotik in
der Feldforschung vgl. Kulick/Wilson 1995; allgemein zum Geschlecht in der Feldforschung vgl. Golde 1970; Gregory 1984; Bell
1993).

Starke Effekte haben oft die unterschiedlichen Positionen im sozialen Raum. In einem *Research up* (die Erforschten haben einen
höheren gesellschaftlichen Status als der Wissenschaftler) tendieren Wissenschaftler dazu, aus sozialem Ressentiment heraus einen
besonders kritischen Blick auf die Erforschten zu werfen oder auch
– je nach Anteil an sozialem, kulturellem oder ökonomischem Ka-
pital – vor Bewunderung zu erstarren. Die Erforschten hingegen
behandeln den Wissenschaftler oft mit ironischer Distanz. Die Probleme des «Research up» können sich durch die Effekte der organisationsinternen Hierarchie noch verstärken (vgl. Hertz/Imber
1995; Warneken/Wittel 1997). Andersherum kann auch das *Research down* (der gesellschaftliche Status der Erforschten ist niedri-
ger als der des Wissenschaftlers) eine Reihe von Effekten haben. In
diesem Zusammenhang entwickeln Feldforscher oft eine Art ge-
spaltene Beziehung zu den Erforschten: Auf der einen Seite entstehen gerade im «Research down» oft besonders dichte und gefühls-
intensive Beziehungen (der Wissenschaftler tendiert dann unter
Umständen sogar dazu, die Erforschten als «seine» Erforschten zu
sehen), auf der anderen Seite wird in dieser Beziehung einer wirk-
lichen Auseinandersetzung mit den Erforschten aus dem Weg gegangen. Das Verhältnis der Erforschten zum Wissenschaftler wiederum kann bei einem «Research down» sowohl durch Neid und
das Bedürfnis der Abwertung (wieso studiert der eigentlich was,
mit dem er nachher sowieso kein richtiges Geld verdienen kann?)
als auch durch Bewunderung geprägt sein (vgl. Warneken 1996;
Bachmann 1997a). Die Mechanismen des «Research up» und des
«Research down» lassen sich dabei auch auf andere mit gesellschaftlicher Machtverteilung aufgeladene Differenzen wie die des
Geschlechts oder der Ethnizität übertragen (zur Ethnizität vgl.
Stanfield/Dennis 1993). In jedem Fall bieten das «Research up»
und das «Research down» nicht nur Probleme, sondern auch be-

sondere Erkenntnispotenziale – insbesondere dann, wenn es reflexiv kontrolliert wird.[4]

Wie lange wo und bei wem forschen?

Meist empfindet der Feldforscher sein eigenes Feld so lange als feindselig und angsteinflößend, bis er eine *Nische* findet, in der er sich eine kleine Basis einrichtet. Sie erst ermöglicht es, dass sich das als fremd und daher auch einheitlich empfundene Feld in einzelne Menschen, Perspektiven und Geschichten gleichsam auseinander faltet. Natürlich ist es unter Umständen problematisch, wenn der Wissenschaftler ausschließlich in dieser Nische verharrt oder allzu stark den dortigen Standpunkt übernimmt. Dennoch sind die Vorteile einer Nische nicht zu unterschätzen, und dies nicht nur aus Gründen der Seelenhygiene. In solchen Nischen finden sich oft die *Gewährsleute*, die den Feldforscher über längere Zeit stetig mit Informationen versorgen, den Zugang zu tieferen oder komplexeren Themen ermöglichen, einen Ansprechpartner für erste Thesen darstellen, Unterstützung in schwierigen Situationen bieten, neue Kontakte ermöglichen und somit manchmal fast den Status eines Co-Forschers bekommen können. Ohne solche Gewährsleute und ihre Kontakte würden die meisten Feldforscher hilflos an der Oberfläche der Organisation schwimmen. Allerdings können die seltsamen Formen einer «schizophrenen» Freundschaft (mit der einen Hälfte ist man wirklich befreundet, mit der anderen Hälfte forscht man weiter), die dabei oft entstehen, in erhebliche Loyalitäts- und Gefühlskonfusionen münden. Hinzu kommt, dass eine allzu enge Identifikation eines Wissenschaftlers mit der Gewährsperson dazu führen kann, dass der Wissenschaftler immer nur Menschen kennen lernt, die Teil der Fraktion sind, der auch die zentrale Gewährsperson angehört. Es gilt daher, langsam und vorsichtig sich einen Platz zwischen den Fronten zu erobern. Das allerdings braucht Zeit.

Der Zeitmaßstab der klassischen Ethnologie von mindestens einem Jahr Anwesenheit im Feld, der in einer im Jahreszeitenzyklus lebenden bäuerlichen Gemeinde durchaus seine Berechtigung hat, ist in der modernen Organisationsforschung kein sinnvolles Zeitmaß. Auch die territorialen Begrenzungen einer bäuerlichen Gemeinde fehlen in den meisten Organisationen. Wie lange soll man sich also an welchem Teilbereich der Organisation verorten, um relevante Aussagen treffen zu können? Ist eine Abteilung ausreichend? Eine Filiale? Soll die regionale Verwaltung hinzugezogen werden? Die nationale Zentrale? Die internationale Konzernmutter? Wie lange soll die Forschung überhaupt gehen? Keine dieser Fragen kann allgemein beantwortet werden, sondern die Antwort hängt von der Entwicklung der Fragestellung im Feld ab. Für gewöhnlich werden solche Fragen daher erst im Lauf der Feldforschung geklärt. Am Ende ist der *Zeitraum* meist kürzer als in der klassischen Ethnologie, da die logistischen Probleme und die zu überbrückende Fremdheit normalerweise geringer sind und fast nie die Sprache erlernt werden muss. In Forschungsanträgen und Projektplanungen wird üblicherweise ein Zeitraum zwischen zwei und sechs Monaten für eine teilnehmende Beobachtung angesetzt, doch diese Zahl ist relativ willkürlich. Längere teilnehmende Beobachtungen können sicherlich in einigen Fällen sinnvoll sein (wenn es zum Beispiel um das Erlernen eines Berufs geht), doch auch kürzere Feldforschungen von ein oder zwei Wochen, ja unter Umständen sogar von einem Tag können in der Organisationsforschung legitime Mittel der Wissenserzeugung sein (dass in diesem Fall einige Ethnologen allergisch reagieren, wenn eine solche Feldforschung dann noch «teilnehmende Beobachtung» genannt wird, muss dabei allerdings in Kauf genommen werden).

Während der Feldforschung erleichtert ein relativ bald angelegter *Zeitplan* die Organisation und bietet einen Stachel, der einen selbst zwingt, unbequeme Abteilungen, problematische Hierarchieebenen oder solche informellen Gruppen aufzusuchen, die mit der Gruppe verfeindet sind, mit der man sich selbst verbunden fühlt. Es kann auch sinnvoll sein, die Zeit der Forschung zu *portionieren*: So lassen sich Zwischenbilanzen erstellen und die persönlichen Belastungen, die mit dem Ausgeliefertsein in der Feldforschung einhergehen können, in Grenzen halten. Auch der kurzfristige Wechsel zwischen der eigenen und der fremden Lebenswelt (beispielsweise durch Heimfahrten an Wochenenden) kann fruchtbar sein, da sich hier immer wieder neue Perspektiven auf beide Welten erschließen. Viel zu selten genutzt wird die Möglichkeit, sich in der erforschten Organisation für ein oder zwei Tage von einem anderen Wissenschaftler besuchen zu lassen. Solche *Besuche* können Sehblockaden aufheben, schwierige persönliche Verstrickungen auflösen helfen sowie neue Impulse und Bestätigung geben. Der Besucher wird auch nach der Feldforschung ein wichtiger Ansprechpartner bleiben, wenn man das Gefühl hat, niemandem mehr richtig vermitteln zu können, «wie es da wirklich war» (zum Arbeiten in einem Forschungsteam vgl. auch Douglas 1976).

Wo und wie beobachte ich was?

Man kann und sollte die *Anfangseindrücke* so weit wie möglich festhalten, auch wenn man am Anfang eigentlich genug zu tun hat: Hier sieht man manchmal (wahrscheinlich seltener, als es der Mythos vom fremden Blick will) Dinge, die man nachher nicht mehr sieht oder nicht mehr erklärt bekommen muss. Welchen Situationen dann die besondere Aufmerksamkeit gilt, ist natürlich von dem Forschungsprojekt abhängig. Viele Feldforscher werten die Daten, die in *informellen Situationen* und in Momenten der *Nicht-Arbeit* gewonnen werden, besonders hoch, denn hier, so ihre Überzeugung, werden die wichtigen Entscheidungen vorbereitet und die entscheidenden Informationen gerüchteweise transportiert. In den offiziellen und inoffiziellen Pausen oder auch frühmorgens oder spätabends ergeben sich häufig Situationen, in denen man an Formen der kollegialen Vergemeinschaftung teilhaben oder mit einzelnen Organisationsmitgliedern unverbindlich allein reden kann. Versammlungen und Feiern können ebenfalls gute Orte für neue und alte Kontakte sein. Wichtig sind auch alle Möglichkeiten, Organisationsmitglieder im privaten Rahmen zu treffen: Hier wird mehr erzählt, sich anders gezeigt und vor allem Alkohol, eines der wichtigsten Elemente fast jeder Feldforschung in Europa, zu sich genommen. Weit weniger häufig, als solche Bereiche der Nicht-Arbeit als Ort der Forschung genutzt werden, sind sie allerdings das eigentliche Thema der Forschung.

Das Ziel vieler Organisationsforscher ist vielmehr die Erforschung der *Arbeit*, die mehr oder weniger im Rahmen von *formalen Regelungen* vollzogen wird: Richard Rottenburg (Graaf/ Rottenburg 1989) hat darauf hingewiesen, dass in der Organisationsforschung die teilnehmende Beobachtung häufig eher auf eine «dabeistehende Beobachtung» hinausläuft, weil die spezialisierten professionellen Fähigkeiten, die für eine wirkliche Teilhabe an den Arbeitsabläufen nötig wären, sehr häufig kaum erlernt werden können. Doch auch ein längeres Dabeistehen erzeugt zumindest andere Daten, als ein vollkommen Fremder im Rahmen einer Betriebsbegehung gewinnen kann. Häufig gewählt wird auch die Teilhabe an verschiedenen Formen von Hilfsarbeiten, die insbesondere dann, wenn sie mit «dabeistehendem Beobachten» und neugierigen Nachfragen kombiniert werden, ein Gefühl für die Arbeitsabläufe vermitteln. Eine weitere Möglichkeit ist die Konzentration auf Meetings, in denen sich formale und informelle Ebenen mischen und in ihrer Vermischung stets wieder neu ausgehandelt und entwirrt werden müssen. Daneben bietet die Beobachtung formaler und informeller Formen der Initiation neuer Mitglieder in die Organisation oft einen Zugang zum spezifischen Organisationswissen. Und schließlich finden sich durchaus auch Beispiele, in denen Feldforscher einen Beruf erlernen – genannt sei hier nur der US-amerikanische Ethnologe Frederick C. Gamst, der in den 1970er Jahren in den USA Lokomotivführer wurde und dessen weitgehende Verschmelzung mit diesem Beruf seinen Schriften deutlich anzumerken ist (Gamst 1980).

Um sich während der Feldforschung nicht allzu sehr zu «verzetteln», kann es empfehlenswert sein, sich relativ schnell auf eine weitere methodische Fokussierung festzulegen. Viele Feldforscher konzentrieren sich dabei auf *Konflikte*, da sie davon ausgehen, dass sich an diesen Bruchstellen des Alltags viel über die Organisation und die Organisationsmitglieder erfahren lässt. Diese Vorliebe für konflikthafte und informelle Sachverhalte kann in manchen Fällen zu einer quasi-detektivischen Haltung führen: die geheimnisvolle Betriebssportgruppe oder die persönliche Vorgeschichte zu einem politischen Konflikt ... Weit seltener als im «Tatort» lassen sich solche Gerüchte beweisen, und noch seltener sind die verheimlichten Informationen auch die wissenschaftlich interessantesten. Nichtsdestotrotz bietet das systematische Verfolgen eines konflikthaften Prozesses über einen längeren Zeitraum die Möglichkeit, einen roten Faden in die Komplexität der gewonnenen Daten zu bringen (aber auch Konfliktfreiheit kann eine interessante Herausforderung sein).

Eine andere Möglichkeit ist die Methode der *«Andacht zum Unbedeutenden»*.[5] Hierbei nimmt der Wissenschaftler eine kleine und scheinbar beiläufige Bagatelle und richtet sein ganzes Augenmerk darauf. In der Feldforschung hat ein solches Vorgehen oft den Vorteil, dass sich anhand eines solchen scheinbar harmlosen Themas gefährliche Themen ansprechen lassen, die sonst nicht möglich sind. Die Hochschätzung des Abseitigen kann jedoch zu nicht unerheblichen Verzerrungen in der Wahrnehmung führen.[6] Verwandte und hilfreiche Konzepte sind die *Analyse von symbolischen Selbstinszenierungen* der Organisation, die insbesondere dann, wenn auch die Reaktionen der Adressaten (oftmals der Organisationsmitglieder selbst) beobachtet und erfragt werden, einen guten Zugang bieten, sowie die *Situationsanalyse*, in der eine einzelne und einmalige Situation herausgegriffen und aufgrund des Kontextwissens, das sich der Wissenschaftler im Laufe der Forschung erworben hat, en détail analysiert wird (Gluckman 1958; für die Organisationsforschung einschlägig Kapferer 1969; als aktuelle Version Alvesson 1996).

Aufschreiben

Wie das alles aufschreiben? Es geht nicht, und so ist an dieser Stelle zunächst ein Hinweis auf die *Tristesse* des Tagebuchschreibens nötig: Nicht aufschreiben zu können, was man alles gesehen hat, nicht zu wissen, ob man das Richtige aufschreibt, dann wieder gar nichts zu sehen … jeder Feldforscher wird das kennen. Genauso oft kann es aber auch zu *euphorischen Zuständen* kommen: Alles wird bedeutend, alles wird aufschreibenswürdig, umgeben von einer Art Feldforschungsglanz – ein berauschender, aber auch ein gefährlicher Zustand. Ein wenig Handwerk hilft, auch in solchen

Situationen auf dem Teppich zu bleiben. So ist es sinnvoll, in oder direkt nach den Situationen, die man gezielt beobachtet, zu *skribbeln*: Kleine Notizen, Zitatfetzen und eigene Bemerkungen werden dabei ungeordnet als Erinnerungsstütze möglichst schnell nach dem beobachteten Sachverhalt aufgeschrieben. Der zweite Schritt ist für gewöhnlich das *Ausformulieren im Forschungstagebuch*. Hier ist es wiederum eher eine Frage des persönlichen Stils, wieweit man Ereignisse, die man erlebt hat, bereits zu fertigen Geschichten zusammenmontiert und wieweit man nur notiert, was man tatsächlich gesehen hat. Ein realitätsnaher und wenig interpretierender Stil des Ausformulierens hat den Vorteil, dass man hier weniger Interpretation unkontrolliert und eventuell verfrüht in das Tagebuch einfließen lässt, kann aber den Nachteil haben, dass man sich später während der Auswertung mit einem allzu rohen und kaum noch verständlichen Datenmaterial konfrontiert sieht (vgl. van Maanen 1995; eine ausführliche Diskussion zum Thema Feldnotizen bietet Emerson 1995; in Sanjek 1990 finden sich persönliche Berichte von Ethnologen zu dem Thema).

Es ist sinnvoll, ein *Zitierungssystem* für das Kontinuum der Zitathaftigkeit, das ein Tagebuch prägt, zu entwickeln. So können Zitate, die auf geskribbelten Notizen beruhen und daher mit einem höheren Wahrscheinlichkeitsgrad dem ursprünglichen Wortlaut ähneln, anders gekennzeichnet werden als im Nachhinein rekonstruierte Gesprächssequenzen. Aussagen, die im direkten Gespräch mit dem Wissenschaftler entstanden sind, sollten anders gekennzeichnet werden als Aussagen, die im Rahmen eines Gesprächs entstanden sind, an dem mehrere Personen beteiligt waren oder an dem sich der Wissenschaftler überhaupt nicht beteiligt hat. Es ist auch oft sinnvoll, die Sätze, die als Antwort auf eine direkte Nachfrage fallen, in besonderer Weise auszuweisen. Das Zitierungssystem und die Form der Kennzeichnung der unterschiedlichen Formen von Zitaten (Kürzel, verschiedene Anführungszeichen, indirekte Rede usw.) sollten auf die eigenen Bedürfnisse und den eigenen Schreibstil zugeschnitten sein. Dabei gilt aber: Je früher ein solches System entwickelt wird und je einheitlicher es durchgehalten wird, desto einfacher ist es später, sich in der Vielfalt dessen zurechtzufinden, was im Forschungstagebuch zwischen Anführungszeichen steht.

Ein eigenes System gilt es auch zu entwickeln, um verschiedene zusätzliche Schreibgenres im Tagebuch zu kennzeichnen. Ein Bereich des Tagebuchs oder eventuell ein zweites Tagebuch sollte für die *persönlichen Gefühle und Erfahrungen* reserviert sein: Dies dient nicht nur der Seelenhygiene, sondern eventuell auch späteren Interpretationen. Wiederum einen anderen Bereich des Tagebuchs sollte man für *Ideen und theoretische Erwägungen* reservieren. Solche ersten Hypothesen haben später einen eigenen Wert: Weil sie direkt im Forschungssetting selbst entstanden sind, ist davon auszugehen, dass sie erfahrungsnäher sind als so manche Idee, die später am Schreibtisch entsteht. Je nach Forschungsstil lassen sich in diesem Buch nicht nur die Aufstellung, sondern auch die Falsifikation, Modifikation oder Verifizierung von Hypothesen dokumentieren. Schließlich sollte man mit einem weiteren Schreibsystem die systematische Planung fördern. So hat es sich bewährt, am Ende jedes Feldforschungstags die nächsten Schritte in einem Forschungskalender festzuhalten: Fragen, denen am nächsten Tag oder in der nächsten Woche nachgegangen werden soll, haben darin ebenso ihren Platz wie Termine mit den Erforschten oder wichtige Anlässe im Feld.

Das Tagebuchschreiben ist abends nach Feierabend kaum zu bewältigen. Es ist daher wichtig, dass man sich innerhalb der Organisation *Zeit und Raum fürs Schreiben* schafft. Dies hat auch den nicht zu unterschätzenden hilfreichen Nebeneffekt, dass die Erforschten hier sehen können, was ethnographische Arbeit bedeutet – das kann an einem von Arbeitsethos geprägten Ort sehr hilfreich sein. Der Ort sollte aber auch nicht allzu öffentlich sein. Konzentriertes Schreiben sollte möglich sein. Je nach Gusto kann man auch an einem PC Tagebuch schreiben. Dafür spricht, dass dies das übliche Schreibsystem in vielen modernen Organisationen ist und dass man so die Daten am Ende der Forschung bereits in digitaler Form vorliegen hat. Dagegen können aber so banale Dinge wie das Klappern der Tastatur sprechen, denn dieses verbreitet sofort in der umliegenden Umgebung, ob man gerade etwas aufschreibt oder nicht. Bei einem elektronischen Tagebuch stellt sich auch das Problem des *Schutzes des Tagebuchs* in besonders starkem Maße: Die Erforschten kommen oft in Versuchung, «mal zu gucken, was der da immer so schreibt». Dies ist nicht nur für den Wissenschaftler ein heikles Problem. Im Tagebuch stehen viele Sätze, die in Abwesenheit anderer geäußert wurden. Das Tagebuch Person X lesen zu lassen, kann unter Umständen einen Vertrauensbruch gegenüber Person Y bedeuten. Mit einem Tagebuch, das man einfach mit sich herumtragen kann, lässt sich dieses Problem einfach umgehen. Einige Feldforscher versehen unter anderem deswegen ihre Erforschten bereits im Tagebuch mit Pseudonymen. Da auf diese Weise allerdings für jeden Erforschten im Feld immer zwei Namen parat sein müssen, ist dies oft nur bei kleineren Gruppen möglich.

3 Dateninterpretation und Feedback

Einen kleinen Stapel Kassetten und Fotokopien, einen großen Stapel Tagebücher (bzw. einige Disketten) und eine Menge persönlicher Erinnerungen in eine wissenschaftliche Arbeit zu verwandeln fällt vielen Feldforschern schwer. Angst vor der *Wiederbegegnung mit dem Material* vermischt sich mit Skrupeln, das Falsche daraus zu machen, und dem Unwillen, die Kohärenz des Materials zu zerreißen. Was ist den Tagebüchern überhaupt noch hinzuzufügen? Eine rein thematische Sortierung des Materials scheint lediglich die temporäre Struktur der Daten zu zerstören (das, was man am Anfang gesehen hat, ist oft nicht mit dem zu vergleichen, was man am Schluss der Feldforschung herausbekommen hat, und entsprechend sind die Daten der folgenden Feldforschungen immer auch durch den impliziten Vergleich mit den vorangegangenen Feldforschungen gefärbt). Zudem kann es ein merkwürdiges Gefühl sein, sich selbst zu lesen und später zu interpretieren. Meist bleibt das Material daher eine Weile liegen. Wie nach dieser Phase ein erneuter Zugang zum Material gewonnen wird, kann ganz unterschiedlich sein: Manche lesen die Tagebücher wieder und wieder und erproben dabei Schritt für Schritt ihre Thesen. Andere tippen es ab und verschlagworten es systematisch. Andere versuchen, mittels Karteikarten, Auswertungsprogrammen, visualisierenden Cluster-bildungen oder quantitativen Analysen einen Zugang zu gewinnen (Miles/Hubermann 1984; Hobbs/May 1994). Wieder andere suchen sich einzelne Passagen heraus und interpretieren sie en détail. Jedes dieser Verfahren hat seine Vor- und Nachteile. (Für die Organisationsforschung systematisch dargestellt wurde ein Prozess der Dateninterpretation in der Monographie über ein Wiener Kran-kenhaus von Erna Szabo 1998.)

In der ethnologischen Organisationsforschung hat sich mittler-weile die Ansicht weitgehend durchgesetzt, dass in der Interpreta-tion der Daten *reflexive Überlegungen* eine große Rolle spielen müssen, auch wenn diese nicht unbedingt in der Textualisierung vorkommen. Die Frage, wieso die Erforschten in dieser Weise auf den Forscher reagierten und welche Gegenreaktionen dies aufsei-ten des Forschers hervorrief, führt oft zu wichtigen empirischen Re-sultaten der Feldforschung. Der erste Teil dieser Frage hat bereits das Team der «Hawthorne Studies» zu fruchtbaren Ergebnissen ge-führt. Dass auch der zweite Teil der Fragestellung interessant sein kann, hat in der Organisationsforschung am konsequentesten Do-rinne Kondo (1990) in ihrer Monograhie über eine japanische Großkonditorei vorgeführt. Man kann den Verlauf der Feldfor-schung auch zum Anlass nehmen, einen analytischen Blick auf die eigenen Vorlieben und Erwartungen zu richten, die man von vorn-herein in die Feldforschung mitgebracht hat. Der Blick auf die eige-nen Gefühlslagen, theoretischen Höhenflüge, Fokussierungen und blinden Flecken kann Informationen für die Analyse des eigenen Denkschemas liefern, das wiederum eng mit dem fachspezifischen Denkstil und der Struktur des wissenschaftlichen Feldes verbunden ist (Bourdieu 1993).

Die Darstellung der Ergebnisse der Analyse von Daten, die mit-tels teilnehmender Beobachtung gewonnen wurden, steht immer vor einem *Glaubwürdigkeitsproblem*: War es wirklich so, wie es der Forscher behauptet? Um diesem Problem zu begegnen, nutzen Feldforscher nach Ansicht von John van Maanen, der seit den 1960er Jahren Polizisten mittels teilnehmender Beobachtung untersucht hat, immer eine von drei Textstrategien, die er «realist» («die Organisation ist so und so ...»), «confessional» («in der Organisation war ich so und so ...») oder «impressionist» («ich war mal auf einem Meeting, da ist Folgendes passiert ...») nennt (van Maanen 1988; dazu auch van Maanen 1995). Auch die Darstellung der Rohdaten stellt den Feldforscher vor Probleme: Manche Feldforscher ziehen es vor, sich im Text in zwei Stimmen zu spalten und die originalen Tagebuchpassagen gesondert auszuweisen und dann zu analysieren, andere wiederum schreiben einen geschlossenen Text, der Tagebuch und Analyse in eins verschmilzt. In der Ethnologie der 1980er und 1990er Jahre wurde vor allem die Frage diskutiert, wie und in welcher Form die Erforschten eine Stimme im Text finden (Atkinson 1990):[7] Die Ethnologin Judith Stacey (1990) hat vor der Publikation von weiblichen Biographien aus dem Silicon Valley (es handelt sich also nicht um eine Organisationsforschung) die Kommentare der Erforschten zu ihrem Text eingeholt und diese dann als letztes Kapitel abgedruckt – mit dem Resultat, dass die Erforschten ihren Ergebnissen teilweise heftig widersprochen haben.

Auszuhalten, dass einzelne Personen aus dem Feld die Meinung des Wissenschaftlers über dieses Feld nicht teilen, ist eine weitere wichtige Fähigkeit des Ethnographen. Wenn diese Menschen während der Feldforschung dem Forscher nahe standen, vielleicht sogar wichtige Gewährsleute waren, kann dies den Feldforscher vor nicht unerhebliche innere Konflikte stellen. Dieser innere Konflikt beginnt bereits während der Auswertungsphase, in der der Feldforscher oft in einer Art innerem Dialog mit den erinnerten Erforschten steht. In seiner dramatischen Variante werden in diesem imaginierten Kontakt Kämpfe um Loyalität und Verrat von Shakespeare'schen Ausmaßen ausgefochten. Natürlich ist es ein wichtiger Teil der Ethik der Feldforschung, dass man mit dem, was man sagt, den Erforschten keinen Schaden zufügt. Dies gilt insbesondere dann, wenn sich in der Organisation größere Veränderungen anbahnen. Allzu große Ängste vor den *Auswirkungen der eigenen Aussagen* können allerdings auch das Resultat einer narzisstischen Größenphantasie des Forschers sein, mit der er die eigene Unwichtigkeit im Feld kompensiert: Abgesehen davon, dass im Feld sowieso kaum jemand liest, was der Forscher schreibt, sollte man nicht denken, dass die Erforschten dem, was man zu sagen hat, hilflos ausgeliefert sind. Die Erforschten haben dem Forscher bei der Feldforschungsarbeit zugesehen und wissen daher, wie subjektiv seine Ergebnisse sind. Wenn es dem Wissenschaftler wirklich wichtig ist, dass seine Ergebnisse zu praktischen Veränderungen führen, kann es daher sinnvoll sein, diese Ergebnisse durch eine kleine Umfrage oder einige Experteninterviews glaubhafter zu machen. Selbst dann aber gilt: Meist zählt im Feld im Zweifelsfall eher das Wort der Erforschten als das Wort des Forschers.

4 Anwendungsbeispiel

Abschließend werden zwei Feldforschungen dargestellt, die ich in zwei Filialen einer Kaufhauskette (im Folgenden «Wertpreis» genannt) durchgeführt habe. Beide Filialen liegen in den Fußgängerzonen zweier mittelgroßer deutscher Städte (im Folgenden Bergstadt und Landstadt genannt). In beiden Feldforschungen interessierte ich mich dafür, wie die jeweils ca. 45 Kassiererinnen, Lagerarbeiterinnen und Verkäuferinnen miteinander umgingen und welche alltäglichen Formen der Vergemeinschaftung sie dabei entwickelten. Schwerpunkt der Forschung war in beiden Fällen die *gemeinsam verbrachte Arbeitspause*. Ich saß daher in möglichst vielen Pausen mit am Tisch, habe den Gesprächen zugehört, manchmal mitgeredet und regelmäßig an der alltäglichen Organisation der Pause (vom Kaffeekochen bis zum Aschenbecherleeren) teilgehabt. Trotz dieser ähnlichen Ausgangslage nahmen die beiden Feldforschungen einen sehr unterschiedlichen Verlauf, den ich im Anschluss an die Darstellung meines Vorgehens kurz skizzieren werde, um im Vergleich der beiden Verläufe einige Probleme zu demonstrieren, mit denen man in einer auf teilnehmender Beobachtung basierenden ethnographischen Feldforschung konfrontiert wird.

Die Improvisation einer Methode

Mit der Feldforschung begonnen habe ich in der Filiale in *Bergstadt*. Hier verbrachte ich insgesamt fünf Monate, die sich auf einige kürzere, zwischen einer und vier Wochen umfassende Zeitabschnitte über einen Zeitraum von zwei Jahren verteilten. Ich war wochentags von 8:30 bis 18:30 Uhr im Betrieb und nahm dabei an möglichst vielen Pausen im zentralen Pausenraum teil. Nach einem Jahr begann ich mit der zweiten Feldforschung in der Filiale in *Landstadt*. Hier verbrachte ich insgesamt drei Monate im Betrieb, wiederum verteilt über einen Zeitraum von eineinhalb Jahren. Aus Gründen, auf die ich später noch näher eingehen werde, fand ich im Pausenraum im Hauptgebäude keinen ausreichenden Kontakt. Nach ca. zwei Wochen verlegte ich mich darauf, fast nur noch in einem sehr viel kleineren und abseits gelegenen Pausenraum in einem Nebengebäude zu forschen (ein solches Nebengebäude und damit einen zweiten Pausenraum gab es nur in Landstadt). Dort waren meine wichtigsten Ansprechpartner Lagerarbeiterinnen. Ihren Teilzeit-Arbeitszeiten entsprechend war ich in Landstadt wochentags nur von 8:00 bis 15:00 Uhr im Betrieb. In Bergstadt versuchte ich, so viele Pausengruppen zu besuchen, wie ich konnte. Es gab zwei halbstündige Pausenschichten zur Mittagszeit, zwei kürzere Pausenschichten nachmittags, die Pausen vor und nach der Arbeitszeit (auch dies sind Pausen, wenn man in Rechnung stellt, dass die Frauen vor und nach der Arbeitszeit im Kaufhaus als Hausfrauen arbeiteten) sowie einige eher lose gestreute Pausen der Teilzeitler und die ebenfalls unregelmäßig stattfindenden Raucherpäuschen kleinerer Gruppen. In Landstadt teilte ich dagegen den Arbeitsrhythmus der Lagerarbeiterinnen und besuchte nur die Pausen, die sie selbst machten.

Während der Pausen selbst habe ich nie *Notizen* gemacht, denn ein solchermaßen offensichtlich Feldforschungsarbeit verrichtender Forscher hätte die Pausenatmosphäre zu sehr gestört. Jeweils direkt im Anschluss an die Pause notierte ich alles, was mir aufgefallen war: die täglichen kleinen Variationen in der Sitzordnung, die Organisation des Kaffeekochens, kleine Gesten der Höflichkeit, Gesprächsthemen oder einzelne Sätze, die ich mir gemerkt hatte …

Zunächst machte ich mir hierfür ungeordnete Notizen, auf deren Basis ich dann einen geschlossenen und so weit wie möglich erzählenden Text erstellte. Pro Pause, die zwischen 20 und 35 Minuten währte, brauchte ich hierfür zwischen einer halben und zwei Stunden. Mit der Zeit stieg meine Fähigkeit, im Nachhinein auch längere Sequenzen zu rekonstruieren. Mein Ziel war es darüber hinaus, den Anteil der implizit eingestreuten Ad-hoc-Interpretationen immer weiter zu verringern. Hypothesen, Ideen und theoretische Überlegungen notierte ich in gesondert ausgewiesenen Passagen ins Tagebuch. Ebenso hielt ich es mit Vorsätzen für den weiteren Forschungsverlauf. Das Tagebuch habe ich jeweils an einem anderen Ort als dem Pausenraum geschrieben. In Bergstadt war dies ein abgelegener Tisch im Kaufhausrestaurant, der weit genug entfernt von der Ecke des Restaurants lag, die den Raucherinnen unter den Verkäuferinnen und Kassiererinnen als Ort für ihre kurzen Raucherpausen diente. In Landstadt schrieb ich in einem kleinen abgetrennten Bereich des Lagers, der als Büro genutzt wurde, Tagebuch. An beiden Orten war ich für die Beschäftigten sichtbar. Damit wollte ich erreichen, dass keine Atmosphäre der Heimlichkeit entstand. Zugleich wurde dadurch, dass ich hier oft stundenlang schreibend über mein Heft gebeugt saß, meine eigene wissenschaftliche Arbeit für die Beschäftigten direkt und physisch erfahrbar. Dies hielt ich für wichtig, um nicht den Eindruck zu erwecken, ich sei einer dieser Praktikanten, die sich um die Arbeit drücken. Was ich tagsüber nicht schaffte, trug ich abends nach. Als Tagebuch dienten kleine DIN-A5-Hefte, die ich im Wertpreis kaufte und von denen ich ein bis zwei Hefte pro Tag füllte.

Bereits in den ersten Gesprächen mit den Verkäuferinnen, Kassiererinnen und Lagerarbeiterinnen thematisierte ich meine kritische Haltung gegenüber den aktuellen Maßnahmen des Managements und meine Distanz gegenüber dem Geschäftsleiter. Eine solch *eindeutige Positionierung* mag zwar in einigen Situationen verfälschend gewirkt haben, weil die Informantinnen mir bestimmte Sachen nicht und andere genau deshalb erzählt haben. In jedem Fall hätte ich mich aber einer Positionierung kaum entziehen können. Junge Männer sind im Wertpreis meist «Assistenten» – also

Auszubildende, die sich auf ihre zukünftige Laufbahn als Geschäfts- oder Bereichsleiter vorbereiten. Studierende sind im Wertpreis nur in Form von BWL-Studenten präsent, die hier Praktika absolvieren. Um den Bildern, die mit dem «jungen Mann» als zukünftigem Geschäftsleiter und dem «schreibenden Studenten» als zukünftigem Manager verbunden sind, etwas entgegenzusetzen, schien es mir wichtig, starke und eindeutige Töne zu wählen. So wichtig mir die Offenheit der Feldforschung auch war, blieb ich unsicher, ob ich die Erforschten mein Tagebuch lesen lassen sollte. Wenn Nachfragen nach meinem Tagebuch kamen, reagierte ich zögerlich – dem Klang meiner Stimme war sicherlich anzumerken, dass mir dies ziemlich unrecht gewesen wäre. Mindestens einmal versuchten aber einige der Beschäftigten, das Tagebuch heimlich zu lesen. Manchmal habe ich ausgewählte Passagen aus dem Tagebuch vorgelesen. Dabei stieß ich auf Verwunderung, gepaart mit einem gewissen Unwohlsein: «Du schreibst ja wirklich alles auf, was wir sagen.»

In der Zeit, in der ich nicht in der Pause saß oder Tagebuch schrieb, half ich bei der *Arbeit*. In Bergstadt erhielt ich zunächst für jeden Tag, den ich im Betrieb anwesend war, den Lohn für vier Arbeitsstunden einer Aushilfskraft. Nach drei Monaten bin ich dann aber dazu übergegangen, ohne Vergütung mitzuarbeiten, weil meine Tagebuchnotizen immer mehr Zeit beanspruchten und ich daher zunehmende Schwierigkeiten hatte, das Pensum von vier Stunden regelmäßig zu bewältigen. In Landstadt hatte ich von vornherein den Status eines Praktikanten ohne Lohn. In beiden Fällen waren die Phasen der Arbeit sporadisch, die damit einhergehenden Erfahrungen oberflächlich und mein Tätigkeitsspektrum einer Aushilfskraft entsprechend. Typische Tätigkeiten waren: Waren einsortieren, Regale auf- und abbauen, Kartons auspacken, die Papierpresse bedienen. Bereits das Kassieren stellte sich als eine so schwierige Tätigkeit heraus, dass ich sie nur selten und unter erleichterten Bedingungen als kurzfristiger Springer bewältigen konnte.

Trotz diesen Einschränkungen waren auch die Phasen der Mitarbeit für die Feldforschung wichtig. In der Anfangsphase, als die Art der Feldforschungsarbeit selbst für die Frauen noch wenig bekannt war, legitimierte sie meine Anwesenheit im Betrieb. Später war diese Arbeit eine kleine, freilich eher symbolische Gegengabe dafür, dass ich so bereitwillig in die Pausenrunde aufgenommen wurde. Zugleich konnte ich so zumindest ansatzweise nachvollziehen, wovon sich die Beschäftigten in der Pause erholen. Mein Status als Springer ermöglichte es mir, auch die «andere Seite» der Pause kennen zu lernen, da ich so zumindest teilweise auch in die Bewältigung der Besetzungslücken, die durch die Pause von Beschäftigten entstehen, eingebunden war.

Ein weiterer wichtiger Effekt dieser Mitarbeit war, dass ich dabei immer wieder neue Kontakte knüpfen konnte. In den labyrinthischen Gängen des Lagers, am Sortiertisch für neu eingetroffene Waren, in abgelegeneren Bereichen des Ladens beim Absortieren der Waren, an der Kundeninformation oder an Doppelkassen zu Zeiten geringen Kundenverkehrs ergaben sich oft intimere Gesprächsmöglichkeiten als in der Pause. Vor allem in Bergstadt, wo die Pause meist in großen gemeinsamen Gruppen verbracht wurde, waren diese Gespräche ein weiteres Standbein der Feldforschung. Während ich also die Arbeit selbst und den so genannten Buschfunk (so nannten die Verkäuferinnen und Kassiererinnen in Bergstadt die vielen kleinen Kommunikationskanäle, über die sich während der Arbeit vor allem der neueste betriebsinterne Klatsch rasend schnell verbreitet) nicht systematisch in Form der teilnehmenden Beobachtung erforschte, nutzte ich doch die teilweise intimeren Situationen während des Arbeitens für viele Gespräche zu allerlei Themen, die mich interessierten. Auch diese Gespräche notierte ich anschließend aus dem Gedächtnis so wörtlich wie möglich in mein Tagebuch. Diejenigen Passagen, in denen die Aussagen der Erforschten auf mein gezieltes Nachfragen zustande kamen, versah ich dabei mit dem Kürzel «NF» (= Nachfrage).

Neben diesen Notizen habe ich in Bergstadt 20 jeweils ca. halbstündige *Pausengespräche auf Tonband* aufgezeichnet. Dabei habe ich das Tonband offen auf den Tisch gelegt und jedem angeboten, es jederzeit abzuschalten. Dass mir dies gestattet wurde und dass ich zudem den Eindruck hatte, dass sich die Pausengespräche durch das Tonband kaum veränderten, schien mir ein großer Vertrauensbeweis. In Landstadt habe ich nicht gewagt zu fragen, ob Gleiches möglich wäre. Flankierend zur Forschung im Betrieb habe ich abends entweder in einer Gastwirtschaft oder in den Wohnzimmern und Küchen der Gewährsfrauen offene, unstrukturierte *Interviews* geführt. Themen waren aktuelle Tagesereignisse, Klatsch und Geschichten von früher. Weiterhin habe ich mir die Logik einiger informeller Regelungen erklären lassen: etwa die Frage, wer wann wie viel von wem geschenkt bekommt oder wer wann Kaffee macht. Schließlich führte ich Expertengespräche zu Themen der betrieblichen Organisation. All diese Interviews nahm ich auf Tonband auf. Darüber hinaus habe ich in Bergstadt an einigen *abendlichen Aktivitäten* – selbst organisierten Betriebsfesten, Stadtfesten, Karnevalsumzügen, Videoabenden, Disco-Besuchen, Gewerkschaftsbesuchen und Abteilungsessen – teilgenommen. In Landstadt bot sich diese Möglichkeit nicht, vor allem deshalb, weil es solche Aktivitäten in Landstadt generell kaum gab.

Der Verlauf der Feldforschungen

Die Belegschaft bestand in beiden Filialen jeweils ungefähr zur Hälfte aus Verkäuferinnen, zu einem Viertel aus Kassiererinnen, drei bis fünf Lagerarbeiterinnen, einigen Bürokräften, Abteilungsleitern, Assistenten und einem Geschäftsleiter. Die Feldforschungen in Bergstadt und in Landstadt nahmen einen sehr unterschiedlichen Verlauf. Während sich in Bergstadt mit einem großen Teil der Belegschaft ein offener und persönlicher Kontakt entwickelte, gelang mir dies in Landstadt nur bei einigen wenigen Lagerarbeiterinnen. Dies lag zunächst daran, dass in Bergstadt alle Kassiererinnen, Verkäuferinnen und Lagerarbeiterinnen (also ca. 75 Prozent der Belegschaft) in einem Raum Pause machten, während im Pausenraum des Ladens in Landstadt deutlich weniger los war (dies lag u. a. an einem unterschiedlich weit fortgeschrittenen Grad der Arbeitszeitflexibilisierung) und ich nur in einem zweiten kleinen Pausenraum des Warenlagers, der in einem anderen Gebäude untergebracht war, das fand, was ich suchte: eine regelmäßige und üppige Pausenkultur, intensives kollegiales Miteinander in der Pause, womöglich noch versetzt mit einer Prise Widerständigkeit gegenüber dem Betrieb. So unbefriedigend dies sein mag: Die Anwesenheit von etwas lässt sich nun einmal einfacher erforschen als die Abwesenheit von etwas. Diese Entscheidung habe ich aber nicht allein getroffen. Auch für die Erforschten ist es wahrscheinlich einfacher, wenn sie nicht als defizitäre Wesen, sondern als aktive Erzeugerinnen von etwas Erforschenswertem dastehen: nicht nur, weil sie mir wahrscheinlich anmerkten, dass mir gefiel, was sie taten, sondern auch, weil ihnen gefiel, dass ich das suchte, was ihnen wichtig war.

Ein weiterer wichtiger Grund für den unterschiedlichen Verlauf der Feldforschung war der Feldeinstieg. In Bergstadt war die *Türöffnerin* Rose, die Betriebsratsvorsitzende. Ich kannte sie aus einem gewerkschaftlichen Fortbildungsseminar für Betriebsräte, in dem ich als Trainer gearbeitet hatte. Rose war daher nicht nur für meine Fragen offen, sondern unterstützte mich auch, wo es nur ging. In einem Betrieb wie dem in Bergstadt, in dem der Betriebsrat eine herausragende Rolle spielt und der einen für den Einzelhandel ungewöhnlich hohen gewerkschaftlichen Organisationsgrad von über 80 Prozent hat, ist ein solcher Feldeinstieg ein nicht zu unterschätzender Vorteil. Rose stellte den Kontakt zur Geschäftsleitung her, hielt während der ganzen Forschung ihre schützende Hand über mich und wurde zudem meine wichtigste Gewährsfrau. Wen Rose mag, der ist in Bergstadt sozusagen von vornherein in das soziale Netz des Betriebs integriert. Um sie herum gruppierte sich eine Clique von Frauen, die sich selbst als den «harten Kern» bezeichneten und die das soziale Leben im Betrieb ungewöhnlich stark dominierten, obwohl es auch hier natürlich andere Cliquen und, eher selten, Ablehnung gab. Zugleich war Rose Chefin der Kundeninformation und der Kassenaufsicht. Sie hatte somit eine zentrale Rolle bei der alltäglichen Organisation der Arbeitsabläufe – auch dies wiederum erleichterte meine Forschung in hohem Maß.

Ganz anders verlief der Einstieg in den Betrieb in Landstadt. Vermittelt über den Geschäftsleiter aus Bergstadt, nahm ich Kontakt mit dem Geschäftsleiter in Landstadt auf. Der Versuch, gleichzeitig auch einen Kontakt zum Betriebsrat herzustellen, verlief im Sande, weil der Betriebsrat in Landstadt im Betrieb kaum präsent war und sich zudem eng mit der Geschäftsleitung identifizierte. Ohne eine solche «natürliche» Andockmöglichkeit an einen Betriebsrat entwickelte ich in Landstadt eine starke Abgrenzungsrhetorik gegenüber dem Chef, die wahrscheinlich alles noch viel schwieriger machte, denn dadurch verstärkte ich das Misstrauen nur noch und verübte zudem wahrscheinlich eine Art Affront gegen den eigenen Chef. Dass ich die Feldforschung an den vorangegangenen, sehr angenehmen Erfahrungen in Bergstadt maß, machte diese Situation für mich noch unangenehmer. Dass die Forschung schließlich auch in Landstadt zumindest zu einem Teilerfolg wurde, lag vor allem an Conny, einer Frau, die mir gegenüber eine ähnliche Rolle einnahm wie Rose in Bergstadt: Sie hielt immer die schützende Hand über mich, da ihr offensichtlich gefiel, was ich sagte. Diese schützende Hand war im Bereich des Lagers stark genug, da sie hier die Vorarbeiterin war und auch informell einen hohen Status hatte – freilich war dies eine kleine Gruppe, die gegenüber dem Betrieb eher eine Außenseiterposition einnahm.

Dass eine direkte verbale Auseinandersetzung mit den Verkäuferinnen und Kassiererinnen im Hauptgebäude in Landstadt, die ich letztendlich nicht erforscht habe, nicht stattfand, wird nicht weiter verwundern: Schließlich handelt es sich hier nicht um eine Selbsterfahrungsgruppe von Sozialpädagogen, die es gewöhnt sein mögen, Konflikte direkt und persönlich anzusprechen. Dennoch gab es eindeutige Signale der Ablehnung. Wenn man einmal in einer weitgehend schweigenden Pausenrunde gesessen hat, löst sich das Problem des Ausschlusses von selbst – in der Regel wird man versuchen, diese Erfahrung nicht zu wiederholen. Im Nachhinein denke ich, in einigen Fällen zu früh aufgegeben zu haben: Vertrauen stellt sich schließlich erst dann her, wenn man durch einige Feuerproben hindurchgegangen ist. Solche Gedanken im Nachhinein sind aber freilich eben nur Gedanken im Nachhinein. Während der Feldforschung war ich damit beschäftigt, einen halbwegs sicheren Ort zu finden, von dem aus ich meine Forschungen durchführen konnte: Kraft für zusätzliche Mutproben hatte ich nur selten zur Verfügung.

Qualitative Feldforschungen tendieren immer dazu, dass man dort forscht, wohin das Feld einen trägt. Im Text wird dieser *Prozess des gegenseitigen Sich-Findens* dann oft getilgt, und diejenigen, mit denen sich kein gutes Verhältnis ergeben hat, werden nicht mehr erwähnt oder bilden höchstens noch eine mehr oder weniger implizite negative Kontrastfolie. Im hier beschriebenen Forschungsprojekt ließ sich der fehlende Kontakt zu Teilen der Belegschaft aber nicht verbergen, da ich durch das vergleichende Szenario immer wieder auf die Lücken der Feldforschung gestoßen wurde. Die Feldforschung in Bergstadt nahm einen ungewöhnlich angenehmen und offenen Verlauf (ich selbst habe in den dieser Arbeit vorangegangenen Feldforschungen im Betrieb nie eine derartig offene und angenehme Feldforschungsatmosphäre kennen gelernt). Somit ist der Vergleich der beiden Feldforschungen auch ein wenig unfair: Für sich allein genommen entspricht der Verlauf in Landstadt durchaus der «Normalität», wie ich sie aus vorangegangenen Forschungen in anderen Betrieben und auch aus Erzahlungen anderer Betriebsethnographen kenne.

5 Möglichkeiten und Grenzen der Methode

Möglichkeiten und Grenzen der Methode lassen sich nicht klar bestimmen, denn eine Feldforschung, die sich lediglich aus «Teilnahme» und «Beobachtung» zusammensetzt, gibt es fast nicht. Bereits in den anfänglich dargestellten frühen Studien wurde die teilnehmende Beobachtung als Teil eines weiter gestreuten *Methodenmixes* eingesetzt. Dies ist bis heute so geblieben. Fast alle Organisationsforscher, die mit der Methode der teilnehmenden Beobachtung arbeiten, setzen in irgendeiner Form andere Methoden wie themenzentrierte Interviews, Aktenanalyse, Analyse der Artefakte, Mind-Maps oder Gruppendiskussionen ein. Oft werden diese zusätzlichen Methoden allerdings nicht als solche ausgewiesen, sondern einfach in die Methode der teilnehmenden Beobachtung eingebaut. Teilnehmende Beobachtung ist entsprechend auch heute noch fast immer das Herzstück eines größer angelegten Forschungsprogramms, das wahlweise *Feldforschung* oder *Ethnographie* genannt wird[8] und in dem sich verschiedene qualitative (und auch zuweilen auch quantitative; vgl. z. B. Sieber 1973) Zugänge vereinen, um soziale Zusammenhänge – in diesem Fall Organisationen oder soziale Zusammenhänge innerhalb von Organisationen – besser verstehen zu lernen. Weitgehend durchgesetzt hat sich dabei die Auffassung, dass erstens jede Anwesenheit eines Wissenschaftlers im Feld zu einem gewissen Grad teilnehmend ist, dass zweitens jede Teilnahme wechselseitige Effekte hat – die Anwesenheit des Wissenschaftlers hat nicht nur Auswirkungen auf das untersuchte Feld (auch dies hatten ja bereits die «Hawthorne Studies» gezeigt), sondern das Feld bestimmt auch die Forschungspraxis des Wissenschaftlers – und dass drittens solche wechselseitigen Effekte nicht einfach nur Störfaktoren, sondern ein zentrales Mittel der Erkenntnis sind (vgl. Lindner 1981).

Wie weit im Rahmen dieses Forschungsprogramms eine solche Teilnahme dann geht, kann sich sehr unterschiedlich gestalten. Teilnahme kann sowohl heißen, dass der Forscher eine bestimmte Rolle, die im Feld vorhanden ist, möglichst weitgehend übernimmt, als auch, dass er sich eine neue Rolle zuweisen lässt, die allseits akzeptiert ist. Es kann heißen, dass der Forscher es schafft, möglichst unsichtbar bei den verschiedensten sozialen Ereignissen anwesend zu sein, es kann aber auch bedeuten, dass er interveniert, nachfragt und sich einmischt, um etwas herauszubekommen.[9] Der Forscher kann sich im Feld auf sehr persönliche und vertraute Beziehungen zu einzelnen Informanten einlassen; es kann aber auch nur bedeuten, dass der Forscher es vermag, sich in bestimmten öffentlichen Foren adäquat zu bewegen. Es gibt sehr viele Formen von Teilnahme, und meistens werden Feldforscher nicht nur auf eine der oben genannten Arten teilnehmen, sondern auf mehrere. Die Unterscheidung zwischen nicht-teilnehmender Beobachtung und teilnehmender Beobachtung ist daher nicht aufrechtzuerhalten: Eher handelt es sich um ein *mehr oder weniger Teilnehmen*, das mit der Anwesenheit einhergeht – und dies dann auch noch in unterschiedlichen Zusammenhängen und unterschiedlichen Situationen zu unterschiedlichen Zeitpunkten auf unterschiedliche Weise. Wichtig ist daher, dass der Forscher seine *spezifische Form von Teilnahme* im Text später möglichst genau ausweist – allein das Schlagwort «Teilnahme» reicht zur Beschreibung der Methode nicht aus (vgl. dazu auch Gold 1958).

In jedem Fall gilt: Je teilnehmender die teilnehmende Beobachtung ist, desto stärker treibt sie viele Probleme der qualitativen Methodik auf die Spitze: Der Nachweis, dass das, was man gesehen hat, wirklich auch so war, ist immer nur bis zu einem bestimmten Grad zu erbringen. Feedback in die Organisation ist nur zu einem gewissen Grad möglich, und die intersubjektive Überprüfbarkeit der Daten ist nur eingeschränkt gegeben. Teilnehmende Beobachtung hat noch stärker als andere qualitative Methoden mit dem Problem der Repräsentativität zu kämpfen: Fast immer sind es Ausschnitte von Einzelfällen, die in den Blick geraten. Generalisierungen auf der Basis von teilnehmender Beobachtung sind immer äußerst angreifbar. Dazu kommt, dass die teilnehmende Beobachtung eine ziemlich aufwendige Methode darstellt. In einer Zeit, in der einiges dafür spricht, dass die Halbwertszeit von Wissen in der Organisationsforschung verfällt, ist eine lange Anwesenheit im Feld sehr unpraktisch. Im Rahmen der verschiedenen Formen von Methodenmischungen, die sich in der Organisationsforschung eingebürgert haben, gilt es daher auch darüber nachzudenken, wie eine Beschleunigung der Methode zu erreichen ist, ohne dass allzu viel von dem, was sie zu leisten vermag, verloren geht.

All diese Schwierigkeiten können aber die besonderen Chancen nicht mindern, die die teilnehmende Methode der Organisationsforschung bietet. Sie ist wie keine andere Methode dazu geeignet, etwas zu entdecken, das man vorher nicht gewusst hat – genauer: eine Fragestellung zu entwickeln, von der man vorher noch nicht wusste, dass dies eine wichtige Frage ist. In der Organisationsforschung kann sie besonders dichte, kontextuell eingebettete, widersprüchliche und ambivalente Daten sowohl über außergewöhnliche Ereignisse als auch über alltägliche Routinen generieren. Dabei baut sie Komplexität eher auf als ab – insbesondere dann, wenn Sachverhalte erforscht werden, die die Erforschten selbst wenig oder gar nicht in versprachlichtem Wissen abgelagert präsent haben oder die den Erforschten selbst als nicht wichtig genug erscheinen. Letztlich bleibt die teilnehmende Methode vor allem dann unersetzlich, wenn es die «imponderabilia of actual life» zu erforschen gilt. Um Malinowski noch einmal das Wort zu geben: Die teilnehmende Beobachtung dient der Erforschung von «such things as the routine of a man's working day, the details (…) of the manner of taking food and preparing it; the tone of conversational and social life (…), the existence of strong friendships or hostilities» (1922, S. 18–19) – kurz: von dem, was Organisationen in der Praxis lebendig macht.

Anmerkungen

1 Roethlisberger/Dickson 1939. Heute ist umstritten, ob der Hawthorne-Effekt tatsächlich durch die Anerkennung, die mit dem Erforscht-Werden einherging, ausgelöst wurde oder ob dies nicht eher mit der Angst der Erforschten und vorangegangenen Entlassungen zu erklären ist.

2 In der theoretischen Analyse hielten Warner und Low 1947 an einem holistischen und strukturfunktionalistischen Anspruch fest.

3 Melville Dalton hat 1959 eine gänzlich verdeckte teilnehmende Beobachtung in einer Organisation durchgeführt; methodisch dazu Dalton 1964.

4 Überlegungen zur reflexiven Kontrolle von Interviews, die sich gut auf die teilnehmende Beobachtung übertragen lassen, finden sich bei Bourdieu 1997.

5 Die Formel der «Andacht zum Unbedeutenden» findet sich ursprünglich in einem Brief von Sulpiz Boisserée an Goethe: Boisserée berichtet dort zustimmend von Schlegels Kritik an der «Ehrerbietung» gegenüber «jedem Tödel» (Schlegel), die die Brüder Grimm in ihrem damals gerade unter dem Namen «Altdeutsche Wälder» erschienenen ersten Band ihres Sammlungswerks der Volkspoesie an den Tag legten. Recht schnell wurde aus diesem Spottwort dann ein «Ehrenname» (so Wilhelm Scherer): Es meint nun die sorgsame Konzentration auf scheinbar Abseitiges und Unwichtiges, in dem dann doch mehr Wahrheit aufscheint als zunächst vermutet. Vgl. dazu auch Kany 1987; Scharfe 1995.

6 Kritische Würdigungen der «Andacht zum Unbedeutenden» finden sich bei Köstlin 1995 sowie spezifisch zur Organisationsforschung in Alvesson 1993; Bachmann 1997b; Warneken 1997.

7 Vgl. dazu die Texte der Debatten um Reflexivität in der US-amerikanischen Cultural Anthropology in den 1980er Jahren in Berg/Fuchs 1993. Stacey/Newton 1993 verweisen darauf, dass feministische Wissenschaftlerinnen viele der dort diskutierten Thesen vorweggenommen haben.

8 Ersteres z. B. bei Shaffir/Stebbins 1991; Fischer 1985; Warren 1988; Letzteres z. B. bei Malinowski 1922; Bell 1994; Agar 1996; Grills 1998.

9   So entwickelt Whyte 1991 aus der aktiven Einmischung auf unteren hierarchischen Ebenen das Programm für die «Participant Action Research» als bewusst eingesetzte Untersuchungsmethode.

Literatur

Agar, Michael (1996): The Professional Stranger: An Informal Introduction to Ethnography, San Diego.

Alvesson, Mats (1993): Cultural Perspectives on Organizations, Cambridge.

Alvesson, Mats (1996): Communication, Power and Organization, Berlin/New York.

Alvesson, Mats/Skoldberg, Kaj (2000): Reflexive Methodology, London u. a.

Atkinson, Paul (1990): The Ethnographic Imagination: Textual Constructions of Reality, London/York.

Bachmann, Götz (1997a): Mikro-Analyse, Reflexivität und einige Tassen Kaffee, in: Armin Triebel (Hrsg.), Die Pragmatik des Gesellschaftsvergleichs, Leipzig, S. 193–206.

Bachmann, Götz (1997b): Der Kaffeelöffel und die Sonne, in: Wolf Brednich/Hein Schmidt (Hrsg.), Symbole, Münster, S. 216–225.

Becker, Howard/Geer, Blanche (1957): Participant Observation and Interviewing: A Comparison, in: Human Organization, Jg. 16, S. 28–32.

Becker, Howard (1958): Problems of Inference and Proof in Participant Observation, in: American Sociological Review, Jg. 23, S. 652–660.

Becker, Howard (1970): Fieldwork Evidence, in: ders., Sociological Work: Method and Substance, Chicago, S. 39–62.

Becker, Howard (1983): Studying Urban Schools, in: Anthropology and Education Quarterly, Jg. 14, S. 99–108.

Bell, Diane u. a. (1993): Gendered Fields. Women, Men and Ethnography, London/New York.

Berg, Bruce (2001): Qualitative Research Methods for the Social Sciences, Boston.

Berg, Eberhard/Fuchs, Martin (Hrsg.) (1993): Kultur, soziale Praxis, Text. Die Krise der ethnographischen Repräsentation, Frankfurt a. M.

Bernard, Russell H. (1994): Research Method in Anthropology, Thousand Oaks.

Boas, Franz (1994): Bei den Inuit in Baffinland 1883–1884. Tagebücher und Briefe. Bearbeitung, Einleitung und Kommentare von Ludger Müller Wille, Berlin.

Bogdan, Robert (1972a): Participant Observation in Organizational Settings, Syracuse.

Bogdan, Robert (1972b): Observing in Institutions, Syracuse.

Bourdieu, Pierre (1993): Narzißtische Selbstreflexivität und wissenschaftliche Reflexivität, in: Eberhard Berg/Martin Fuchs (Hrsg.), Kultur, soziale Praxis, Text, Frankfurt a. M., S. 365–374.

Bourdieu, Pierre (1997): Verstehen, in: ders. u. a., Das Elend der Welt, Konstanz, S. 779–882.

Bruyn, Severyn (1966): The Human Perspective in Sociology: The Methodology of Participant Observation, Englewood Cliffs.

Bulmer, Martin (1982): Social Research Ethics: An Examination of the Merits of Covert Participant Observation, New York.

Burawoy, Michael (1979): Manufactoring Consent, Chicago.

Burawoy, Michael (1991): The Extended Case Method, in: ders. (Hrsg.), Ethnography Unbound, Berkeley, S. 271–287.

Burawoy, Michael (2000): Introduction, in: ders. u. a. (Hrsg.), Global Ethnography: Forces, Connections, and Imaginations in a Postmodern World, Berkeley, S. 1–40.

Burgess, Robert G. (Hrsg.) (1989): Field Research: A Sourcebook and Field Manual, London/New York.

Cole, Robert E. (1991): Participant Observer Research: An Activist Role, in: William Foote Whyte (Hrsg.), Participatory Action Research, Newbury Park, S. 159–166.

Collins, Orvis/Dalton, Melville/Roy, Donald (1946): Restriction of Output and Social Cleavage in Industry, in: Applied Anthropology, Jg. 5, H. 3, S. 1–14.

Cunnison, Sheila (1966): Wages and Work Allocation, London.

Cunnison, Sheila (1982): The Manchester Factory Studies. The Social Context, Bureaucratic Organization, Sexual Division and the Influence on Patterns of Accommodation between Worker and Management, in: Ronald Frankenberg (Hrsg.), Custom and Conflict in British Society, Manchester, S. 94–139.

Dalton, Melville (1947): Worker Response and Social Background, in: Journal of Political Economy, Jg. 55, S. 323–332.

Dalton, Melville (1948): The Industrial Rate Buster: A Characterization, in: Applied Anthropology, Jg. 7, S. 5–18.

Dalton, Melville (1959): Men Who Manage, New York.

Dalton, Melville (1964): Preconceptions and Methods in Men Who Manage, in: Phillip Hammond (Hrsg.), Sociologists at Work, New York, S. 50–95.

Denzin, Norman/Lincoln, Yvonna S. (1994): Handbook of Qualitative Research, Newbury Park.

DeVita, Phillip (1992): The Naked Anthropologist, Belmont.

Diel-Khalil, Helga/Götz, Klaus (1999): Ethnologie und Organisationsentwicklung, München/Mering.

Douglas, Jack (1976). Investigative Social Research: Individual and Team Field Research, Beverly Hills.

Dumont, Jean Paul (1978): The Headman and I. Ambiguity and Ambivalence in the Fieldworking Experience, Austin.

Emerson, Ralph M. u. a. (Hrsg.) (1995): Writing Ethnographic Fieldnotes, Chicago.

Emmett, Isabel/Morgan, D. H. J. (1982): Max Gluckman and the Manchester Shop Floor Ethnographies, in: Ronald Frankenberg (Hrsg.), Custom and Conflict in British Society, Manchester, S. 140–165.

Fine, G. A. (1993): Ten Lies of Ethnography: Moral Dilemmas of Field Research, in: Journal of Contemporary Ethnography, Jg. 22, S. 267–294.

Fischer, Hans (1985): Feldforschungen. Berichte zur Einführung in Probleme und Methode, Berlin.

Gamst, Frederick (1980): The Hoghead: An Industrial Ethnology of the Locomotise Engineer, New York.

Gamst, Frederick/Helmers, Sabine (1991): Die kulturelle Perspektive und die Arbeit: Ein forschungsgeschichtliches Panorama der nordamerikanischen Industrieethnologie, in: Zeitschrift für Ethnologie, Jg. 116, S. 25–37.

Gluckman, Max (1958): Analysis of a Social Situation in Modern Zululand, Rhodes-Livingston Paper 28, Manchester.

Gold, Raymond (1958): Roles in Sociological Field Observations, in: Social Forces, Jg. 36, S. 217–223.

Golde, Peggy (1970): Woman in the Field, Berkeley.

Götz, Irene (1997): Unternehmenskultur. Die Arbeitswelt einer Großbäckerei aus kulturwissenschaftlicher Sicht, München.

Götz, Irene/Moosmüller, Alois (1992): Zur ethnologischen Erforschung von Unternehmenskulturen. Industriebetriebe als Forschungsfeld der Völker- und Volkskunde, in: Schweizerisches Archiv für Volkskunde, Jg. 88, H. 1, S. 1–20.

Götz, Irene/Wittel, Andreas (2000): Arbeitskulturen im Umbruch. Zur Ethnographie von Arbeit und Organisation, München.

Graaf, Mulder van de/Rottenburg, Richard (1989): Feldbeobachtung in Unternehmen. Ethnographische Exploration in der eigenen Gesellschaft, in: Reiner Aster/Hans Merkens/Michael Repp (Hrsg.), Teilnehmende Beobachtung: Werkstattberichte und methodische Reflexionen, Frankfurt a. M., S. 19–34.

Gregory, James R. (1984): The Myth of the male Ethnographer and the Woman's World, in: American Anthropologist, Jg. 86, S. 316–324.

Grills, Scott (1998): Doing Ethnographic Research, Thousand Oaks.

Hammersley, Martyn/Atkinson, Paul (1983): Ethnography. Principles in Practice, London/New York.

Heintz, Bettina/Nadai, Eva/Fischer, Regula/Umme, Hannes (1997): Ungleich unter Gleichen. Studien zur geschlechtsspezifischen Segregation des Arbeitsmarktes, Frankfurt a. M.

Hertz, Rosanna/Imber, Jonathan B. (1995): Studying Elites Using Qualitative Methods, Thousand Oaks.

Hobbs, Dick/May, Tim (1993): Interpreting the Field, Oxford.

Hughes, Everett C. (1937): Institutional Office and the Person, in: American Journal of Sociology, Jg. 42, S. 404–413.

Jeggle, Utz (1984): Feldforschung, Tübingen.

Junker, Buford (1960): Field Work: An Introduction to the Social Sciences, Chicago.

Kanter, Rosabeth Moss (1993): Men and Woman in the Corporation, New York.

Kany, Roland (1987): Mnemosyne als Programm. Geschichte, Erinnerung und die Andacht zum Unbedeutenden im Werk von Usener, Warburg und Benjamin, Tübingen.

Kapferer, Bruce (1969): Norms and the Manipulation of Relationships in a Work Context, in: James Clyde Mitchell (Hrsg.), Social Networks in Urban Situations, Manchester, S. 181–244.

Knötsch, Carole Cathleen (1992): Franz Boas als teilnehmender Beobachter in der Arktis, in: Michael Dürr u. a. (Hrsg.), Franz Boas. Ethnologe, Anthropologe, Sprachwissenschaftler. Ein Wegbereiter der modernen Wissenschaft vom Menschen, Wiesbaden, S. 57–78.

Kondo, Dorinne K. (1990): Crafting Selves: Power, Gender, and Discourses of Identity in a Japanese Workplace, Chicago.

Köstlin, Konrad (1995): Der Tod der Neugier, oder auch: Erbe – Last oder Chance, in: Zeitschrift für Volkskunde, Jg. 91, S. 47–64.

Kracauer, Siegfried (1971): Die Angestellten, Frankfurt a. M.

Kulick, Don/Wilson, Margaret (Hrsg.) (1995): Taboo. Sex, Identity and Erotic Subjectivity in Anthropological Fieldwork, London/New York.

Kuper, Adam (1983): Anthropology and Anthropologists. The Modern British School, London/New York.

Kutschenbach, Gerhard von (1982): Feldforschung als subjektiver Prozeß, Berlin.

Lindner, Rolf (1981): Die Angst des Forschers vor dem Feld. Überlegungen zur Teilnehmenden Beobachtung als Interaktionsprozeß, in: Zeitschrift für Volkskunde, Jg. 77, S. 51–66.

Lupton, Tom (1963): On the Shop Floor, Oxford.

Lupton, Tom/Sheila Cunnison (1964): Workshop Behaviour, in: Max Gluckman (Hrsg.), Closed Systems, Open Minds, Edinburgh, S. 103–128.

Maanen, John van (1988): Tales of the Field: On Writing Ethnography, Chicago.

Maanen, John van (Hrsg.) (1995): Representation in Ethnography, Thousand Oaks u. a.

Malinowski, Bronislaw (1922): Argonauts of the Western Pacific: An Account of Native Enterprise and Adventure in the Archipelagoes of Melanesian New Guinea, London.

Miles, Matthew B./Huberman, A. Michael (1984): Qualitative Data Analysis: A Sourcebook of New Methods, Beverly Hills.

Morgan, Lewis Henry (1870): Systems of Consanguinity and Affinity of the Human Family, Washington.

Novak, Andreas (1993): Ein Ethnologe in einem mittelständischen Unternehmen – Anmerkungen zur Feldforschungsideologie, in: Sabine Helmers (Hrsg.), Ethnologie der Arbeitswelt. Beispiele aus europäischen und außereuropäischen Feldern, Bonn, S. 165–194.

Novak, Andreas (1994): Die Zentrale. Ethnologische Aspekte einer Unternehmenskultur, Bonn.

Punch, Maurice (1986): The Politics and Ethics of Fieldwork, Newbury Park.

Roethlisberger, Fritz J./ickson, William J. (1939): Management and the Worker, Cambridge/Mass.

Roy, Donald (1952): Quota, Restriction and Gold Bricking in a Machine Shop, in: American Journal of Sociology, Jg. 57, S. 427–442.

Sanjek, Roger (1990): Fieldnotes: The Makings of Anthropology, Ithaca.

Scharfe, Martin (1995): Bagatellen. Zu einer Pathognomik der Kultur, in: Zeitschrift für Volkskunde, Jg. 91, S. 1–26.

Schwartzmann, Helen B. (1993): Ethnography in Organizations, Newbury Park u. a.

Shaffir, William B./Stebbins, Robert A. (1991): Experiencing Fieldwork. An Inside View of Qualitative Research, Newbury Park u. a.

Sieber, Sam D. (1973): The Integration of Fieldwork and Survey Methods, in: American Journal of Sociology, Jg. 78, S. 1335–1359.

Smith-Bowen, Eleonore (1984): Die Rückkehr zum Lachen. Ein ethnologischer Roman, Berlin.

Spradley, James (1980): Participant Observation, Fort Worth.

Stacey, Judith (1990): Brave New Families. Stories of Domestic Upheaval in Late-Twentieth-Century America, New York.

Stacey, Judith/Newton, Judith (1993): Learning Not to Curse, or Feminist Predicaments in Cultural Criticism by Men: Our Movie Date with James Clifford and Stephen Greenblatt, in: Cultural Critique, Jg. 23, S. 51–82.

Stanfield, John H. u. a. (Hrsg.) (1993): Race and Ethnicity in Research Methods, Newbury Park u. a.

Szabo, Erna (1998): Organisationskultur und Ethnographie, Wiesbaden.

Warneken, Bernd Jürgen (1996): Motivationskrise der ethnographischen Arbeitsforschung, in: Kulturinitiative 89 (Hrsg.), Vorwärts und nicht vergessen nach dem Ende der Gewißheit. Mitteilungen aus der kulturwissenschaflichen Forschung 37, S. 121–130.

Warneken, Bernd-Jürgen (1997): Ver-Dichtungen. Zur kulturwissenschaflichen Konstruktion von Schlüsselsymbolen, in: Wolf Brednich/Heinz Schmidt (Hrsg.), Symbole, Münster, S. 549–562.

Warneken, Bernd-Jürgen/Wittel, Andreas (1997): Ethnographisches Research up am Beispiel der Unternehmenskulturforschung, in: Zeitschrift für Volkskunde, Jg. 93, H. 1, S. 1–17.

Warner, William Lloyd/Low, J. O. (1947): The Social System of the Modern Factory, New Haven.

Warner, William Lloyd/Lunt, Paul S. (1941): The Social Life of a Modern Community, New Haven.

Warren, Carole B. (1988): Gender Issues in Field Research, Newbury Park u. a.

Whyte, William F. (1948): Human Relations in the Restaurant Industry, New York.

Whyte, William F. (1955): Money and Motivation, New York.

Whyte, William F. (1981): Street Corner Society, Chicago/London.

Whyte, William F. (1984): Learning From the Field, Beverly Hills.

Whyte, William F. (Hrsg.) (1991): Participatory Action Research, Newbury Park.

Wieschiolek, Heike (1999): «und ich dachte immer von den Wessis lernen heißt siegen lernen». Arbeit und Identität in einem mecklenburgischen Betrieb, Frankfurt a. M.

Wischmann, Maike (1999): Angewandte Ethnologie und Unternehmen. Die praxisorientierte ethnologische Forschung zu Unternehmenskulturen, Hamburg.

Wittel, Andreas (1997): Belegschaftskultur im Schatten der Firmenideologie. Eine ethnographische Fallstudie, Berlin.

Wright, Susan (1994): Culture in Anthropology and Organizational Studies, in: dies., Anthropology of Organizations, London/New York, S. 1–31.

Ulrike Froschauer

11 Artefaktanalyse

1 Einleitung

Produkte menschlicher Aktivitäten sind in modernen Gesellschaften nahezu allgegenwärtig: Wie selbstverständlich bekleidet man den Körper, verwendet ein Telefon, lebt man in Wohn- oder Arbeitsstätten. Selbst die scheinbar natürliche Landschaft ist in weiten Teilen infolge der Nutzung durch Land- oder Forstwirtschaft umgestaltet. Sitzt man in einem Büro, so hat man vielfach Schwierigkeiten, etwas zu entdecken, was nicht von Menschen überformt ist und mitunter schon durch seine Existenz und die spezifischen Verwendungsmöglichkeiten Handlungen seinen Stempel aufdrückt. Begreift man Artefakte als Materialisierungen von Kommunikation, so sind sie einerseits Ausdruck der sozialen Organisierung ihrer Herstellung und sagen andererseits etwas über den Kontext kommunikativer Beziehungen aus, in denen sie auftauchen und verwendet werden. Weil somit die Bedeutung und der Stellenwert von Artefakten nicht von ihrem sozialen bzw. kommunikativen Kontext isolierbar sind, lassen sie sich zu dessen Rekonstruktion verwenden.

Da Organisationen kommunikative Zusammenhänge sind, stellen Artefakte ein wichtiges Material zu ihrem Verständnis dar. Für sozialwissenschaftliche Analysen hat die Artefaktanalyse einige entscheidende Vorzüge: Artefakte bilden einen zentralen Bestandteil der organisationalen Lebenswelt, sie bestehen unabhängig von Forschungsaktivitäten und sind beobachtbar. Es ist daher überraschend, wie wenig Berücksichtigung dieser Materialtyp bislang in empirischen Studien gefunden hat. Der vorliegende Beitrag greift diese Lücke auf und stellt die Frage, welche Bedeutung Artefaktanalysen für eine sozialwissenschaftliche Organisationsforschung haben und wie man dabei methodisch vorgehen kann. Einleitend wird der methodologische Zugang geklärt, um darauf aufbauend im nächsten Abschnitt die empirische Vorgehensweise zu erläutern. Daran schließt die exemplarische Analyse eines Artefakts an. Den Abschluss bildet ein kurzes Resümee zur Leistungsfähigkeit der Artefaktanalyse im Rahmen empirischer Organisationsanalysen.

Um einen ersten Zugang zur Artefaktanalyse zu gewinnen, ist es notwendig, ein erkenntnistheoretisches Basisproblem anzusprechen: Unsere Sinne nehmen nicht passiv Gegenstände in ihrer «objektiven» Gegebenheit wahr, sondern bearbeiten sie aktiv im Rahmen der Voraussetzungen des erkennenden Systems (vgl. Piaget 1983, S. 8 ff.). Gegenstände sind an sich stumm; sie geben nicht aus sich heraus ihre Natur preis, sondern es sind Bedingungen des Erkenntnissystems, die Gegenstände identifizierbar machen und mit Bedeutungen versehen. Es ist die soziale Ordnung menschlichen Erlebens, die das entscheidende Orientierungssystem bereitstellt, das die Akteure in ihrem sozialen Umfeld handlungsfähig macht. Die Wahrnehmung von Objekten ist somit abhängig von Beobachtungs- und Differenzierungskriterien, die durch Kommunikation produziert und im (auch beruflichen) Sozialisationsprozess angeeignet werden. Erst solche Maßstäbe, die dann an die Welt angelegt werden, erlauben in der Folge einen sinnhaften Aufbau der Welt (vgl. Weick 1995). Erkenntnistheoretisch gesehen ist daher die Welt, «wie sie ist», unserer Erkenntnis prinzipiell unzugänglich, obwohl wir uns im Alltag selbstverständlich auf «die Realität» beziehen.

All dies gilt auch für Organisationen. Die Wirklichkeitskonstruktion in Organisationen ist weder ein passiver Prozess noch ein rein individueller Akt der Aufnahme und Interpretation von Wahrnehmungen, sondern weitgehend ein Produkt kommunikativer Aushandlung, in die soziale Beziehungen, zeitliche Verankerungen, sachliche Zusammenhänge oder auch das physische Umfeld einfließen. Organisationale Wirklichkeit ist damit eine fortwährende gemeinsame Hervorbringung. Sie ist Voraussetzung und Resultat eines Orientierungssystems, das Beobachtungen, Interpretationen und Handlungen in der Organisation und ihrer Umwelt in Kollektiven aufeinander abstimmt oder voneinander differenziert. Akteure in Organisationen produzieren und reproduzieren damit nicht nur die soziale Realität, sondern schaffen durch ihr Handeln auch diejenige Realität (wie Artefakte), die ihnen als äußere Welt wieder entgegentritt (vgl. Lueger 2001). Wirklichkeit in Organisationen ist also prinzipiell sozial konstruiert und verfestigt sich in kommunikativ produzierten Erfahrungen zu typischen Strategien der Interpretation von Ereignissen und der Bewältigung von Anforderungen. Insofern Erfahrungen und Typisierungen im Organisationskontext entstehen, gehandhabt und verändert werden, enthalten sie sowohl organisationsspezifische Orientierungen als auch individuelle Besonderheiten der Bearbeitung von Anforderungen der Organisation.

Ausgehend von der Annahme, dass Organisationen aus kommunizierten Entscheidungen bestehen (Luhmann 2000), liegt das Ziel einer interpretativ orientierten Organisationsanalyse in der (Re-)Konstruktion derjenigen Strukturen, welche die Entscheidungen der Organisation steuern und dadurch einen Beitrag zur Produktion, Reproduktion und Veränderung der Organisation leisten. Diese Strukturen sind Kommunikationsregeln, die ihrerseits durch Kommunikation entstehen. Sie bestehen unabhängig von den einzelnen Organisationsmitgliedern, sind nicht unmittelbar beobachtbar, wirken aber dennoch kommunikationssteuernd. Im Zuge einer Organisationsanalyse geht es daher auch um die Deskription und Analyse der Entwicklung dieser latenten Strukturen. Interpretativ orientierte Artefaktanalysen bilden daher keineswegs «die Realität» eines untersuchten Artefakts ab, sondern rekonstruieren jenen Organisationskontext, der die spezifische Erscheinung des Artefakts in einen nachvollziehbaren und plausiblen Sinnzusammenhang stellt und ein Verständnis der Logik und Dynamik der Organisation gibt. Das mit Hilfe von Artefaktanalysen produzierte Wissen bezieht sich in der Regel auf einen von der jeweiligen Fragestellung abhängigen Teilaspekt der Organisation und ist aus einer bestimmten Perspektive heraus entstanden. Es ist für die Qualität und den Stellenwert von empirischen Ergebnissen von Bedeutung, dass sich sowohl die Produzenten als auch die Adressaten bzw. Anwender von Forschungsergebnissen immer dessen bewusst sind, dass es sich um Konstruktionen mit vorübergehendem Charakter handelt, der die Prozessualität des Untersuchungsgegenstandes reflektiert.

Eine Organisationsanalyse kann im Rahmen qualitativer Sozialforschung mit unterschiedlichen Methoden durchgeführt werden (vgl. auch Cassell/Symon 1995; van Maanen 1998). Während viele dieser Methoden in der Literatur seit langem ausführlich diskutiert werden, fristet die Analyse von Gegenständen immer noch ein kümmerliches Dasein, obwohl diese eine wichtige (und mitunter leicht zugängliche) Datenquelle für eine Organisationsanalyse bilden können. In der Literatur zur Organisationsforschung finden sich kaum Hinweise auf die Bedeutsamkeit dieses Datentypus. Ausnahmen sind u. a. die Arbeiten von Gagliardi 1990 (im Zentrum seiner Arbeit steht die Relevanz von Symbolen) und Strati 1999 (der Fokus seiner Arbeit liegt in der Untersuchung von Organisation und Ästhetik). Beide haben sich explizit mit der Analyse von

Artefakten im Zusammenhang mit der Erforschung von Organisationen beschäftigt, aber ihre konkrete Vorgehensweise im Sinne einer Darstellung des Verfahrens nicht expliziert.

In den Lehrbüchern der empirischen Sozialforschung findet sich in der Regel die Inhaltsanalyse als ähnliche Methode, die sich mit der Beschreibung und statistischen Analyse von inhaltlichen und formalen Merkmalen von Mitteilungen befasst (Früh 1991; vgl. auch Friedrichs 1985; Diekmann 1995; Schnell/Hill/Esser 1999). Häufig findet sich diesbezüglich ein Verweis auf Dokumentanalysen. Die gravierenden Unterschiede zur Artefaktanalyse liegen in der quantitativen Orientierung (so gehören zum inhaltsanalytischen Standardrepertoire Frequenz-, Valenz-, Intensitäts- und Kontingenzanalysen), der Konzentration auf manifeste Gehalte und der weitgehenden Vernachlässigung von Gegenständen zugunsten eher textförmiger Materialien.

Bei der hier angesprochenen Artefaktanalyse geht es dagegen um die (Re-)Konstruktion latenter Sinndimensionen, um die Kommunikations- und Entscheidungsprozesse des untersuchten sozialen Systems zu verstehen. Aber selbst in den verbreiteten Lehr- und Handbüchern der qualitativen Sozialforschung finden sich kaum Hinweise auf Artefaktanalysen. Lamnek beschreibt in seinem Methodenband zur qualitativen Sozialforschung (1989) die Inhaltsanalyse und führt Filme, Bilder und Texte als deren Untersuchungsgegenstände an. In der Einführung in die sozialwissenschaftliche Hermeneutik von Hitzler und Honer (1997) werden wohl kulturtheoretisch orientierte Verfahren wie die Bildinterpretation als struktural-hermeneutische Symbolanalyse von Müller-Doohm (1997) vorgestellt, aber keine Artefaktanalyse. Im überarbeiteten Handbuch von Flick, von Kardorff und Steinke (2000) finden sich nur drei Beiträge, die sich in diesem Umfeld bewegen: Harper konzentriert sich auf Fotografien, Denzin auf Filme und Videos. Letzteres findet sich in der Literatur noch am häufigsten, wobei insbesondere das Werk von Collier und Collier (1986) und der Sammelband von Hockings (1995) zur visuellen Anthropologie hervorzuheben sind. Und Wolff (2000) konzentriert sich in seinem Beitrag auf die Analyse von Dokumenten und Akten, wobei er sich von der klassisch quantifizierenden Inhaltsanalyse abgrenzt und eine konversationsanalytisch ausgerichtete Dokumentenanalyse entwickelt. Wolff definiert dabei Dokumente als «standardisierte Artefakte, insoweit sie typischerweise in bestimmten Formaten auftreten» (2000, S. 503). In dem von Denzin und Lincoln herausgegebenen Band «Collecting and Interpreting Qualitative Materials» (1998) beschäftigt sich der Beitrag von Hodder explizit mit der Interpretation von Dokumenten und Artefakten. Eine Ausnahme von dieser allgemeinen Vernachlässigung der Artefaktanalyse bildet Lueger (2000), der in seinem Buch über die Grundlagen qualitativer Feldforschung die Artefaktanalyse im Methodenkanon der qualitativen Sozialforschung als allgemeines und gleichberechtigtes Verfahren vorstellt.

Seit den 1970er Jahren haben sich im Rahmen der qualitativen Sozialforschung überaus elaborierte Analyseverfahren für Texte (Oevermann u. a. 1979; Soeffner 1989; Froschauer/Lueger 1998; Lueger 2000), Bilder (Müller-Doohm 1997) und Fotos (Reichertz 1992) entwickelt, die sinnvollerweise auch bei der Analyse von Artefakten eingesetzt werden können, wenn das Artefakt z. B. Bild-, Foto- oder Textelemente enthält. Unabhängig davon ist die Artefaktanalyse als ein eigenständiges Verfahren zu sehen, das sich in bestimmten Fällen anderer Verfahren (z. B. Textinterpretation) bedient. Allgemein liegt eine Schwierigkeit der Artefaktanalyse darin, dass alle materialisierten Produkte einer Organisation wie Bilder, Texte, Symbole, Gebäude, technische Ausstattung oder produzierte Gegenstände unter den Artefaktbegriff subsumiert werden können. Die Bandbreite der Analysegegenstände der Artefaktanalyse erfordert eine sehr allgemein gehaltene Formulierung der Vorgehensweise, die jeweils an konkrete Materialien angepasst werden muss.

Der vorliegende Beitrag konzentriert sich auf die Artefaktanalyse als eigenständiges interpretatives Verfahren zur Rekonstruktion von Bedeutungen und Sinngenerierungsprozessen in sozialen Systemen. Das hier vorgestellte Verfahren zur Analyse von Artefakten im Rahmen der Organisationsforschung ist eine Weiterentwicklung der von Lueger (2000) entwickelten Vorgehensweise.

Bevor aber auf die methodischen Einzelheiten eingegangen werden kann, bedarf es der Klärung, was im Folgenden unter Artefakten verstanden werden soll. Als Artefakte werden «künstlich» geschaffene Zeichen verstanden, die in ihrem Bestehen eine soziale Produktion voraussetzen. Lueger beschreibt Artefakte «als materialisierte Produkte menschlichen Handelns», die «Objektivationen sozialer Beziehungen und gesellschaftlicher Verhältnisse» darstellen, durch Aktivitäten geschaffen werden und für diese stehen (2000, S. 141). Legt man diese allgemeine Definition auf Organisationen als konkrete soziale Systeme um, dann kann man sagen, dass Artefakte materialisierte Produkte kommunizierter Entscheidungen sind und als solche Objektivationen sozialer Beziehungen der Organisation darstellen. Als Produkte kommunikativer Entscheidungen der Organisation repräsentieren Artefakte diese Kommunikations- und Entscheidungsprozesse in ihrer Differenziertheit und Vielschichtigkeit. Gleichzeitig ermöglichen Artefakte durch ihre Existenz weitere Anschlusskommunikation. In diesem Sinn sind Artefakte nicht nur das Produkt von in der Vergangenheit kommunizierten Entscheidungen, sondern können auch als ein in die Zukunft gerichtetes Kommunikationsmittel bezeichnet werden, durch das selektive Informationen an potenzielle Adressaten mitgeteilt werden. Daher ist bei der Artefaktanalyse auch der Umgang mit Artefakten in der Organisation mit einzubeziehen. Die im Artefakt repräsentierten Entscheidungsprozesse umfassen folgende Aspekte:

- Logik des Anlasses: Warum wurde das Artefakt produziert, bzw. wie kam die Organisation auf die Idee, dieses Artefakt zu gebrauchen?
- Logik der Produktion: Auf welche Weise wird das untersuchte Artefakt hergestellt, bzw. wie hat die Organisation das Artefakt inkorporiert?
- Logik des Gebrauchs: Wofür wird das Artefakt in der Organisation verwendet, bzw. wie wird es verändert oder zerstört?
- Logik der Sinnhaftigkeit: Welche Bedeutungen werden dem Artefakt in der Organisation zugeschrieben?
- Logik der Organisation: Welche Funktionen und Wirkungen hat das Artefakt für die Organisation?

Insofern Artefakte Produkte kommunikativer Prozesse sind, kann man an ihnen die kommunikativen Strukturen einer Organisation ablesen. Um das an einem Beispiel kurz zu erläutern: In Österreich zeichnet sich das Büro der Rundfunk- und Telekom-Regulierungs-GmbH durch offene Arbeitsplätze und gläserne Besprechungsräume aus. Indem man sich für eine solche innenarchitektonische Gestaltung entschieden hat, teilt man den eigenen Mitarbeitern und dem relevanten Umfeld mit, dass man sich als modernes und transparentes Unternehmen versteht und nicht als verschwiegene und versteinerte Behörde. Die räumliche Gestaltung tritt somit in die Dienste der Darstellung einer Corporate Identity und ist in ihrer Erscheinungsform eine Mitteilung.

2 Datenerhebung (Artefaktauswahl)

In Organisationen findet man eine schier unüberschaubare Anzahl verschiedenster Artefakte. Diese Omnipräsenz macht Artefakte einerseits zu einem leicht zugänglichen Material, dessen Verwendung für Forschungs- und Analysezwecke nahe liegt. Andererseits wird dadurch die Frage nach der Auswahl geeigneter Artefakte virulent. Dabei wird sich die Auswahl vor allem an der konkreten Fragestellung orientieren, in deren Rahmen eine Organisationsanalyse durchgeführt wird. Wenn beispielsweise das Führungsverhalten in einer Organisation untersucht werden soll, bietet sich die Analyse von dokumentierten Führungsleitlinien an. Dabei ist nicht gemeint, die Inhalte dieser verschrifteten Leitlinien mit der Praxis der Unternehmensführung gleichzusetzen, sondern es geht um den Anlass (etwa Probleme in der Organisierung hierarchischer Kooperation), die Form ihrer Dokumentation (etwa als Broschüre, die allen neu eintretenden Mitgliedern überreicht wird), die spezifischen Verwendungsweisen (etwa zur Rechtfertigung von Durchsetzungsansprüchen für Führungskräfte oder zur Mobilisierung von Widerstand der Mitarbeiter), mögliche Funktionen (etwa im Rahmen von Herrschaft und deren Legitimation) und um die Beweggründe dafür, besondere Richtlinien zu etablieren (etwa Steuerungsprobleme des Vorstandes). Organisationale Entwicklungsprozesse können dann mittels der Analyse der Veränderung dieser Führungsrichtlinien oder deren Präsentation im Zeitverlauf erkundet werden.

Darüber hinaus ist klar, dass nur solche Artefakte verwendet werden können, für deren Relevanz das Forschungsteam sensibilisiert ist und die seinen Beobachtungskriterien entsprechen. Aber es gibt auch ein methodologisches Kriterium: Vorzugsweise bieten sich Artefakte an, die eine bedeutsame Rolle in organisatorischen Entscheidungs- und Kommunikationsprozessen spielen. Führungsrichtlinien repräsentieren auf diese Weise Entscheidungen (wer immer diese getroffen haben mag), die als Standards für eine spezifische Form der Kooperation kommuniziert werden und somit einen gewissen Verbindlichkeitsgrad hinsichtlich ihrer Wirkung beanspruchen.

Eine andere Auswahlstrategie lässt sich in die Gesamtkonzeption eines interpretativ orientierten Forschungsdesigns einbinden: Eine Forschungsstrategie besteht in der Aktivierung von Strukturierungs- und Auswahlleistungen durch Akteure des untersuchten sozialen Feldes selbst. Darin zeigt sich der spezifische Umgang der Organisation mit externen Anforderungen (bzw. Störungen) (vgl. Lueger 2001); gleichzeitig markiert die Organisation eigene Relevanzen, die sie zumindest für die Außendarstellung für wichtig hält. In diesem Sinn lässt sich die Auswahl von Artefakten an die Organisation delegieren, indem man die Frage stellt, woran man als außenstehende Person die Charakteristik der Organisation am besten erkennen kann. Dabei erhält man zwei wichtige Informationen: zum einen über Bedeutungsstrukturen, Sinnhorizonte und Verwendungszusammenhänge, welche die Entscheidung über zentrale Artefakte beeinflussen; zum anderen trägt diese Strategie dazu bei, diejenigen Artefakte zu identifizieren, die für die Organisationsmitglieder eine besonders sichtbare Rolle spielen. Es ist aber zu unterscheiden zwischen solchen Artefakten, die offenbar für die Organisationsmitglieder selbst einen hervorgehobenen Stellenwert einnehmen, und solchen, die gleichsam unterschwellig ihre Bedeutung entfalten. Letztere werden von Organisationsmitgliedern kaum als relevante Artefakte angegeben. Die Kunst der Artefakt-analyse besteht darin, diejenigen Artefakte zu identifizieren, die in das alltägliche organisationale Selbstverständnis eingegangen sind und daher eine wichtige Ausdrucks- und Mitteilungsfunktion haben. Ein solches Artefakt kann beispielsweise ein seit längerem in Gebrauch stehendes Briefpapier sein.

Obwohl es sich bei Artefakten um künstlich geschaffene Zeichen handelt, erhalten sie im Rahmen eines Forschungsprojektes den Stellenwert von «natürlichen» Daten, weil sie ohne Zutun des Forschungsteams produziert wurden und daher auch keiner Beeinflussung bei der Produktion durch die Forscher unterliegen. Ein zweiter Vorzug ist ihre physische Präsenz, die in der Regel ihre leichte Verfügbarkeit gewährleistet und im Interpretationsprozess eine wiederholte Zuwendung ermöglicht. Der Nachteil ist, dass sie ihre Bedeutung nicht preisgeben, sondern diese erst im Zuge der Interpretation erarbeitet werden muss. Der nächste Abschnitt beschäftigt sich daher mit der methodischen Vorgehensweise in diesem Interpretationsprozess.

3 Dateninterpretation

Die interpretative Analyse geht davon aus, dass Artefakte in ihrer spezifischen Gestalt bzw. Ausdrucksweise sowohl manifeste als auch latente Informationen beinhalten. Artefakte als Formen von Sinnkristallisationen enthalten gerade «aufgrund ihrer Integration in einen Handlungskontext kollektive Sinnstrukturen, die sich im nachvollziehenden Verstehen als Bedeutungen, Handlungsaufforderungen oder Funktionen deuten lassen» (Lueger 2000, S. 147). Jedes Artefakt stellt eine bestimmte Form dar, in der die verwendeten Datentypen wie Bild, Text und Symbole in einer bestimmten Relation zueinander positioniert sind. Müller-Doohm zieht für die von ihm entwickelte Bildanalyse den Schluss, «daß die relationalen Beziehungen, in deren Formen sich soziale Phänomene ausdrücken, zunächst rekonstruiert werden müssen, um von daher ihre Bedeutungskonstitution als eine Funktion einer bestimmten syntaktischen Ordnung zu begreifen. Bedeutungen (...) ergeben sich aus dem Wie, d. h. ihrer Formensprache» (Müller-Doohm 1997, S. 99). Folgt man dieser Argumentation, so ist es nicht möglich, den Bedeutungsgehalt von Artefakten aus ihrer manifesten äußeren Erscheinung abzuleiten, sondern man muss den Bedeutungshof der Elemente eines Artefakts zuerst zerlegen und dann in ihrer Kombination in einem sozialen Kontext aufbauen. In diesem Sinn umfasst die Interpretationsarbeit drei Schlüsselelemente:

- Die Dekonstruktion des Artefakts, um es von seiner alltäglichen Sinnhaftigkeit zu distanzieren und einer kritischen Analyse zuzuführen. Diese Dekonstruktion erfordert nicht nur die Zerstückelung des Artefakts in seine verschiedenen Bestandteile oder Dimensionen, sondern auch die Abtrennung von seinem ursprünglichen Kontext.
- Die Integration in einen Sinnhorizont als soziale Rekontextualisierung, indem das Artefakt in den Gesamtzusammenhang der Organisation gestellt wird. In diesem Schritt wird die Organisation als Gefüge der Bedingungen für die Existenz des Artefakts rekonstruiert. Damit tritt das Artefakt gegenüber der Struktur der Organisation zurück und bildet nur mehr die sichtbare Oberfläche, unter der sich latente Sinnstrukturen verbergen. Diese stellen nicht nur das Artefakt in einen verstehbaren Zusammenhang, sondern bringen auch die Dynamik der Organisation ans Tageslicht.
- Letztlich handelt es sich um einen Übersetzungsprozess, der die Ausdrucksgestalt des Artefakts in einen argumentativen Kontext stellt, der wissenschaftlich anschlussfähig ist. Das Ergebnis der Artefaktanalyse ist daher keineswegs die Beschreibung eines Gegenstandes, sondern seine Einbettung in den Gesamtzusammenhang einer Organisationsanalyse.

Diese analysierende Übersetzungsleistung vollzieht sich methodisch in zwei Schritten. Der erste erfordert eine möglichst präzise dekonstruierende Deskription, in der das Artefakt in seiner Ganzheit betrachtet und aus der Perspektive der Forschung zu einem Feldprotokoll verschriftet wird (Strauss 1991). Dieses schriftliche Protokoll zerstört die Ganzheit des Artefakts und stellt künstlich eine sequenzielle Ordnung her. Die häufig sehr zeitintensive Arbeit der Deskription ist notwendig, um im zweiten Schritt das auf diese Weise dekonstruierte Artefakt in einen Kontext latenter Sinnstrukturen zu stellen. Dies geschieht durch die kontrastierende Analyse von Interpretationsvarianten, die durch extensive Sinnauslegung, d. h. durch einen Prozess der Erzeugung von möglichst vielen möglichen Bedeutungen, gewonnen werden. Dieser Interpretationsschritt beschäftigt sich mit der Einbettung des Artefakts in den organisationalen Kontext, der die Gründe für die Produktion, den Prozess der Herstellung, die Funktionen und den Umgang mit dem Artefakt umfasst.

Bevor näher auf die konkrete Vorgehensweise in den beiden Analyseschritten eingegangen wird, werden noch einige allgemeine Anforderungen für die Interpretation von Artefakten vorgestellt.

Formale Anforderungen an die Interpretation von Artefakten

Zur Sicherung der Analysequalität bieten sich eine Reihe von Vorkehrungen an, die unabhängig vom Auslegungsprozess die Verlässlichkeit der Ergebnisse erhöhen können:

- Grundsätzlich sollte die Interpretation von Artefakten in einem Team stattfinden, um voreilige Schlussfolgerungen, vereinfachende Interpretationen oder eine unkritische Übertragung von Vorwissen zu vermeiden. Ein solches Interpretationsteam sollte nicht mehr als vier Personen umfassen, da sich in größeren Teams erfahrungsgemäß die sozialen Reibungsverluste und damit auch der Abstimmungsaufwand ohne eine entsprechende Qualitätssteigerung enorm erhöhen.
- Da für eine hermeneutische Interpretation möglichst vielfältiges Wissen einbezogen werden sollte, bietet sich eine heterogene Zusammensetzung des Teams an. So könnte das Team Forscher aus verschiedenen Fachdisziplinen, aus verschiedenen Altersgruppen oder Männer und Frauen umfassen. Welche Merkmale bei der Teamrekrutierung sinnvolle Kriterien bilden, hängt von der Fragestellung und vom Organisationstypus ab. Handelt es sich bei der untersuchten Organisation beispielsweise um einen

technisch orientierten Produktionsbetrieb, sollte zumindest ein Teammitglied mit diesem Bereich vertraut sein. Gleichzeitig sollte sichergestellt sein, dass auch Teammitglieder dabei sind, für die das zu untersuchende Feld neu und unbekannt ist. Im Zuge der Interpretation fördert dies eine extensive Sinnauslegung.

- Damit ein Team arbeitsfähig wird und bleibt, ist sowohl eine gegenseitige Akzeptanz der Teammitglieder als auch eine konstruktive Konfliktfähigkeit eine notwendige Voraussetzung. Zur Unterstützung der Arbeitsfähigkeit von neuen Interpretationsteams bieten sich am Beginn eines Forschungsprojekts teamfördernde Maßnahmen an (Ardelt-Gattinger/Lechner/Schlögl 1998; Aranda/Aranda 1998). Entscheidend ist hierbei, dass Interpretationsdifferenzen auf inhaltlicher Ebene argumentativ ausdiskutiert werden, dass aber nicht soziale Probleme im Team die Interpretationsarbeit überlagern.

- Um eine systematische Vorgehensweise und Prüfung der Interpretation zu gewährleisten, bietet sich eine Rollenaufteilung innerhalb des Teams an. Mindestens ein Teammitglied übernimmt – zeitlich befristet – die Rolle, vorläufige Zwischenergebnisse gezielt kritisch zu hinterfragen. Diese Rollenaufteilung verhindert eine vorschnelle Interpretation und fördert eine methodische Kontrolle des kreativen Interpretationsprozesses. Generell ist beim Interpretationsprozess zu berücksichtigen, dass es primär nicht darum geht, aufgestellte Thesen zu bestätigen, sondern das Team sich die Frage stellen muss, was gegen die aufgestellten Thesen spricht und welche Argumente gegen mögliche plausible Alternativen sprechen.

- Für eine extensive Sinnauslegung ist es hinderlich, eine möglichst «richtige», «zielführende» oder schnelle Interpretation anzustreben. Die Interpretationsqualität stützt sich entscheidend auf die kritische Würdigung der Bandbreite von Auslegungsalternativen. Zeitdruck oder eine inhaltliche Forcierung führen zu einer verkürzten Analyseperspektive. Auch regelmäßige Reflexionsschleifen zur inhaltlichen und methodischen Standortbestimmung der jeweiligen Erkenntnisse und zu deren Unzulänglichkeiten sind wichtige Mittel zur diskursiven Absicherung und zur Identifikation von Lücken im Verständnis der organisationalen Dynamik.

Im Folgenden werden ausgehend von Lueger (2000, S. 140 ff.) verschiedene Phasen der Interpretation vorgestellt. Jedoch werden in der hier vorgestellten Variante der Artefaktanalyse die bei Lueger beschriebenen fünf Analyseperspektiven – der Forschungskontext, die Deskription, die alltagskontextuelle Sinneinbettung, die distanzierend strukturelle Analyse und die vergleichende Analyse – auf zwei Interpretationsschritte komprimiert. Unterstellt wird hierbei, dass der Forschungskontext bereits in der Auswahl des Artefakts eine adäquate Berücksichtigung findet, indem sichergestellt wird, inwiefern das spezifische Artefakt mit der Erkenntnisabsicht korrespondiert und welchen Stellenwert das Artefakt im Gesamtprozess der Forschung einnimmt. Die deskriptive Ebene und die alltagskontextuelle Sinneinbettung werden zu dem Schritt der «dekonstruktiven Bedeutungsrekonstruktion» zusammengeführt. Der zweite Schritt verknüpft die distanzierend strukturelle und die vergleichende Analyse zur «Rekonstruktion der latenten Strukturen der Organisation». Diese Rekonstruktion soll letztlich zum Verständnis der organisationalen Dynamik beitragen und somit die Ergebnisse argumentativ integrieren. Diese beiden Schritte werden im Folgenden beschrieben. Dabei ist darauf hinzuweisen, dass die genannten Fragestellungen immer der Anpassung an die Erfordernisse eines konkreten Artefakts bedürfen.

Dekonstruktive Bedeutungsrekonstruktion

Das Ziel der dekonstruktiven Bedeutungsrekonstruktion ist zunächst die Zerstörung der vorgängigen Sinngehalte durch Zerlegung des Artefakts in seine Bestandteile und die anschließende Analyse ihrer Bedeutungsmöglichkeiten. Da der erste Zugang zu einem Artefakt in einer ganzheitlichen Betrachtung besteht, ist es notwendig, diese Einheit in bearbeitbare kleinere Subeinheiten zu zerlegen. Darin besteht der erste Arbeitsschritt. Die nächsten Schritte bestehen in der konkreten Beschreibung der einzelnen Artefaktbestandteile und in ihrer Behandlung als Bedeutungsträger, indem man die verschiedenen Bedeutungsmöglichkeiten erschließt, die sich nicht auf das Artefakt als Ganzes, sondern in diesem Schritt vorrangig auf seine Teile beziehen. Schlussendlich werden die verschiedenen Bedeutungsmöglichkeiten mit der alltagskontextuellen Sinneinbettung des Artefakts kontrastiert, um die Brüche zwischen alltäglichen, manifesten und potenziellen latenten Bedeutungen zu verdeutlichen.

Auch wenn in dieser Phase vor allem die Deskription wichtig ist, beginnt bereits hier eine in die Tiefe gehende Analyse. Die nachstehend angeführten Hinweise geben auf verschiedenen Ebenen Hilfestellungen, wie sich dieser Prozess konkret umsetzen lässt. Dabei werden jeweils Fragen formuliert, die beispielhaft angeben, worauf sich die Interpretation konzentriert.

Innere Differenzierung
Im ersten Schritt lassen sich verschiedene Gestaltungselemente unterscheiden, die jeweils spezifische Behandlungsweisen erfordern. Dazu gehören etwa:

• Materialität: Welche Eigenschaften hat das Material des Artefakts? Hier können folgende Fragen hilfreich sein: Wie kann die Oberfläche des Artefakts beschrieben werden? Welche Konsistenz hat das Artefakt? Welcher Geruch umgibt das Artefakt?

• Struktur der Artefaktgestaltung: Die Gestaltung umfasst sowohl räumliche Anordnungen als auch verschiedene Komponenten der Aufmachung wie Symbol-, Bild- und (kurze) Textelemente (etwa Bezeichnungen, Namen, Titel, kurze Hinweise). Dazu zählen folgende Fragen: Aus welchen Komponenten ist das Artefakt aufgebaut? Wie ist das Artefakt räumlich strukturiert? Können Haupt- und Nebenelemente identifiziert werden? Gibt es einen Vordergrund bzw. einen Hintergrund? Wie ist das Bild gestaltet? Welche Farbgebungen sind beobachtbar?

• Text: Wie ist der Text gestaltet? Welche Differenzierungen (z. B. Überschrift, Fließtext) zeichnen den Text aus? Dieser Analyseteil stellt eine Verbindung zur Textinterpretation her, sofern die angesprochenen Textteile eine zusammenhängende Textstruktur aufweisen (d. h. mehr als eine Überschrift oder eine Bezeichnung sind).

Bei jeder dieser Fragen führt ein Überwechseln zur Bedeutungsebene weiter, indem untersucht wird, welche möglichen Bedeutungen sich aus der Beschaffenheit der beschriebenen Elemente ergeben.

Alltagskontextuelle Sinneinbettung
Auf der zweiten Stufe werden diese Elemente in einen alltagskontextuellen Sinnzusammenhang gestellt, indem man nun erstmals die Gesamtheit des Artefakts auf einer primär manifesten Ebene thematisiert. In diesem Zusammenhang können folgende Fragestellungen hilfreich sein:

• Grenzziehungen: Worum handelt es sich bei dem betrachteten Artefakt? Was umfasst das Artefakt? Was gehört dazu, was nicht? Wodurch werden Grenzen gezogen? Wovon grenzt es sich besonders ab?
• Allgemeine Bedeutungen: Welche allgemeinen Bedeutungen könnten dem Artefakt aus der Perspektive eines alltagskompetenten Interpreten zugeschrieben werden? Welche Assoziationen löst das Artefakt generell aus?
• Organisationseinbettung: Inwiefern gehört das Artefakt zur Normalität und inwiefern zum Ungewöhnlichen der Organisation?

In dieser Phase übernimmt das Interpretationsteam die Rolle von alltagskompetenten Beobachtern, die sich in die untersuchte Organisation hineindenken. Auch dieser Schritt geht über eine reine Deskription hinaus, da die Artefakte ihre alltagsweltliche Bedeutung nicht direkt preisgeben, sondern dafür ein entsprechender Sinnhorizont – der der Organisation – bereits unterstellt werden muss.

Distanzierend-integrative Rekonstruktion latenter Organisationsstrukturen
In dieser Phase setzt sich die Interpretation zunehmend vom unmittelbar betrachteten Artefakt ab und widmet sich dem organisationalen Kontext, der die Erscheinung des Artefakts und seine spezifische Ausgestaltung in einen umfassenden Sinnhorizont stellt. Untersucht werden soll, welche sozialen Strukturen wahrscheinlich in die Herstellung und den Gebrauch des Artefakts eingegangen

sind bzw. noch immer in den organisationalen Alltag eingehen. In diesem Sinn wird die im ersten Schritt noch eher dünne Beschreibung zunehmend zu einer dichten Beschreibung (Geertz 1991). Folgende Fragen können dabei gestellt werden:

Strukturanalyse
- Produktion und Artefaktgeschichte: Wie wird das Artefakt hergestellt? Wer produziert das Artefakt? In welchem zeitlich-historischen Kontext wurde das Artefakt produziert? Welche Folgen entstehen aus der Herstellung des Artefakts für die Organisation? Warum wurde das Artefakt im organisationalen Kontext produziert? Seit wann gibt es dieses Artefakt mit welchen Veränderungen?
- Artefaktgebrauch: Für wen wurde das Artefakt produziert? Wofür wird das Artefakt verwendet? Welche Möglichkeiten der Reproduktion bzw. der Zerstörung gibt es? Wie wird das Artefakt von wem verwendet und verändert? In welchen Zeithorizonten wird das Artefakt verwendet? Welche Folgen ergeben sich aus der Verwendung des Artefakts für die Organisation?
- Funktionen: Wie ist das Artefakt in organisatorische Abläufe eingebunden? Welche Funktionen könnte das Artefakt für die Organisation erfüllen? Welche Wirkungen erzeugen die Herstellung und der Gebrauch des Artefakts?
- Soziale Bedeutungen: In welche organisationalen Beziehungen sind die Herstellung und der Gebrauch des Artefakts eingebunden? Wie ist das Artefakt mit organisationsinternen Differenzierungen verknüpft?

Hinter diesen Fragen steht das Interesse an denjenigen Sinnstrukturen, die letztlich als Entscheidungsprämissen innerhalb der Organisation fungieren.

Zum Abschluss der Analyse ist es sinnvoll, einzelne Artefakte mit anderen Materialien zu kontrastieren, um auf der Basis von Unterschieden und Ähnlichkeiten die Besonderheiten eines Artefaktes herauszuarbeiten. Dafür bieten sich drei Formen von Kontrastierungen an:

Komparative Analyse

- Organisationsinterne Vergleiche: Welche vergleichbaren Artefakte lassen sich in der Organisation auffinden?
- Organisationsexterne Vergleiche: Inwiefern ergeben sich Ähnlichkeiten oder Unterschiede zu vergleichbaren Artefakten außerhalb der untersuchten Organisation?
- Kontrastierung mit anderen Materialien: Inwiefern lassen sich die Ergebnisse aus der Artefaktanalyse mit anderem Datenmaterial wie Beobachtungen oder Interviews verknüpfen, und wie lassen sich Unterschiede zu den Interpretationen dieser Materialien aufklären?

4 Anwendungsbeispiel

Im Folgenden wird exemplarisch eine Artefaktanalyse vorgestellt, die im Rahmen einer qualitativen Begleitstudie durchgeführt wurde. Das Ziel der Untersuchung bestand darin, den Verlauf eines Projekts zum Thema «Kultureller Wandel» in einem Unternehmen, das von einem unternehmensinternen und -externen Team begleitet wurde, einer systematischen Analyse zu unterziehen. Die Konzeption der qualitativen Begleitstudie wurde mit einem organisationsinternen Projektteam und externen Beratern erarbeitet, um eine größtmögliche Transparenz und Akzeptanz zu gewährleisten. Folgende Vorgehensweise wurde gewählt: Am Beginn des Projekts sollte eine Organisationsanalyse erstellt werden. Zu diesem Zweck wurden mit dem internen Projektteam Einzel- und Gruppengespräche zusammengestellt und dem Forschungsteam Materialien (wie Unternehmensgrundsätze, Leitlinien und Geschäftsberichte) zur Analyse zur Verfügung gestellt. Nach der Interpretation der durchgeführten Gespräche und der Artefakte wurden auf der Basis der erarbeiteten Zwischenergebnisse weitere Einzel- und Gruppengespräche geführt. Die vorläufigen Ergebnisse der Organisationsanalyse wurden der Organisation und den externen Beratern im Rahmen einer Präsentation zurückgespielt und der vollständige schriftliche Bericht allen Mitarbeitern im Intranet zugänglich gemacht. Nach einem Jahr wurden weitere Artefakte wie neu erarbeitete Unternehmensleitlinien und Ausgaben einer internen Unternehmenszeitung analysiert und zusätzliche Einzel- und Gruppengespräche geführt, um den Verlauf des Projekts einer Reflexion zu unterziehen. Die Artefaktanalyse der Leitlinien und der Unternehmensgrundsätze war in eine explorative Phase eingebettet, während die Analyse der neu entwickelten Unternehmensleitlinien dem zweiten Teil des Projekts, dem Aufzeigen der Veränderungsdynamik, dienten. Die Ergebnisse wurden wiederum der Organisation mündlich im Rahmen eines Workshops mitgeteilt und schriftlich in Form eines Berichts zur Verfügung gestellt.

Die folgenden Ausführungen beziehen sich auf die Analyse der neu entwickelten Unternehmensleitlinien, die alle Unternehmensmitarbeiter erhielten. Als exemplarische Analyse beziehen sich die Ausführungen nur auf die äußere Erscheinung und das Titelblatt der Broschüre und gehen nicht inhaltlich auf die einzelnen Leitlinien ein, weil dies die Analyse auf eine Textinterpretation ausweiten würde, die aber nicht der hauptsächliche Gegenstand der hier dargestellten Artefaktanalyse ist. Darüber hinaus soll die generelle Leistungsfähigkeit der Artefaktanalyse von der Leistungsfähigkeit der Textanalyse abgetrennt werden. Um die Darstellung abzukürzen, bleiben auch die im Inneren vorfindbaren Strukturelemente (wie der Kalender, die genaue Seitenaufteilung) und Illustrationen zu den einzelnen Leitlinien weitestgehend unberücksichtigt.

Dekonstruktive Bedeutungsrekonstruktion
Die folgenden Ausführungen demonstrieren in Kurzform das Prinzip der oben dargestellten Interpretationsarbeit.

Innere Differenzierung eines Artefakts
• Materialität: Das Artefakt ist eine Broschüre, die 21 Blätter bzw. 42 Seiten umfasst, wobei der Umschlag aus Karton und die Blätter aus besonders starkem Papier bestehen. Karton ist schwerer, widerstandsfähiger und teurer als Papier, vermittelt Haltbarkeit, aber auch Sperrigkeit. Zusammen mit dem Format (etwas größer als DIN A5) reduziert dies die Wahrscheinlichkeit einer in-

tensiven Nutzung, wobei die Spiralbindung aus Metall zwar ein bequemes Umblättern ermöglicht, aber zusätzlich die Sperrigkeit erhöht (könnte nur mit großer Anstrengung gefaltet werden).

- Struktur der Artefaktgestaltung: Das Artefakt umfasst sowohl Bild- und Symbolelemente als auch Textelemente. Der Hintergrund der Titelseite ist blau schattiert, und man kann unscharf eine Stahlkonstruktion erkennen. Dieser Hintergrund wird strukturiert durch den (eher klein gehaltenen) Titel in weißem Schriftzug (serifenlos, fett): «Unternehmensleitlinien». Unter diesem Titel findet sich schräg versetzt eine Versionsangabe (ebenfalls in weißer Schrift, allerdings nicht im Fettdruck, aber dafür in Großbuchstaben): «VERSION 5.98». Der Titel befindet sich im oberen Drittel und ist in der rechten Hälfte der Broschüre positioniert. Unterhalb des Titels, ebenfalls in der rechten Hälfte, befindet sich ein rechteckiges Bild (Format 4,5 cm × 6,5 cm). Das Bild enthält ein rotes abstraktes Symbol (vier kleine Quadrate und eine geschwungene Linie) und in schwarzen Großbuchstaben den Namen des Unternehmens. Auffällig dabei ist, dass der Name des Unternehmens leicht verschwommen erscheint und vor dem Hintergrund an dieser Stelle schwer lesbar ist. Dieser Hintergrund zeigt ebenfalls eine technische Konstruktion und ist hauptsächlich in Grau gehalten. Im unteren Drittel der Titelseite steht «Kalender 1998» in weißer Fettschrift.
- Text: Da an dieser Stelle nur das Titelblatt analysiert wird, bleiben alle ausführlicheren Textstellen (auf der Rückseite und im Inneren der Broschüre) in den nachfolgenden Ausführungen unberücksichtigt.

Diese formale Deskription wird im nächsten Schritt mit möglichen Bedeutungen verbunden. Dabei ergeben sich aus der Materialität und der Struktur des Artefaktes folgende Hinweise auf die Organisation:

Das auffälligste Merkmal ist die Dominanz des Symbols (rote Farbe vor grauem Hintergrundbild und die Größe) und des Namens des Unternehmens, wobei der Name durch eine erhebliche

Unschärfe gekennzeichnet ist. Namen haben in der Regel etwas mit der Identität eines Unternehmens zu tun. Unschärfe symbolisiert Unklarheit, Bedeutungslosigkeit (etwa als unauffälliger Hintergrund) oder Sich-in-Bewegung-Befinden. Dies könnte auf eine Identitätskrise des Unternehmens deuten und Zweifel gegenüber dem Namen signalisieren. Verstärkt wird dieser Eindruck dadurch, dass der Unternehmensname zusätzlich vor dem an dieser Stelle unruhig wirkenden, eher dunkelgrauen und unscharfen Hintergrundbild optisch fast verschwindet.

Die Textelemente bezeichnen die Inhalte der Broschüre («Unternehmensleitlinien», «VERSION 5.98» und «Kalender 1998») und sind von der Positionierung und von den Größenverhältnissen her dem Bild nachgereiht. Man kann sagen, das Symbol und der Name des Unternehmens (eingebettet im kleinen Bild) ist von den Textelementen gerahmt, wobei die Rahmung relativ schwach ausgeprägt ist und nur schwer gegen die Dominanz des kleinen hermetisch abgeriegelten Bildes ankommt. Setzt man jedoch den gesamten Hintergrund und das kleine Bild in Relation zueinander, dann fällt auf, dass der unscharfe Hintergrund dominiert und das Bild zusammendrängt. Nur die scharfe Grenzziehung und die gegenüber dem dunkelblau schattierten Hintergrund helle Farbe verhindern die völlige Vereinnahmung durch den Hintergrund. Dies entspricht einer durchgängigen Eigentümlichkeit des Materials, ambivalente Tendenzen anzuzeigen und Aspekte wie Klarheit versus Unklarheit, Transparenz versus Intransparenz, Bewahren versus Verändern zu umfassen. Diese Eigenart korrespondiert mit einer Verunsicherung der Mitarbeiter im Unternehmen, wobei Kräfte der Veränderung in Konflikt mit stabilisierenden Strömungen treten. Betrachtet man genauer, wo scharfe und wo unscharfe Elemente auftreten, so zeigt sich Schärfe im Unternehmenslogo und den drei Textelementen. Das Unternehmenslogo ist ein überaus abstraktes Symbol, das als stabil (und auch als auffälligstes Gestaltungselement) gelten kann. Bei den Textelementen fungiert das Wort «Unternehmensleitlinien» als bewahrende Kraft, während die beiden anderen Textelemente bereits ein veränderliches Moment in sich tragen: Die Versionsangabe und die Bezeichnung des

Artefakts als Kalender eines bestimmten Jahres sind Angaben mit inhärentem Ablaufdatum. Unscharf sind dagegen die Unternehmensbezeichnung und die beiden Hintergrundbilder. Unterstellt man nun, dass Unschärfe etwas mit Wandel zu tun hat, und geht man davon aus, dass die Motive nicht zufällig gewählt wurden, so deutet das auf einen sehr technisch orientierten Unternehmenskontext, der besonders wichtig ist (das Motiv wird in beiden Bildern nur variiert), aber auch Diffusität ausdrückt. In diesem Sinn findet sich auch hier ein Hinweis auf eine mögliche Identitätsproblematik.

Alltagskontextuelle Sinneinbettung
- Grenzziehungen: Die Abgrenzung des vorliegenden Artefakts ist relativ klar: Es handelt sich um eine Broschüre, die sich durch eine relativ hohe Stabilität (Karton bzw. dickes Papier) auszeichnet. Die beiden Textelemente versprechen die Darstellung der Unternehmensleitlinien und einen Kalender. Die Unternehmensleitlinien grenzen sich jedoch von früheren Leitlinien und möglicherweise nachfolgenden Leitlinien ab, indem in unmittelbarer Nähe des Textelements «Unternehmensleitlinien» die Versionsbezeichnung auftaucht. Dies signalisiert begrenzte Gültigkeit, was bei Unternehmensleitlinien eher ungewöhnlich ist. Insofern zeigt sich eine unterschwellige Vorsicht bezüglich der im Inneren der Broschüre formulierten Leitlinien. Das Format verhindert darüber hinaus, dass trotz der durchaus gegebenen Alltagsverwendbarkeit als Kalender diese Broschüre weder einfach in eine Tasche zum täglichen Gebrauch gesteckt (Taschenkalender) noch als Tischkalender aufgestellt werden kann (dann wäre ein Querformat sinnvoller), sondern die Broschüre grenzt sich von diesen Kalenderformen tendenziell ab. Damit ist der Kalender zwar optisch ansprechend gestaltet, aber wenig praxistauglich. Die Kombination zwischen einer angedeuteten begrenzten Gültigkeit der Leitlinien und einer eingeschränkten Funktionalität im Gebrauch als Kalender macht es wahrscheinlich, dass das Artefakt im Unternehmen von den Adressaten eher zur Seite gelegt wird. Der signalisierte Widerspruch liegt dann darin, dass

man zwar viel Aufwand in die Gestaltung dieser Leitlinien steckt und sie sogar in den Alltagsgebrauch zu integrieren gedenkt (nur dann ist die Kombination mit einem Kalender sinnvoll), aber gleichzeitig das Artefakt so gestaltet, dass dieses Bestreben unterwandert wird. Wenn man nun unterstellt, dass im Artefakt unterschwellig Entscheidungen kommuniziert werden, so drückt eine solche Vorgehensweise aus, dass man zwar die Bedeutung von Unternehmensleitlinien hervorhebt, aber verhindert, dass sie wirklich ernst genommen werden.

- Allgemeine Bedeutungen: In diesem Schritt ist es sinnvoll, sich noch einmal den beiden übergeordneten Artefaktbedeutungen zu widmen, nämlich den Bedeutungen als Unternehmensleitlinien und als Kalender. Generell kann man sagen, dass Unternehmensleitlinien eine Orientierung für Kommunikation nach innen und außen bieten. Der Begriff «Leitlinien» setzt sich zusammen aus «leiten» und «Linien». Die Unternehmensleitlinien geben daher bestimmte Linien vor, welche die Entscheidungen im Unternehmen anleiten sollen. Auch hier wiederholt sich ein bereits genanntes Grundthema: Es handelt sich nicht um eine einzige Linie, sondern um mehrere. Dies könnte zweierlei signalisieren: eine Unsicherheit über die tatsächliche Richtung, in die die angegebenen Leitlinien führen, oder die Komplexität, die der Formulierung allgemein verbindlicher Leitlinien zugeschrieben wird. In beiden Fällen wird den Organisationsmitgliedern ein Umgang mit Unsicherheit abverlangt. Allerdings bedürfte eine nähere Auseinandersetzung mit dieser Thematik einer ausführlichen Textanalyse der in der Broschüre enthaltenen Leitlinien, die an dieser Stelle nicht geleistet werden kann.

Die Angabe, dass es sich bei den Unternehmensleitlinien um die «VERSION 5.98» handelt, weist auf die Prozesshaftigkeit hin. Und hier kommt wieder der Kalender ins Spiel: Ein Kalender steht für zeitliche Strukturierung und für die Begrenzung auf einen bestimmten Zeitraum. Im vorliegenden Fall handelt es sich um das Jahr 1998. Wirft man einen kurzen Blick in das Innere der Broschüre, so stellt man fest, dass es sich um einen sehr eigenwilligen «Kalender 1998» handelt, nämlich um einen, der

den Zeitraum vom 1. Mai bis zum 31. Dezember 1998 abdeckt. Dies ist insofern ungewöhnlich, als sich die meisten im Handel erhältlichen Kalender am Kalenderjahr oder am Schuljahr orientieren. Dies führt zu der Frage, weshalb die Unternehmensleitlinien mit einem Kalender verbunden wurden, der nur acht Monate eines Jahres abdeckt, und warum der Kalender ausgerechnet im Mai beginnt, wobei sich die Versionsbezeichnung offenbar auf diesen Kalenderbeginn bezieht. Hier gäbe es eine Fülle von Interpretationsvarianten (z. B. die Symbolik des Tages der Arbeit; die Zahl der Leitlinien, die gleichsam als Platzvorgabe fungierten; eine unternehmensspezifische Zeitstrukturierung). Möglicherweise sind aber bloß die Unternehmensleitlinien und damit das Artefakt zu diesem Zeitpunkt fertig gestellt worden. Sieht man von den anderen Alternativen einmal ab (und es gibt auch bei näherer Betrachtung des Unternehmens keine Hinweise, die andere Interpretationsvarianten nachhaltig stützen würden), so würde dies bedeuten, dass dieses Unternehmen seine Aktivitäten durchaus flexibel gestaltet und sich zu flexiblen Vorgehensweisen bekennt, dass die Unternehmensleitlinien nur als Zwischenlösung gesehen werden (daher nur eine begrenzte Gültigkeit haben) oder dass die Planungshorizonte sich von den funktionalen Erfordernissen (etwa der Kalenderdimension) abgelöst haben und in der Folge das Kalenderjahr schlicht verkürzt wurde. Die Kombination von Kalender und Versionszahl lässt auf eine angenommene Flexibilität in den Richtlinien schließen.
Warum wurde aber nicht bloß eine Broschüre produziert, die ausschließlich die Unternehmensleitlinien enthält? Hier liegt der Gedanke nahe, dass eine solche Broschüre nur den Papierverbrauch erhöhen, aber keineswegs von den Mitarbeitern gelesen würde. Daher ist der Kalender ein durchaus sinnvoller Versuch, die Leitlinien in den Alltag zu integrieren. Der Kalender fungiert dann gleichsam als Transportmedium, das die Verwendung und Beachtung sichert. Allerdings bedeutet dies auch, dass der Kalender (und mit ihm die Leitlinien) mit Ablauf des Jahres entsorgt oder abgelegt, aber kaum in das darauf folgende Jahr mitgenommen wird. Aber all dies würde die Alltagstauglichkeit des

Kalenders erfordern, die nur begrenzt gegeben ist (auch aufgrund der internen Tagesaufteilungen). Anscheinend wurde die Bedeutung der Leitlinien so hoch gewertet, dass unter der Hand die Kalenderfunktion verloren ging. Indem das Trägermaterial abhanden kommt, verliert das Artefakt aber auch seine Funktion als Vermittler der Unternehmensleitlinien.

- Organisationseinbettung: Unternehmensleitlinien sind eine durchaus übliche Form, den Mitarbeitern, aber auch relevanten externen Gruppen Informationen über die Grundsätze, Einstellungen, Zielsetzungen, Verhaltensmaximen oder Vorgehensweisen eines Unternehmens zu vermitteln. In diesem Sinn wirken sie nach innen identitätsvermittelnd, nach außen zeigen sie das spezifische Unternehmensprofil und positionieren ein Unternehmen. Das vorliegende Artefakt wendet sich offenbar primär nach innen, weil die eingeschränkte Kalenderfunktion diesen für Außenstehende wahrscheinlich vorweg unbrauchbar macht. Allerdings gilt dies auch nach innen, weil man zumindest bis Mai einen anderen Kalender benötigt, den man aber wahrscheinlich nicht gern durch diesen Leitlinienkalender ersetzt (Termine übertragen; im neuen Kalender ist überdies nur wenig Platz für Termine). Mit der Verteilung an alle Mitarbeiter wird zwar versucht, das Artefakt in den Organisationsalltag einzubinden, was aber notwendig misslingen muss. Dennoch wird in die Aufbereitung dieses Artefakts viel Energie investiert. Daher ist anzunehmen, dass dieses Artefakt und seine Herstellung für das Unternehmen von großer Bedeutung ist. Da sich diese Bedeutung wohl kaum auf den Kalender bezieht, ist zu überlegen, weshalb für die Gestaltung der Unternehmensleitlinien ein so hoher Aufwand bei einer geringen wahrscheinlichen Wirksamkeit in Kauf genommen wird. Die Unternehmensleitlinien gewinnen auf diese Weise eine hohe symbolische Bedeutung, aber die Art der Verbreitung deutet darauf hin, dass im Hintergrund Unsicherheit über diese Leitlinien besteht (möglicher Dissens).

Distanzierend-integrative Rekonstruktion
latenter Organisationsstrukturen

In dieser Phase distanziert sich das Interpretationsteam zunehmend von dem unmittelbar wahrnehmbaren Artefakt und wendet sich der Frage zu, wie der Kontext strukturiert sein könnte, in dem das Artefakt entstanden ist.

Strukturanalyse

- Produktion und Artefaktgeschichte: Die vorliegenden Unternehmensleitlinien wurden im Rahmen des Projekts «Kultureller Wandel», und zwar in einem Subprojekt zum Thema Unternehmensentwicklung, von einem organisationsinternen Team aus verschiedenen Unternehmensbereichen mit externer Unterstützung erarbeitet. Dies lässt darauf schließen, dass bereits bei der Entwicklung der Leitlinien auf eine spätere hohe Akzeptanz geachtet wurde (Einbindung möglichst vieler verschiedener Sichtweisen). Damit steht die Teamarbeit stellvertretend für den organisationsinternen Aushandlungsprozess. Dies deutet weiterhin auf eine differenzierte Unternehmenskultur, die es notwendig macht, verschiedene Unternehmensbereiche in den Entwicklungsprozess einzubinden, und signalisiert potenzielle Konflikte. Auch wäre das ein weiterer Beleg dafür, dass die Organisation keineswegs einen hohen Arbeitsaufwand zur Erstellung dieses Produkts scheut. Dies lässt sich nicht nur aus der Teamproduktion erschließen, sondern auch aus der aufwendigen Gesamtgestaltung (z. B. der graphischen Gestaltung der äußeren Erscheinung und der liebevollen Illustrationen zu jeder einzelnen Leitlinie). Die damit verbundene Definition der Artefaktherstellung als wichtige Aktivität kann als Signal gewertet werden, dass der Organisation die Homogenisierung der innerbetrieblichen Sichtweisen sehr wichtig ist. In diesem Sinn ist es wahrscheinlich, dass sich im Artefakt ein Prozess der Identitätsfindung niederschlägt, der aus dieser Perspektive die zeitliche Befristung und auch die seltsame im Artefakt vorfindliche Ambivalenz verständlich macht. Man ist sich noch nicht sicher, ob der Einigungsprozess (der möglicherweise schon im Team schwierig war) auch auf Akzeptanz bei den Kollegen im Unternehmen stößt. Dann hätte sich das Produktionsteam vorsorglich selbst geschützt, indem es zwar zur physischen Verbreitung der Leitlinien beitrug (sie wurden an alle Mitarbeiter verteilt), aber gleichzeitig latent die Rezeption sabotierte (mangelnde Anschlussfähigkeit zur Praxis). Die aufwendige Produktion hat dann die Funktion, diese unterschwellige Sabotage zu verhüllen, indem sie das Bemühen um Rezeption auffällig zum Ausdruck bringt. Das Artefakt wird somit zum Versuchsballon im kontroversen unternehmerischen Entwicklungsprozess, bei dem noch niemand so genau vorhersagen kann, wohin er führt.

- Artefaktgebrauch: Den Produzenten war es vordergründig offensichtlich wichtig, ein Produkt zu erstellen, das man in die Hand nehmen und in dem man blättern kann. Allerdings zeigte die obige Analyse, dass diese intendierte Gebrauchsform in der Praxis nicht erreicht wird (vgl. die vorhergehenden und nachstehenden Ausführungen).

- Funktionen: Die vorhergehende Argumentation legt nahe, dass an der Oberfläche eine Funktion vorgeschoben wird, dass nämlich die Benutzung des Kalenders dazu führt, die Unternehmensleitlinien immer vor Augen zu haben. In diesem Sinn würden die Leitlinien tatsächlich unternehmerische Werthaltungen vermitteln und eine soziale Normierung vorantreiben. Dem würde auch entsprechen, ein handfestes Produkt zu gestalten, das auch im Alltag seine sinnvolle Verwendung findet. Wie die Analyse jedoch zeigte, wird diese Funktion im praktischen Gebrauch gerade nicht erfüllt. Damit werden andere Funktionen bedeutsamer: Erstens belegt das Artefakt die Leistung des Herstellungsteams und rechtfertigt dessen Existenz. Zweitens demonstriert der Aufwand um die Herstellung der Unternehmensleitlinien das Bemühen (auch der Unternehmensleitung) um die Aushandlung einer gemeinsamen Sichtweise. Drittens legitimiert die Teamformulierung den Anspruch auf Verbindlichkeit dieser Richtlinien. Viertens verbindet sich damit eine demokratische Vorgehensweise, indem diese Unternehmensrichtlinien nicht von der Unternehmensführung verordnet, sondern von Mitarbeitern im Unternehmen als gemeinsames Produkt erstellt werden. Dadurch wird ihre Anerkennung nicht zu einer Frage der Hierarchie, sondern zu einem Prüfstein der Selbstorganisation auf der Ebene der Mitarbeiter. Dies setzt das Team unter massiven Druck, ein für die Mitarbeiter akzeptables Produkt zu erstellen. Allerdings ergab die Analyse Hinweise auf eine eher prekäre Situation des Unternehmens im Wandel, weshalb diese Anerkennung fraglich bleibt. Um diesen Druck zu mindern, entsteht eine Vorgehensweise, die der vordergründigen Ebene gerecht wird (tatsächlich werden die Leitlinien im Unternehmen mit großem Aufwand und Perfektion verbreitet), aber im Hintergrund etwas ganz anderes bewirkt: Das Artefakt verschwindet mit höchster Wahrscheinlichkeit sofort wieder auf unerklärliche Weise von der Bildfläche. Dennoch ist diese Vorgehensweise funktional, indem die Leitlinien als vorsichtiger Testlauf fungieren – und dies wird noch unterstützt durch die Versionsangabe. Das Artefakt vermittelt daher gleichzeitig zwei widersprüchliche Botschaften: erstens die Unausweichlichkeit von Veränderungen und die damit einhergehende Verunsicherung; zweitens das Stützen auf Tradition und Handfestes (man könnte sonst die Unternehmensleitlinien auch in das Intranet des Unternehmens stellen).

• Soziale Bedeutungen: Dass die Organisation die Verschriftlichung von Unternehmensleitlinien als dringlich einstuft, deutet auf die Notwendigkeit, kollektiv verbindliche Werthaltungen zu verdeutlichen. Da sich diese Leitlinien offenbar nach innen richten, steht im Vordergrund die Gestaltung sozialer Beziehungen, d. h. die Selbstversicherung im Sinne eines ‹mission statement›. Auslöser dafür kann ein Problem mit der Verbindlichkeit von Organisationsnormen sein oder ein sozialer Umbruch, der es erforderlich macht, die neu entstandenen Vorstellungen des Unternehmens zu verbreiten. In beiden Fällen handelt es sich um ein Signal für eine als problematisch wahrgenommene Heterogenität im Unternehmen. Die Herstellung des Artefakts differenziert die Mitarbeiter im Unternehmen in drei Gruppen: eine, der eine Definitionskompetenz über die Unternehmensleitlinien zukommt; eine Adressatengruppe, die diese Leitlinien möglichst akzeptieren und umsetzen sollte; und die Unternehmensführung, die zwar formal Entscheidungskompetenz hat, aber diese an eine Arbeitsgruppe delegiert. Dieses System ermöglicht es, dass alle ihr Bestes tun und sich dennoch von einem möglichen «Misserfolg» distanzieren können: die Arbeitsgruppe, weil sie alles in ihrer Kraft Stehende getan hat; die Mitarbeiter, weil sie nicht beteiligt waren; und die Unternehmensführung, weil sie alles getan hat, um Akzeptanz zu erringen. Umgekehrt können alle involvierten Gruppen einen möglichen Erfolg für sich beanspruchen.

Komparative Analyse

Wegen der Kürze der Darstellung wird an dieser Stelle nur sehr kursorisch auf den organisationsinternen Vergleich mit früheren ähnlichen Artefakten hingewiesen. Die Kontrastierung mit organisationsexternen Artefakten oder anderen Materialien (wie auch der Großteil der Interpretation des hier auszugsweise analysierten Artefakts) bleibt gänzlich unberücksichtigt.

Im Unternehmen existieren zwei Artefakte, die als Vorläufer des gerade dargestellten Artefakts gelten können: «Unternehmensgrundsätze», die 1986 erstellt wurden, und die «Leitlinie für Zusammenarbeit und Führung» aus dem Jahre 1987. Bereits eine nur oberflächliche Betrachtung offenbart markante Unterschiede. Im Gegensatz zum vorliegenden Artefakt, das auf Fristigkeit aufbaut, setzen die beiden früheren Artefakte auf Dauerhaftigkeit. So wird schon in den «Unternehmensgrundsätzen» darauf verwiesen, dass Ziele «von alters her» das Handeln bestimmen. Sie müssen zwar immer wieder verändert werden; dennoch sollten die damals formulierten Grundsätze über das Jahr 2000 hinaus richtungsweisend sein. In der später folgenden «Leitlinie» wird die Umsetzung durch Schulungsmaßnahmen in den Vordergrund gestellt. Während die Leitlinien von 1998 eine zentrale Ambivalenz offenbaren, ist das bei den Vorgängerversionen noch anders. Besonders deutlich wird dies in der Betitelung «Leitlinie», die eine eindeutige Orientierung verspricht und keine Mehrdeutigkeit anzeigt. Damals standen diese Broschüren für sich, waren nicht mit einem zweiten Transportmedium mit Ablaufdatum verbunden, und auch das Design ließ keine Verschwommenheiten erkennen.

Man muss hier berücksichtigen, dass zwischen diesen früheren Broschüren und der neuen Version gewaltige Veränderungsprozesse liegen, die zu einer (derzeit noch immer nicht abgeschlossenen) Neuorientierung des Unternehmens führten und die mit massiven Auseinandersetzungen verbunden waren. Zum Verständnis dieses Falls ist zu erwähnen, dass im Zuge dieses organisationalen Wandels nicht nur die Geschäftsfelder ausgeweitet wurden und Auslagerungen stattfanden, sondern auch ein neuer Name für das Unternehmen gewählt wurde.

5 Möglichkeiten und Grenzen der Methode

Artefaktanalysen befassen sich mit der Interpretation der im Organisationskontext vorfindbaren gegenständlichen Welt. Als Produkte kommunizierter Entscheidungen sind Artefakte Ausdruck jener Strukturierungsprozesse, die das soziale Leben in Organisationen nicht nur mit Sinn versehen, sondern auch in geregelte Bahnen lenken. Somit sind sie Produkte von sinngebenden Tätigkeiten und fungieren gleichzeitig als sinngenerierende Mitteilungen, die als soziales Gedächtnis in vergegenständlichter Form Entscheidungen der Organisation transportieren. In diesem Sinn weist die Analyse von Artefakten als der sichtbaren Oberfläche der Organisationskultur eine Reihe von Vorzügen auf:

- Als Gegenstände sind Artefakte fast allgegenwärtig und somit häufig leicht zugängliche Materialien. In Organisationen sind dies beispielsweise Grundstücke, Gebäude, Einrichtungsgegenstände, Briefpapier oder Prospektmaterial.
- Artefakte wurden meist ohne Einflussnahme der Forschung produziert und sind damit authentische Zeugen organisationaler Entscheidungen. Dies gilt auch dann, wenn die Gestaltung eines Artefakts externen Gruppen überlassen wird (Entscheidung

über die Auslagerung der Herstellung und die interne Akzeptanz des Artefakts).

- In Gegenständen finden sich perspektivische (und mitunter auch konfliktäre) Zugänge, die sich etwa in Befragungen kaum zeigen oder den befragten Personen gar nicht bewusst sind. Dies trifft beispielsweise auf Formen individualisierter Arbeitsplatzgestaltung zu.
- Artefakte fungieren als Formen sozialen Gedächtnisses, die etwas vermitteln, ohne es explizit zu sagen. So können Einrichtungsgegenstände als soziale Barrieren fungieren, Bewegungsräume abstecken und somit soziale Differenzierungen bzw. Ausschlussmechanismen signalisieren.
- Als relativ stabile Objekte überdauern Artefakte vielfach die Zeit, selbst wenn Personen keine Auskunft mehr zu geben vermögen. Insofern sind sie für historische Analysen und für vergleichende Rückblicke in Organisationen unverzichtbar. Im Gegensatz zu Erzählungen über vergangene Ereignisse, die immer unter dem Blickwinkel der Gegenwart interpretiert und geschildert werden, bleiben Gegenstände in ihrer Erscheinung unbeeindruckt vom Wandel der Zeit, auch wenn sie für die Zeitgenossen ihre Bedeutung verändern mögen.
- Selbst Gebrauchsspuren und Zerstörungen können auf diese Weise Analysegegenstand sein.

Die Bedeutung von Artefakten geht jedoch keineswegs einher mit einer starken sozialwissenschaftlichen Beachtung dieser Materialform. Dies hat mehrere Gründe:

- Artefakte machen eine Übersetzungsleistung notwendig, die etwa Textanalyseverfahren nicht im selben Ausmaß leisten müssen. Gegenstände müssen hierbei in Interpretationstexte umgeformt werden. Dieses Schicksal teilen Artefakte mit Materialien wie Geräuschen, taktilen Eigenschaften, Gerüchen oder dem Geschmack, die schon Schwierigkeiten in der Beschreibung bereiten: Wie soll man jemandem erklären, wie das Kantinenessen schmeckt? Die Speisekarte reicht dafür offenbar nicht aus.
- An Artefakten interessiert nicht ihre Gegenständlichkeit, sondern ihre Bedeutung für organisationale Strukturierungsprozes-

se. Was an ihnen forschungsmäßig von Bedeutung ist, ist nicht sichtbar, sondern ist ‹irgendwie› im Artefakt enthalten. Die Sprache der Artefakte ist daher eine symbolische, die der Auslegung bedarf. Dies ist auch bei der Sprache der Fall, die nicht nur lexikalische Bedeutungen vermittelt, sondern eine Bandbreite an Lesarten eröffnet, die etwa Beziehungen oder Selbstdarstellungen mit sachlichen Aussagen mittransportieren. Bei Artefakten ist diese Situation jedoch drastisch verschärft, weil es hier nicht einmal eine lexikalische Basis gibt.

- Auslegungsverfahren für Artefakte müssen sich daher, wenn sie für Organisationsanalysen Relevanz haben sollen und sich nicht nur an der inhaltsanalytisch erfassbaren Oberfläche bewegen wollen, interpretativer und hermeneutischer Kunstlehren bedienen, die sich systematisch auf die Erschließung und die nachfolgende Selektion möglicher Bedeutungen konzentrieren. Im Hintergrund solcher Artefaktanalysen stehen dann genuin interpretative Methodologien, die den Zugang sehr voraussetzungsvoll machen. Solche Verfahren sind nicht kurzfristig über Bücher zu erlernen, sondern erfordern Interpretationserfahrung und benötigen in der Regel elaborierte Absicherungsstrategien (wie eine Teaminterpretation), die teilweise doch beträchtlichen Aufwand erfordern.

Artefakte führen offenbar deshalb ein Schattendasein, weil ihre Analyse mit relativ hohem Aufwand verbunden ist. Daher finden sich Zugänge zu Artefaktanalysen eher in Bereichen, die auf diese Materialien nicht verzichten können (in der Archäologie als Spuren früherer Epochen, in der Ethnologie als Zeugen materieller Kultur, in der Kriminologie als Tat- und Täterhinweise). In den Sozialwissenschaften und insbesondere in der Organisationsforschung stehen meist alternative Analysematerialien wie Gesprächstexte oder Beobachtungsprotokolle zur Auswahl. Dennoch weisen Artefakte Vorzüge auf, die sie in mehreren Bereichen als eine unentbehrliche Materialform herausstreichen: Die leichte Zugänglichkeit macht sie für den Forschungseinstieg zu einer wichtigen Orientierungshilfe für die Planung der weiteren Forschungsarbeit und die Vorbereitung anderer Erhebungsverfahren (wie etwa Gespräche). Sie bieten sich außerdem als Material für schwer zugängliche Organisationen an. Artefakte sind ein wichtiges Hilfsmittel zur Rekonstruktion zur Unternehmensgeschichte. Sie bieten ein wichtiges Prüf- und Ergänzungsmaterial zur Absicherung von Erkenntnissen, die mit anderen Verfahren gewonnen wurden. Dies entspricht auch der von Lueger (2001) betonten methodischen Variation als qualitätssichernder Strategie in der interpretativen Sozialforschung. Das wichtigste Anwendungsfeld bleibt jedoch immer die interpretative Analyse latenter Sinnstrukturen.

Literatur

Aranda, Eileen K./Aranda, Luis/Conolon, Kristi (1998): Teams. Structure, Process, Culture, and Politics, New Jersey.

Ardelt-Gattinger, Elisabeth/Lechner, Hans/Schlögl, Walter (Hrsg.) (1998): Gruppendynamik. Anspruch und Wirklichkeit der Arbeit in Gruppen, Göttingen.

Cassell, Catherine/Symon, Gillian (Hrsg.) (1995): Qualitative Methods in Organizational Research. A Practical Guide, London/Thousand Oaks/New Delhi.

Clegg, Stewart R./Hardy, Cynthia (Hrsg.) (1999): Studying Organization. Theory & Method, London/Thousand Oaks/New Delhi.

Collier, John Jr./Collier, Malcolm (1986): Visual Anthropology. Photography as a Research Method, Albuquerque.

Denzin, Norman K./Lincoln, Yvonna S. (Hrsg.) (1998): Collecting and Interpreting Qualitative Materials, Thousand Oaks/London/New Delhi.

Denzin, Norman K. (2000): Reading Film – Filme und Videos als sozialwissenschaftliches Erfahrungsmaterial, in: Uwe Flick/Ernst von Kardorff/Ines Steinke (Hrsg.), Qualitative Forschung. Ein Handbuch, Reinbek bei Hamburg, S. 416–428.

Diekmann, Andreas (1995): Empirische Sozialforschung. Grundlagen, Methoden, Anwendungen, Reinbek bei Hamburg.

Englisch, Felicitas (1991): Bildanalyse in strukturalhermeneutischer Einstellung. Methodische Überlegungen und Analysebeispiele, in: Detlev Garz / Klaus Kraimer (Hrsg.), Qualitativ-empirische Sozialforschung. Konzepte, Methoden, Analysen, Opladen, S. 133–176.

Flick, Uwe/Kardorff, Ernst von/Steinke, Ines (Hrsg.) (2000): Qualitative Forschung. Ein Handbuch, Reinbek bei Hamburg.

Friedrichs, Jürgen (1985): Methoden der empirischen Sozialforschung, Opladen.

Forster, Nick (1995): The Analysis of Company Documentation, in: Catherine Cassell/Gillian Symon (Hrsg.), Qualitative Methods in Organizational Research. A Practical Guide, London/Thousand Oaks/New Delhi, S. 147–166.

Froschauer, Ulrike/Lueger, Manfred (1998): Das qualitative Interview zur Analyse sozialer Systeme, Wien.

Früh, Werner (1991): Inhaltsanalyse. Theorie und Praxis, München.

Gagliardi, Pasquale (Hrsg.) (1990): Symbols and Artifacts: Views of the Corporate Landscape, Berlin/New York.

Geertz, Clifford (1991): Dichte Beschreibung. Beiträge zum Verstehen kultureller Systeme, Frankfurt a. M.

Harper, Douglas (2000): Fotografien als sozialwissenschaftliche Daten, in: Uwe Flick/ Ernst von Kardorff/Ines Steinke (Hrsg.), Qualitative Forschung. Ein Handbuch, Reinbek bei Hamburg, S. 402–416.

Hitzler, Ronald/Honer, Anne (Hrsg.) (1997): Sozialwissenschaftliche Hermeneutik. Eine Einführung, Opladen.

Hockings, Paul (Hrsg.) (1995): Principles of Visual Anthropology, Berlin/New York.

Hodder, Ian (1998): The Interpretation of Documents and Material Cultures, in: Norman K. Denzin/Yvonna S. Lincoln (Hrsg.), Collecting and Interpreting Qualitative Materials, Thousand Oaks/London/New Delhi, S. 110–129.

Lamnek, Siegfried (1989): Qualitative Sozialforschung. Bd. 2: Methoden und Techniken, München.

Lueger, Manfred (2000): Grundlagen qualitativer Sozialforschung, Methodologie – Organisierung – Materialanalyse, Wien.

Lueger, Manfred (2001): Auf den Spuren der sozialen Welt. Methodologie und Organisierung interpretativer Sozialforschung, Frankfurt a. M.

Luhmann, Niklas (2000): Organisation und Entscheidung, Wiesbaden.

Maanen, John van (Hrsg.) (1998): Qualitative Studies of Organizations. The Administrative Science Quarterly Series in Organization Theory and Behavior, Thousand Oaks/London/New Delhi.

Müller-Doohm, Stefan (1993): Visuelles Verstehen. Konzepte kultursoziologischer Bildhermeneutik, in: Thomas Jung/Stefan Müller-Doohm (Hrsg.), «Wirklichkeit» im Deutungsprozeß. Verstehen und Methoden in den Kultur- und Sozialwissenschaften, Frankfurt a. M., S. 438–457.

Müller-Doohm, Stefan (1997): Bildinterpretation als struktural-hermeneutische Symbolanalyse, in: Ronald Hitzler/Anne Honer (Hrsg.), Sozialwissenschaftliche Hermeneutik. Eine Einführung, Opladen, S. 81–108.

Oevermann, Ulrich/Allert, Tilmann/Konau, Elisabeth/Krambeck, Jürgen (1979): Die Methodologie einer «objektiven Hermeneutik» und ihre allgemeine forschungslogische Bedeutung in den Sozialwissenschaften, in: Hans-Georg Soeffner (Hrsg.), Interpretative Verfahren in den Sozial- und Textwissenschaften, Stuttgart, S. 352–434.

Piaget, Jean (1983): Biologie und Erkenntnis. Über die Beziehungen zwischen organischen Regulationen und kognitiven Prozessen, Frankfurt a. M.

Reichertz, Jo (1992): Der Morgen danach. Hermeneutische Auslegung einer Werbefotographie in zwölf Einstellungen, in: Hans A. Hartmann/Rolf Haubl (Hrsg.), Bilderflut und Sprachmagie. Fallstudien zur Kultur der Werbung, Opladen, S. 141–163.

Schnell, Rainer/Hill, Paul/Esser, Elke (1999): Methoden der empirischen Sozialforschung, 6. Aufl., München/Wien.

Searle, John R. (1987): Die Konstruktion der gesellschaftlichen Wirklichkeit. Zur Ontologie sozialer Tatsachen, Reinbek bei Hamburg.

Soeffner, Hans-Georg (Hrsg.) (1979): Interpretative Verfahren in den Sozial- und Textwissenschaften, Stuttgart.

Soeffner, Hans-Georg (1989): Auslegung des Alltags – Der Alltag der Auslegung. Zur wissenssoziologischen Konzeption einer sozialwissenschaftlichen Hermeneutik, Frankfurt a. M.

394   Beobachtungsverfahren

Strati, Antonio (1999): Organization and Aesthetics, London/Thousand Oaks/New Delhi.

Strauss, Anselm (1991): Grundlagen qualitativer Sozialforschung. Datenanalyse und Theoriebildung in der empirischen soziologischen Forschung, München.

Weick, Karl E. (1995): Sensemaking in Organizations, Newbury Park/London/New Delhi.

Willke, Helmut (1998): Systemisches Wissensmanagement, Stuttgart.

Wolff, Stephan (2000): Dokumenten- und Aktenanalyse, in: Uwe Flick/Ernst von Kardorff/Ines Steinke (Hrsg.), Qualitative Forschung. Ein Handbuch, Reinbek bei Hamburg, S. 502–513.

Irene Forsthoffer
und Norbert Dittmar

12 Konversationsanalyse

1 Einleitung

Miteinander sprechen – Konversation[1] betreiben – ist die zentrale Aktivität in unserem sozialen Leben. Die weithin verbreitete Vorstellung ist die, dass unsere Alltagsgespräche chaotisch und weitgehend ungeordnet ablaufen. Erst die eingehende wissenschaftliche Beschäftigung mit auf Tonbändern aufgezeichneten Alltagsgesprächen brachte das Phänomen der ‹Geordnetheit› von Gesprächen zutage. Wie aber sind unsere Alltagsgespräche organisiert? Wie gelingt es uns, unsere Gespräche relativ unproblematisch interaktiv ablaufen zu lassen? Mit diesen Fragen nach der systematischen Geordnetheit von Gesprächen in alltäglichen Interaktionssituationen beschäftigt sich die Konversationsanalyse. Diese hat sich seit ihrer Entwicklung zu Beginn der 1960er Jahre zu einem etablierten Forschungszweig entfaltet, der insbesondere in der Linguistik und der Soziologie, aber auch in der Psychologie und Anthropologie neue Forschungsfelder eröffnete.

Der deutsche Terminus ‹Konversationsanalyse› kann möglicherweise zu Missverständnissen führen. Das englische Wort ‹conversation› kann erstens bedeuten, dass sich zwei oder mehrere Personen miteinander unterhalten allein zum Zweck des sozialen Austauschs und der Geselligkeit. Zum Zweiten kann ‹conversation› aber auch gebraucht werden, um jegliche (sprachliche) Aktivität in Interaktionen zu bezeichnen. Die Bezeichnung ‹Konversationsanalyse› soll auch nicht suggerieren, dass es hier ausschließlich um die Analyse des Gesprächstyps ‹Konversation› in der engeren deutschen Bedeutung geht. Zwar nimmt die empirische Erforschung informell-alltäglicher, ‹natürlicher› Gespräche eine zentrale Stellung ein, jedoch erstreckt sich das Untersuchungsinteresse auch auf andere in natürlichen Kommunikationssituationen hervorgebrachte Aktivitäten. Die Konversationsanalyse grenzt sich dahin gehend von anderen linguistischen Analysemethoden ab, dass sie die Hervorbringung von Äußerungen nicht als Ausdruck rein sprachlicher Strukturen, sondern hauptsächlich als von den Interaktionsteilnehmern gemeinsam erbrachte soziale Leistung sieht.

Die Konversationsanalyse gehört zu den Ansätzen des so genannten interpretativen Paradigmas (Wilson 1978) der Geistes- und Sozialwissenschaften und entwickelte sich innerhalb des von Harold Garfinkel (1967) initiierten Forschungsprogramms der Ethnomethodologie. Dieser soziologische Ansatz interessiert sich für die Erforschung der sozialen Wirklichkeit. Soziale Wirklichkeit wird hier nicht als unabhängig von sozialen Handlungen existierend betrachtet, sondern als «Vollzugswirklichkeit», als fortwährende Hervorbringung durch die Handelnden selbst (Garfinkel 1967, S. vii). Die Generierung der sozialen Wirklichkeit in Interaktionen wird als interpretativer Prozess gesehen, in dessen Verlauf die Interagierenden sich wechselseitig ihre Absichten und Interpretationen anzeigen und ihre Aktivitäten in diesem gemeinsamen Prozess herstellen, aushandeln und koordinieren. Garfinkels Erkenntnisinteresse lag in der Frage nach der Aufdeckung der Prozesse der Produktion von Vollzugswirklichkeit und Sinnerzeugung im alltäglichen Handeln. Dabei wird der Prozess der Sinngebung nicht als ein individueller, sondern als ein sozialer, interaktiver Vorgang betrachtet. Dieser Prozess der Herstellung sozialer Wirklichkeit weist bestimmte *formale Ordnungsprinzipien* auf, das heißt, er läuft bis zu einem gewissen Grad «methodisch» ab.

Mit dieser Konzeption der «interaction order» (Goffman 1964; 1967) setzte sich Harvey Sacks in seinen wegweisenden Forschungen zur strukturellen Organisation von Alltagsgesprächen auseinander. Die u. a. von Sacks entwickelte Konversationsanalyse setzte sich das Ziel, diejenigen formalen Methoden und Verfahren, d. h. die strukturellen Organisationsmechanismen zu rekonstruieren, die Interagierende routiniert einsetzen und an denen sie sich orientieren, um ihre soziale Wirklichkeit im Vollzug ihrer Interaktion zu erzeugen. Die Konversationsanalyse versteht sich als eine rein induktive Methode. Folglich werden für die Analyse nicht vorab Hypothesen formuliert, die am empirischen Material gestützt werden, sondern Analysekategorien und theoretische Folgerungen müssen aus dem Datenmaterial selbst entwickelt werden. Die Dynamik der interaktional hervorgebrachten Organisationsstrukturen sozialer Aktivitäten soll mittels Kategorien erfasst werden, an denen sich die Interaktionsteilnehmer nachweislich orientieren. Untersuchungskategorien sind also stets Teilnehmerkategorien. Mit diesem methodischen Prinzip soll verhindert werden, dass vorformulierte Regeln und Kategorien den Blick des Forschers auf das Datenmaterial einschränken.

Für die Analyse eignen sich demzufolge auch nur authentische Tonband- bzw. Videoaufzeichnungen «natürlichen» Sprachverhaltens in unterschiedlichen Kommunikationssituationen. Dabei gilt es das so genannte Beobachterparadoxon (Labov 1980, S. 17) zu überwinden, das heißt, für die Analyse können nur real ablaufende und valide dokumentierte Interaktionen herangezogen werden, in denen sich die Interaktionsteilnehmer völlig unbeobachtet fühlen und ihre Interaktion deshalb weder von der Aufnahme selbst noch von gesprächsleitenden Vorgaben und (Analyse-)Richtlinien des Forschers beeinflusst wird. Auch die Anwesenheit des Forschers bzw. seine Beteiligung an der Interaktion kann möglicherweise zu verändertem (sprachlichen) Verhalten der Teilnehmer führen. Experimentell gewonnene Daten sowie idealisierte Interaktionsprozesse gelten für die Analyse alltäglicher Interaktionen als nicht geeignet.

Ziel des Beitrags ist es, einen Überblick über allgemeine Prinzipien der Konversationsanalyse[2] zu vermitteln und methodische Vorgehensweisen, die auf jeden Untersuchungsgegenstand angewendet werden können, systematisch darzustellen.[3] Die hier vorgestellten methodischen Verfahren sollen jedoch nicht als starres, formales Untersuchungsschema verstanden werden, sondern als Angebot von methodischen Möglichkeiten, deren Auswahl sich nach dem jeweiligen Untersuchungsgegenstand richtet und für ihn relevant gemacht werden kann.

2 Datenerhebung

Datenerhebung und Forschungsfelder

Die Konversationsanalyse strebt allgemein gültige qualitative Aussagen an, die jedoch kulturbedingt gewisse Beschränkungen aufweisen können. Ziel aller Untersuchungen ist die Aufdeckung und valide Beschreibung grundlegender kommunikativer Praktiken als Teil kommunikativer Kompetenz. Belege sollen natürlichen, informellen Gesprächen entnommen sein und sind umso valider, je authentischer und natürlicher die Dokumentation des Gesprächs ist. Prototypische Gesprächsdokumente für die konversationsanalytische Forschung sind Alltags-, Klatsch- und «Allerweltsgespräche» beim Einkaufen, im Wartezimmer beim Arzt, vor Beginn einer Kino- oder Theaterveranstaltung usw. Je gewöhnlicher und informeller das Gespräch ist, desto geeigneter (und valider) ist dieses Datum für die Konversationsanalyse.

Um Interaktionen wissenschaftlichen Analysen zugänglich zu machen, ist es notwendig, sie durch Audio- bzw. Videoaufzeichnung zu konservieren. Bei den Aufnahmen selbst ist auf ausgezeichnete Tonqualität zu achten, das heißt, Aufnahmegeräte, Mikrophone und Datenträger sollen von bester Qualität sein. Aufnahmen sollen auch möglichst vor gesprächsfremden Geräuschen geschützt werden. Allerdings stehen die beiden Kriterien «Aufnahmequalität» und «Natürlichkeit der Gespräche» oft in einem nicht unerheblichen Spannungsverhältnis. Bei der Aufnahme sollte ferner darauf geachtet werden, dass möglichst nur vollständige Interaktionen aufgezeichnet werden, also mit Beginn- und Beendigungsphase der jeweiligen Interaktion. Unvollständige, aus dem Kontext herausgeschnittene Interaktionen können in der Regel nicht mehr angemessen analysiert werden. Nach der Datenerhebung müssen die Datenträger kopiert und die Originale an einem sicheren Ort aufbewahrt werden, der aus datenschutzrechtlichen Gründen nur autorisierten Personen zugänglich ist. Für die Erstellung von Transkripten und für die Analysearbeit sollte nur mit Kopien der Datenträger gearbeitet werden. (Eine ausführliche Erläuterung zur Datenaufnahme bieten z. B. Deppermann 1999 und Goodwin 1993.)

Die Prinzipien der Datenerhebung können jedoch nicht völlig unabhängig vom Untersuchungsinteresse und den Beschreibungszielen der Konversationsanalyse gesehen werden. Strukturelle Sequenzanalysen beziehen sich z. B. auf typische Initiierungs- und Beendigungssequenzen von spezifischen Gesprächstypen, auf Reparatursequenzen, auf Verfahren des Sprecherwechsels usw.

In den letzten Jahren wurden im Rahmen der Konversationsanalyse u. a. folgende Kommunikationsformen eingehend beschrieben: Klatsch (z. B. Bergmann 1987), Scherzkommunikation (z. B. Kotthoff 1996), Bearbeitung von Beziehungskonflikten (z. B. Streeck 1989; Günthner 2000), Kommunikation am Kiosk (Schmitt 1992), Interaktionsverläufe in Institutionen (z. B. zur betrieblichen Kommunikation Brünner 1978; 1987; zu genetischen Beratungsgesprächen Hartog 1996; zu Gerichtsverhandlungen Hoffmann 1983), interkulturelle Kommunikation (z. B. Rost-Roth 2001). Eine ausführliche Literaturübersicht findet sich z. B. in Becker-Mrotzek (1992) und Deppermann (1999).

Transkription

Nach der Fixierung der Interaktion auf entsprechende Datenträger muss eine detailgetreue Transkription des Geschehens erstellt werden. Im bisher erläuterten Rahmen der Konversationsanalyse stehen zwei Verfahren für die Transkription zur Verfügung: (1) das von Gail Jefferson entwickelte typische Konversationsanalyse-Verfahren (KA-Verfahren), das leserfreundlich (wenig Sonderzeichen), symbolbezogen minimalistisch, für die interaktionsrelevanten Bereiche aber hinreichend breit gefächert ist; (2) die so genannte GesprächsAnalytische Transkription (GAT), die eine vereinheitlichende Systematisierung der vorliegenden, mit den Forschungsvorhaben variierenden konversationsanalytischen Symbolrepertoires vornimmt und prosodische[4] Eigenschaften in die konventionelle Notation integriert. Diese beiden Verfahren sollen hier kurz nacheinander vorgestellt werden (eine ausführliche und «technische» Darstellung der beiden Verfahren findet sich in Dittmar 2002, Kap. 5.3, 5.7).

1. Die KA-Notation

Da kommunikatives Verhalten möglichst wenig aus der Introspektion des Forschers heraus interpretiert, sondern eher im jeweiligen Zuschnitt auf die Teilnehmer rekonstruiert werden soll, ist die neutrale Gestaltung des Transkripts als Beobachtungsdatum von großem Gewicht. Alles Beobachtbare wie Pausenlänge, Ein- und Ausatmen, Redebeitragsüberlappungen (simultanes Sprechen) usw. soll genau dokumentiert werden.

Das KA-System wurde zum ersten Mal in einem Beitrag von Sacks, Schegloff und Jefferson (1974) vorgestellt. Das ursprüngliche Design wurde maßgeblich von Gail Jefferson geprägt. Atkinson und Heritage beschrieben die Konventionen der Konversationsanalyse erstmalig in dem 1984 erschienenen Buch *Structures of Social Action* in Form eines einleitenden Kapitels. Soweit uns bekannt, ist das hier vorgeschlagene System im Wesentlichen beibehalten worden.[5] Veränderungen oder Verbesserungen liegen, wenn überhaupt, nur für die Notation prosodischer Eigenschaften vor.[6] Die Transkriptionskonventionen der Konversationsanalyse werden noch heute von vielen Kommunikationsforschern, Linguisten und Sprachsoziologen angewandt.

Leitgedanke des KA-Verfahrens ist die angemessene Abbildung der *sequenziellen Struktur der Redebeiträge* durch die Transkription. Daher wird den Übergängen von einem Redebeitrag zum nächsten (simultanes Sprechen, direkter, schneller Anschluss einer

Äußerung an die Äußerung des Vorgängers, Sprecherwechsel mit längerer Pause bzw. Schweigen usw.) besondere Bedeutung beigemessen. Es findet sich ein reiches Inventar pragmatischer Kategorien zur Beschreibung der Redeorganisation. Weiterhin sind die expressiven Funktionen des Sprechens von grundlegender Bedeutung: ‹laut› und ‹leise› sprechen, starke Akzentuierung eines Wortes/einer Silbe in der Äußerung, Dehnung von Vokalen, Aspiration (Ein- u. Ausatmen), Pausen,[7] kurz: Das beobachtbare und objektiv messbare Verhalten soll feinkörnig durch eine ‹literarische Transkription› (vgl. Dittmar 2002, Kap. 4.1) wiedergegeben werden.

Im Übrigen bestand das Bahnbrechende der KA-Verschriftlichungskonventionen darin, Transkriptionen für viele Leser (Laien, Soziologen, Psychologen usw.) lesbar zu machen, um Daten zur Beobachtung von Gesprächsverhalten für unterschiedliche Zwecke zur Verfügung zu stellen.[8] Alles Beobachtbare sollte in einfacher, ikonischer Form repräsentiert sein (Rückgriff auf kulturelle Ressourcen der Verhaltenswahrnehmung, z. B. in Comics oder populärer Literatur). Diese Prinzipien gelten heute auch als Vorbild für andere Systeme und werden bei der Anreicherung durch neue Kategorien z. B. für prosodische und nonverbale Eigenschaften dankbar berücksichtigt.

2. Gesprächsanalytische Transkription (GAT)

GAT wurde 1997 von einer Gruppe namhafter Linguisten (Selting u. a. 1998) als Vorschlag zu einer Vereinheitlichung bestehender gesprächsanalytischer Transkriptionssysteme für den deutschsprachigen Raum entwickelt. Die vorliegenden Systemvarianten, so argumentieren die Initiatoren von GAT, unterschieden sich in ihren Verfahren oft nur im Detail voneinander, erschwerten dadurch aber das rasche Erfassen der Daten, ihre benutzerfreundliche Lesbarkeit und die Auswertung von Korpora der gesprochenen Sprache nach strukturellen, typologischen und pragmatischen Gesichtspunkten.

Bei einer Vereinheitlichung der Transkription ist natürlich der Datenaustausch leichter, die vergleichende Erforschung diskursiver Eigenschaften und Strukturen gesprochener Sprache günstiger.

Schließlich können auf das einheitliche Transkriptionssystem auch Standards bestimmter Computerprogramme angewandt werden – so können z. B. jene Hypothesen, die Levelt in seinem Buch *Speaking* (1989) zur gesprochenen Sprache formuliert hat, besser empirisch überprüft oder Merkmale kommunikativer Gattungen anhand von gleich transkribierten Gesprächen effizienter formuliert werden.

Mit Hilfe von GAT sollen vor allem *Alltagsgespräche* und Exemplare *kommunikativer Gattungen* im Rahmen der pragmatischen Gesprächsforschung untersucht werden. Da auch hier die Transkriptionen für Nicht-Linguisten lesbar sein sollen, verzichtet auch GAT auf eine spezifische Darstellungsweise wie z. B. auf eine phonetische Umschrift.

GAT unterscheidet zwischen *Basis-* und *Feintranskription*. Das Basistranskript soll den Mindeststandard für die Verschriftlichung von Daten gesprochener Sprache erfüllen. Die Mindestbedürfnisse bestehen darin, (a) die sequenzielle Verlaufsstruktur, (b) die Pausen, (c) spezifische segmentale Konventionen (z. B. Silbendehnungen, Verzögerungssignale), (d) Arten und Formen des Lachens, (e) Rezeptionssignale (z. B. hm, ja, nee), (f) Akzentuierungen und (g) Tonhöhenbewegungen am (prosodischen) Einheitenende zu spezifizieren. Die genannten sieben Funktionsbereiche der gesprochenen Sprache können als für jede Transkription notwendige Grundlage verstanden werden. Das nach den Aspekten (a) bis (g) erstellte *Basistranskript* kann dann entsprechend den Bedürfnissen der Forschung durch zusätzliche Transkriptionskonventionen verfeinert werden.[9]

Jedes Transkript besteht aus einem *Transkriptionskopf* (mit Angaben zu Herkunft der Daten, Ort und Datum der Aufnahme, Charakterisierung der Teilnehmer usw.) und einem *Gesprächstranskript* (vgl. Dittmar 2002, Kap. 5.7). Das Gesprächstranskript wird nach Prinzipien der *literarischen Transkription* in Kleinschreibung erstellt.

Die Transkriptzeilen werden nummeriert (angefangen mit 01 : 01 XY : Transkripttext). Jeder in einer Publikation zitierte Ausschnitt aus einem größeren Transkript fängt mit der Zeilennummer 01 an. Nach der Zeilennummer folgt (nach drei Leerstellen) die Sprecherkennzeichnung (Sigle). Die Siglen werden in der Folgezeile nicht wiederholt, wenn der Sprecher gleich bleibt. Nach weiteren drei Leerstellen folgt der Transkripttext.

Für die Transkripte wird ein äquidistanter Schrifttyp (z. B. *Courier 10 pt*) gewählt, um Konvertierungsprobleme zu vermeiden.[10] Zusätzlich zum Basistranskript ist die Einfügung weiterer Zeilen möglich (z. B. zur genauen Kennzeichnung von Prosodie oder von nonverbalen Phänomenen), die allerdings nicht per Zeile nummeriert werden und unterhalb der dazugehörigen Textzeile gesetzt werden.

In Publikationen zitierte Transkriptausschnitte werden mit einem Einzug formatiert, um mit «→» vor einer Zeile auf ein für die Analyse relevantes Phänomen hinweisen zu können (vgl. den nach rechts gerichteten Pfeil → in der Konversationsanalyse für die gleiche Funktion).

3 Dateninterpretation und Feedback

Die eigentliche Forschungsarbeit kann beginnen, sobald Transkripte zu den aufgezeichneten Interaktionen vorliegen. Bei der Analyse sollte stets sowohl mit den Audio- bzw. Videodaten als auch mit dem entsprechenden Transkript gearbeitet werden, um einerseits einen akustischen bzw. visuellen Eindruck des Geschehens zu bekommen, andererseits gegebenenfalls auch Korrekturen am Transkript vornehmen zu können.

Ziel der Konversationsanalyse ist die Aufdeckung kommunikativer Alltagspraktiken in ihrem Vollzug.[11] Gegenstand der Beschreibung sind also Handlungsroutinen im Alltag unterhalb der Schwelle des Bewusstseins, mit denen Verständigung auf der Folie sozialer Ordnung praktisch hergestellt wird. Die konzeptuellen Grundlagen der Konversationsanalyse hierzu sind durch die folgenden Begriffe erfasst: (1) kommunikative Praktiken, (2) soziale Ordnung und Konstitution sozialer Wirklichkeit, (3) Rekonstruktion der angewandten Verfahren in der alltäglichen Interaktion (soziale Organisation) und (4) Methodik (strukturelle Analyse, Kontextsensitivität, erschöpfende Materialanalyse). Diese Begriffe sollen im Einzelnen erläutert werden.

Kommunikative Praktiken

Mehr oder weniger automatisierte Routinen, die einen wichtigen Bestandteil unserer kommunikativen Kompetenz ausmachen, stellen unsere kommunikativen Praktiken im Alltag sicher. Kompetente Gesellschaftsmitglieder teilen durch verbale und nonverbale Zeichen mit, was sie gerade tun (in welcher Spanne von Zielen und Zwecken) und wie sie diese Aktivitäten wechselseitig verstehen *(Postulat der Reflexivität von Interaktion)*. Das schrittweise methodisch-organisatorische Durchführen kommunikativer Praktiken ist formal strukturiert: Es handelt sich um einen kommunikativen Austausch zwischen Beteiligten mit bestimmten Wissensbeständen, der – statt durch die vom Forscher von außen angelegten apriorischen Begriffe – nur durch die *Teilnehmerkategorien* selbst richtig erfasst wird. Daher soll der Interaktionsforscher diese kommunikativen Praktiken *rekonstruieren*:

In den kommunikativen Praktiken der Gesellschaftsmitglieder werden einerseits die Intentionen des Gesprächspartners antizipiert; zum anderen sind Redebeiträge im kommunikativen Austausch durch das *recipient design* gekennzeichnet, das heißt, sie werden auf den jeweiligen Kommunikationspartner zugeschnitten. Das primäre Forschungsinteresse der Konversationsanalyse gilt der Rekonstruktion derjenigen formalen Methoden und Verfahren, die Interagierende routiniert einsetzen, um bei der Bearbeitung ihrer alltäglichen Belange im Verlauf der Interaktion kommunikativen Sinn zu erzeugen.

Im erläuterten Sinn sind sinnherstellende kommunikative Praktiken *reflexiv*: Der Sinn einer kommunikativen Handlung/Routine erklärt das Geschehen; dieser symbolische Sinn wird im Handlungsvollzug selbst bestätigt; nach Bergmann (1994, S. 6) findet dieser im Vollzug einen adäquaten Ausdruck.

Soziale Ordnung und Konstitution sozialer Wirklichkeit

Die Herstellung sozialer Wirklichkeit wird als ein Interpretationsprozess unter spezifischen situativen und kontextuellen Bedingungen verstanden. Während dieses Prozesses zeigen sich die Teilnehmer lokal und wechselseitig ihre Absichten, Einstellungen und
Interpretationen an; sie beziehen ihre Aktivitäten aufeinander und
koordinieren diese miteinander, indem sie Bedeutungen aushandeln
und Verstehen herstellen. Jede Handlung wird als Bestandteil einer
von den Beteiligten produzierten Ordnung betrachtet und wird somit zu einem möglichen relevanten Untersuchungsphänomen. Harvey Sacks, der eigentliche Genius der Konversationsanalyse,[12] formuliert diesen Zusammenhang in dem folgenden Postulat: «one
may, alternatively, take it that there is order at all points» (zit. nach
Bergmann 1988/II, S. 28). Bei der Konstitution ihrer sozialen Wirklichkeit orientieren sich die Interaktionsteilnehmer an:

- den formalen Mechanismen der Gesprächsorganisation, z. B.
  Sprecherwechsel (turn-taking), Gesprächseröffnung und -been-
  digung, Reparaturen usw.;
- der Organisation von Gesprächsthemen und -inhalten, z. B.
  Themenentwicklung, -weiterführung, -neuinitiierung, -abbruch,
  thematische und inhaltliche Strukturierung von Erzählungen,
  Argumentationen usw.;
- den Zielen und Zwecken der Interaktion, z. B. Therapiegesprä-
  che, Beratungen, Verhandlungen, familiäre Geselligkeit usw.;
- den sozialen Beziehungen zwischen den Interagierenden (z. B.
  Macht, Distanz, Vertrautheit usw.) und ihren sozialen Rollen/
  Identitäten (z. B. als Frau, als Angehöriger einer bestimmten Be-
  rufsgruppe usw.);
- der Gesprächsmodalität (Spaß, Ernst usw.) und deren emotionaler und stilistischer Gestaltung im Gespräch;
- der Herstellung von Reziprozität (Aushandlung und Herstellung
  von Verständigung und Kooperation) zwischen den Interak-
  tionsbeteiligten. (Nach Kallmeyer 1985 und Deppermann
  1999.)

Diese soziale Ordnung wird in der Interaktion selber von den Beteiligten methodisch ‹organisiert›, und die Spuren dieser quasi me-

thodisch hervorgebrachten Interaktionsorganisation können an der Gestalt und Gestaltung der Redebeiträge im Einzelnen konkret nachgewiesen und beschrieben werden.

Rekonstruktion der kommunikativen Praktiken, mit denen Handlungen vollzogen werden

Den sprachlich gesteuerten Alltagshandlungen liegt eine kommunikative *Kompetenz* zugrunde. Die Praktiken selber erfolgen mittels flüchtiger Rede, die nur durch angemessene graphische Repräsentation der Analyse zugänglich ist (vgl. Dittmar 2002, Kap. 2, 4, 5, 6 zur Transkription). Die rekonstruktiven Verfahren der Konversationsanalyse sind durch folgende Prinzipien gekennzeichnet:

1. Die Verschriftlichung der Interaktionsverläufe muss *valide* sein, das heißt, alle für die Untersuchung relevanten Aspekte müssen durch sinnvolle und methodisch reflektierte Symbole wiedergegeben werden (vgl. Dittmar 2002, Kap. 5.3).

2. Der interaktive Verlauf der Sinn- und Handlungskonstitution soll teilnehmergebunden rekonstruiert werden. Da die Interaktion von den Beteiligten mit ihren jeweiligen situativen und kontextuellen Wissensbeständen *in situ* konstituiert wird, soll das jeweils in den Redebeiträgen angewandte Wissen als sprachlicher und kommunikativer Ausdruck der Teilnehmer dokumentiert und interpretiert werden, wobei Interpretationen strikt auf Beobachtungen – und nicht auf Spekulationen – gegründet sein sollen; die Analysekategorien sollen somit nicht aus forschereigenen (aus Teilnehmersicht fremdperspektivischen), sondern aus teilnehmerbezogenen Analysekategorien bestehen. Dabei sollen, wie in Abschnitt 4 noch am Beispiel zu zeigen sein wird, die materialisierten, formalen Indikatoren als Funktionsträger des Handlungsvollzugs und der Sinnkonstitution durch die Teilnehmer rekonstruiert werden. Diese Erschließung der konversationellen Verfahren soll zur Feststellung allgemeiner Wissensbestände über kommunikative Praktiken führen.[13]

3. Indexikalische Verfahren (Kontextverweise) sollen in der Rekonstruktion expliziert werden; dabei wird der Begriff ‹indexikalisch› breiter gefasst als in der Logik und Linguistik üblich.

Methodik

Die Konversationsanalyse geht von folgenden erkenntnisleitenden Prinzipien aus: (1) Interaktion ist strukturell organisiert, (2) Redebeiträge sind zugleich kontextfrei und kontextsensitiv, und (3) keine Anordnung von Einzelheiten in der Interaktion kann von vornherein als unwichtig übergangen werden (vgl. Heritage 1984, S. 241). Diese Prinzipien sollen im Folgenden erläutert werden.

1. Mit der Annahme, Interaktion sei strukturell organisiert, geht die Konversationsanalyse davon aus, dass Interaktionen stabile und wiederkehrende Handlungsmuster aufweisen, die ebenso wie gesellschaftliche Institutionen und Konventionen unabhängig von individuellen oder psychologischen Sprechermerkmalen sind. Typisch dafür sind die so genannten *Paarsequenzen* wie *bitte – danke*, *Gruß – Gegengruß* usw. Der eine Teil der Äußerung kann nicht ohne den anderen sinnvoll geäußert werden.

Harvey Sacks ging sogar so weit, ein strukturalistisch inspiriertes System ‹sozialer Kategorisierung› zu postulieren: Die beiden Äußerungen «*The baby cried. The mommy picked it up.*» sind in dem Sinn strukturell miteinander verstrickt, als Baby und Mama sich gegenseitig sozial kategorisieren (also Einheiten eines minimalen sozialen Systems sind). *Strukturell* wird auch in dem Sinn argumentiert, dass es legitim ist, Typen von Sequenzen aus ganz unterschiedlichen Konversationen als Belege für einen bestimmten Strukturtyp anzuführen (z. B. Gesprächsanfänge und Gesprächsbeendigungen); Belegsammlungen werden im Sinne des rekonstruktiven Forschungsparadigmas *Kollektionen*.

Ein grundlegendes Handlungsmuster in Interaktionen ist der zugleich kontextfreie *und* kontextsensitive Regelapparat des *Sprecherwechsels* (turn-taking). Das System des Sprecherwechsels setzt sich aus zwei Komponenten mit jeweiligen Funktionsregeln zusammen: die Turnkonstruktion und die Turnzuweisung. Ein Redebeitrag (turn) kann aus verschiedenen Konstruktionstypen, z. B. aus vollständigen Sätzen, Phrasen oder lexikalischen Einheiten, bestehen. Die jeweiligen Rezipienten können den Konstruktionstyp einschätzen und den weiteren Turnverlauf sowie das Ende des Turns antizipieren. Das Ende der Einheit bildet einen möglichen Abschlusspunkt (‹possible completion point›), an dem das Rederecht des gegenwärtigen Sprechers endet und ein Sprecherwechsel relevant wird. Dieser Punkt im Verlauf eines Turns wird als *übergaberelevante Stelle* (‹transition relevance place› oder TRP) bezeichnet. Die Komponente der Turnzuweisung reguliert, wer als nächster Sprecher zum Zuge kommt. Wählt ein aktueller Sprecher mittels der Komponente Turnzuweisung (z. B. einer adressierten Frage) einen nächsten Sprecher aus, so ist dieser allein gehalten, an der übergaberelevanten Stelle bei Abschluss einer ersten Konstruktionseinheit das Rederecht für den nächsten Turn zu übernehmen. Enthält der gegenwärtige Redebeitrag keine Turnzuweisungskomponente, so können sich alle Rezipienten als nächste Sprecher selbst wählen. Das Rederecht erhält, wer zuerst zu sprechen beginnt. Findet kein Sprecherwechsel statt – weder durch Turnzuweisung noch durch Selbstwahl –, dann kann der gegenwärtige Sprecher mit einem neuen Turn fortfahren. Diese Regeln treten bei der nächsten und allen weiter folgenden übergaberelevanten Stellen wieder in Kraft (vgl. Streeck 1983, S. 77).

Methodisch ist hierzu anzumerken: Die übergaberelevanten Stellen werden in Bezug auf die Beibehaltung oder Übernahme des Rederechts von einem Sprecher zum nächsten systematisch erfasst. Die strukturellen Verhaltensbeobachtungen (hier: Redebeitragsübergabe) führen dann zu Regeln, die das Praxiswissen der Beteiligten als genuinen Bestandteil der kommunikativen Kompetenz formulieren.

2. Das zweite grundlegende Prinzip vollzieht sich aus dem Umgang mit dem Kontext. Redebeiträge in Interaktionen sind grundsätzlich kontextreflektiert in einem doppelten Sinn: Sie sind *kontextfrei* und *kontextsensitiv* zugleich. ‹Kontextfrei› bedeutet, dass eine kommunikative Praxis/Routine (ein Redebeitrag, eine Äußerung) im Rahmen von anderen Beiträgen einen eigenständigen Sinn hat. Zum Beispiel hat das sekundenlange Schweigen eines Sprechers nach der Formulierung eines Redebeitrags die Bedeutung ‹Nicht-Sprechen›. Jede Äußerung vollzieht sich jedoch gleichzeitig in einem situativen Kontext und ist somit *kontextsensitiv*. Das kurze Schweigen nach einem Redebeitrag bedeutet retrospek-

tiv, dass der Sprecher einhält oder (möglicherweise) seinen Beitrag damit abgeschlossen sieht; prospektiv gibt er damit einem anderen Sprecher die Möglichkeit, selber einen Redebeitrag zu produzieren. Möglicherweise möchte der bisherige Sprecher jedoch das Rederecht behalten: Er ergreift das Wort und führt den Redebeitrag fort.

Ein Redebeitrag ist in dem Sinn kontextgeprägt, dass er nur in Bezug auf den Kontext seiner Entstehung als fortlaufende Handlungssequenz, insbesondere auf die unmittelbar vorausgegangene Handlung, verstehbar ist. Der kontexterneuernde Charakter von Redebeiträgen bezieht sich auf die Tatsache, dass jeder Beitrag sowohl die Orientierung an vorangegangenen Beiträgen aufzeigt als auch den Rahmen vorgibt, in dem der nächste Beitrag verstehbar wird. Konkret heißt das, dass Inhalt, Umfang und Konstruktion von Beiträgen nicht im Voraus für das gesamte Gespräch festgelegt, sondern lokal, an jedem möglichen Beitragsende mit Hilfe einer Menge von Regeln ausgehandelt werden. Diese Regeln, nach denen in der fortlaufenden Interaktion Redebeiträge gemeinsam von den Interaktionsteilnehmern hervorgebracht werden, konstituieren das so genannte *local management system* (vgl. Schegloff/Jefferson/Sacks 1977, S. 362, Fn. 5).

3. Die Rekonstruktion interaktiver Daten durch ‹Teilnehmerkategorien› folgt dem ethnomethodologischen Prinzip: Jedes Wort/jeder Redezug in einem interaktiven Austausch hat seinen eigenen, besonderen Sinn. Wir können also Interaktionsverläufe nicht durch die «Brille» des Forschers und sein durch ihn aufgestelltes Kategoriensystem sehen, sondern müssen uns an die beobachtbaren Fakten der Interaktion und der dadurch bedingten Interpretation der Teilnehmer halten *(Prinzip der konditionellen Relevanz)*. Damit ist ein streng induktives Vorgehen verlangt. In der Tat enthält sich die Konversationsanalyse der Theorie und der Theoretisierung und weisen ihre Vertreter wiederholt darauf hin, dass die Bedeutungskonstitution teilnehmerbezogen-empirisch zu untersuchen ist. Die Theorieenthaltsamkeit, die Flader/von Trotta (1988) einen «geheimen Positivismus» genannt haben, gründet sich auf die tiefe Überzeugung, dass die Sinnkonstitution in Interaktionen jeweils ein-

malig beobachtet und aus der Perspektive der Teilnehmer so authentisch wie möglich rekonstruiert werden muss.[14]

Es gehört zum Prinzip der Konversationsanalyse, dass Beobachtungen umfassend zur Grundlage von Generalisierungen gemacht werden sollen. Das Material hat seinen Wert in sich selbst, und bestimmte Wörter oder Äußerungsfragmente, die dem analysierenden Soziologen oder Linguisten aufgrund von Normvorstellungen als abweichend, nicht angemessen usw. erscheinen, werden nicht von der Analyse ausgeschlossen; auch diese nicht passenden oder unangemessenen Fragmente sind integraler Bestandteil der Sinnkonstitution. So haben alle materiellen und nicht-materiellen Zeichen im Interaktionsprozess ihre Bedeutung und ihre Funktion. Dadurch, dass jedwede Gestalt bei der Rekonstruktion von Gestaltung im Interaktionsverlauf berücksichtigt wird, wird das in der Soziologie und auch in der Soziolinguistik übliche Kriterium der Norm und der Wohlgeformtheit von Äußerungen/Diskursen als *durch den Forscher* gesetzt abgelehnt: *Wohlgeformtheit oder Normentsprechung sind Forscherkategorien und keine Teilnehmerkategorien.*

Schließlich werden in der Konversationsanalyse ‹Äußerungen›, ‹Seme› oder Konstituenten nicht wie in der Linguistik als Einheiten für die Analyse verwendet. Die kleinsten Einheiten der Konversationsanalyse sind Redebeiträge. Ihre Position und ihre sequenzielle Anordnung haben soziale und konversationsfunktionale Bedeutung. Redebeiträge und Äußerungssequenzen konstituieren kommunikative Praktiken als Handlungen.

Feedback

Über das anwendungsorientierte Feedback (Wissenstransfer) von gesprächsanalytischen Untersuchungen in institutionellen Kontexten ist schwer ein Überblick zu gewinnen. Obwohl das Feedback der Ergebnisse in den untersuchten Bereich nicht zu den Hauptzielen der Konversationsanalyse gehört, ist es prinzipiell möglich, einige der Erkenntnisse, die mit Hilfe der Konversationsanalyse gewonnen wurden, mit Gewinn in den jeweiligen Anwendungskontext zurückzuspielen. Hier sollen nur zwei Beispiele dafür angesprochen werden.

Die Ulmer Universität hat sich in einer umfassenden wissenschaftlichen Analyse der Erforschung der Kommunikationsvorgänge im System der ärztlichen Versorgung gewidmet, wobei unter anderem auch gesprächsanalytische Untersuchungen durchgeführt wurde. Insbesondere wurde die *ärztliche Visite* bis in alle Details in vielen Großstädten der Bundesrepublik untersucht (vgl. Siegrist 1978). Die kommunikativen Beschreibungen von Visiten haben z. B. ergeben, dass zwischen Patient und Arzt ein gestörtes Kommunikationsverhältnis herrscht. Da der Arzt bei seiner Visite drei Aufgaben zugleich erfüllen muss – erstens: den Patienten nach seiner Befindlichkeit zu befragen und somit aufmerksamer Hörer zu sein, zweitens: technische Untersuchungen mit Apparaten durchzuführen, und drittens: Anweisungen an das Krankenhauspersonal zu geben, um bestimmte Maßnahmen einzuleiten (was manchmal auch mit Diskussionen verbunden ist) –, werden die Persönlichkeit des Patienten, seine Erfahrungen und sein Erlebnishintergrund vernachlässigt. Aufgrund dieses ‹negativen› Ergebnisses der Visitenanalysen hat sich die Praxis weitgehend geändert. Der Arzt macht nun die Visite in zwei Phasen: Die erste Phase umfasst technische Untersuchungen, auf die der Patient explizit hingewiesen wird, z. B. mit dem Kommentar «Ich als Ihr behandelnder Arzt muss erst einige technische Untersuchungen durchführen, setze mich danach aber zu Ihnen, um mit Ihnen darüber zu sprechen, wie es Ihnen geht». In der zweiten Phase wird also ein Gespräch von Angesicht zu Angesicht geführt, was den therapeutischen Transfer der Maßnahmen wesentlich erleichtert.

Ein zweiter exemplarischer Bereich, in dem Wissenstransfer stattfindet, ist das *Bewerbungsgespräch*. Die gesprächsanalytischen Beschreibungen gehen in das Training von Bewerbenden ein. Die Rückspiegelung von wissenschaftlich gewonnenem Wissen in die Praxis ist in diesem Bereich also gesichert (umfassende Beschreibungen mit hoher Praxisrelevanz liegen vor mit Birkner 2001a; 2001b; Kern 2000; siehe dort auch die umfassenden Bibliographien). Mehr zu Bewerbungsgesprächen gleich im nächsten Abschnitt.

4 Anwendungsbeispiel

Im Folgenden soll die Methodik der Gesprächsanalyse an einigen Beispielen näher illustriert werden. Die Beispiele geben Einblick in Techniken der Konversationsanalyse, wobei die Form Primat hat und die Frage nach der Funktion nachgeordnet ist. Folgende Phänomene sollen hier in ihrer interaktiven und sozialen Regelhaftigkeit in der Analyse aufgezeigt werden:

- Sprecherwechsel,
- Präferenzorganisation,
- sequenzielle Ordnung, Paarsequenzen und das Bindungspotenzial von Äußerungen.

Die formale Konversationsanalyse beobachtet zunächst die organisatorische Struktur der Redebeiträge. In den Beispielen 1 und 2 handelt es sich um einen Gesprächsbeginn.

Beispiel 1: Bewerbungsgespräch[15]
Gesprächsbeginn

```
01   I1: <<f>guten tag frau ZUversicht.>
02   B:  <<p>guten TAG.
03       herr professor HOOge.>
04   I1: des=s frau (.) KLUge, (–) [(frau)] zuversicht;
05   K:                            [tach ]
06       (1)
07   I1: frau kluge ist vom: (– –) eh: (–) germanIstischen
         seminar der
08       universität HAMburg, (.) eine linguIStin,
09   B:  <<p>mhm,>
10   I1: un:d (– –) die hat uns geBEten, ob sie: (– –) für eine
         (– –)
11       linguistische unterSUCHung; (.) SPRACHuntersuchung; –
         also (.)
12       eh (.) gespräche aufnehmen KANN, (– – –) und (.) wenn
         sie was
13       daGEgen haben, (–) dAnn würde ich SAgen; – dann muss
         sie ihr
14       gerät wieder ABbauen. (– – –)[aber wenn sie NIX dage-
         gen haben –
15   B:                               [mhm,
16       ((nonverbale Zustimmung der Bewerberin))
17   I1: ja?
```

```
18  B:   ich glaub NICH dass das so [(h)TRAgisch (h)is. hehe
19  I1:                              [das ganze
         wird anonymiSIERT,
```

In Zeile 1 begrüßt «I1» die Person «B». B leitet seinen Redebeitrag mit «Herr Professor» (Relevanz der Höflichkeit und des Status) ein. Die Äußerungen in den Zeilen 1 und 2 bilden eine Paarsequenz, das heißt, die Äußerungsteile können nicht unabhängig voneinander stehen. In Zeile 4 wird eine weitere Person vorgestellt, nämlich Frau Kluge, deren Status im Rahmen dieses Bewerbungsgesprächs erklärungsbedürftig ist. Es handelt sich um die Linguistin, die dem Bewerbungsgespräch als passive Beobachterin beiwohnt. In den Beiträgen der Zeilen 7 bis 12 formuliert I1 das Anliegen von Frau Kluge und etabliert mit seinem Beitrag eine so genannte *bedingte Relevanz* (‹conditional relevance›); formal gesehen verlangt also der Beitrag in seiner Form als Aufforderung vom Hörer (der Bewerbenden), sich dazu zu äußern, ob die Anwesenheit der Linguistin und die Aufnahme des Gesprächs akzeptabel sind oder nicht. In Dittmar (1988) wurde die *konditionelle Relevanz* der Konversationsanalyse allgemeiner mit dem Begriff des *Bindungspotenzials* belegt. Jede Äußerung hat im Kontext ein skalares Bindungspotenzial von «überhaupt keine Bindung» bis «sehr starke Bindung». Bestimmte, in einer Gesellschaft legitime Fragen haben ein sehr hohes Bindungspotenzial – auf sie nicht zu antworten gilt als unhöflich und merkwürdig. Im vorliegenden Fall projiziert der erste Teil der Paarsequenz (Zeilen 7 bis 12) eine aus Sprechersicht (I1) präferierte Antwort, nämlich die Anwesenheit der Linguistin zu akzeptieren. Die präferierte Antwort wird im zweiten Teil des Sequenzpaars durch die Befragte (B) auch explizit bestätigt: Eine kurze, unmarkierte Äußerung drückt dies aus. Da die Antwort die Erwartungen des Fragers trifft, fällt sie kurz und unmarkiert aus. Wäre sie «dispreferred» (nicht bevorzugt), so wäre die Antwort markiert: Sie würde länger und erklärend ausfallen und I1 klar machen müssen, warum die Anwesenheit der Linguistin und die Aufnahme des Gesprächs problematisch sind.

Wie man auf solche Präferenzorganisationen zu Beginn eines Gesprächs reagiert, beeinflusst häufig das weitere Gespräch, weil zu Gesprächsbeginn Grundsteine für bestimmte Erwartungen und erwartbare Reaktionen gelegt werden.

Beispiel 2: Therapiegespräch (aus S. Streeck 1989, S. 122; zur Transkription siehe S. 96–99)

Gesprächsbeginn

```
(1) P:  wo fang wer an?
(2) T:  wo immer Sie wollen
        (7)
(3) P:  mhm das ist schwierich (.) so aus'm Stegreif
(4) T:  mhm
(5) P:  (hhh.)
        (9)
(6) P:  das ist schwierich
(7) T:  das ist leichter wenn man gefragt wird des stimmt
(8) P:  denn — äh ich find's (.) (.hh) andersrum mitter
        Fragerei
(9)     wirklich besser (.) Sie sind auf dem Gebiet der
        Fachmann..
```

Das Beispiel 2 stammte aus dem Beginn einer Kurzzeittherapie nach Selbstmordversuchen (Streeck 1989).[16] Der Therapeut (T) hatte der Patientin (P) zuvor die psychoanalytische Regel erläutert, sie möge bitte Themen ihrer Befindlichkeit vorgeben, auf die T dann reagieren werde. Daraufhin formuliert P im ersten Redebeitrag in Form einer Frage eine Aufforderung an T, «selber» ein Thema zu nennen (bevorzugte Antwort: konkreter Themenvorschlag durch T). Dieser gibt ihr jedoch die Aufforderung zurück, indem er ihr zu verstehen gibt: «bitte wählen Sie selbst». Im Folgenden konstatiert P, dass sie dieser indirekten Aufforderung schwer nachkommen kann – beide ratifizieren anschließend diese Interpretation. Im letzten Redebeitrag versucht T eine überbrückende, konfliktvermeidende Abschlussreaktion.

In der Beschreibung einer signifikanten Stichprobe solcher Kurzzeittherapien konnte mit konversationsanalytischen Instrumenten festgestellt werden, dass die Struktur der ersten Sekunden und Minuten des Kommunikationsaustauschs zwischen Therapeut und Patient weitgehend die Grundstimmung einer ganzen Therapiesitzung widerspiegelt. Glatte und organisatorisch gut eingefädelte Kommunikationsbeginne führen in der Regel zu fruchtbarer, konstruktiver Therapie. Nicht bevorzugte Reaktionen und die damit verbundenen markierten Expansionen dagegen breiten sich wellenartig auch auf andere Teile des Gesprächs aus.

Beispiel 3: Bewerbungsgespräch (aus Birkner 2001a, S. 91)
Gesprächsbeendigung/rituelle sequenzielle Ordnung
```
01   I1: dann beDANke ich mich für=s gespräch hehe
02   B:  (h)ich (h)AUCH (-)(h)danke;
03   L:  tschüss
04   I1: tschüss; bis morgen hehe
05   B:  ja,
06   I1: (-) FINden sie: (-) raus? (.) ja?
07   B:  GRADaus denk ich ne?
08   I1: (was?) (-) ja. gut: (-) tschüss
09   B:  (dann) wünsch ich ihnen noch nen schönen TACH
10   I1: (-) danke EBENfalls:
((I1 schließt die Tür))
```

In der ersten Paarsequenz dieser Gesprächsbeendigung bedankt sich der Personalchef I1 für die Unterhaltung, die Bewerbende drückt daraufhin «ihren» Dank aus. Der Abschiedsgruß «tschüss» ist eine weitere Paarsequenz. Der konditionellen Relevanz der Frage «Finden Sie raus?» lässt B eine Gegenfrage folgen, die sofort von I1 nach dem Prinzip des ‹local management› geschlossen wird. Es folgt dann noch einmal eine ‹good-bye›-Paarsequenz. Dieses Beispiel zeigt in sehr schöner Weise die rituelle sequenzielle Ordnung, wie sie typisch ist für Gesprächsbeendigungsphasen.

Als abschließendes Beispiel soll ein zusammenhängender Gesprächsausschnitt aus einem Bewerbungsgespräch vorgestellt werden. Der Ausschnitt stammt aus Birkner (2001a); wir geben die Fassung der Transkription nach GAT wieder. Dem Ausschnitt geht eine Gesprächspassage voraus, ihr folgen weitere Gesprächspassagen.

Beispiel 4: Bewerbungsgespräch (aus Birkner 2001a)
Perspektivierung
```
01   I2: und wie haben=sie=sich mit ihren kollEgen
02       und kollEginnen denn verstanden?
03   I3: ((räuspert sich))
04   B1: sehr GUT.
```

```
05  I2: ja,
06  B1: ja.
07  I2: (—) was: (.) konnten dIe so; (—) oder was
08      würden DIE SAgen, wenn wir sie FRAgen würden,
09      was sie besonders an ihnen SCHÄtzen?
10  B1: .hh joa. (0.5) das is=ne gute FRAge. (1.0)
11      ((schnalzt)) man muss EIgntlich, wie jesagt,
12      wie alle Andern AUch, PUENKTlich sein, man
13      muss (.)
14      na[türlich, .h (—) wie jesAcht, weil ja auch
15  I2:    [<<p>hm:hm,>
16  B1: jeder seine arbeit HAT, seine KUNden, dass
17      man dran intressIert is, dIese Alle
18      ANzurufen, und .h (—) es hat ja jEder sein
19      festes AUFgabengebiet. ne, also wo jeder
20      KOMmt, und MAcht, und — (—) wie jesAgt, (.)
21      sieht denn dOch, MENsch, kann ich noch was
22      HELfen, ode:r (.) [kann ich was MACHen,
23  I2:                   [hmhm,
24  B1: also .h (—) das is da eigntlich (—) ganz
25      TOLL jerEgelt; muss ich sagen. ja, und die
26      mitarbeiter sind auch alle sehr sehr LANge
27      da, .h (—) es is auch würklich: (—) ne=TOLle
28      TEAMarbeit; mUss ich sagen. also JEDer
29      [probiert da wirklich JEDen zu
30  I2: [<<p>hmhm,>
31  B1: helfen.
32  I2: <<p>hmhm,>
33  B1: [das LÄUft eigntlich sehr GUT da.
34  I1: [<<p>hmhm,>
```

Die Sequenz beginnt mit der Frage des Interviewers (I2) nach dem Verhältnis zwischen der Bewerberin (B1) und ihren derzeitigen Kollegen, die in Zeile 04 bis 06 kurz und knapp beantwortet wird. Im Folgenden schließt I2 die Frage «was würden DIE SAgen, wenn wir sie FRAgen würden, was sie besonders an ihnen SCHÄtzen?» an. Mit dieser Frage fordert I2 die Bewerberin auf, aus der Perspektive der Kollegen und Kolleginnen ein Selbstbild zu entwerfen. Die Bewerberin erfüllt diese Rahmensetzung und die von I2 entworfene Perspektive nicht erwartungsgemäß, sondern beantwortet die Frage aus einer eher depersonalisierten Sprecherperspektive mit ganz allgemeinen Aussagen über Arbeitsanforderungen und erforderliche Eigenschaften für gute Teamarbeit (Zeile 12 f.). Mit dieser Antwort erfüllt sie zwar die konditionelle Relevanz, orientiert sich aber in ihrer Aussage über die Einschätzung ihrer Person an eher normativen Werten und Kategorien der Arbeitswelt.

5 Möglichkeiten und Grenzen der Methode

Die Konversationsanalyse untersucht die organisatorischen und formalen Ressourcen routinierten und erfolgreichen kommunikativen Austauschs. Dabei sollen Interpretationen minimal gehalten werden. Die interpretative Enthaltsamkeit wird dem Forscher sogar moralisch auferlegt: Das in der Interaktion manifestierte Teilnehmerwissen soll die Grundlage von Aussagen über das interaktive Geschehen und Verstehen sein.

Flader und von Trotta (1988) haben eindrucksvoll gezeigt, dass transkribierte Daten kommunikativen Austauschs in der verbalen Interaktion nicht ohne Interpretation beschrieben und erklärt werden können. Sie fordern eine Offenlegung interpretativer Schritte in expliziter Form. Konversationsanalytiker würden häufig Interpretationen unexpliziert in formale Beschreibungen einfließen lassen; diesen methodisch unkontrollierten Intuitionismus bezeichnen sie abwertend als «geheimen Positivismus».

In Dittmar (1988, S. 879–893) wurde darauf hingewiesen, dass die Konversationsanalyse sich als ‹qualitative Forschungsrichtung› bezeichnet, selber aber auch quantitativ argumentiert, insofern sie nämlich mit Kollektionen arbeitet. Eine Kollektion ist eine Anzahl von Fällen, die je nach empirischer Erhebung, Validität und Reliabilität erweitert werden können. Tritt ein Beleg in Erscheinung, der eine Abweichung von der bisher formulierten Regel darstellt, muss die Regel geändert werden. Für den Umschlag von Qualität in Quantität gibt es jedoch keine klaren Kriterien. Der Vorwurf des «geheimen Positivismus» bezieht sich auch auf die Ablehnung einer pragmatischen Theorie der Gesprächsanalyse.[17] Wenn Beobachtungsdaten direkt in Beschreibungen umgesetzt und dabei Teil-

nehmerkategorien berücksichtigt werden sollen, ist es nicht statt-
haft, Vorgängerwissen oder zugrunde liegendes Wissen für die zu
beschreibenden Ereignisse in die Analyse einfließen zu lassen. So
fruchtbar für die Genauigkeit einer formalen Beschreibung dieses
Herangehen auch ist, es darf nicht dogmatisch und unreflektiert
angewendet werden. Beispielsweise hat Heritage strikt empirisch
Gerichtsverhandlungen aufgenommen und diese ohne jede Berücksichtigung speziellen Hintergrundwissens beschrieben. Auf diese
Weise kommt er zu dem Ergebnis, dass Sequenzen in der Phase der
Zeugenvernehmung in der Regel durch den Richter oder den Ver-
teidiger initiiert werden. Dieses kann man nun minuziös am Beispiel einer Kollektion genau beschreiben – der Aufwand ist jedoch
enorm, eine Menge Material wird bearbeitet und im Grunde nur
das festgestellt, was aufgrund herrschender Regeln bei Gericht jeder kompetente Teilnehmer in diesem Kontext im Vorhinein hätte
sagen können: *Nur institutionell berechtigte Personen können eine
Frage stellen.*

Der Genfer Sprachwissenschaftler Eddy Roulet (1999) hat zusammen mit anderen ein theoretisches Modell der Gesprächsanalyse formuliert, das modular aufgebaut ist und sowohl organisatorische als auch informationsbezogene und pragmatische Prinzipien
in aufeinander abgestimmter Weise enthält. Drei große Module
sind unterspezifiziert, aber miteinander vernetzt. Ein solches theoretisches Modell, das auch die Diskursorganisation, wie sie von der
Konversationsanalyse berücksichtigt wird, voll beachtet, erlaubt
uns eine kritische Einschätzung, welche Teile wir in der Gesprächsanalyse bearbeiten, mit welchen empirischen Aussagemöglichkei-
ten und theoretischen Prämissen bzw. Ergebnissen. Empirisch genau zu beschreiben und sich interpretativ zu enthalten muss nicht
notwendigerweise das Ausblenden theoretischer Konzepte nach
sich ziehen. Dieses zeigen die Arbeiten von Roulet und Mitarbeitern.

Ein großes Problem der Konversationsanalyse besteht darin,
dass strukturelle Teile/Phasen/Schritte aus der Interaktion «ausgeschnitten» werden, um dann in einem großen Korpus sequenziell
beschrieben und generalisiert zu werden. Die Beschreibung langer

Diskursabschnitte wird daher zugunsten struktureller Beschreibungen kurzer Schritte oder Abschnitte im Vergleich vernachlässigt. So kommen immer nur zwei bis drei Sequenzen ins Visier der Beschreibung; meistens lassen sich solche Sequenzen als *lineare Ordnung* beschreiben. Häufig gibt es jedoch in Diskursen komplexe semantische Bezüge zwischen Sequenzen und einzelnen Äußerungen, die mit einer linearen Beschreibung nicht angemessen erfasst werden können. Labov und Fanshel (1978) haben in ihrem Buch über den therapeutischen Diskurs sehr genau gezeigt, dass der Aufbau des Diskurses einer Kurzzeittherapie hierarchisch ist. Gewisse Redezüge haben in einem engen Kontext eine primäre Bedeutung, die jedoch durch den breiteren Diskurskontext als eine sekundäre und tiefere Bedeutung verstanden werden. So wird eine Bitte als Aufforderung und im breiteren Kontext als Herausforderung gehört. Diese hierarchischen Bezüge sind in der Konversationsanalyse nicht oder nur unzureichend untersucht worden – zu Unrecht! Der Handlungscharakter von Äußerungen muss über semantische und pragmatische Prinzipien der Äußerungssegmentierung beschrieben und erklärt werden.

Die minimale Beschreibungseinheit der Konversationsanalyse ist der Redebeitrag. Den Redebeitrag nicht weiter zu segmentieren ist ein Prinzip der Konversationsanalyse, die den Beitrag als sequenzbestimmend und in seiner Organisation zu anderen Beiträgen als eine holistische Bedeutung tragend versteht. Da die Teilnehmer mit einem Redebeitrag und seinen kleineren Bestandteilen feste Bedeutungen und Verständigungsroutinen verbinden, ist – so die Konversationsanalytiker – eine Segmentierung in Bedeutungskomponenten unnütz, da wir lediglich die teilnehmerbezogenen Bedeutungskategorien benötigen und nicht deren minimale Zusammensetzung.

Jeder dieser Punkte für sich genommen zeigt die Grenzen der Konversationsanalyse auf, wobei solche Grenzen durchaus konstruktiv überwunden werden können. Dass Gespräche mit Hilfe von organisatorischen Verfahren formal erfasst werden und dass dabei Zugang zur Kompetenz kommunikativer Praktiken geleistet wird, der zu einer regelhaften Beschreibung gesprächskonstitutiver

Verfahren führt, ist eine bleibende Leistung der Konversationsanalyse, die die interpretationsarme formale Beschreibung als Vorleistung einer Funktionsbestimmung, die nachgeordnet ist, verlangt. Kognitive, semantisch-pragmatische, theoriegeleitete Erweiterungen konversationsanalytischen Know-hows werden uns zu einem Modell führen, das beobachtungsgeleitete empirische Strenge mit theoriegeleiteter Erklärungskraft verbindet.

Anmerkungen

1 Konversation wird hier nicht in der engeren Bedeutung von ‹gepflegte Unterhaltung› verstanden, sondern in einem weiteren Sinn als allgemeines Gespräch, Alltagsgespräch. In der deutschen Literatur wird zum Teil auch der Terminus ‹Gesprächsanalyse› verwendet.
2 Innerhalb des Forschungsgebietes der Konversationsanalyse lassen sich bisher folgende Forschungsansätze unterscheiden: (1) die ‹formale› bzw. ‹klassische› Konversationsanalyse: Untersuchung von formalen Organisationsprinzipien in Interaktionen; (2) die ethnolinguistisch-anthropologische Forschungsrichtung der Ethnographie des Sprechens: Untersuchungen zu Funktionen des Sprachgebrauchs (vor allem in interkultureller Interaktion); (3) die ‹kognitiv-interpretative› Soziologie: Untersuchung von Bedeutungsproduktions- und Interpretationsregeln (vgl. Basisregeln der Kommunikation, Interpretationspostulate usw.).
3 In diesem Beitrag beziehen wir uns vor allem auf die «klassische» Konversationsanalyse.
4 Unter prosodischen Merkmalen (auch: suprasegmentale Merkmale) gesprochener Sprache versteht man Phänomene wie Akzent, Rhythmus, Intonation, Sprechgeschwindigkeit, Pausen usw.
5 Psathas/Anderson (1990) schlagen einige Verbesserungen vor, die jedoch an dem grundlegenden Kategorieninventar und dem Design insgesamt wenig ändern.
6 Schegloff (2000) erweitert das vorliegende Inventar um die Notation prosodischer Parameter.
7 Sie werden in Zehntel- und Millisekunden notiert. Pausen geben in gewisser Weise Aufschluss über das kognitive Verhalten der Sprecher: Lange Pausen indizieren kognitive Prozesse der Verarbeitung, flüssiges Sprechen weist auf Direktheit, Einfachheit usw. hin.
8 Man vergleiche im Gegensatz dazu die hochabstrakte Codierung des Freiburger Korpus der gesprochenen Sprache in den 1970er Jahren. Eine Darstellung findet sich in Ehlich/Switalla 1976.
9 Zur Durchführung der Feintranskription kann jedes zur Verfügung stehende Textverarbeitungsprogramm angewendet werden.
10 Auf den Einsatz von Tabulatoren sollte verzichtet werden.
11 Großen Einfluss auf die Entwicklung des Konzepts der ‹Vollzugswirklichkeit› hatte der phänomenologisch orientierte Sozialphilosoph Alfred Schütz (vgl. Bergmann

1988/I, S. 18 f.). Obwohl Alfred Schütz in seinen Untersuchungen die *kognitiven* Leistungen der Handelnden bei der Konstitution von Wirklichkeit in den Mittelpunkt stellte (vgl. Streeck 1987, S. 672), versteht Garfinkel die englische Übersetzung der Schütz'schen Werke dahin gehend, dass die kommunikativen Alltagspraktiken in ihrem Vollzug beschrieben werden sollen, wobei er von einer «Identität von Handlungsrealisierung und praktischer Handlungsbeschreibung und -erklärung» (Bergmann 1981, S. 13) ausgeht. (In der Übersetzung werden die philosophischen Absichten von Schütz nicht richtig wiedergegeben. Dies ist ein weites Feld, auf das wir uns nicht in interkultureller Feinkörnigkeit beziehen können; vgl. aber die Gesamtausgabe von Schütz mit Kommentaren von Thomas Luckmann [Schütz/Luckmann 1979].)

12 So wie Wittgenstein uns die Perspektive des sprachlichen Handelns eröffnete, so gibt es methodisch oder «theoretisch» eigentlich fast nichts, was nicht schon von Harvey Sacks in seinen konversationsanalytischen Vorlesungen und Essays grundlegend dargelegt und projektiert worden wäre. Harvey Sacks starb mit 36 Jahren bei einem Verkehrsunfall. Der Fundus seines Wissens ist uns durch Vorträge überliefert, die per Tonband dokumentiert wurden. Abgesehen von verschiedenen Aufsätzen, die in der Bibliographie aufgeführt sind, kann als sein Hauptwerk *Lectures on Conversation* angesehen werden (Sacks 1992), seine von Gail Jefferson herausgegebenen Vorlesungen aus den 1960er Jahren. Eine lesenswerte Kurzdarstellung des Sacks'schen Werkes findet sich in Auer 1999, S. 136–147.

13 Diesen Punkt erhellt Deppermann (1999, S. 83) treffend mit folgender Bemerkung: «Als Gesprächsanalytiker sollten wir uns aber nicht auf die Suche nach inneren Zuständen der Betreffenden machen, da wir Sprechern nicht ‹in den Kopf schauen› können und da vor allem nicht die Intentionen der Beteiligten, sondern die Konsequenzen der Gesprächspraktiken für den Interaktionsprozess ausschlaggebend sind (...) unter dieser Perspektive interessiert nicht, ob jemand etwas (bewusst oder unbewusst) intendiert hat oder ob er nur routinehalber oder gar versehentlich reagiert hat, sondern die Handlungsbeschreibung setzt am Funktionspotential der untersuchten Praktik an.»

14 Vielfach ist dazu festgestellt worden, dass in die so genannten formalen Beobachtungen der Oberfläche mit dem Anspruch, keine spekulativen Interpretationen zu machen, immer schon Interpretationen eingehen, ohne dass diese jedoch methodisch kontrolliert und offen gelegt werden (vgl. Dittmar 1988 – ein Beitrag, der sich auf quantitative und qualitative sprachsoziologische Forschung bezieht). Man kann das dahinter liegende Problem auch so formulieren: Alle Aussagen, Beschreibungen und Erklärungen sollen so eng wie möglich an kommunikative Daten festgemacht werden und somit auf Belege und Beobachtungen zurückgehen; es sollen möglichst wenig spekulative Interpretationen zur Erklärung der Daten herangezogen werden. Natürlich ist es wünschenswert, dass die in bestimmte Aussagen eingehenden interpretativen Prämissen offen gelegt werden, was bei der Konversationsanalyse nicht immer geschieht. Man kann das Ganze mit dem Ansatz der Historiographie von Droysen und Ranke vergleichen: Ranke macht Geschichtsschreibung auf der Basis von Fakten, wobei ein Faktum das nächste konstituiert. Da ist kein Platz für Reflexionen oder Interpretationen, die allerdings alle schon in die Fakten eingegangen sind. Dies wiederum legt Droysen sehr klar offen, indem er die vielen Ungereimtheiten und Unstimmigkeiten in seine historische Standortbestimmung einbezieht. Letztlich bringt uns Droysen jedoch viele Informationen über die Validität von Erkenntnissen.

15 Wir danken Karin Birkner für die Überlassung dieses bisher unveröffentlichten Da-

tenmaterials. Es stammt aus dem Korpus des DFG-Projekts «Alltagsrhetorik in Ost-
und Westdeutschland» (für nähere Angaben zum Korpus vgl. Birkner 2001).

16 Zusammen mit einer psychiatrischen Klinik im süddeutschen Raum wurde eine Untersuchung der Erfolgsbedingungen von Kurzzeittherapien nach Selbstmordversuchen durch die DFG gefördert (vgl. Dittmar 1988). Psychologen und Linguisten haben in diesem Projekt zusammengearbeitet. Die Linguisten haben im Unterschied zu
Fragebogencodierungen der Psychologen Konversationsanalysen durchgeführt.

17 Die üblichen Forschungsphasen Planung des Vorhabens, Festlegung der Ziele, Opera-
tionalisierung der Datenerhebung, Auswertung, Beschreibung und Erklärung werden
von der Konversationsanalyse nicht respektiert. Da Aussagen nicht über vorgefasste
Kategorien der Forscher gemacht werden sollen, sondern als Teilnehmerkategorien
rekonstruiert werden, gilt es unvoreingenommen an kommunikative Ereignisse her-
anzugehen. Ein zentrales Stadium der konversationsanalytischen Untersuchung ist die
Beobachtung authentischer Gespräche und deren Aufzeichnung und Transkription.
Auf diese und nur diese Gespräche bezieht sich dann die Beschreibung anhand von
Teilnehmerwissen und Teilnehmerkategorien ohne theoretisch explizierte methodi-
sche Vorgaben und ohne eine Trennung von Beschreibung und Erklärung.

Literatur

Atkinson, J. Maxwell/Heritage, John (Hrsg.) (1984): Structures of Social Action. Studies
in Conversational Analysis, Cambridge.

Auer, Peter (1998): Learning How to Play the Game. An Investigation of Role-Played
Job Interviews in East Germany, in: Text, Jg. 18, H. 1, S. 7–38.

Auer, Peter (Hrsg.) (1999): Sprachliche Interaktion. Eine Einführung anhand von 22
Klassikern, Tübingen.

Becker-Mrotzek, Michael (1992): Diskursforschung und Kommunikation in Institutionen (Studienbibliographien Sprachwissenschaft, 4), Heidelberg.

Bergmann, Jörg R. (1981): Ethnomethodologische Konversationsanalyse, in: Peter
Schröder/Hugo Steger (Hrsg.), Dialogforschung. Jahrbuch 1980 des Instituts für
Deutsche Sprache, Düsseldorf, S. 9–51.

Bergmann, Jörg R. (1987): Klatsch: zur Sozialform der diskreten Indiskretion, Berlin.

Bergmann, Jörg R. (1988): Ethnomethodologie und Konversationsanalyse. Kurseinheit
I–III, Hagen.

Bergmann, Jörg, R. (1994): Ethnomethodologische Konversationsanalyse, in: Gerd Fritz/
Franz Hundsnurscher (Hrsg.), Handbuch der Dialoganalyse, Tübingen, S. 3–16.

Bergmann, Jörg R./Luckmann, Thomas (1995): Reconstructive Genres of Everyday
Communication, in: Uta M. Quasthoff (Hrsg.), Aspects of Oral Communication, Berlin, S. 289–304.

Birkner, Karin (2001a): Bewerbungsgespräche mit Ost- und Westdeutschen. Eine kommunikative Gattung in Zeiten gesellschaftlichen Wandels, Tübingen.

Birkner, Karin (2001b): Ost- und Westdeutsche im Bewerbungsgespräch. Ein Fall von
Interkultureller Kommunikation?, in: Helga Kotthoff (Hrsg.), Kultur(en) im Gespräch, Tübingen (im Erscheinen).

Brinker, Klaus/Sager, Sven F. (1996): Linguistische Gesprächsanalyse. Eine Einführung,
2. Aufl., Berlin.

Brünner, Gisela (1978): Kommunikation in betrieblichen Kooperationsprozessen. Theoretische Untersuchung zur Form und Funktion kommunikativer Tätigkeit in der Produktion, Dissertation, Osnabrück.

Brünner, Gisela (1987): Kommunikation in institutionellen Lehr-Lern-Prozessen. Diskursanalytische Untersuchungen zu Instruktionen in der betrieblichen Ausbildung (Reihe Kommunikation und Institution, 16), Tübingen.

Cicourel, Aaron V. (1978): Basic and Normative Rules in the Negotiation of Status and Role, in: David Sudnow (Hrsg.), Studies in Social Interaction, New York, S. 229–258.

Couper-Kuhlen, Elizabeth (1997): Coherent Voicing. On the Prosody in Conversational Reported Speech, in: Inlist (Introduction and Linguistic Studies), Universität Konstanz, Arbeitspapier Nr. 1.

Couper-Kuhlen, Elizabeth/Selting, Margret (Hrsg.) (1996): Prosody in Conversation. Interactional Studies, Cambridge.

Deppermann, Arnulf (1999): Gespräche analysieren. Eine Einführung in konversationsanalytische Methoden, Opladen.

Dittmar, Norbert (1988): Zur Interaktion von Themakonstitution und Gesprächsorganisation am Beispiel des therapeutischen Diskurses, in: Linguistische Berichte, Jg. 133, S. 64–85.

Dittmar, Norbert (2002): Transkription. Ein Leitfaden mit Aufgaben für Studenten, Forscher und Laien, Opladen.

Dittmar, Norbert/Bredel, Ursula (1999): Die Sprachmauer, Berlin.

Drew, Paul/Heritage, John (Hrsg.) (1992): Talk at Work, Cambridge.

Ehlich, Konrad (1993): HIAT: A Transcription System for Discourse Data, in: Jane A. Edwards/Martin D. Lampert (Hrsg.), Talking Data. Transcription and Coding in Discourse Research, Hillsdale, S. 123–148.

Ehlich, Konrad/Switalla, Bernd (1976): Transkriptionssysteme – Eine exemplarische Übersicht, in: Studium Linguistik, Jg. 2, S. 78–105.

Flader, Dieter/von Trotta, Thilo (1988): Über den geheimen Positivismus und andere Eigentümlichkeiten der ethnomethodologischen Konversationsanalyse, in: Zeitschrift für Sprachwissenschaft, Jg. 7, H. 1, S. 92–115.

Garfinkel, Harold (1967): Studies in Ethnomethodology, Englewood Cliffs.

Goffman, Erving (1964): On Face-Work. An Analysis of Ritual Elements in Social Interaction, in: Warren G. Bennis (Hrsg.), Interpersonal Dynamics, Homewood/Ill., S. 226–249.

Goffman, Erving (1967): Interaction Ritual, Garden City.

Goodwin, Charles (1993): Recording Human Interaction in Natural Settings, in: Pragmatics, Jg. 3, S. 181–209.

Günthner, Susanne (1994): ‹Also moment SO seh ich das NICHT›. Informelle Diskussion im interkulturellen Kontext, in: Zeitschrift für Literaturwissenschaft und Linguistik, Jg. 93, S. 97–122.

Günthner, Susanne (2000): Vorwurfsaktivitäten in der Alltagsinteraktion. Grammatische, prosodische, rhetorisch-stilistische und interaktive Verfahren bei der Konstitution kommunikativer Muster und Gattungen, Tübingen.

Hartog, Jennifer (1996): Das genetische Beratungsgespräch, Tübingen.

Heritage, John (1984): Garfinkel and Ethnomethodology, Cambridge.

Heritage, John (1997): Conversational Analysis and Institutional Talk. Analysing Data, in: David Silverman (Hrsg.), Qualitative Research. Theory, Method and Practice, London, S. 161–182.

Hoffmann, Ludger (1983): Kommunikation vor Gericht (Reihe Kommunikation und Institution, 9), Tübingen.

Kallmeyer, Werner (1985): Handlungskonstituion im Gespräch, in: Elisabeth Gülich/Thomas Kotschi (Hrsg.), Grammatik, Konversation, Interaktion, Tübingen, S. 81–123.

Kallmeyer, Werner (1994): Kommunikation in der Stadt, Bd. 1, Berlin.

Kern, Friederike (2000): Kultur(en) der Selbstdarstellung. Ost- und Westdeutsche in Bewerbungsgesprächen, Wiesbaden.

Kotthoff, Helga (1996): Scherzkommunikation. Beiträge aus der empirischen Gesprächsforschung, Opladen.

Labov, William (1980): Einige Prinzipien linguistischer Methodologie, in: ders., Sprache im sozialen Kontext, Königstein/Ts., S. 1–24.

Labov, William/Fanshel, David (1978): Therapeutic Discourse, New York.

Levelt, William J. M. (1989): Speaking. From Intention to Articulation, Cambridge/London.

Levinson, Stephen (1990): Pragmatik, Tübingen.

Local, John K. (1996): Conversational Phonetics. Some Aspects of News Receipts in Everyday Talk, in: Elizabeth Couper-Kuhlen/Margret Selting (Hrsg.), Prosody in Conversation. Interactional Studies, Cambridge, S. 177–230.

Patzelt, Werner J. (1987): Grundlagen der Ethnomethodologie. Theorie, Empirie und politikwissenschaftlicher Nutzen einer Soziologie des Alltags, München.

Pomerantz, Anita/Fehr, Beverly (1997): Conversation Analysis: An Approach to the Study of Social Action as Sense Making Practices, in: Teun A. van Dijk (Hrsg.), Discourse Studies: A Multidisciplinary Introduction, London, S. 64–91.

Psathas, George (1995): Conversation Analyses. The Study of Talk-in-Interaction, Thousand Oaks.

Psathas, George/Anderson, Timothy (1990): The ‹Practices› of Transcription in Conversation Analysis, in: Semiotica, Jg. 78, H. 1/2, S. 75–99.

Rost-Roth, Martina (2001): Intercultural Communication in Institutional Settings: Counseling Sessions, in: Kristin Bühring/Jan D. Ten Thije (Hrsg.), Beyond Misunderstanding, Amsterdam (im Druck).

Roulet, Eddy (1999): La description de l'organisation du discours, Paris.

Sacks, Harvey (1984): Notes on Methodology, in: J. Maxwell Atkinson/John Heritage (Hrsg.), Structures of Social Action, Cambridge, S. 21–27.

Sacks, Harvey (1989): 1964–65 Lectures. Hrsg. von G. Jefferson, Dordrecht/Boston/London.

Sacks, Harvey (1992): Lectures on Conversation. Hrsg. von G. Jefferson, Bd. I und II, Oxford.

Sacks, Harvey/Schegloff, Emanuel A./Jefferson, Gail (1974): A Simplest Systematics for the Organisation of Turn-Taking for Conversation, in: Language, Jg. 50, S. 696–735.

Schegloff, Emanuel A. (2000): Overlapping Talk and the Organization of Turn-Taking for Conversation, in: Language in Society, Jg. 29, S. 1–63.

Schegloff, Emanuel A./Jefferson, Gail/Sacks, Harvey (1977): The Preference for Self-Correction in the Organisation of Repair in Conversation, in: Language, Jg. 53, S. 361–382.

Schmitt, Reinhold (1992): Die Schwellensteher. Sprachliche Präsenz und sozialer Austausch in einem Kiosk, Tübingen.

Schütz, Alfred/Luckmann, Thomas (1979): Strukturen der Lebenswelt, Bd. 1, Frankfurt a. M.

Selting, Margret (1995): Prosodie im Gespräch. Aspekte einer interaktionalen Phonologie der Konversation, Tübingen.

Selting, Margret u.a. (1997): Gesprächsanalytisches Transkriptionssystem (GAT), in: Linguistische Berichte, Jg. 173, S. 91–122.

Siegrist, Johannes (1978): Arbeit und Interaktion im Krankenhaus. Eine medizin-soziologische Untersuchung, Stuttgart.

Streeck, Jürgen (1983): Konversationsanalyse. Ein Reparaturversuch, in: Zeitschrift für Sprachwissenschaft, Jg. 2, H. 1, S. 72–104.

Streeck, Jürgen (1987): Ethnomethodologie, in: Ulrich Ammon/Norbert Dittmar/Klaus Mattheier (Hrsg.), Sociolinguistics. An International Handbook of the Science of Language and Society, Berlin u.a., S. 672–679.

Streeck, Sabine (1989): Die Fokussierung in Kurzzeittherapien. Eine konversationsanalytische Studie, Opladen.

Wilson, Thomas P. (1978): Theorien der Interaktion und Modelle soziologischer Erklärung, in: Arbeitsgruppe Bielefelder Soziologen (Hrsg.), Alltagswissen, Interaktion und gesellschaftliche Wirklichkeit, Bd. 1: Symbolischer Interaktionismus und Ethnomethodologie, Reinbek bei Hamburg, S. 54–79.

Anhang

Die Internetseite
www.qualitative-research.net/organizations

Unter der Internetanschrift www.qualitative-research.net/organizations wird die Arbeit an diesem Handbuch zu Methoden der Organisationsforschung fortgeführt. Hier besteht ein Raum für die Diskussion der Beiträge des Handbuchs, und es werden zusätzliche Service-Leistungen angeboten. Im Einzelnen findet sich:

1. die Möglichkeit, sich zu jeder Methode die Abschnitte «Datenerhebung» sowie «Dateninterpretation und Feedback» als PDF-Datei herunterzuladen;
2. ein Diskussionsforum, in dem die einzelnen im Handbuch dargestellten Methoden diskutiert werden können und über das die Autoren überarbeitete Fassungen ihrer Beiträge schon vor dem Erscheinen einer neuen Auflage des Handbuchs zur Verfügung stellen;
3. Hinweise auf aktuelle Literatur zu den einzelnen Methoden und Links zu weiteren Internetseiten, in denen die im Handbuch behandelten Methoden dargestellt werden;
4. Artikel zu bekannten Methoden der Organisationsforschung, die bisher aber in dem Handbuch noch nicht dargestellt wurden, sowie zu methodischen Innovationen und Adaptionen, die sich aktuell herausbilden.

Gastgeber für diese Seite zu qualitativen Methoden der Organisationsforschung ist das Online-Portal *qualitative research.net*, über das Informations-, Kommunikations- und Veröffentlichungsmöglichkeiten für qualitative Sozialforscher bereitgestellt werden und das über die zentrale Website www.qualitative-research.net erreichbar ist. *Qualitative-research.net* wird von der *Deutschen For-*

schungsgesellschaft gefördert und ist aus der Online-Zeitschrift *Forum Qualitative Sozialforschung/Forum: Qualitative Social Research (FQS)* hervorgegangen. In *FQS* wird die Methodendiskussion aus so unterschiedlichen Disziplinen wie der Ethnologie, Kriminologie, Medizin, Pädagogik, Linguistik, Philosophie, Psychologie, Soziologie und Theologie, der Geschichts-, Musik- und Politikwissenschaft, den Gesundheits- und Pflegewissenschaften sowie den Informations-, Management-, Planungs- und Wirtschaftswissenschaften zusammengetragen. Ziel ist es, durch ein zentrales Internetforum die Vernetzung qualitativer Sozialforschung im deutschsprachigen und internationalen Raum, innerhalb und außerhalb der Universitäten, zu fördern und neue methodische Entwicklungen und empirische Befunde einer breiten Fachöffentlichkeit zugänglich zu machen.

FQS besteht im Wesentlichen aus drei Teilen:
1. Die *FQS*-Schwerpunktausgaben widmen sich der Darstellung qualitativer Methoden aus der Sicht einer Disziplin oder beschäftigen sich mit Themen, die für qualitativ orientierte Forscher jenseits ihrer disziplinären Zugehörigkeit von Bedeutung sind.
2. Die Rubrik *FQS*-Review dient der Besprechung von Buchneuerscheinungen, CDs usw.
3. *FQS*-Debatten erlauben die kontroverse Diskussion von für qualitative Forschung wichtigen Themenfeldern über längere Zeiträume.
Die Volltexte sind kostenlos als PDF- und als HTML-Dateien abrufbar. Abstracts stehen in deutscher, englischer und spanischer Sprache zur Verfügung. Ebenfalls angeboten werden *discussionboards* und Möglichkeiten der Suche in den Datenbeständen auf den *FQS*-Seiten. Ein Newsletter informiert einmal monatlich über neue Veröffentlichungen und Veränderungen der *FQS*-Seiten.

Zur Entstehung des Handbuchs

Bei unseren Forschungen zur Enthierarchisierung, Dezentralisierung und Vernetzung in Unternehmen, Verwaltungen und Krankenhäusern kamen uns relativ früh Zweifel, ob sich diese Entwicklungen allein durch die methodische «Allzweckwaffe» der qualitativen Organisationsforschung – das Experteninterview – empirisch erfassen lassen oder ob die Auseinandersetzung mit Organisationsprozessen, die jenseits des bürokratisch-tayloristischen Idealtyps liegen, nicht ein viel breiteres Spektrum an Methoden benötigt.

Anlässlich eines Forschungsprojekts an der Universität Magdeburg zu Dezentralisierungs- und Vernetzungsprozessen in mittelständischen Unternehmen war es uns deshalb wichtig, neuere Methoden der Organisationsforschung zu erproben und dabei zu testen, ob der zeitgleiche Einsatz von unterschiedlichen Methoden das Spektrum der erfassten organisationalen Phänomene maßgeblich erhöht.

Da dieses Forschungsprojekt im Rahmen eines Schwerpunktprogramms der Deutschen Forschungsgemeinschaft durchgeführt wurde, konnten wir den Austausch mit Organisationsforschern aus ähnlich gelagerten Projekten suchen. Im Rahmen eines projektübergreifenden Workshops, in dessen Verlauf eine Anzahl von Methoden ausprobiert und auf ihre Anwendbarkeit in der empirischen Sozialforschung hin getestet wurden, konkretisierte sich schließlich die Idee, ein Handbuch zu qualitativen Methoden der Organisationsforschung herauszugeben.

Dabei stand von vornherein das Ziel im Vordergrund, sowohl etablierte als auch neuere, unbekannte qualitative Methoden auf eine Weise darzustellen, die den interessierten Leser unmittelbar in die Lage versetzt, die Methode selbst anzuwenden. Um dies zu gewährleisten, haben wir in einem zweiten Workshop gemeinsam mit den Autoren des Handbuchs versucht, eine einheitliche Struktur für die einzelnen Beiträge zu erarbeiten, die verschiedenen Methoden spielerisch zu erproben und kritisch auf ihre Einsatzfähigkeit hin zu diskutieren.

Die sicherste Art und Weise, sich als Herausgeber unbequem zu machen, ist die, über den häufig ebenso abstrakten wie folgenlosen Appell an die Qualität der Beiträge hinauszugehen und auf eine Einheitlichkeit in Gliederung, Sprachstil und inhaltlicher Ausrichtung zu drängen. Wir haben in unserem zweiten Methoden-Workshop mit möglichst vielen Autoren über eine gemeinsame Struktur aller Beiträge und inhaltliche Zuspitzungen diskutiert, sind als Herausgeber irgendwann aber dennoch in der Rolle der ungemütlichen «Sprach- und Strukturwächter» gelandet. Den Autorinnen und Autoren, die dieses ungewohnt harte Regime über sich haben ergehen lassen, danken wir herzlich für ihre Geduld und ihre Kooperationsbereitschaft.

Von verschiedener Seite sind wir bei der Entwicklung dieses Handbuchs unterstützt worden. Eckhard Dittrich (Universität Magdeburg) hat als Projektleiter des Magdeburger Dezentralisierungsprojekts nicht nur dafür gesorgt, dass der Methodeninnovation in unserem Projekt stets genügend Raum, Kraft und Zeit zukam, sondern er hat auch über die ganze Entstehungsphase hinweg wertvolle Anregungen und Hinweise gegeben. Ulrich Beck (Universität München) hat uns in seiner bewährten unbürokratischen Art Mittel zur Verfügung gestellt und so maßgeblich dafür gesorgt, dass wir eine Infrastruktur für die Produktion dieses Handbuchs aufbauen konnten. Thomas Schnelle (Metaplan Quickborn) hat nicht nur die Teilfinanzierung der beiden Methoden-Workshops übernommen, sondern uns auch bei der Dramaturgieentwicklung, der Durchführung und der Auswertung der Workshops nach besten Kräften unterstützt.

Unser besonderer Dank gilt Barbara Kuchler, die uns bei der Erstellung des Handbuchs erheblich unterstützt und durch ihr perfektes Lektorat maßgeblich zur Erhöhung seiner Lesbarkeit beigetragen hat.

München und Bielefeld, im April 2002,
Stefan Kühl und Petra Strodtholz

Zu den Autoren

Bachmann, Götz, Europäischer Ethnologe, Jg. 1965, Humboldt-Universität Berlin, Institut für Europäische Ethnologie. Arbeitsschwerpunkte: Organisationsethnologie, Reflexivität, Kulturtheorie, qualitative Methoden.

Barth, Sonja, Diplomsoziologin, Jg. 1968, Universität Bielefeld, Fakultät für Gesundheitswissenschaften. Arbeitsschwerpunkt: Medizinsoziologie, Risikosoziologie.

Dittmar, Norbert, Prof. Dr., Linguist, Jg. 1943, Freie Universität Berlin, Institut für Deutsche und Niederländische Philologie. Arbeitsschwerpunkte: Formen und Funktionen gesprochener Sprache, Zweitspracherwerb, Sozio- und Diskurslinguistik.

Forsthoffer, Irene, Linguistin (MA), Jg. 1961, Freie Universität Berlin, Institut für Deutsche und Niederländische Philologie. Arbeitsschwerpunkte: Gesprächsforschung, interkulturelle Kommunikation, Soziolinguistik.

Freitag, Matthias, Diplompsychologe, Jg. 1960, Technische Universität Chemnitz, Sonderforschungsbereich 457 «Hierarchielose regionale Produktionsnetze». Arbeitsschwerpunkte: Arbeits- und Organisationspsychologie, Theorien und Methoden der zwischenbetrieblichen Kooperationsentwicklung.

Froschauer, Ulrike, Dr. Mag. Phil., Jg. 1957, Universität Wien, Institut für Soziologie. Arbeitsschwerpunkte: Qualitative Sozialforschung, Organisationssoziologie, Evaluationsforschung.

Holtgrewe, Ursula, Dr., Diplomsoziologin, Jg. 1962, Technische Universität Chemnitz, Lehrstuhl für Betriebswirtschaftslehre IX. Arbeitsschwerpunkte: Organisations- und Arbeitssoziologie, Technikforschung, Geschlechterverhältnisse.

Kühl, Stefan, Dr. soz., Diplomsoziologe und Historiker (MA), Jg. 1966, Universität München, Institut für Soziologie. Arbeitsschwerpunkte: Arbeits- und Organisationssoziologie, Theorien funktionaler Differenzierung, Rassismusforschung, qualitative Methoden.

Kuhlmann, Martin, Soziologe (MA), Jg. 1963, Soziologisches Forschungsinstitut (SOFI) an der Universität Göttingen. Arbeitsschwerpunkte: Arbeits- und Industriesoziologie, Industrielle Beziehungen, empirische Sozialforschung.

Liebig, Brigitte, Dr. phil., Sozialwissenschaftlerin, Jg. 1959, Universität Zürich, Psychologisches Institut, Sozialpsychologie I. Arbeitsschwerpunkte: Gender Studies, Organisations(kultur)forschung, Wissenschaftsforschung, qualitative Methoden.

Liebold, Renate, Dr., Soziologin (MA), Jg. 1962, Universität Erlangen-Nürnberg, Institut für Soziologie. Arbeitsschwerpunkte: Qualitative Sozialforschung, Management- und Familiensoziologie, Geschlechterforschung.

Moldaschl, Manfred, Prof. Dr. phil., Psychologe und Soziologe, Jg. 1956, Technische Universität Chemnitz, Lehrstuhl für Betriebswirtschaftslehre IX, Fakultät für Wirtschaftswissenschaften. Arbeitsschwerpunkte: Arbeits-, Organisations- und Managementforschung, qualitative Methoden.

Nagler, Brigitte, Diplomsoziologin, Jg. 1951, Universität Bremen, Forschungszentrum Arbeit–Umwelt–Technik (artec). Arbeitsschwerpunkte: Arbeitswissenschaftliche Organisations- und Beratungsforschung, betriebliche Veränderungsprozesse und Arbeitskulturen im Wandel, Aktionsforschung und Weiterbildung.

Nentwig-Gesemann, Iris, Dr. phil., Diplompädagogin, Jg. 1964, Freie Universität Berlin. Arbeitsbereich: Qualitative Bildungsforschung. Arbeitsschwerpunkte: Qualitative Forschungsmethoden, Kindheitsforschung, Diskursanalyse.

Pfaff, Holger, Prof. Dr. phil., Dipl.-Verwaltungswissenschaftler, Jg. 1956, Universität Köln. Arbeitsschwerpunkte: Medizinsoziologie und Organisationsforschung.

Strodtholz, Petra, Diplomsoziologin, Jg. 1968, Universität Bielefeld, Fakultät für Soziologie. Arbeitsschwerpunkte: Gesundheitswissenschaften, Arbeits- und Industriesoziologie, Evaluationsforschung.

Trinczek, Rainer, Prof. Dr. phil., Soziologe, Jg. 1958, Technische Universität München, Lehrstuhl für Soziologie. Arbeitsschwerpunkte: Arbeits- und Industriesoziologie, Industrial Relations, qualitative Methoden der Sozialforschung.

Register

Akten 19, 106, 120, 353, 365
Aktionsforschung 121, 142, 168, 179 f., 195, 200, 217 f., 231, 235
Alltag 17 ff., 35, 39 f., 42 ff., 85, 110, 148, 152, 158, 168, 192, 234, 345, 355 f., 371, 374 ff., 382 ff., 395 ff.
Anonymität 247, 259 ff., 267, 271, 284 f., 287, 331
Antwort 20, 43 f., 105, 245 ff., 267, 291, 340, 413 ff.
Anwendung => Verwendung
Artefaktanalyse 353, 361 ff.
Assoziation 277, 295, 301, 315, 376
Aufwand 47 f., 57, 133, 175, 229, 235, 292, 298, 300, 309 f., 333, 355, 372, 392
Aufzeichnung 47 f., 76, 147 f., 188 f., 194, 219, 230, 235, 259, 284, 287, 349 f., 397 f.
Authentizität 19, 92 f., 112, 178, 197, 259, 330, 397 f., 410

Bedeutung 17, 20, 40, 42, 104, 284 ff., 369 ff., 380 ff., 405, 417
Begleitforschung 298, 309, 378

Beobachtung 20 f., 103 ff., 114, 193, 219, 311, 323 ff., 376, 397, 400 f.
Beratung 14, 17, 23 ff., 56, 85, 123, 168, 175, 178, 180, 187, 200, 231 f., 272, 300, 333
Bild 152, 246, 255 f., 277 ff., 282, 291, 295 ff., 366, 370, 375, 380 f.
Biographie 41, 76, 78, 81, 83, 86 ff., 125, 344

Codierung 79 f., 190, 219
Computerunterstützung 51 f., 79, 216, 287, 341, 343, 402

Datenschutz 148, 284, 399
Deduktion 22, 41 f.
Deutung 24, 78, 81, 96, 121, 162, 306 f., 317
Dimension 45, 52 ff., 62 ff., 127 f., 153, 157 f., 168
Diskurs 19, 45 ff., 146, 152 ff., 419
Distanz, Distanzierung 86, 180 f., 196, 334, 347, 371, 374, 386 ff.
Dokumentation 18, 119, 188 f., 197, 208, 211, 228, 235 f.,

rowohlts enzyklopädie

Eine Auswahl

rowohlts enzyklopädie

Dieter Lenzen
Vaterschaft
Vom Patriarchat zur Alimentation (55551)
Orientierung Erziehungswissenschaft
Was sie kann, was sie will (55605)

Dieter Lenzen (Hg.)
Pädagogische Grundbegriffe
Band 1: Aggression bis Interdisziplinarität (55487)
Band 2: Jugend bis Zeugnis (55488)
Erziehungswissenschaft
Ein Grundkurs (55531)

Lutz Niethammer
Kollektive Identität
Heimliche Quellen einer unheimlichen Konjunktur (55594)

Nicolas Pethes / Jens Ruchatz (Hg.)
Gedächtnis und Erinnerung
Ein interdisziplinäres Lexikon (55636)

Siegfried J. Schmidt / Guido Zurstiege
Orientierung Kommunikationswissenschaft
Was sie kann, was sie will (55618)

Klaus-Jürgen Tillmann
Sozialisationstheorien
Eine Einführung in den Zusammenhang von
Gesellschaft, Institution und Subjektwerdung (55476)